Maison de Molière. 40. Rue de
Richelieu

LA MAISON MORTUAIRE

DE

MOLIERE

RUE MONTPENSIER

LA MAISON MORTUAIRE

DE

MOLIÈRE

D'après des Documents inédits

Avec Plans et L...

PARIS

ALPHONSE LEMERRE, ÉDITEUR

27-31, PASSAGE ...

AUGUSTE VITU

LA MAISON MORTUAIRE

DE

MOLIERE

D'après des Documents inédits

Avec Plans et Dessins.

PARIS

ALPHONSE LEMERRE, ÉDITEUR

27-31, PASSAGE CHOISEUL, 27-31

—

M D CCC LXXX

LA MAISON MORTUAIRE

DE

MOLIERE[1]

I

OUT le monde sait que Moliere mourut à Paris, rue Richelieu, le 17 février 1673, vers dix heures du soir.

Dans quelle maison? C'est ici que l'incertitude commence. Avant de la dissiper pour toujours, on me permettra de retracer les antécédents de la question. Je ne la rouvre que pour la fermer définitivement.

1. J'écris *Moliere* sans accent, comme il l'écrivait lui-même et comme on le prononçait ; tout le monde sait que les contemporains prononçaient plus souvent *Molier* et *Moliére* que *Molière*.

L'acte mortuaire de Moliere porte qu'il demeurait rue Richelieu « proche l'Académie des Peintres. »

Le plus ancien de ses biographes, qui fut le comédien La Grange, son ami, ne dit rien, pas même qu'il demeurât rue Richelieu.

Grimarest constate seulement que M. de Moliere, quand il mourut, « logeoit rue Richelieu ».

Enfin, le mémoire sur la vie et les ouvrages de Moliere, par La Serre, placé en tête de l'édition de 1734 [1] fournit un renseignement nouveau, que tout le monde copiera servilement : la maison de la rue de Richelieu où logeait Moliere était située « vis-à-vis la Fontaine, du côté qui donne sur le Jardin du Palais-Royal. »

« Proche l'Académie des peintres » et « vis-à-vis la Fontaine », telles sont les uniques indications qu'on ait possédées depuis 1673 jusqu'à nos jours. Le malheur est qu'on ne saurait les concilier.

L'Académie des peintres, établie dans le palais Brion, vers la partie inférieure de la rue Richelieu, occupait un emplacement que représente approximativement celui de la Comédie-Française.

Quant à la Fontaine, il s'agit, bien entendu, non pas de la Fontaine actuelle, appelée Fontaine-Moliere, inaugurée en 1844, mais de l'ancienne Fontaine-Richelieu, construite à l'angle, alors très prolongé et très aigu, que formait au XVIIe siècle la rencontre de la rue Richelieu avec la rue Traversine (plus tard rue Traversière, puis rue Fontaine-Molière, aujourd'hui rue Molière).

---

1. Paris, chez Joly. Six volumes in-4°, avec les dessins de Boucher, Blondel et Oppenord, gravés par Cars et Joullain.

C'était une des quinze fontaines nouvelles ordonnées par l'arrêt du Conseil du 22 avril 1671 [1]; je ne suis pas bien sûr qu'elle fût construite à la date où Moliere mourut. Quoi qu'il en soit, la Fontaine-Richelieu dépassait de neuf mètres le débouché de la rue du Hasard, qu'elle séparait ainsi de la rue Richelieu, et elle s'avançait à mi-chemin de la rue Villedo. Or, de l'ancienne Fontaine-Richelieu jusqu'à l'Académie des peintres, on compte sur le terrain environ 182 mètres (96 toises), qui, d'après le morcellement moyen, ne représentent pas moins de quinze à seize maisons. Il fallait donc opter entre le voisinage de l'Académie des peintres et le voisinage de la Fontaine. Beffara, à qui ses recherches originales sur Moliere avaient valu une autorité aussi décisive que méritée, se prononça pour la Fontaine, et son instinct de chercheur le dirigea du bon côté. Seulement, il prit trop à la lettre cette expression « devant la Fontaine », et il désigna la maison n° 34 (celle du passage Hulot), parce qu'elle était positivement située devant l'ancienne Fontaine (c'est-à-dire à neuf mètres en avant de la fontaine actuelle), sans contrôler cet *à priori* par aucune recherche sur la maison elle-même.

On n'en fit pas davantage pour accepter la désignation de Beffara, et voici ce qu'il en advint. (Ai-je besoin de déclarer que je rappelle ces précédents sans nulle intention de déprécier les travaux d'hommes érudits et laborieux qui ont tant fait pour la mémoire de Moliere?

1. Elle portait ce distique de Santeul :

Quid quondam magnum tenuit moderamen aquarum RICHELIUS, fonti plauderet ipse novo.

Il les faut remercier, au contraire, d'avoir laissé quelque chose à glaner pour ceux qui marchent modestement dans le sillon qu'ils ont tracé.)

En 1840, le Conseil municipal de Paris ayant voté la reconstruction d'une fontaine en arrière de l'ancienne, de manière à dégager l'entrée de la rue du Hasard et à rendre la circulation de ce dangereux carrefour plus aisée, M. Régnier, sociétaire de la Comédie-Française, littérateur distingué et moliériste fervent, écrivit à M. le comte de Rambuteau, préfet de la Seine, une lettre éloquente pour lui demander que la fontaine projetée devînt un monument en l'honneur de Moliere. L'appel chaleureux de M. Régnier fut entendu; une souscription s'ouvrit et réussit; la fontaine Moliere s'éleva sous la direction de l'architecte Visconti, avec le concours des statuaires Seurre et Pradier. Je rappelle avec plaisir ce souvenir si honorable et si flatteur pour M. Régnier. Sa lettre au préfet de la Seine contenait le passage que voici :

« Permettez-moi... de rappeler à votre souvenir que « c'est précisément en face de la fontaine projetée, dans « la maison du passage Hulot, rue Richelieu, que Mo- « lière a rendu le dernier soupir. »

Les suggestions de M. Régnier furent suivies dans toutes leurs parties, et, comme complément naturel de l'érection du monument, l'édilité fit poser, au second étage de la maison n° 34, une plaque de marbre noir encadrée de marbre blanc, sur laquelle se détache en lettres d'or l'inscription suivante, surmontée du millésime 1844 dans une couronne de laurier :

MOLIÈRE EST MORT DANS CETTE MAISON
LE 17 FÉVRIER 1673
A L'AGE DE CINQUANTE ET UN ANS.

Il y avait sept ans à peine que le monument et l'inscription avaient pris leur droit de cité que nul ne son-
geait à discuter, lorsque M. Benjamin Fillon inséra dans
une publication, dont le titre et le sujet n'avaient aucun rapport direct ni indirect avec Moliere[1], un document très précieux dans sa brièveté. C'était une relation inédite de la mort de Moliere[2], dans laquelle il est
dit que « le corps fut pris rue de Richelieu, *devant*
« *l'hôtel de Crussol* ».

Il ne paraît pas que cette indication nouvelle ait tout
d'abord éveillé l'attention des curieux, avant le jour où
M. Édouard Fournier s'en empara, pour battre en brèche
l'attribution du n° 34, créée par Beffara, maintenue par
M. Régnier et adoptée par la Préfecture de la Seine.

« Où prenons-nous l'hôtel de Crussol? » s'écriait
M. Édouard Fournier[3], et notre ingénieux confrère
répondait à cette question, en identifiant l'ancien hôtel
Crussol avec l'emplacement qui fait l'encoignure droite
de la rue Villedo, en face du n° 42 de la rue Richelieu.
Donc, Moliere était mort dans la maison qui porte le
n° 42 de la rue Richelieu.

M. Édouard Fournier alléguait en outre que, sur un

1. *Considérations historiques et artistiques sur les monnaies de
France.* Fontenay (Vendée), 1850, in-8°, p. 193.

2. *Note pour Monsieur Boyvin, prestre, docteur en theologie, à
Saint-Joseph.*

3. *Corneille à la butte des Moulins,* introduction de la première
édition. Paris, 1862.

plan manuscrit en sa possession, qui donnait les noms des propriétaires de la rue Richelieu à cette époque, maison par maison, la maison de Baudelet, où Moliere mourut, était indiquée « en face de la rue de Villedo[1] ».

L'opinion émise par M. Édouard Fournier entra de plain-pied, sans discussion et sans contrôle, dans le domaine des faits acquis à l'histoire littéraire. Cependant elle ne se présentait pas dans les conditions d'une exactitude irréfragable. Qu'une maison située au droit de l'encoignure septentrionale de la rue Villedo se trouvât en même temps au droit, c'est-à-dire dans l'axe de cette même rue, dont le tracé se dirige obliquement vers le sud-est, cela n'était pas impossible à la rigueur, mais à la condition que cela fût expliqué et démontré. La difficulté, si légère qu'elle parût, méritait qu'on l'approfondît ; je m'y arrêtai longtemps, et bien m'en prit, car un examen attentif du problème me conduisit enfin à une solution fondée sur des preuves qui ne se peuvent pas récuser.

J'aurais pu les exposer en quelques lignes, au lieu de procéder par une discussion critique, qu'on jugera peut-être démesurément longue et minutieuse. Mais, outre le plaisir assez naturel, et que comprendront tous les érudits, de m'étendre un peu sur les circonstances de ma découverte, comme aussi l'utilité de faire passer sous les yeux du monde savant un nombre considérable de petits faits, qui intéressent l'histoire de notre chère ville de Paris, j'ai obéi à une considération déterminante.

1. *Corneille à la butte des Moulins,* introduction de la première édition. Paris, 1862.

Si je ne disais pas dès aujourd'hui tout ce que j'avais à dire, je devais m'attendre à des objections, à des dé-négations, à des contradictions de forme auxquelles il aurait fallu répondre. J'ai donc traité mon sujet dans toute son étendue, afin de n'avoir pas à y revenir.

II

Vérifions d'abord la situation de l'hôtel Crussol.

M. Edouard Fournier, comme on l'a vu, plaçait l'hôtel Crussol au coin droit ou septentrional de la rue Villedo (n° 43 actuel), supposition qui s'accordait en apparence avec les indications fournies par l'*Etat et partition de la Ville de Paris* pour l'année 1684[1], où l'on trouve la nomenclature des maisons de la rue Richelieu, entre la rue Neuve-des-Petits-Champs et la rue Villedo, dans l'ordre et sous les numéros suivants :

601. Maison DAUSSE.
602. Veuve FLACOURT et sieur GIRAUT.
603. Maison JOURDAN et sieur PAPION.
604. Maison SÉNÉCHAL. — Mgr L'ÉVÊQUE DE LANGRES.
605. Autre maison SÉNÉCHAL. M. CAMUS.
606. Maison PICOT.
607. Maison BILLIARD et sieur GIRARD.
608. HOSTEL DE CRUSSOL.

L'hôtel de Crussol se serait ainsi trouvé, vers la fin

1. Bibl. nat., ms. fr. 8603.

du XVIIe siècle, la huitième maison à droite, en venant
de la rue Neuve-des-Petits-Champs. Reste à prouver
qu'il occupât le premier angle de la rue Villedo. Com-
parons maintenant les indications fournies par le *Terrier royal* (*circa* 1705)[1], pour le même itinéraire :

78. Maison du sieur ADAM.
79. Maison de la dame de VILLOYSON.
80. Le sieur de FLACOURT, enseigne la Providence.
81. Maison du sieur JOURDAN, à la Botte d'Auvergne.
82. Maison du sieur DE LA SALLE.
83. Maison du sieur LECAMUS, sellier.
84. Maison de la dame de POLASTRE.
85. Maison de M. DE CHAUVELIN, coin de la rue Villedo.
86. Maison de M. L'ABBÉ DES ROCHES, autre coin de la rue
Villedo.

Le *Terrier Royal* fait remarquer que la maison suivante, qui sépare l'hôtel de M. l'abbé des Roches de
la rue du Hasard, appartient à la rue Traversine (voir
le plan *fac simile* n° 1).

On aperçoit une dissemblance notable entre les énonciations des deux documents. Dans celui de 1684, la maison Flacourt est la seconde, en venant de la rue Neuve-
des-Petits-Champs, et la maison Jourdan la troisième,
tandis qu'elles occupent le troisième et le quatrième
rangs dans le *Terrier royal*. En d'autres termes, l'hôtel
de Crussol[2], dans l'Etat de 1684, est la huitième mai-

---

1. Arch. nat., Q. 1099[6].

2. Emmanuel VI, comte de Crussol, puis duc d'Uzès, avait
épousé, en 1664, Julie Maure de Sainte-Maure, fille unique du
duc et de la duchesse de Montausier. A la mort du duc, en 1690,
sa fille et son gendre allèrent habiter l'hôtel Rambouillet-

son de la rangée et la cinquième après la maison Jourdan, tandis que dans le *Terrier royal* de 1705, la cinquième maison après la maison Jourdan devient la
neuvième de la rangée.

Si l'Etat de 1684 est complet, l'hôtel de Crussol sera
représenté dans le *Terrier* de 1705, par la maison de
M. de Chauvelin, occupant le coin nord de la rue Villedo. Si, au contraire, il faut s'en rapporter au *Terrier
royal*, l'hôtel de Crussol s'identifiera avec la maison de
M. l'abbé des Roches, occupant le coin sud de la rue
Villedo.

Cette dernière hypothèse est la vraie. L'emplacement
de l'hôtel Crussol se trouve clairement déterminé par
le plan de Jaillot (édition de 1717), qui dessine l'hôtel
de Crussol comme un édifice carré d'une vaste étendue,
présentant une de ses faces latérales sur le côté méridional de la rue Villedo, la façade principale sur le côté
occidental de la rue Richelieu, et ne laissant de place
que pour une autre maison, assez étroite, entre son mur
mitoyen, du côté sud, et l'angle nord de la rue du Hasard.

La détermination topographique qui résulte du plan
de Jaillot est-elle contredite par les énonciations de
l'État de 1684? Pas le moins du monde, mais il en
faut avoir la clé.

L'État et partition n'ont omis dans le dénombrement
de la rue Richelieu la maison du sieur Adam, qui, dans
le *Terrier,* fait le coin de la rue des Petits-Champs et
de la rue Richelieu, que parce qu'ils se proposaient d'en
tenir compte dans le dénombrement de la rue Neuve-

Montausier, rue Saint-Thomas-du-Louvre, lequel devint l'hôtel
de Crussol, et l'hôtel de la rue Richelieu perdit son ancien
nom.

des-Petits-Champs[1] ; de sorte que la concordance se rétablit tout naturellement ainsi :

1684[2].	1705[2].
1. (Sr Adam).	1. Sr Adam.
2. Dausse.	2. Villoyson[3].
3. Ve Flacourt.	3. Flacourt.
4. Jourdan.	4. Jourdan.
5. Sénéchal[4].	5. La Salle.
6. Sénéchal et Camus[4].	6. Le Camus.
7. Picot.	7. Dame Polastre.
8. Billiard.	8. M. de Chauvelin.
9. Hôtel Crussol.	9. L'abbé des Roches.

Or, la maison de l'abbé des Roches, occupant certainement l'angle sud de la rue Villedo, se trouve identifiée par cette concordance avec l'hôtel de Crussol.

L'autorité de Jaillot, corroborée par les remarques qui précèdent, suffirait à convaincre le lecteur attentif. Cependant, je désirais ardemment trouver une confir-

1. Ce n'est pas ma faute si je ne rapporte pas ici la preuve que la maison Adam était dénombrée dans la rue Neuve-des-Petits-Champs. La section de cette rue comprise entre la rue Sainte-Anne et la rue Richelieu faisait partie de la deuxième dizaine du quartier du Palais-Royal (Ms. 8605, f° 33, v°), mais elle manque dans la copie que possède le cabinet des manuscrits.

2. Il n'y a pas eu de fractionnement dans la section de la rue Richelieu comprise entre la rue des Petits-Champs et la rue Villedo; au contraire, on n'y compte plus que six maisons modernes (n°s 43 à 53) sur l'emplacement de huit anciennes, pour la réunion des n°s 3 et 4 du tableau ci-dessus, sous le n° 49 actuel, et des n°s 5 et 6 sous le n° 47 actuel.

3. J'ai des raisons de supposer que Dausse et Villoyson sont deux noms d'un même personnage ; il existe encore une famille Dausse de Villexon qui me paraît être celle de Dausse de Villoyson (prononcez Villézon) dont il s'agit ici.

4. Les deux maisons Sénéchal, réunies et reconstruites, portent aujourd'hui le n° 47.

mation authentique du plan de Jaillot et de mes propres
calculs. J'y suis parvenu avec un peu de travail et de
patience.

La portion de la rue de Richelieu qui nous occupe
relevait de l'antique Fief Popin, appartenant à des seigneurs particuliers et mouvant de l'archevêché de Paris. Les aveux, dénombrements et hommages du Fief
Popin, rendus à l'archevêque, subsistent pour les années 1620 à 1744[1]. Ces documents, demeurés inconnus
jusqu'ici, m'ont fourni diverses indications authentiques
que je vais relater, et qui tranchent la question.

1° La déclaration faite devant Simon Moufle et Joseph Thouïn, notaires, le 17 mars 1704, décrit dans
l'ordre suivant les maisons comprises entre l'angle sud
de la rue Neuve-des-Petits-Champs et l'angle nord de
la rue Villedo, à commencer par le premier :

« Maison du Sr Adam; — celle du Sr Villoyson;
« — celle du Sr Girault; — celle du S^r Le Jay, avocat;
« — celle du S^r La Salle; — celle du S^r Le Camus;
« — celle du Sr Polastre; — celle du Sr Chauvelin;
« — *l'hostel de Crussol à l'abbé des Roches.* »

2° Copie ancienne d'une déclaration du 8 juin 1711 :

« Maison du Sr Adam; — celle du Sr Villoyson;
« — celle du Sr Girault; — celle du S^r Le Jay; —
« celle du Sr de la Salle; — celle du S^r Le Camus; —
« celle du Sr Polastre; — celle du Sr Chauvelin; —
« *l'hostel de Crussol appartenant au sieur abbé des Roches.* »

---

1. Arch. Nationales, S. 1121, et plans, départ. de la Seine,
IIIe classe, n°s 46, 47, 129.

3° Aveu et dénombrement par devant Mahault et Goudin, notaires, le 19 mai 1721 :

« Maison du Sʳ Adam ; — celle du Sʳ Villoyson ;
« — deux maisons au Sʳ Girault [1] ; — maison du
« Sʳ Henault ; — celle du Sʳ Lemaistre ; — celle du
« Sʳ Horet ; — celle du Sʳ Pougin, *auparavant au sieur*
« *Chauvelin, au coin de la rue Villedo ;* — *de l'autre*
« *costé de ladite rue, l'hostel de Crussol,* appartenant au
« Sʳ Du Veaux, *anciennement au sieur abbé des Roches.* »

Cette dernière énonciation fournit à elle seule la solution du problème. La citation suivante n'a pour but que de compléter la série :

4° Aveu et dénombrement devant Hazon et Girault, notaires, le 24 octobre 1744 :

« Maison du sieur Fortier. — Celle du sieur de Vil-
« loison. — Deux maisons de la veuve Girault. —
« Celle du sieur président Henault. — Celle de la dame
« Hugot. — Celle du sieur Horet. — Celle du sieur
« Pougin de Nomion [2] *qui fait le coin de la rue Vildot,* —
« et, *de l'autre costé de ladite rue,* la maison du sieur
« Dumas, *anciennement l'hostel de Crussol [3].* »

Nous pouvons maintenant dresser le tableau synchronique des maisons comprises entre le coin droit de la rue Villedo et le coin gauche de la rue Neuve-

1. Ces deux maisons sont restées réunies et portent aujour-d'hui le n° 49.
2. Je rétablis, d'après l'Almanach royal de 1745, le véritable nom de M. Pougin de Nomion, secrétaire du roi, que les titres de l'archevêché dénomment inexactement Pougin ou Pougues de Saumion.
3. *Loc. cit.,* Archevêché, 3ᵉ boëte, ch. 6, 3ᵉ liasse.

des-Petits-Champs, de 1684 à 1744, en le rapportant aux numéros actuels :

RUE RICHELIEU. Numéros actuels.	Ordre ancien.	1684.	1705.	1704 ET 1711.	1721.	1744.
53	1	Adam.	Adam.	Adam.	Adam.	Fortier.
51	2	Dausse.	Villoyson.	Villoyson.	Villoyson.	Villoyson.
49	3	Ve Flacourt.	Flacourt.	Girault.	Girault.	Ve Girault.
49	4	Jourdan.	Jourdan.	Le Jay.	Girault.	Ve Girault.
47	5	Senechal.	La Salle.	La Salle.	Henault.	Henault.
47	6	Senechal et Camus.	Le Camus.	Le Camus.	Lemaistre.	De Hugot.
45	7	Picot.	Ve Polastre.	Ve Polastre.	Picon.	Horet.
43	8	Billiard.	Chauvelin.	Chauvelin.	Pougin.	Pougin de Nomion.

Au coin sud de la rue Villedo :

Numéros actuels.	1684.	1705.	1704 ET 1711.	1721.	1744.
41	Hôtel Crussol.	Abbé des Roches.	Abbé des Roches.	Du Veaux.	Dumas.

L'hôtel de Crussol, reporté au coin gauche au lieu du coin droit de la rue Villedo, c'est-à-dire du n° 43 au n° 41 actuel de la rue Richelieu, ne se trouve plus

en face du n° 42, mais en face du n° 40, et ce dépla-
cement, loin d'affaiblir l'autorité du document publié
par M. Benjamin Fillon, en affirme au contraire la
frappante exactitude, car c'est bien au n° 40 que Molière est mort.

III

C'est en repassant probablement par le même chemin que M. Édouard Fournier que je me suis vu conduit un peu plus loin que lui, à quelques pas seulement
de l'endroit où il s'était arrêté une minute trop tôt.

Je vais exposer ici les éléments du travail qui nous
furent sans doute communs, et l'on verra ressortir,
comme d'elles-mêmes, les circonstances particulières
qui ont trompé la sagacité de M. Édouard Fournier.

Les deux documents manuscrits que je citais tout à
l'heure fournissent, à leur date respective, la liste des
propriétaires de la rue de Richelieu pour la section de
cette voie publique qui nous intéresse, c'est-à-dire depuis le coin nord-est de la rue Neuve-des-Petits-Champs
jusqu'à la rencontre de la maison que le tailleur Baudelet avait louée à Molière. Remarquons que la maison
de la rue Richelieu qui fait le coin de la rue Neuve-des-
Petits-Champs porte le n° 56, et, appliquant aux maisons

anciennes le numérotage moderne, nous obtenons d'abord le tableau suivant :

N⁰ˢ du Terrier.	État et partition. 1684.	Terrier royal. 1705.
56. 26.	Maison Mangin.	Maison Auscau.
54. 25.	Maison Hoquet.	Maison Hattier.
52. 24.	Maison Dˡˡᵉ Lenoir.	Maison du Sʳ Chapperon.
50. 23.	La même.	Maison du Sʳ Aulic.
48. 22.	Dˡˡᵉ Bonnegarde.	Maison de Sʳ Charpentier.
46. 21.	Maison Juard.	Maison du Sʳ Monnerot.
44. 20.	Maison Boulanger.	Maison du procureur Genest.
42. 19.	Maison de l'abbé Baudelet.	Maison des Sieur et Dᵉ Baudelait (*sic*).

Ainsi, le numérotage moderne conduirait à adopter le n⁰ 42 pour la maison Baudelet, puisque que le n⁰ 42 est la huitième maison en partant de la rue Neuve-des-Petits-Champs. Mais cette induction n'est valable qu'à une condition, c'est que la division de la propriété n'ait pas changé depuis 1705.

C'est ce que je vérifiai sur le plan qui accompagne le *Terrier royal* et dont je donne ici le *fac-similé*, habilement exécuté par M. Rolot. Or, une chose saute aux yeux, c'est que la maison Baudelet, la huitième à partir de la rue Neuve-des-Petits-Champs (parcelle 19 du plan), est située un peu au-dessous de la rue Villedo, qui la percerait de part en part, si l'on prolongeait son axe; c'est le n⁰ 40 d'aujourd'hui, tandis que le 42 correspondrait au n⁰ 20 du *Terrier*, qui n'est plus que la septième maison depuis la rue Neuve-des-Petits-Champs. Sur cette remarque, j'ai procédé à un mesurage qui m'a donné, sur le plan du *Terrier*, 42 toises depuis le coin nord-est de la rue Neuve-des-Petits-Champs jusqu'à la limite septentrionale de la parcelle nº 19 du *Terrier*. Ce même toisage, reporté sur le plan géométral de Vasserot et Bellanger, conduit au mur septentrional de la maison qui porte aujourd'hui le nº 40.

D'où provient cette différence entre le comptage par maisons et le toisé sur le terrain? D'un fait bien simple : c'est que la maison mitoyenne, au nord de la maison Baudelet, c'est-à-dire la parcelle nº 20 du *Terrier*, a été dédoublée; elle compte aujourd'hui pour les nᵒˢ 44 et 42, tandis que, dans le système du plan de 1705, elle correspondrait uniquement au nº 44, et alors la maison Baudelet correspondrait réellement au nº 42. Outre que le dédoublement de la parcelle nº 20 est facile à constater sur place, la légende du *Terrier* fournit un élément positif pour cette vérification. En effet, les maisons 44 et 42 ne contiennent aujourd'hui chacune qu'une boutique, celle d'un pharmacien (nº 44) et celle d'un culottier (nº 42), tandis que le *Terrier* décrit ainsi la parcelle nº 20 (44 et 42 actuels) « porte cochère et deux boutiques ». Une dernière et surabondante preuve. J'ai dit qu'on mesurait 42 toises pour les sept maisons qui, en 1705 comme en 1684, séparaient la maison Baudelet de la rue Neuve-des-Petits-Champs; les 42 toises reproduisent avec une rigueur mathématique le lotissement originairement imposé par le cardinal Richelieu. On verra, plus loin, comment et quand la parcelle nº 20 fut dédoublée.

La maison numéro 40 répond ainsi aux données multiples du problème : elle couvre exactement la parcelle nº 19 sur laquelle le plan du *Terrier* construit la maison Baudelet; elle se trouve à la même distance que la maison Baudelet du coin nord-est de la rue Neuve-

des-Petits-Champs; enfin, elle fait face à l'emplacement de l'ancien hôtel de Crussol, devant lequel les
prêtres de Saint-Eustache prirent le corps de Moliere.

L'erreur accréditée par M. Édouard Fournier provient
donc de deux causes : la première, c'est qu'il a placé
l'hôtel de Crussol au coin nord de la rue Villedo au
lieu du coin sud; la seconde, c'est qu'il n'a pas reconnu
la division, relativement moderne, de la parcelle n° 20
du *Terrier*.

Ces démonstrations topographiques suffisaient à ma
conviction personnelle. Mais, pressentant qu'elles lais-
seraient un certain doute parmi le gros des lecteurs,
j'en ai voulu poursuivre la vérification intégrale en
telle sorte qu'elles me conduisissent à des justifications
indiscutables, et me permissent de dire ce que j'appelle
le dernier mot.

J'y ai pleinement réussi.

Ce fut avec une entière certitude que je me fis an-
noncer chez M. le baron Albert Cretté de Palluel, l'un
des propriétaires de la maison n° 40. J'y reçus l'accueil
non seulement le plus courtois, mais aussi le plus intel-
ligemment sympathique à l'objet de ma recherche. A
peine l'avais-je exposé, que M. de Palluel, souriant de
ma joie, plaçait sous mes yeux une pièce du plus haut
intérêt, l'acte de compte et partage de la succession des
héritiers Baudelet, en date du 15 juillet 1704, où je
lus avec un ravissement et une émotion faciles à comprendre, les lignes que voici :

« Il sera fait compte de la somme de 812 livres 10
« sols, faisant moitié de celle de 1625 livres pour cinq
« termes du loyer des lieux occupez en ladite maison,
« rue de Richelieu, *par les sieur et damoiselle Moliere,*

« eschus depuis le premier juillet 1677 jusques à la
« Saint-Remy 1678, à raison de treize cents livres par
« an[1]... »

Plus de doute : j'avais frappé juste à la porte de la
maison demeurée introuvable pour mes devanciers.

Ma satisfaction fut plus complète encore que je n'aurais jamais osé l'espérer. Les archives de MM. de Palluel ont ce triple avantage d'être très complètes, très
bien classées et d'être connues à fond de leurs heureux
possesseurs.

Peut-être M. le baron Albert de Palluel, qui avait
laissé se produire en public, sans les contredire jamais,
tant d'assertions hasardées, se réservait-il de mettre
en œuvre les documents dont il appréciait toute la
valeur. Je ne jurerais pas qu'il n'ait éprouvé comme
un regret intime de ne m'avoir pas devancé; l'empres-
sement et la cordialité avec lesquels il les a mis et s'est
mis lui-même à ma disposition, ne m'en sont que plus
précieux et lui vaudront certainement la gratitude du
monde lettré.

Muni d'un grand nombre d'actes authentiques ou
privés, qui me fournissaient les éléments suivis d'une
démonstration sans réplique, je les ai facilement com-
plétés sur quelques points par des recherches personnelles.

J'en vais maintenant exposer le résultat.

---

1. C'est le solde des loyers du bail de Moliere, qui avait été
fait pour six ans, du 1er octobre 1672 au 1er octobre 1678. Moliere et Mme Moliere étaient morts lorsque fut dressé l'acte de
compte et partage des successions Baudelet, et Mme Moliere
avait cédé son bail dès le 26 juillet 1673 ; mais, suivant l'usage
du temps, on ne nomme ici que les débiteurs d'origine sans
faire état de leurs cessionnaires.

IV

Lorsque le cardinal duc de Richelieu commença, l'an 1624, la construction de son hôtel de la rue Saint-Honoré, qui, à la suite d'agrandissements successifs, prit enfin le nom de Palais-Cardinal, les propriétés acquises par lui entre la rue des Bons-Enfants, la rue Saint-Honoré et la porte du même nom, formaient un îlot triangulaire dont la partie septentrionale était bordée en biais, du sud-ouest au nord-est, par le rempart et les fossés de l'enceinte de Charles V, depuis la porte Saint-Honoré (emplacement approximatif de l'angle sud-ouest de la place actuelle du Théâtre-Français) jusqu'à la porte Montmartre, située à peu près à la moitié de la rue Montmartre d'aujourd'hui, à la hauteur de la rue d'Aboukir. Ce tracé se reconstitue par une ligne oblique S.-O.-N.-E. qui, partant de la rue Richelieu, coupe à angle droit, du sud au nord, la salle du Théâtre-Français et le jardin du Palais-Royal, ressort sur la rue de Valois entre les nos 11 et 13, et aboutit rue des Bons-Enfants entre les nos 31 et 33, s'identifiant, à partir de ces deux dernières maisons, avec l'ancien tracé de la rue Baillifre, aujourd'hui rue Baillif [1]. Mais, le 23 novembre 1633, l'agran-

1. Le mur mitoyen des maisons n° 16 et n° 18 de la rue de Valois suit encore la direction de l'ancien rempart et forme un angle très ouvert avec le tracé rectiligne de la rue de Valois. Le nom de la rue vient de Mathieu Baillifre, musicien de la chambre du roi (1629).

dissement de la ville à l'ouest et au nord, au moyen de
l'adjonction du faubourg Saint-Honoré et de la Ville-
Neuve (quartier Bonne-Nouvelle), fut décidé par
lettres-patentes enregistrées au Parlement le 5 juillet 1634[1]. L'entreprise en fut donnée à Charles Froger,
secrétaire ordinaire de la chambre du roi, à la charge
d'abattre l'ancienne fortification depuis le Louvre jusqu'à la porte Saint-Denis, et de construire la nouvelle
enceinte partant de la nouvelle porte Saint-Honoré (à la
jonction de la rue Royale d'aujourd'hui) jusqu'à la porte
Saint-Denis. Ce plan comprenait, entre autres parties,
l'ouverture d'une rue nouvelle depuis la rue (Croix) des
Petits-Champs jusqu'au nouveau rempart vers l'ouest,
dans la direction de la Ville-l'Évêque : ce fut la rue
(Neuve) des Petits-Champs; l'autre, depuis la rue
(Neuve) des Petits-Champs jusqu'à la rue Saint-Honoré
devant les Quinze-Vingts : ce fut la rue Richelieu. En
récompense, le roi accordait à Charles Froger la propriété du sol des remparts, fossés, contrescarpes, depuis
la grande galerie du Louvre (à peu près au pavillon Les-
diguières) jusqu'à la porte Saint-Denis, les places et démolitions des portes Saint-Honoré et Montmartre, etc.[2]

Telles sont les dispositions officielles que je viens
d'analyser sommairement d'après l'arrêt homologatif
du Parlement. Mais à la même date que les lettres patentes du 29 novembre 1633, il intervenait des stipu-
lations particulières révélées par les archives de l'Hôtel
Dieu[3], desquelles il résulte que Louis Le Barbier, maître
d'hôtel du roi, était substitué au contrat de Charles

---

1. Félibien et Lobineau. *Preuves,* t. II, partie III, p. 91.
2. *Ibid.*
3. Inventaire, n° 1377.

Froger, et que, des terrains abandonnés à Charles
Froger, il y avait lieu de distraire les parties appartenant au cardinal de Richelieu, lesquelles, selon toute
apparence, le premier ministre s'était fait donner pour
achever le vaste dessein de son palais. Le cardinal se
trouva ainsi en possession des superficies limitées aujourd'hui par le côté oriental de la rue Richelieu et le
côté méridional de la rue Neuve-des-Petits-Champs.

Les terrains réunis par ces arrangements au corps
principal de l'hôtel Richelieu, au dehors de la vieille enceinte, étaient en culture maraîchère et faisaient partie
de l'étendue connue sous le nom vague de Petits-
Champs; ils relevaient de divers fiefs connus sous le
nom de la Ville-l'Evêque, la Grange-Batelière, le Clos-
Georgeot, le fief Popin, etc., mouvant eux-mêmes soit
de l'archevêque de Paris, soit de l'abbé de Saint-Victor,
comme seigneurs dominants. Le plan n° 2 joint au
présent volume trace le périmètre du fief Popin.

Le cardinal, voulant sans doute se récupérer d'une
partie de la dépense énorme qu'il avait assumée, et
s'en couvrir, du moins en partie, par les bénéfices d'une
spéculation immobilière, n'étendit pas le jardin ou parc du
Palais-Cardinal sur la totalité des terrains qu'il avait réunis
en une seule tenure. Il réserva le long de la rue Richelieu et de la rue Neuve-des-Petits-Champs une marge de
huit à neuf toises, profondeur suffisante pour élever des
maisons commodes et même spacieuses. Il voulut aussi
que ces maisons ou pavillons, d'égale grandeur et de
même symétrie, décorassent le périmètre de son jardin[1].

1. C'est évidemment l'idée mère du plan exécuté en 1784
dans des proportions grandioses, quel qu'en fût le but mercan-
tile, par le duc de Chartres.

Pour y parvenir, il fit faire un toisé du terrain qui lui
appartenait et le divisa en quarante cinq places[1] de
six à sept toises de large[2], ayant façade et entrée sur
les rues de Richelieu, Neuve-des-Petits-Champs et des
Bons-Enfants. Elles devaient présenter, du côté du jardin, des ailes symétriques, enfermant une cour intérieure, et s'appuyaient sur le mur de clôture du jardin,
mitoyen avec elles.

Une partie de ces places à bâtir fut rétrocédée par
le cardinal à Louis Le Barbier, aux termes d'un contrat du
18 mars 1636, dont je n'ai pas à m'occuper ici. D'autres places, ou une portion de ces places furent reprises
à Le Barbier, puis revendues, aux termes d'un contrat
devant les notaires Levasseur et Pain, le 29 mai 1655,
par le duc de Richelieu, héritier du cardinal, à une société composée de MM. Charles de Flacourt, Simon
de l'Épine et Claude Gauldrée Boileau, qui devinrent
également acquéreurs des rentes dues par Le Barbier
pour le prix des terrains qu'il avait définitivement gardés.

La deuxième de ces places, qui était la plus étendue,
puisqu'elle partait de la maison d'un sieur Le Roy, que
je crois pouvoir identifier avec le n° 28 actuel de la rue
Richelieu, se prolongeait jusqu'à la rue Neuve-des-
Petits-Champs et continuait en retour d'équerre jusqu'à

1. Beaurain. *Explications relatives au plan geométral du Palais-
Cardinal,* 4 p. in-4°, 1737. Cabinet des estampes.

2. Les *Explications* de Beaurain disent sept toises, mais la
preuve que cette largeur n'était pas invariable, c'est que les
deux parcelles vendues, comme on le verra plus loin, aux frères
Marsy et au tailleur Baudelet, ne mesuraient chacune que six
toises. Du reste, le plan de Beaurain suscite des observations
qui trouveront leur place naturelle dans une étude sur la construction du Palais-Royal, dont j'ai réuni les matériaux.

la maison de M. Coiffier, qui est représentée aujour-
d'hui par le n° 15 de la rue Neuve-des-Petits-Champs,
devant la Bibliothèque nationale.

Cet immense terrain, qui développait environ cent
deux toises de façade sur les rues Richelieu et Neuve-des-
Petits-Champs[1], fut successivement aliéné par la compagnie Flacourt et consorts, en diverses parcelles, sur
l'une desquelles s'éleva la maison qui fait l'objet de la
présente notice.

Il relevait, en grande partie, du fief Popin, l'un des
plus anciens de Paris, car on en a connaissance dès
l'an 1170, cent vingt-trois ans avant que le prévôt des
marchands Jehan Popin eût illustré son nom en dotant
la ville de son premier abreuvoir[2].

Le fief Popin paraît être sorti des mains de ses
antiques possesseurs dans le courant du xive siècle, et
devint, dit-on, la propriété du traître Étienne Marcel,
l'indigne successeur de Jehan Popin à la prévôté parisienne. Il appartenait en 1414 à Jean de Motreux,
bourgeois de Paris. On le retrouve, au commencement

---

1. J'ai contrôlé ce mesurage en l'appliquant successivement :
1° au plan du Terrier de 1705, dressé approximativement à
l'échelle de 1 millimètre 21 par mètre ; 2° au plan du fief Popin,
dressé en 1682-83, à l'échelle de 1 millimètre 246 par mètre ;
3° au plan de Beaurain, dressé en 1737 à l'échelle de 0 millimètre 96,750 par mètre ; 4° au plan de Vasserot et Bellanger,
dressé vers 1829 à l'échelle de 1 millimètre par mètre ; la conversion des toises en mètres étant faite sur la valeur exacte
de la toise donnée par l'*Annuaire des longitudes,* c'est-à-dire
1^{m}94,90 par toise.

2. L'abreuvoir Popin a été démoli et comblé après 1854 pour
la construction du théâtre du Châtelet et le prolongement jusqu'au quai de la Mégisserie de la rue des Lavandières-Sainte-
Opportune, qui autrefois s'arrêtait au débouché actuel de la
rue Saint-Germain-l'Auxerrois.

du xviiᵉ siècle, en la possession de MM. Hellée et
Voisin [1]. D'une certaine Anne Voisin, veuve d'un procureur au Châtelet appelé Louis Lecoincte, le fief passa
à ses nièces Anne Ginoreau, femme de Jehan Legrand,
clerc au greffe civil du Châtelet, et Claude Ginoreau,
femme de Tristan Balthazar, huissier au Châtelet, qui
en firent foi et hommage au cardinal de Retz, archevêque de Paris, le 17 août 1620 [2].

J'ignore comment le fief Popin tomba, trente ans
plus tard, aux mains de Guillaume Le Pere et de sa
femme Marie de Hemant, dont les héritiers le possé-
dèrent pendant un siècle et par delà. Le dernier acte
que je connaisse à ce sujet est le dénombrement du
fief Popin, vendu le 24 octobre 1744, devant Hazon
et Girault, notaires, à monseigneur de Vintimille, archevêque de Paris, par Michel Velut de la Crosnière,
conseiller du roi en la cour des aides de Paris [3], et par
Françoise Jeanne Le Pere de Popin, sa femme, demeurant rue Tiquetonne [4], seule fille et héritière de Léonard Louis Le Pere, écuyer secrétaire du roi, avocat au
Parlement, et représentant tous les droits des autres
descendants de Guillaume Le Pere [5].

Lorsque Léonard Le Pere, fils de Guillaume, rendit
hommage au cardinal-archevêque de Paris, le 4 juillet
1657, devant Leroux et Lebeuf, notaires, les terrains

1. Jacques du Breul. *Antiq. de Paris.* Paris, in-4°, 1612,
p. 1081.
2. Arch. Nat., S. 1121.
3. Conseiller à la troisième chambre de la cour des aides;
reçu le 8 avril 1739; il est appelé Velut de la Cronière de
Popin par l'*Almanach royal.*
4. Une partie de la rue Tiquetonne dépendait du fief Popin.
5. Arch. Nat., S. 1121.

possédés depuis vingt ans par le cardinal de Richelieu et ses héritiers furent ainsi désignés : « Terres encloses « de nouvel dans la ville de Paris entre les portes de « Richelieu et de Saint-Honoré, autrefois hors les « portes Saint-Honoré et Montmartre... » Pas une seule maison ne figure dans le dénombrement[1].

Nous savons qu'en effet la construction ne commença sérieusement que l'année suivante.

Le 9 février 1658, par contrat devant Devaulx et Daubanton, notaires, les associés Flacourt, L'Epine et Claude Gauldrée Boileau vendirent à Gaspard et Balthazar Marsy, ou de Marsy, frères, sculpteurs[2] :

Une place le long du mur mitoyen du parc du Palais Cardinal, ayant 12 toises de largeur, tant sur ce mur mitoyen qu'en façade sur la rue Richelieu, et 8 toises 3 pieds 9 pouces de profondeur, ensemble 103 toises de superficie, à prendre à 20 toises près de la maison appartenant à M. Le Roy. De l'autre côté était une place vide.

Le terrain acquis par les frères Marsy est représenté, sur le plan de lotissement de Beaurain, par deux parcelles contiguës, numérotées XVI et XVII en chiffres romains et 31 et 32 en chiffres arabes.

Le prix était de 10,300 livres.

1. Les maisons bâties dans la rue Richelieu sur le fief Popin apparaissent pour la première fois dans le dénombrement de 1704, bien qu'il en existât plusieurs au moins depuis 1657.

2. Sur les Marsy, sculpteurs et architectes du roi, membres de l'Académie, voyez l'excellente notice de Jal, *Dict. crit.* Balthazar mourut le 26 février 1673, neuf jours après Moliere. Les Marsy possédaient en outre deux maisons joignantes, faisant l'encoignure de la grande rue du faubourg Richelieu, au delà des limites de 1638. (Rôle du 20 septembre 1672. Arch. Nat., Q[1]. 1120-21.)

Le contrat contient déclaration par les frères Marsy que la moitié de leur acquisition est faite au profit de René Baudelet, tailleur et valet de chambre de la Reine [1].

Les 10,300 livres furent payées par les frères Marsy et par Baudelet, aux termes d'une quittance du 11 février 1658, par devant Devaux et Recordeau, notaires.

Le même acte donne quittance de 3,458 livres pour une vente de terrain également rue Richelieu, à Michel Corneille, peintre ordinaire du roi [2].

Dans le partage de la place de douze toises de largeur à eux vendues, les frères Marsy prirent les six toises du côté de la rue Saint-Honoré, nos XVI et 31 du plan de Beaurain, c'est aujourd'hui le no 38, et Baudelet les six toises du côté de la rue Neuve-des-Petits-Champs, nos XVII et 32 du lotissement; c'est aujourd'hui le no 40. La maison de Michel Corneille tenait à la maison des Marsy [3]; c'est aujourd'hui le no 36. Le plan géométral de Vasserot et Bellanger (1825-30), prouve que la contenance des deux parcelles Baudelet et Marsy n'a pas varié. L'ensemble des deux maisons nos 40 et 38 mesure encore exactement douze toises de façade.

Le 2 août 1639, par obligation devant Pierre Buon, notaire, René Baudelet et Madeleine Dumont, sa femme, empruntèrent à Jean de l'Espée, bourgeois de

---

1. L'*État de la France* pour 1669 l'appelle René Bandelet et l'enregistre en la double qualité de valet de garde-robe ordinaire, aux émoluments de 150 livres, et de tailleur de la Reine.

2. Michel Ier Corneille, recteur de l'Académie de peinture, mort à quarante-sept ans, le 13 juin 1664, dans sa maison de la rue Richelieu.

3. L'*État et partition* de 1684 les range dans l'ordre suivant, de droite à gauche : « Dame Corneil (*sic*); Du Marsic (*sic*); Baudelet. »

Paris, rue des Deux-Portes, la somme de 9,500 livres pour employer à la construction d'une maison rue de Richelieu, sur la place de terre par eux depuis peu acquise, somme qu'ils remboursèrent le 2 septembre 1662 [1].

La maison bâtie par les époux Baudelet est celle dont ils louèrent la presque totalité à M. et Mme Moliere, le 26 juillet 1672, par bail devant Pauyot et Routier, notaires, pour six années, à partir de la Saint-Remy (1er octobre) 1672, moyennant treize cent livres par an, plus la moitié de la taxe des boues, des lanternes, des pauvres et autres charges de ville ou de police ordinaires.

Les lieux loués à M. et Mme Moliere y sont ainsi décrits :

« Trois petites caves ou deux grandes, au choix des preneurs; une cuisine; une écurie « dans laquelle ledit bailleur pourra mettre un cheval quand il en aura »; les premier et second étages; quatre entresols au-dessous; la moitié du grenier qui est au-dessus du troisième étage et une remise de carrosse; communauté de la cour, puits et aisances [2]. »

Le bail commençait à la Saint-Remy, 1er octobre 1672. On pourrait croire que M. et Mme Moliere entrèrent le jour même dans cette maison fatale; l'acte de baptême de leur fils Pierre-Jean-Baptiste-Armand (né le 15 septembre précédent) porte, à la date du 1er octobre, que M. et Mme Moliere demeurent rue Richelieu, énon-

---

1. Minutes de Me Gatine. Cette indication se trouve dans les *Recherches* d'Eudore Soulié, document XLIII, p. 258, note.
2. Le bail de Baudelet aux époux Moliere a été publié par Eudore Soulié, *Recherches*. Document XLIII, p. 258.

ciation vraie en droit, mais incertaine en fait, car la quittance du loyer des lieux qu'ils occupaient précédemment rue Saint-Thomas-du-Louvre n'est datée que du 6 octobre [1].

A cette date, Mme Moliere avait eu trois semaines pour faire ses relevailles. Il paraît donc probable que les époux prirent possession vers le 7 octobre de leur nouvelle demeure. Dès le 11, Pierre-Jean-Baptiste-Armand mourait, âgé de vingt-sept jours; l'inhumation eut lieu le lendemain 12 à l'église Saint-Eustache [2].

On peut croire que la perte de son second fils porta le dernier coup à la santé chancelante de Moliere, si gravement ébranlée, après la mort de son fils aîné, par la terrible crise qui faillit le mettre au tombeau pendant l'hiver de 1665 à 1666. Il y avait quatre mois et demi que Moliere habitait la maison de la rue Richelieu, lorsqu'il y mourut, dans la soirée du 17 février 1673, vers dix heures.

Madame Moliere se hâta de quitter la maison où elle avait vu mourir en si peu de temps son fils et son mari. Elle prenait encore domicile rue Richelieu dans l'inventaire du 20 mars suivant, mais elle était retournée rue Saint-Honoré, paroisse Saint-Germain-l'Auxerrois, probablement dans son ancienne maison, où demeuraient encore sa sœur Geneviève et son beau-frère Loménie, lorsque, le 26 juillet 1673, à l'anniversaire précis du bail souscrit par Moliere, sa veuve le céda, du consentement de Baudelet, à messire Robert de la Marck,

---

1. Inventaire après le décès de Moliere. Eud. Soulié. *Rech*. Document XLV, p. 288.

2. Et non le 11, comme on l'imprime souvent. Voyez Beffara, *Dissertation,* etc. Paris, 1821.

comte de la Marck et de Braisne, maréchal de camp et colonel du régiment de Picardie[1], pour les cinq années à courir depuis la Saint-Remy 1673, aux mêmes prix et conditions que le bail primitif. Baudelet, présent à l'acte, autorise M. de la Marck à agrandir l'écurie au moyen de la remise, et à faire construire une remise nouvelle, moyennant quoi M. de la Marck lui abandonne le second entresol en entrant par la galerie, où il n'y a pas de cheminée, attenant à celui qu'il occupe.

René Baudelet mourut en 1674; inventaire de ses biens fut dressé par Bobusse, notaire, le 6 mai 1677, et clos en justice le 1er juillet suivant[2].

Ce fut sa veuve qui transféra le bail des lieux cédés par Mme Moliere au comte de La Marck, finissant le 1er octobre 1678. Par bail devant Pauyot, notaire, le 21 mai 1679[3]. Mme veuve Baudelet loue à haute et puissante dame Agnès de Bailleul, veuve de messire Henri Foucault, chevalier, marquis de Saint-Germain Beauprez, etc., moyennant quinze cents livres, « trois « caves, une salle, une cuisine et une écurie au rez-de- « chaussée, avec la remise de carrosses, plus cinq « chambres en entresol dont trois sur la rue et deux « sur l'aile, le premier et le second étages, et le grand « grenier, » de la maison où la bailleresse est demeurante et où elle se réserve une place pour un cheval à l'écurie.

A madame de Foucault succéda, comme locataire

1. De la maison des ducs de Bouillon et des princes d'Arenberg.

2. Acte de partage par devant Legrand et de Villaine, notaires, le 14 juillet 1704. Archives Palluel.

3. Minutes de Me Turquet. Ce bail est analysé par Eud. Soulié. *Rech.* Document XLVI, p. 292, note.

principal, M. le marquis de la Ferté, qui fut lui-même remplacé par un M. de Raymond. M. de la Ferté vendit à M. de Raymond les glaces et trumeaux qui lui appartenaient, moyennant 550 livres, que M. de Raymond régla en un billet, et M. de la Ferté passa le billet aux héritiers Baudelet en paiement des loyers qu'il devait au jour de son départ [1].

Le bail de M. de Raymond paraît avoir commencé le 1er octobre 1703. En juillet 1704, il devait précisément les trois termes échus, plus le billet de 500 livres par lui souscrit à M. de la Ferté [2]. Le prix du loyer avait été porté à 1900 livres par an ; c'est une augmentation de près de moitié depuis le bail de Molière, c'est-à-dire en trente ans.

Madeleine Dumont, veuve Baudelet, mourut le...... L'inventaire de sa succession fut dressé par Legrand, notaire, et son collègue, le 28 janvier 1704. Le 14 juillet suivant, par devant Legrand et de Villaine, notaires, fut dressé le compte et partage de la succesde M. et de Mme Baudelet, entre leurs héritiers qui étaient :

1° Thomas Baudelet, valet de garde-robe ordinaire de la feue Reine, demeurant rue Frementeau ;

2° Françoise Baudelet, femme de Georges Demarys ou Desmarys, tailleur ordinaire de la feue Reine, demeurant rue Richelieu ;

3° Marguerite Baudelet, veuve en premières noces de Jean-Baptiste Tissedre, officier de feu Monsieur, frère unique du roi, et en secondes noces de Louis Jean sieur de Gommerville, demeurante rue des Bons-Enfants ;

1. Acte de partage de 1704, précité.
2. *Ibid.*

4° Pierre René Baudelet, sieur de Maisonville, mousquetaire du roi dans sa première compagnie, demeurant à l'hôtel des Mousquetaires, faubourg Saint-Germain ;

Héritiers chacun pour un cinquième de leurs père et mère, et pour un quart de Marie-Madeleine Baudelet, leur sœur, religieuse professe, laquelle était héritière pour un cinquième de ses père et mère.

La maison de la rue Richelieu est estimée par les ayant-droit 40,000 livres. Elle est ainsi décrite :

« Consistant en porte cochère, caves, cuisine, « escurie, remise de carrosse, puys, un entresolle, « trois estages et grenier au-dessus, chasque estage « composé de cinq pièces et balcons regardant le jar- « din du Palais-Royal. »

V

La maison, que l'acte de partage laissait expressément indivise entre les enfants de René Baudelet et de Marguerite Dumont, ne sortit de la famille qu'en 1765.

Aux termes d'un contrat des 10 mai et 22 juin 1765, devant Fournier, notaire, elle fut vendue par :

1° Auguste-Marius-Honoré-Bruno Baudelet de Maisonville, tant en son nom que comme stipulant pour :

Anne-Marie Baudelet de Maisonville, sa sœur ;

Et Catherine Louise Lescot, veuve de Louis Guillaume Pierhon de Bincourt ;

2° Catherine-Leblond, veuve de Jean Demary, Jean-

Baptiste Demary, Jean-Jacques Demary, Jean-Georges Demary et Marie-Anne Chelu, sa femme, François Pelletier et Françoise Demary, sa femme, et Louis-Alexandre Demary,

A François-Paul Le Roy et Madeleine-Élisabeth Perrard, sa femme ;

Moyennant 160,000 livres.

La maison n'est pas décrite dans l'acte ; il y est dit seulement qu'elle tient d'un côté (côté droit) à M. de Ravanne[1], qualifié grand-maître des eaux et forêts (c'est aujourd'hui le n° 38) ; d'autre côté (côté gauche) à M. le marquis d'Aubeterre, du chef de madame son épouse (c'était la maison double qui porte aujourd'hui les n°s 42 et 44.)

Conformément à la coutume de Paris, l'acquéreur provoqua sur lui-même un décret de vente judiciaire qui avait les mêmes effets que produit aujourd'hui la purge des hypothèques légales. Ces formalités étaient de droit rigoureux lorsqu'il y avait des mineurs parmi les copropriétaires vendeurs. La licitation étant autorisée judiciairement, M. et Mme Le Roy furent déclarés adjudicataires, sous le nom de Me Chasteau leur procureur, par sentence du Châtelet du 19 juillet 1766, homologuée le 30 août suivant.

M. Paul-François Le Roy porte, dans les divers actes que nous avons consultés, le titre de receveur de la capitation des corps et communautés, arts et métiers et de la milice de Paris. Les Almanachs royaux lui donnent, en effet, cette qualité de 1753 à 1773. Ses

---

1. M. Miotte de Ravanne, grand-maître honoraire de la maîtrise d'Orléans, rue de Richelieu, vis-à-vis la Fontaine et près la rue Vildot. (*Almanachs royaux,* 1765 et suivants.)

bureaux sont indiqués d'abord rue Sainte-Avoye, puis rue des Moulins à la butte Saint-Roch. En 1768, il demeurait rue Ventadour, au coin de la rue Neuve-des-Petits-Champs. Ses bureaux y restèrent jusqu'en 1773, époque de sa retraite. A cette époque il céda sa charge à M. Collart du Tilleul[1], qui n'en jouit pas longtemps, car elle fut supprimée par l'édit de janvier 1775, qui remplaça les nombreuses recettes spéciales de la Ville de Paris par six receveurs chargés du recouvrement de toutes les impositions.

M. Le Roy mourut, dans un âge très avancé, le 22 fructidor an XII (9 septembre 1804). Madeleine-Elisabeth Perrard, sa femme, lui survécut jusqu'au 11 mars 1811.

La succession de M. et Mme Le Roy fut liquidée par acte devant Me Robert Duménil, notaire à Paris, le 30 mai 1811. Les ayant-droits étaient les petits-fils et petites-filles de M. et de Mme Le Roy, savoir :

1º M. Auguste-Pierre Laroche et Mme Charlotte-Elisabeth Laroche, veuve de M. Raguideau, notaire à Paris;

2º Claude-François Le Duc de Survilliers[2] et Louise-

---

1. M. Collart du Tilleul était le père de M. Jules Dutilleul, qui fut, en 1811, sous le ministère du comte Mollien, son oncle, auditeur au Conseil d'État et administrateur du Trésor, en 1830 conseiller maître à la Cour des Comptes; procureur général près la même Cour, de 1846 à 1864; et le grand-père de M. Ernest Collart Dutilleul, receveur général de la Haute-Marne et directeur du mouvement général des fonds du Trésor sous l'Empire, député de Compiègne en 1876, ministre des finances dans le cabinet du 23 novembre 1877, grand-officier de la Légion d'honneur, aujourd'hui président du conseil d'administration de la Banque de Paris et des Pays-Bas.

2. M. Le Duc de Survilliers, père de Claude-François et mar-

Céleste Le Duc de Survilliers, épouse de M. Alexandre-César Cretté, adjoint au maire du troisième arrondissement de Paris.

M. Alexandre-César Cretté, baron de Palluel, nommé dans l'acte qui précède, était propriétaire à Dugny de l'ancien fief de Palluel [1], et en cette qualité, fit partie, en l'an IX, du conseil d'arrondissement de Saint-Denis, dès sa création. Il y siégea pendant plusieurs années, devint adjoint au maire du troisième arrondissement de Paris en 1804 (*Almanach impérial* an XIII), puis maire du même arrondissement de 1815 à 1828; membre du conseil général de 1828 à 1830; il rentra dans la vie privée à la révolution de juillet. L'ancien fief de Palluel avait été reconstitué en sa faveur sous forme de majorat et avec titre de baronnie par lettres patentes du 29 janvier 1827 [2].

Par suite d'arrangements de famille, la maison des Baudelet passa de la succession Le Roy dans les mains de MM. de Palluel, petits-fils d'Alexandre-César Cretté de Palluel, qui la possèdent encore.

---

de N..... Le Roy, était, avant la révolution, chef des bureaux de la venerie du Roy, place des Victoires. (*Almanach de Versailles* pour 1788, p. 120.) La terre de Survilliers, dont il était propriétaire et seigneur, était une baronnie anciennement pourvue de haute, basse et moyenne justice (canton de Luzarches, Seine-et-Oise). C'est de cette même terre de Survilliers, voisine de Morfontaine, que le roi Joseph Napoléon prit plus tard le nom de comte de Survilliers.

1. Sur le fief de Palluel, voyez l'abbé Lebœuf, t. VI, p. 261. M. Cretté, père d'Alexandre-César, était, sous Louis XVI, inspecteur général de la capitainerie royale des chasses de la varenne des Tuileries, en résidence au Bourget. (*Alm. royaux*, 1784 et suiv.)

2. *Bulletin des Lois*, n° 140 de la VIII° série, n° 4798.

C'est à leur obligeance que je dois la bonne fortune d'avoir pu éclaircir un problème si intéressant pour la biographie de Moliere. Ils m'ont ouvert leurs archives privées avec une courtoisie et une confiance dont je suis profondément touché, et dont je tiens à leur exprimer publiquement ma reconnaissance.

Peu s'en fallut que ces précieuses archives ne fussent anéanties en 1870, pendant le siége de Paris par les Prussiens. Elles étaient déposées dans la maison de Dugny, dont je parlais tout à l'heure. Dugny, le Bourget, Pont-Iblon, lieux funèbres auxquels se rattachent les noms de tant de braves qui versèrent leur sang généreux dans une défense stérile ! Placé à la limite mobile où se heurtaient incessamment les avant-postes des défenseurs de Paris et ceux de l'armée allemande, Dugny fut tour à tour occupé et abandonné par les belligérants. Lorsque MM. de Palluel purent rentrer dans leur maison après l'armistice, ils reconnurent avec consternation que les archives n'étaient plus à leur place. Heureusement la perte ne fut pas aussi grande qu'on aurait pu le craindre. On retrouva les dossiers et les titres jetés pêle-mêle dans le jardin et dispersés au gré du vent.

Un petit nombre de pièces avait disparu, d'autres étaient tachées d'eau ou de boue, mais enfin les titres de propriété de la baronnie de Survilliers, du fief et de la baronnie de Palluel et de la maison Baudelet furent réunis sans trop de lacunes. A peine remarque-t-on quelques traces de mouillure sur l'acte de partage de la succession Baudelet, que je reproduis par extrait aux Pièces justificatives.

VI

J'ai pu établir sans intérruption la propriété de la maison Baudelet, depuis le temps où ce n'était qu'un morceau de terre dans les Petits-Champs de la Ville-l'Évêque, jusqu'à la présente année 1880. Quoique cette filiation ininterrompue ne laisse aucune place au doute, je ne crois pas inutile d'ajouter un complément, fut-il surabondant, à ma démonstration, en donnant un éclaircissement non moins décisif sur la maison n° 42, à laquelle je retire le bénéfice de l'hypothèse suggérée par M. Edouard Fournier.

Cette sorte de contre-épreuve ne m'a pas coûté beaucoup de peine. Mon ami M. Charles Nuitter, qui avait commencé des recherches sur les origines du n° 42, a bien voulu me communiquer ses notes et m'autoriser à les employer. Ce procédé confraternel n'étonnera pas ceux qui connaissent l'aimable et savant archiviste de l'Opéra.

On a vu plus haut qu'au Terrier de 1705, la maison située immédiatement après celle des Baudelet, en allant vers la rue Neuve-des-Petits-Champs, appartenait à un procureur nommé Genest. Ce Genest était le doyen des procureurs à la Cour des comptes; l'almanach royal de 1714 libelle ainsi son adresse : « rue Riche-lieu, devant la rue Vildo. »

Les actes dont M. Charles Nuitter m'a communiqué

le sommaire remontent directement de nos jours
jusqu'au procureur Genest.

La propriété actuelle du n° 42 procède d'une vente
faite devant Mᵉ Preau, notaire, le 25 fructidor an IX
(12 septembre 1801), par M. Pierre Duprat à M. Joseph
Dufilho, pharmacien, d'une maison située alors rue de
la Loi n° 1258. En me reportant à l'acte original conservé dans l'étude de Mᵉ Masson qui a bien voulu me
le communiquer, j'y ai vu que la maison n° 42 (ancien
1258) y est qualifiée d'indivise et décrite comme tenant
d'un côté à l'hôtel de Chartres (c'est l'ancienne maison
Baudelet, comme je l'expliquerai plus loin), de l'autre
à l'acquéreur, c'est-à-dire à M. Dufilho lui-même, déjà
propriétaire du n° 44, c'est-à-dire de l'autre moitié
indivise, où était établie sa pharmacie. Les choses,
à cet égard, n'ont pas changé. C'est toujours un
pharmacien qui occupe le n° 44 et je me suis donné le
plaisir de constater, au moyen des almanachs nationaux
et du commerce, que, depuis M. Dufilho, c'est-à-dire
depuis soixante-dix-neuf ans au moins, la boutique du
n° 44 est restée consacrée à son utile destination.

Un autre Duprat, qui portait le nom de Dominique
(peut-être est-ce le même que Pierre) avait acquis la
même maison ou portion de maison de Michel Nepveu,
architecte[1] et de Marie-Geneviève Rousseau, sa femme,
par acte passé devant Mᵉ Laroche, le 4 août 1787[2].

M. et Mᵐᵉ Nepveu en étaient propriétaires en vertu de

---

1. Sans doute le père de M. Nepveu, qui fut l'architecte du
roi Louis-Philippe et du palais de Versailles, et sur qui je
connais de piquantes anecdotes racontées avec tout le sel possible
par M. Alfred Arago, ancien directeur des Beaux-Arts.

2. Minutes de Mᵉ Megret.

la vente qui leur avait été consentie le 19 mai 1773, aux
termes d'un contrat devant Me Trutat, notaire ¹, par
messire François-Pierre-Charles Bouchard d'Esparbés de
Lussan d'Aubeterre, comte de Jonzac, lieutenant général
des armées du roi, messire François-Jacques-Tanneguy
Le Veneur, comte Le Veneur, brigadier des armées du
roi, messire Alexis-Paul-Michel Le Veneur, vicomte Le
Veneur, et messire Jean-Pierre de Damas, comte d'Anlezy, brigadier des armées du roi, et dame Michelle-
Pierrette Le Veneur, son épouse; tous propriétaires
de ladite maison, savoir :

Pour moitié au comte de Jonzac, comme héritier de
son chef; et pour l'autre moitié aux comte et vicomte
Le Veneur et à la comtesse d'Anlezy conjointement,
comme héritiers (par représentation de Michelle-Julie-
Françoise Bouchard d'Esparbés de Lussan de Saint-
Maurice d'Aubeterre de Jonzac leur mère, épouse de
messire Jacques Tanneguy Le Veneur, comte de Til-
liéres, maréchal de camp), de dame Marie-Françoise
d'Esparbés de Lussan de Saint-Maurice d'Aubeterre de
Jonzac, leur sœur et tante, décédée épouse de messire
Joseph-Henri Bouchard d'Esparbés de Lussan d'Aubeterre, marquis d'Aubeterre, ainsi qu'il en est justifié par
l'intitulé de l'inventaire fait après le décès de la marquise d'Aubeterre, par Me Lormeau, notaire à Paris, le
13 août 1772 ², ainsi libellé :

« La maison appartenoit à la marquise d'Aubeterre,
« comme lui ayant été abandonnée par son contrat de
« mariage passé devant Dutartre, notaire, le 13 juil-

1. Minutes de Me Cocteau.
2. Minutes de Me A. V. Jozon.

« let 1738 [1], entre autres biens de la succession de
« Me Jean-Rémy Henault, son père, greffier du conseil.»

Il y a lieu de rectifier ici une légère erreur contenue
dans l'énonciation précédente de l'acte de vente du
19 mai 1773. Jean-Rémy Henault était l'aïeul et non le
père de la marquise d'Aubeterre, comme on le devine
en voyant qu'elle était elle-même une d'Aubeterre de
Jonzac, tandis que la fille de Jean-Rémy était et ne
pouvait être qu'une Henault. C'est l'identité du prénom
Marie-Françoise qui a trompé le notaire. Voici la filiation vraie, que je puis certifier, d'après des éléments
authentiques :

1. Jean-Remi Henault.

2. Marie-Françoise Henault, mariée en mars 1713 à Louis-Pierre-Joseph Bouchard d'Esparbès, comte de Jonzac, maréchal de camp, morte à Paris le 28 avril 1727, à trente-deux ans.	2. Le président Charles-Jean-François Hénault. S. P.

3. François-Pierre-Charles d'Esparbès, comte de Jonzac, né en 1714.	3. Michelle-Julie Françoise d'Esparbès, née en 1715 ; mariée en 1730 à J.-T. Le Veneur, marquis de Tillières.	3. Marie-Françoise d'Esparbès, née en 1720 ; mariée en 1738 à son cousin le marquis d'Aubeterre ; morte en 1772.
	4. Les comte et vicomte Le Veneur et la comtesse d'Anlezy.	

Jean-Rémy Henault, fermier général des cinq grosses
fermes, greffier du conseil et secrétaire du roi [2] était un

1. Faisait partie des minutes de Me Masson, qui furent in-
cendiées en 1871 (c'était alors l'étude de Me Prestat).

2. Jean Rémy Henault, sieur de Guines, conseiller secrétaire
du roi le 21 juin 1698, démissionnaire le 29 août 1700. *Histoire
de la Grande Chancellerie*, t. II.

homme fort lettré, qui passe pour avoir été, très jeune, le collaborateur de Subligny dans ses critiques contre Racine, et qui avait approché Moliere[1]. Il mourut le 4 septembre 1737, âgé de quatre vingt-dix ans, laissant pour héritiers son fils, le président Henault, et les enfants de sa fille Marie-Françoise comtesse de Jonzac, prédécédée. Ce fut évidemment par un arrangement de famille, dont les clauses nous sont inconnues, les titres en ayant péri, que la maison de la rue Richelieu fut attribuée tout entière à l'une des petites filles de Jean-Rémy Henault, par son contrat de mariage, le 13 juillet 1738, avec son cousin le marquis d'Aubeterre.

Les Henault avaient probablement acheté la maison de la rue Richelieu comme placement[2]; mais ils ne l'habitèrent pas. M. Henault le père demeurait rue du Bouloir, que nous écrivons aujourd'hui Bouloi comme on l'a toujours prononcé. Quant à l'aimable président, il promena successivement sa muse et son cuisinier de la place Louis-le-Grand, à peine bâtie, au petit hôtel Mazarin rue Neuve-des-Petits-Champs, et, de là, à l'ancien hôtel d'Armenonville, rue Saint-Honoré en face des Jacobins, qu'il acheta le 25 juillet 1741 par-devant

1. *La Folle Querelle*, critique d'*Andromaque*, fut jouée au Palais-Royal, par la troupe de Molière, le 25 mai 1668. Le président Henault raconte dans ses *Mémoires* (Paris, 1855) que son père prêta à Moliere la robe de chambre et le bonnet de nuit du conseiller d'État Foucault, son parent, pour représenter *le Malade imaginaire*. L'inventaire après la mort de Moliere décrit cependant une petite robe de chambre et un bonnet de popeline qui semblent appartenir à Argan. La robe et le bonnet du conseiller Foucault n'auraient donc servi qu'une fois.

2. On a vu ci-dessus, page 17, que le président Henault possédait, de l'autre côté de la rue, une autre maison aujourd'hui confondue dans les constructions du n° 47.

Michelin, notaire, où il mourut le 24 novembre 1770, et qui devint après lui l'hôtel de Jonzac[1].

L'acte de vente par les d'Aubeterre à M. et Mme Nepveu, du 19 mai 1773, décrit ainsi la maison : « Deux « boutiques par le bas, salles et cabinets derrière, quatre « étages de chambres et de greniers au-dessus, auxquels « on communique par deux escaliers différents. »

Je copie l'établissement de propriété :

« .... Auquel feu seigneur Henault père ladite mai- « son appartenoit comme l'ayant acquise sous le nom « dudit seigneur président Henault, son fils, de Me Geor- « ges Genet, procureur en la Chambre des comptes, par « contract passé devant ledit Dutartre et son confrère, « le 7 avril 1712, insinué le 2 may suivant, et ensaisiné « le 30 du même mois, lequel sieur président Henault « en a passé déclaration au profit du seigneur son père « par acte passé devant ledit Dutartre et son confrère « le même jour 7 avril 1712, dont le brevet original est « annexé à la minute de l'inventaire après le décés dudit « seigneur Henault père par Me Bapteste, qui en a la « minutte, au commencement du dix-neuf (il faut lire « le dix) décembre mil sept cent trente-sept[2]. »

---

1. Ainsi enregistré par Watin (1788) : « N° 453. Hôtel de « Jonzac, occupé ci-devant par M. le pr. Henault, oncle mater- « nel de M. Desparbès de Lussan d'Aubeterre, comte de Jonzac. » L'hôtel de Jonzac, qui existait encore en 1830, portait les n°ˢ 329 et 331 sur la rue Saint-Honoré, devant la rue du Marché. Cette vaste propriété, qui s'étendait jusqu'à la rue de Rivoli (voir le plan de Vasserot et Bellanger), fut traversée de part en part par la rue du Vingt-neuf Juillet. Le percement emporta la portion numérotée 339 ; le surplus, représentant l'ancien n° 331, porte aujourd'hui le n° 215.

2. Les minutes de Bapteste (1717-1744) appartiennent à l'étude de Me Emile Delapalme.

Voici ce que contient le brevet du 7 avril 1712, annexé à l'inventaire du 10 décembre 1737 :

« Vente par M⁰ Georges Genet, procureur en la Cham-
« bre des comptes, tant en son nom que comme tuteur
« de..... autorisé à l'effet de ladite vente par autre acte
« de parents et amis desdits mineurs, homologué par
« sentence dudit Chastelet du 24 (il faut lire 4) février
« dernier.... deux maisons ou corps de logis attenans
« l'un l'autre[1]. »

J'ai trouvé l'original de la sentence du Châtelet du 4 février 1712 aux Archives nationales (Y. 4222). Elle porte autorisation au procureur Georges Genest de vendre la maison de la rue Richelieu, dans l'intérêt des mineurs dont il est le tuteur, « moyennant 50,000 livres
« payables, sçavoir 14,000 livres lors de la passation
« dudit contrat... et le surplus en argent, avec interests,
« après le decret volontaire que l'acquereur fera faire
« sur luy desdites maisons; que ledict sieur Genest
« pere reçoive ledit surplus pour l'employer, sçavoir
« jusqu'à deue concurrence au paiement des creanciers
« desdicts sieurs et demoiselle Genest, tant privilégiés
« sur ladicte maison qu'à tous autres hypothecaires... »

Le contexte des actes qui précèdent explique claire-
ment la division en deux maisons portant deux numéros distincts de l'ancienne propriété Genest. Elle se composa, dès l'origine, de deux corps de logis s'entrete-
nant, desservis par deux escaliers distincts. Tant qu'elle resta dans les mêmes mains, elle ne compta que pour une seule et même propriété, comme l'attestent l'*État et partition* de 1684 et le Terrier royal de 1705.

1. Minutes de M⁰ Émile Delapalme.

Elle ne se divisa qu'après la vente par la famille d'Esparbès à M. et Mme Neveu[1].

Les détails dans lesquels je viens d'entrer achèvent de démontrer qu'il n'y a pas de confusion possible entre la maison double, n°s 42 et 44, qui est venue du procureur Genest, et la maison n° 40, ancienne propriété Baudelet, où mourut Moliere.

VII

Un fait vraiment curieux et qui n'aura pas échappé à l'attention du lecteur, c'est que la maison n° 40 n'a été vendue qu'une seule fois depuis son origine.

Les Baudelet, qui la construisirent en 1658, ne s'en défirent qu'en 1765, l'ayant gardée cent sept ans, et depuis 1765, c'est-à-dire depuis cent quinze ans, elle est conservée par hérédité dans la descendance de M. et Mme Le Roy. On ne touve guère dans Paris d'autres exemples d'une possession aussi stable[2].

1. Dans un relevé puisé, je ne sais d'ailleurs à quelle source, par M. Lefeuve, on attribue à M. et Mme Neveu, sous la date de 1784, trois maisons contiguës, qui ne pourraient être que les n°s 42, 44 et 46 d'aujourd'hui (*Anciennes maisons de Paris,* t. V.). Ce relevé n'est pas, d'ailleurs, exempt d'erreurs.

2. On me cite cependant le comte de Lescalopier, ancien conservateur de l'Arsenal, qui, au moment de sa mort, vers 1860, possédait encore l'hôtel bâti par son aïeul, le président de Lescalopier, à la place Royale. (Note de M. Cousin, bibliothécaire de la Ville de Paris.)

Que reste-t-il de la maison construite par René Baudelet ? Rien que le terrain et les anciens vestiges.

Rappelons les états des lieux fournis par les baux de 1672, 1673, 1679, et par l'acte de partage de 1704 :

Au moins cinq caves dans le sous-sol, soutenu, du côté du jardin, par le mur de clôture du Palais-Royal ;

Au rez-de-chaussée, une salle, une cuisine, une écurie, une remise de carrosses ; cour, puits et cabinet d'aisances ;

Un entresol ;

Trois étages surmontés d'un grand grenier ;

Chaque étage se composant de cinq pièces à balcons regardant, les unes la rue Richelieu, les autres le jardin du Palais-Royal.

La maison fermait par une porte cochère sur la rue Richelieu, et ne comportait pas de boutiques au temps de Molière. C'était une maison habitée bourgeoisement, ou plutôt un hôtel.

L'un des actes précités (bail du 21 mai 1679) renferme la désignation suivante : « cinq chambres en entresol, dont trois sur la rue et deux sur l'aile. »

Ces renseignements, si précieux qu'on les trouve, sont assez incomplets. On parle d'une aile du côté du jardin ; n'y en avait-il qu'une seule, et, en ce cas, faut-il la chercher à droite ou à gauche, du côté sud, c'est-à-dire joignant le n° 38, ou du côté nord, joignant le n° 42 ? Nulle indication sur les communications intérieures et extérieures.

Ces différentes lacunes se trouvent en partie comblées par la sentence de licitation du 19 juillet 1766, qui manque aux archives de MM. Cretté de Palluel, mais dont j'ai retrouvé l'original aux Archives [1]. Je publie aux Pièces justificatives ce document capital, qui nous donne enfin un état de lieux complet de la maison Baudelet, telle que Moliere l'avait habitée, sauf quelques légers changements dans la destination des pièces du rez-de-chaussée, déjà modifiée par le bail consenti à M. de la Marck en 1673.

J'analyse ici, en les classant méthodiquement, les renseignements épars dans la sentence du Châtelet, et je les accompagne de plans linéaires, que j'ai tracés à l'échelle d'environ 4 millimètres par mètre.

La maison tient de droite à M. de Ravanne (nº 38 d'aujourd'hui), de gauche à M. d'Aubeterre (nᵒˢ 42 et 44, en ce temps-là d'un seul tenant); par derrière au jardin du Palais-Royal, par devant à la rue Richelieu.

Il y a des caves, distribuées en plusieurs berceaux, sous toute l'étendue de la construction.

La maison consiste en un corps de logis double en profondeur sur la rue Richelieu, avec deux ailes en retour du côté du jardin du Palais-Royal; elle est élevée d'un rez-de-chaussée, d'un entresol, de trois étages carrés avec grenier au-dessus, sous un comble à la française, couvert de tuiles, avec chenaux et godets de plomb sur la rue, et égoûts sur la cour dont partie en chenaux de plomb.

I. *Rez-de-chaussée.* — Une cour ayant vue sur le jardin du Palais-Royal, fermée par un mur à hauteur d'appui, comprise entre les deux ailes.

Au rez-de-chaussée de l'aile droite est un passage qui communique au jardin du Palais-Royal, dans lequel

1. Arch. Nat. Châtelet. Liasse cotée Y. 2851.

passage se trouve un puits mitoyen avec la maison voisine.

Un passage de porte cochère, ayant son entrée sur la
rue Richelieu, communique à la cour et à l'escalier.

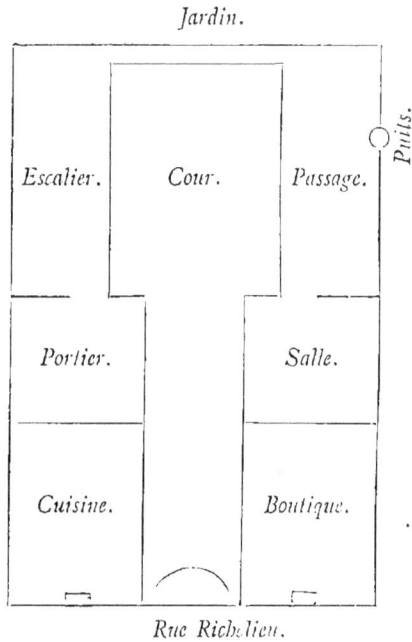

Jardin.

Escalier. Cour. Passage.

Puits.

Portier. Salle.

Cuisine. Boutique.

Rue Richelieu.

REZ-DE-CHAUSSÉE

A droite de ce passage sont une boutique et une salle à
la suite, occupées par un parfumeur;

A gauche du passage est une pièce servant de cuisine, escalier ensuite, une petite salle à cheminée servant
de logement de portier.

II. *Entresol.* — Il est divisé en trois pièces sur la rue, dans l'une desquelles est un passage qui communique à une autre chambre à l'aile droite. Dans l'aile gauche est encore une autre pièce.

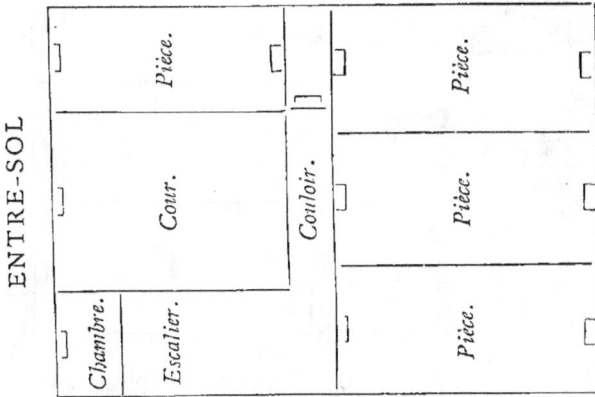

ENTRE-SOL

Pièce. — Pièce. — Cour. — Couloir. — Pièce. — Chambre. — Escalier. — Pièce. — Pièce.

III. *Premier étage.* — Composé d'une antichambre et d'une salle de compagnie; chambre à coucher ensuite.

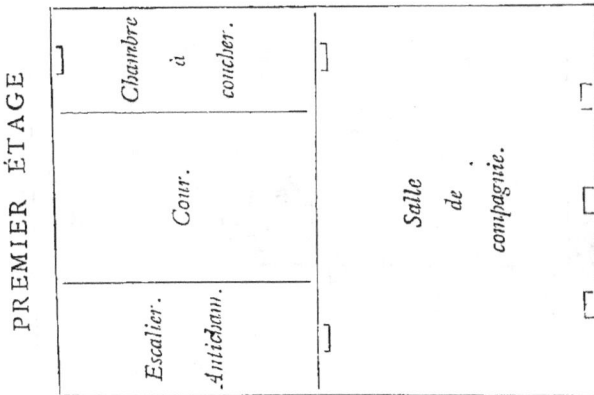

PREMIER ÉTAGE

Chambre à coucher. — Cour. — Salle de compagnie. — Escalier. — Antichamb.

IV. *Second étage.* — Composé de trois pièces sur la rue, chambre à coucher ensuite sur la cour, avec garde-robe et deux pièces ensuite.

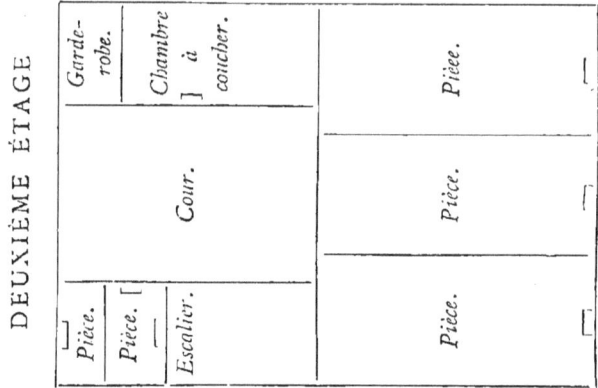

V. *Troisième étage.* — Distribué en deux pièces sur la rue, séparées par une cloison de charpente et de maçonnerie, dont une sert de cuisine; chambre à coucher ensuite sur la cour; à droite est une autre chambre

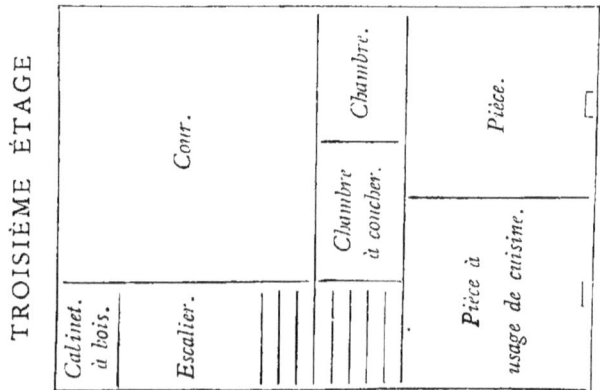

éclairée sur le Palais-Royal. Au droit de l'escalier est un petit retranchement pratiqué avec des planches et qui sert de bûcher.

VI. *Grenier.* — Le grenier au-dessus du troisième étage est séparé par des cloisons de planches, dont partie sert de chambres de domestiques.

Au haut de l'escalier et au rez-de-chaussée sont deux cabinets d'aisance.

A droite de la cour est un bâtiment élevé à la hauteur du second étage et couvert en tuiles.

Cette description éclaire les problèmes anciennement posés, quoiqu'elle en soulève de nouveaux sur quelques points.

Au rez-de-chaussée, nous apprenons que la cuisine de Moliere, l'escalier et la salle signalée dans le bail du 26 juillet 1672, devenue le logement du portier, se trouvaient à gauche en entrant par la porte cochère à passage couvert, qui occupait le milieu de la façade.

La remise de carrosse et l'écurie, autrefois placés à droite de la porte cochère, sont devenus la boutique et l'arrière-boutique d'un parfumeur.

Ce que nous apprenons d'entièrement nouveau, c'est que la cour, avec son mur à hauteur d'appui, formait une terrasse d'où l'on jouissait des ombrages et de l'air pur du jardin royal, où Moliere pouvait accéder à sa guise par un passage dont il avait la clef. Le grand poète n'avait ainsi qu'une douzaine de degrés à descendre pour goûter le charme de la promenade et qu'une centaine de pas à faire sous les quinconces pour se rendre à son théâtre, sans passer par les rues ni faire le tour du Palais.

L'entresol comporte exactement les cinq pièces dé-
crites dans les actes anciens, dont trois éclairées sur la
rue et deux sur le jardin. Nous retrouvons dans la description de 1766 le passage ou galerie, qu'en style
moderne on nomme corridor, expressément marqué
au bail du 26 juillet 1673, où il est dit que M. de la
Marck abandonne à Baudelet « le second entresol en
« entrant par la galerie où il n'y a de cheminée, atte-
« nant celui qu'il (Baudelet) occupe. »

M. de la Marck, continuant le bail de Mme Moliere,
avait, comme sa cédante, la jouissance de quatre entresols; le cinquième, réservé par Baudelet, se trouvait le
plus éloigné de l'escalier, c'est-à-dire dans l'aile droite;
en reprenant le quatrième, qui était le second dans le
couloir, il recouvrait une communication aisée. Ceci
nous assure que les quatre entresols loués par Moliere
étaient l'entresol de l'aile gauche et les trois entresols
qui prenaient jour sur la rue.

La description du premier étage est curieuse. Elle
s'interprète ainsi : palier et antichambre dans l'aile
gauche; vaste salle de compagnie ou salon éclairé par
trois croisées et tenant, par conséquent, toute la largeur de la maison sur la rue Richelieu; chambre à
coucher en retour dans l'aile droite.

L'inventaire dressé après le décès de Moliere ne
contient aucune indication saisissable sur la distribution intérieure des appartements occupés par M. et
Mme Moliere. Il ne constate que trois entresols, et nous
savons qu'ils en occupaient quatre.

Il nomme « l'une des chambres de l'appartement de
ladite damoiselle veuve », puis une autre chambre à côté,
sans même dire à quel étage cet appartement est situé.

Il continue « dans l'une des chambres du présent appartement, » et, à la vacation suivante, « dans une autre chambre. » De sorte qu'on n'aperçoit que sept chambres pour l'entresol et les deux étages supérieurs, quoiqu'ils en comptassent au moins quatorze. La disposition des meubles ne fournit aucune lumière; ils sont inventoriés pêle-mêle, dans un inextricable fouillis; on les avait vraisemblablement descendus du second étage dans les appartements du premier, pour faciliter le travail du notaire et du juré-priseur. On n'y distingue ni chambres à coucher, ni salon, ni cabinet de travail, puisqu'il se trouve partout des lits et des objets de literie, mêlés aux meubles les plus riches et aux ustensiles les plus communs.

Mais on peut remettre un peu d'ordre là-dedans, par quelques hypothèses, tirées de la disposition des lieux, grâce au rapport d'expert joint à la sentence de licitation du 12 juillet 1766.

Les entresols paraissent avoir servi de débarras; peut-être aussi de chambres de domestiques; on y inventorie un lit à hauts piliers, un petit lit de repos, une couchette de noyer, un lit de sangles, des coffres, des fauteuils de noyer, une boîte à perruques et une chaise à porteur garnie par dedans de damas rouge, avec ses bâtons.

L'appartement de Mme Moliere occupait certainement le premier étage, et servait sans doute d'appartement de réception. L'usage du dix-septième siècle permit longtemps aux femmes les mieux qualifiées de tenir cercle dans la chambre où elles couchaient et même où elles étaient couchées. Je pense donc que la grande salle de compagnie du premier étage avait cette

double destination, à laquelle convient le magnifique lit
de parade décrit dans l'inventaire avec ses luxueux accessoires. C'était une couche à pieds d'aiglons, feints de
bronze vert, avec un dossier peint et doré, sculpture et
dorure ; cette couche était surmontée par un dôme à
fond d'azur, sculpture et dorure, avec quatre aigles de
relief de bois doré et quatre pommes façon de vases,
aussi de bois doré ; garni par dedans de taffetas aurore
et vert en huit pentes avec le plafond ; l'entour du lit
d'une seule pièce, de deux aunes et un quart de haut
(2^m 68), de pareil taffetas, le tout garni de frange aurore
et vert. En dedans de ce grand dôme s'ajustait un
dôme plus petit, de bois doré, sculpture façon de cam-
pane, avec pavillon en trois pièces de taffetas gris de
lin, brodé d'un petit cordonnet d'or avec frange et
mollet d'or et soie, doublé d'un petit taffetas d'Avi-
gnon ; le petit dôme était garni en dedans de la même
manière. Le sommier de crin et les deux matelas de fu-
taine, le lit de plume et le traversin de coutil de
Bruxelles, disparaissaient sous une courtepointe de
taffetas gris de lin brodé d'or, avec frange et mollet,
brodée avec chiffres, doublée de toile boucassine rouge.
Quatre rideaux de deux aunes un tiers de haut (2^m 76),
de brocart à fleurs et fond violet, garnis d'agréments
d'or faux et soie verte, frange et mollet d'or fin et soie
verte ; trois soubassements et trois pentes à campanes,
garnis de glands en or faux et soie verte avec les cordons et houppes gris de lin et or faux, et vert et or
faux, et les houppes d'or fin, et encore trois pentes de
satin vert brodées de lames d'or pour rehausser les
campanes : tel était ce véritable lit monumental, que le
juré-priseur estima deux mille livres, ce qui suppose en

tenant compte de la moins value habituelle des esti-
mations après décès, quelque chose comme dix à douze
mille francs d'aujourd'hui.

Au lit de parade s'ajustaient :

Un petit lit de repos, de bois de menuiserie avec
bordure de bois doré, à pieds d'aiglon feints de bronze,
et dossier de sculpture dorée, garni de deux matelas,
traversin et deux carreaux couverts de satin vert à
fleurs;

Un autre pareil à deux chevets, de huit pieds de
long.

Lesquels remplissaient l'office de nos canapés et de
nos sophas d'aujourd'hui ;

Deux fauteuils de bois doré, avec coussin, soubassement et dossier de pareil satin à fond vert;

Deux guéridons de sculpture à trois pieds d'aiglon
feints de bronze, de bois doré, hexagones par le
haut;

Six fauteuils à figures sphinx, entièrement dorés,
garnis de coussins, dossiers et pentes de satin violet à
fleurs, garnis de frange et mollet or fin et soie verte.

Puis encore quatorze chaires de bois verni et doré,
avec leurs coussins et carreaux de taffetas rayé de
ratine, remplis de plume, ou en satin bleu à fleurs,
avec petites pentes courant autour;

Deux autres lits de repos de six pieds de long, de
bois verni, façon de la Chine, couverts de satin bleu à
fleurs;

Douze carreaux de brocatelle de Venise, huit à
grandes fleurs rouges et quatre verts, remplis de plumes, garnis de houppes, avec deux porte-carreaux de
bois verni, façon de la Chine;

Douze autres carreaux de toile indienne peinte [1], remplis de plumes, et deux porte-carreaux de bois verni ;

Une table de bois figurant un parquet de fleurs, avec deux guéridons pareils ;

Pendules en bronze doré de Claude Raillard et de Gavelle ;

Miroir de glace de trente pouces avec bordure de cuivre doré :

Tapis de Turquie, de pied et de tables ;

Rideaux de fenêtre en taffetas blanc, de quatre lés chacun, de trois aunes de haut (3^m58), avec les petites pentes du haut et les cordons de soie ;

Portières, devant de portes et de cheminées, en satin vert, blanc céladon et fleurs aurore garnies de franges ; et autres portières à trois pentes, de taffetas d'Angleterre bleu et blanc, avec franges de soie et houppes de même ;

Tenture de tapisserie de verdure de Flandres, prisée trois cents livres (environ 4,000 francs d'aujourd'hui).

Voilà certainement assez de richesses [2] pour encombrer la salle de compagnie révélée par le procès-verbal de l'expert, encore qu'elle mesurât environ 82^m carrés, sur au moins 3^m50 de haut. Je les ai longuement énumérées non pour refaire ici l'inventaire de Moliere, mais pour montrer l'impossibilité évidente de les loger dans un appartement divisé comme l'étaient les étages supérieurs, dont les trois pièces sur la rue n'avaient cha-

1. L'indienne était encore une étoffe de grand luxe et le demeura fort avant dans le siècle suivant.

2. Il s'en fallait de beaucoup que les autres parties de l'ameublement fussent aussi luxueuses.

cune que 3ᵐ67 de large [1]. Une autre preuve à l'appui
de ma conjecture, c'est que la tenture de tapisserie
contenait dix-neuf aunes de cours (22 m. 63), soit exactement le double de la façade, longueur suffisante pour
garnir les quatre parois de la salle, déduction faite des
portes, fenêtres et cheminées.

On ne possède aucun autre récit de la mort de Moliere que celui de Grimarest ; à défaut de témoignage
meilleur ou plus circonstancié, nous sommes bien
forcé de nous arrêter à celui-là. Donc, Grimarest, rapportant les derniers instants de Moliere, raconte qu'on
le porta dans sa chambre, où il fut pris d'un vomisse-
ment de sang. « Ne vous épouvantez point, » dit Moliere à Baron, qui ne l'avait pas quitté, « cependant
allez dire à ma femme qu'elle monte. »

Si, comme on n'en peut guère douter, l'appartement
de Mᵐᵉ Moliere occupait le premier étage, c'est au
second étage que Moliere serait mort, probablement
dans la chambre la plus éloignée de l'escalier et du côté
du jardin, c'est-à-dire dans la dernière chambre à garde-
robe de l'aile droite, qui n'avait que deux étages au-
dessus de l'entresol.

La description du Châtelet ne laisse pas subsister de
doute sur l'existence de deux ailes en retour du côté du
jardin ; mais il en appert que l'aile droite ne dépassait pas
la hauteur du second étage. Par conséquent, les quatre
pièces du troisième étage, réservé par Baudelet, devaient
être adossées, deux s'éclairant sur la rue Richelieu, les

---

1. La façade mesurait 6 toises, soit, défalcation faite de 25 pouces
pour les murs latéraux (voir la note de M. de Ravanne), 407 pouces
ou 33 pieds 11 pouces, équivalant à 11ᵐ,0175, dont le tiers est
de 3ᵐ,6725.

deux autres sur la cour et le Palais-Royal. L'aile gauche, juxtaposée à l'escalier, finissait, sous le grenier, par le « petit retranchement » en planches, servant de bûcher.

La maison se terminait par un comble à la française, couvert en tuiles[1].

Les détails qui précèdent permettent, dans une certaine mesure, la restitution intérieure et extérieure de la maison où mourut Molière; on comprend, d'ailleurs, très aisément la disposition générale de ce logis, avec ses cinq pièces principales, dont trois sur la rue et deux sur les ailes, en étudiant les maisons voisines, entre autres la maison double du président Henault, nos 42 et 44, et surtout la maison des frères Marsy, au nº 38, qui conserve, du côté de la rue Montpensier, le modèle presque intact de ce genre de construction, avec son aile droite comprenant trois étages et un entresol au-dessus du rez-de-chaussée, tandis que l'aile gauche n'en a que deux, comme l'indique le dessin qui sert de frontispice au présent volume[2]. Le principal corps de

1. Le comble à la française est décrit dans Vignole, pl. 53, fig. 1, et dans Kraft, *Traité de charpenterie*. Il constitue la transition entre l'ancien comble triangulaire, dit à deux égouts, et le comble brisé, dit à la Mansard. Il conserve les lignes extérieures du premier, mais il participe du second en ce que la poutre qui porte la toiture descend intérieurement au-dessous de l'entablement.

2. Il est bien entendu que l'aile droite et l'aile gauche, prises du côté de la rue Richelieu, deviennent l'aile gauche et l'aile droite prises du côté de la rue Montpensier; ainsi la maison Marsy, reproduit fidèlement l'aspect primitif de la maison Baudelet, sauf le tambour qui paraît avoir été ajouté, du côté du midi, pour assurer la communication de façade avec l'aile gauche. Ne pas oublier que le soubassement, du côté de la rue Montpensier, ne compte pas pour un étage.

logis n'occupait guère que la moitié de la profondeur
du terrain, à partir de la façade sur la rue, et projetait
deux ailes vers le Palais-Cardinal. La portion de terrain
comprise entre le mur de clôture du jardin, les ailes
et le corps de logis, formait une terrasse à hauteur
d'entresol sur le jardin. Elle subsiste dans la maison
de Marsy sous la cage vitrée où loge le concierge.
Le frontispice, qui représente ce groupe de maisons,
vu de la rue Montpensier, me dispense d'une plus
longue description.

Quant à l'ancienne façade du côté de la rue Richelieu, je pense qu'on s'en ferait une idée assez exacte en
regardant, au n° 38, la maison des frères Marsy, qui fut
certainement bâtie en même temps que celle de Baudelet; elles n'ouvre que trois fenêtres sur une largeur
égale à celle du n° 40[1], et conserve exactement la division en entresol, trois étages et grenier. Seulement
la ligne inférieure de l'entresol est plus basse que dans
la maison Baudelet, que Perrard de Montreuil a vraisemblablement exhaussée, obéissant au goût qui se
manifestait, vers la fin du règne de Louis XV, pour le
système de hautes maisons auquel nous devons les
extraordinaires perchoirs du passage Radziwill et de la
rue Chabannais.

---

1. Les deux maisons, mesurées sur les plans modernes, présentent chacune 6 toises de façade et reconstituent fidèlement
la place de 12 toises, partagée originairement entre Baudelet
et les frères Marsy.

VIII

La preuve la plus certaine que la maison Baudelet
subsistait dans sa construction primitive au moment
où elle sortit de la famille du tailleur de la Reine pour
passer aux mains de M. et Mme Le Roy, c'est qu'elle
tombait en ruines.

Le Châtelet, suivant les règles usitées en matière de
licitation, avait ordonné une expertise préalable, dont
le but était d'établir que la maison n'était pas susceptible d'être partagée en nature entre les colicitants.
Cette expertise eut lieu le lundi 25 novembre 1765[1], par
le ministère de M. Nicolas-Antoine Perrard, architecte
juré expert, assisté de Me Gruel, greffier des bâtiments.
Le procès-verbal de l'expert constate que la maison est
dans le plus mauvais état possible; que les murs du côté
du jardin du Palais-Royal sont écrasés et surplombent
au dehors, que les planchers ainsi que la charpente du
grand escalier sont sortis de leurs assemblages, que les
voûtes des caves et les fondations menacent ruine, à ce
point qu'il a fallu les étayer; et que les murs de la façade sont calcinés; enfin que la maison ne peut ni
subsister telle qu'elle est, ni être réparée, et qu'il y a
lieu de la démolir.

L'expert n'exagérait pas le mauvais état des lieux,
car j'ai sous les yeux un billet autographe de M. de

1. Arch. Nat., Y. 2851. Voir aux Pièces justificatives.

Ravanne, qui, à la date du 8 mars 1767, avertissait
M. Le Roy que le mur mitoyen, qui n'avait que douze
pouces et demi d'épaisseur, au lieu des dix-huit pouces
réglementaires, menaçait ruine.

M. Le Roy se décida pour une reconstruction complète.

Une ordonnance du bureau des finances, en date du
7 avril 1767, rendue par messire Gaspard Riquet, conseiller du roi, trésorier des finances, général des finances,
grand-voyer de la généralité de Paris et commissaire en
cette partie[1], donna l'alignement pour la reconstruction
complète, sur les anciens vestiges, de la façade de la rue
Richelieu, large de trente-cinq pieds. Il résulte de cette
ordonnance que l'ancienne façade présentait sur la rue
quelques irrégularités ou saillies qui durent disparaître[2].

Une autre ordonnance du 10 avril 1767 autorise
M. Le Róy à faire poser des pieux et barrières pendant
la construction, qui devait être achevée dans le courant
de l'année. Elle se prolongea cependant un peu davantage, car une troisième ordonnance qui autorise la pose
de plusieurs petits balcons, « pour l'utilité et décoration
d'icelle, » et dont la saillie ne doit pas excéder six
pouces, est datée du 16 septembre 1768.

L'architecte de la maison neuve fut Nicolas-Antoine
Perrard de Montreuil, beau-frère de M. Le Roy, dont
les honoraires furent réglés à 2,000 livres le 29 décembre 1769. C'est le même Perrard qui avait fait
l'expertise du 25 novembre 1765.

1. Entré en fonctions ce 1763, demeurait rue Geoffroy-Lasnier.
(*Almanach royal,* 1768). Le bureau des commissaires-voyers
était rue Beaubourg, au coin de la rue des Vieilles-Étuves.
2. Archives de la famille Cretté de Palluel.

Eléve de Louis Moreau et de Boullée, Nicolas-Antoine Perrard, l'un des architectes de Monsieur comte d'Artois, était aussi l'architecte du grand Prieuré de France, c'est-à-dire de toutes les commanderies de Malte à Paris et dans les provinces[1]; il construisit, en 1787, la Rotonde du Temple, détruite assez récemment pour la construction du marché actuel, l'hôtel de Bénévent dans la rue d'Anjou, l'hôtel de la Boullaye, à l'angle des rues de Provence et Taitbout, et dirigea la construction de l'enceinte de 1784, dite des Fermiers-Généraux, détruite en 1857. Il ne subsiste de ses travaux que l'hôtel de Bénévent et la maison de la rue Richelieu, dont les façades, lourdes et peu gracieuses, ont cependant le mérite d'accuser franchement un style et une date.

La maison, telle qu'il la reconstruisit, comporte toujours une porte cochère, cinq fenêtres sur la largeur, un entresol et trois étages carrés. Le grand et haut grenier du temps de Molière a fourni la place d'un quatrième étage en attique, dessiné par une corniche qui s'appuie sur des modillons carrés à face inférieure cannelée, dont l'intervalle forme de petits caissons, unis du côté de la rue Richelieu et ornés par des rosaces en demi-bosse du côté de la rue Montpensier. Au-dessus de l'étage carré en attique, trois lucarnes à toiture triangulaire se détachent de la pente du toit.

La fenêtre centrale du premier étage est surmontée d'une corniche à modillons et portée par des consoles latérales. Il existe également des consoles sous les fe-

1. Voyez Legrand et Landon, et aussi Ad. Lance. *Dict. des architectes français*. Paris, 1872, t. II.

nêtres du second et du troisième étage. Un bandeau de
médiocre saillie sépare le premier étage de l'entresol ;
celui-ci est percé de quatre petites fenêtres carrées, la
cinquième fenêtre, au milieu, étant fournie par l'imposte en plein-cintre de la porte cochère.

Cette façade se répète, sauf l'imposte, du côté de la
rue Montpensier, où elle a nécessairement un étage de
plus, puisque la différence de niveau entre les deux
rues, égale au contre-bas du jardin du Palais-Royal,
fournit un second rez-de-chaussée ou sous-sol, décrit
plus loin.

Ainsi la maison, qui se composait primitivement
d'un corps de logis sur la rue Richelieu avec ailes en
retour du côté du jardin, s'est accrue, par derrière, d'un
second corps de logis, par la suppression de la cour et
de la terrasse donnant sur le jardin.

IX

Les destinées de la maison reconstruite par Perrard
de Montreuil sont demeurées assez vulgaires, nul de
ses riches et nobles possesseurs ne l'ayant jamais considérée que comme une maison de produit et ne lui
ayant jamais fait l'honneur d'y habiter.

Une note autographe de M. François-Paul Le Roy,
qui commence ainsi : « Etat des sommes que j'ai
« payées pour ma maison de la rue Richelieu, dite

5

« l'hôtel de Chartres, avant 1775, » m'a mis sur la trace de sa destination première.

Ce fut, en effet, un hôtel meublé, connu sous le nom d'hôtel de Chartres, qui occupa la maison de M. François-Paul Le Roy depuis le 1er avril 1769 jusqu'au 31 mars 1794.

Par bail reçu Fournel, notaire à Paris, les 1er février et 7 mars 1769, M. Le Roy avait loué sa maison à Jean-Joseph Hainselin, bourgeois de Paris, pour neuf années consécutives, moyennant huit mille livres par an, plus deux mille livres pour les lambris de hauteur, parquets, cheminées ornées de sculpture, glaces, armoires, chambranles et tous autres ornements désignés dans l'état de lieux.

Le sieur Hainselin, qui s'était associé dame Pétronille Forneraud, veuve de Pierre Bobon, marchand mercier, pour l'exploitation de l'hôtel de Chartres, céda son bail, aux termes d'un acte passé devant Laroche, notaire, le 28 mars 1772, à Pierre-Nicolas Maillard, maître perruquier, et à Marguerite Thirard, son épouse.

Le 1er février 1776, le bail consenti originairement au sieur Hainselin fut résilié d'un commun accord entre M. Le Roy et les époux Maillard, et remplacé par un nouveau bail, sous la même date, reçu par Me Dosfant, notaire [1].

L'hôtel de Chartres était encore ouvert en 1788, ainsi que l'atteste la nomenclature de Watin, qui l'enregistre comme la trente-unième porte de la rue de Richelieu, en venant de la rue Saint-Honoré.

L'acte du 25 fructidor an IX (12 septembre 1801),

---

1. Aux minutes de Me Moreau, notaire à Paris.

par lequel M. Duprat vendit à M. Dufilho la maison
nº 42, désigne celle-ci comme tenant « à l'hôtel de
Chartres. » Mais cette appellation n'était plus qu'un
souvenir. Le nom même de l'hôtel de Chartres était
devenu factieux au moment où les hôtes princiers du
Palais-Égalité étaient morts sur l'échafaud ou dispersés
dans l'exil.

Un marchand de draps nommé Morial devint, par
bail du 7 germinal an II (27 mars 1794), locataire
principal de la maison, que la section de la Butte-
des-Moulins immatricula sous le nº 1256.

X

La reconstruction totale de l'ancienne maison des
Baudelet, exécutée, il y a cent douze ans, par Perrard
de Montreuil, depuis les caves jusqu'au faîte, ne laissait
aucun espoir d'y reconnaître le plus léger vestige des
temps anciens. Je n'ai pu résister, cependant, au désir
de la voir en détail, et cette visite n'a été pour moi ni
sans intérêt ni sans utilité.

Le sol du vestibule, auquel on accède par la porte
cochère, conserve encore les clous qui retenaient le
tapis placé sous les pas des voyageurs qui descendaient
à l'hôtel de Chartres.

En arrivant au pied de l'escalier et en élevant le regard vers le sommet de la maison, on est frappé par
l'aspect singulier et, somme toute, artistique, du plan

adopté par Perrard de Montreuil. La cage dans laquelle
ce large escalier déroule ses longues et élégantes spi-
rales, épousées par une rampe en fer forgé d'un travail
simple et sévère, est de forme circulaire légèrement el-
liptique, et se couronne par une lanterne qui l'inonde
de lumière. Cette lanterne, ronde et concave, aujour-
d'hui fermée par un vitrage, était tout entière en glaces
au temps du luxueux hôtel de Chartres.

Cette conception presque monumentale semble, au
premier abord, destructive de toute ressemblance avec
la configuration générale de l'ancienne maison des Baudelet. Mais elle l'a cependant conservée, ainsi qu'on
s'en assure en y regardant d'un peu près.

Souvenons-nous, en effet, que la maison Baudelet,
prise dans ses lignes maîtresses, se composait d'un
corps de logis sur la rue Richelieu, avec deux ailes
poussées en arrière vers le jardin, une cour ou terrasse
entre deux. Perrard de Montreuil ne pouvait songer à
couvrir la totalité du terrain d'un cube de pierres qui
aurait mesuré près de deux cents mètres superficiels,
sans y réserver des jours intérieurs ; il lui suffisait donc
de rejoindre les deux ailes, du côté du jardin, par un
corps de logis pareil à celui qu'il réédifierait du côté de
la rue, le centre du terrain restant vide. C'est dans le
parallélogramme de ce vide central que Perrard de Montreuil a inscrit la courbe gracieuse de sa cage circulaire.
En définitive, la maison reste formée, comme au temps
de Moliere, par un corps de logis sur la rue de Richelieu et deux ailes en arrière, avec un corps de logis en
plus réunissant les deux ailes du côté du jardin. Cette
disposition ingénieuse laisse à chaque étage quatre
segments libres entre la rotonde de l'escalier et les

appartements ; elle donne ainsi aux communications intérieures la facilité qu'avait recherchée l'architecte de la maison Marsy lorsqu'il ajouta, entre le corps de logis principal et l'aile droite, l'espèce de tourelle qu'on aperçoit à la partie gauche de la gravure placée en tête du présent volume.

Je ne dirai rien de la distribution actuelle des appartements, car les diverses industries qui les ont successivement occupés depuis cent douze ans ont déplacé ou supprimé les cloisons primitives, suivant leurs convenances et leurs besoins. Ceci, d'ailleurs, est dépourvu d'importance.

Il n'en est pas de même des assises inférieures de la maison, qui, renfermant les caves au-dessous du pavé de la rue Richelieu, apparaissent comme un soubassement en forme de rez-de-chaussée du côté de la rue Montpensier.

On y descend par la demi-révolution d'un escalier hélicoïdal qui s'ouvre au fond du vestibule, au-dessous du grand escalier, entre la boutique d'un marchand de comestibles, à gauche, et la loge vitrée du concierge, appuyée à droite derrière la boutique du marchand de jouets.

Les baux consentis par M. François-Paul Le Roy aux divers exploitants de l'hôtel de Chartres contenaient la clause suivante :

« Se réserve ledit sieur Le Roy, pour lui et sa fa-
« mille, le droit de passage par ladite maison pour en-
« trer dans le Jardin du Palais-Royal ou pour en sortir
« quand il le jugera à propos, pour raison de quoi les-
« dites portes lui seront tenues ouvertes ou il en aura
« les clefs pour lui et les siens. »

Expliquons tout de suite la valeur de cette clause. Le Jardin du Palais-Royal, avant la construction des galeries de pierre en 1784, n'était pas absolument public, ou du moins ne l'était que pour les privilégiés; parmi ceux-ci figuraient en première ligne les propriétaires des maisons riveraines, qui pouvaient y pénétrer par les passages ouverts dans le mur du jardin, et s'y promener jusqu'à une heure après minuit. La conservation de cette tolérance personnelle était d'autant plus précieuse et commode pour M. Le Roy, qu'habitant alors la rue Ventadour, il se trouvait que le passage de sa maison de la rue Richelieu lui offrait le chemin le plus court pour accéder au Palais-Royal, puisque la rue Thérèse et la rue Villedo ou la rue du Hazard le conduisaient en ligne droite à sa maison de la rue Richelieu[1].

Mais ce passage réservé par M. Le Roy pour lui-même et pour les siens ne serait-il pas, par aventure, le même passage dont se servait Moliere? Telle est la question qui méritait d'être examinée et résolue sur les lieux. Je comptais, pour cette solution, sur un point de repère excellent, pourvu qu'il existât encore : je veux parler du puits signalé dans le bail de Moliere et qui, nous le savons par la sentence de 1765, se trouvait à la fois situé dans le passage et mitoyen avec la maison voisine. La détermination de ce point me semblait, en outre, d'un intérêt capital, pour dissiper toute incertitude sur la valeur relative qu'il fallait attacher aux expressions d'aile droite et d'aile gauche employées dans les actes relatifs à la maison Baudelet.

1. Les héritiers Marsy firent une réserve toute semblable pour le passage qui leur appartenait, lorsque leur maison fut licitée en 1705. (Voir ci-après, à l'Appendice, la note sur la maison n° 38.)

Mon attente n'a pas été trompée. Le puits existe, enfermé dans le mur mitoyen de la maison Baudelet et de la maison Marsy, à la place même où je l'ai indiquée dans le plan linéaire du rez-de-chaussée. Mais le passage de M. Le Roy n'est plus l'ancien passage de la maison de Moliere. La figure ci-dessous indique l'état présent des lieux :

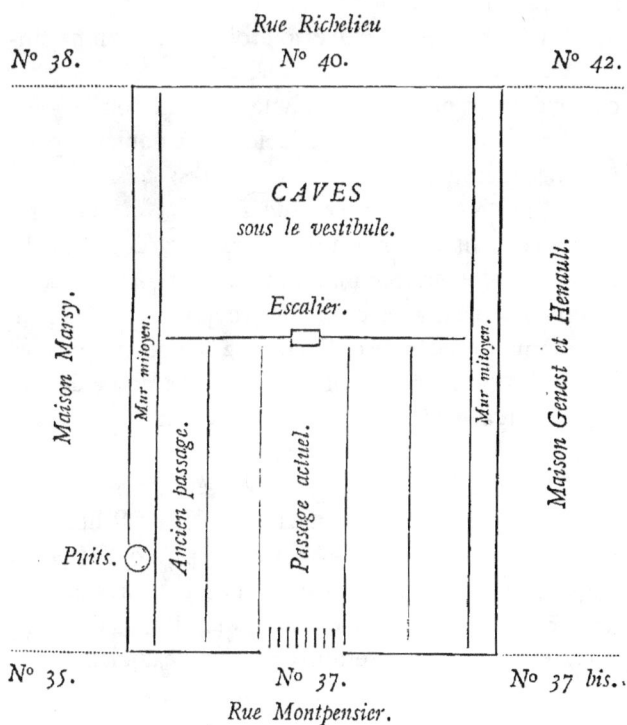

Rue Richelieu

N° 38.   N° 40.   N° 42.

CAVES
sous le vestibule.

Escalier.

Maison Marsy.   *Mur mitoyen.*   *Ancien passage.*   *Passage actuel.*   *Mur mitoyen.*   *Maison Genest et Henault.*

Puits.

N° 35.   N° 37.   N° 37 bis.

Rue Montpensier.

Cette espèce de sous-sol est, comme on le voit, divisé en cinq pièces correspondant aux cinq chambres de la façade supérieure. La première à gauche, mitoyenne avec l'ancienne maison des frères Marsy, est le passage par où Moliere descendait au Jardin du Palais-Royal; elle sert aujourd'hui de magasin à un tapissier, qui dispose également de la pièce suivante, ouvrant sur le trottoir de la rue Montpensier par une porte à deux vantaux. La troisième pièce, fermée par une grille de fer, constitue le passage actuel; en y entrant par la rue Montpensier, on y trouve à droite une pompe alimentée par le puits, et au fond la porte de l'escalier de cave qui ramène au vestibule de la maison du côté de la rue Richelieu. La quatrième et la cinquième pièce sont occupées par un marchand de vins.

Le puits que l'architecte de Baudelet et des frères Marsy avait fait foncer en 1658 pour l'usage de la parcelle de terre achetée en commun par les acquéreurs de la compagnie Flacourt, voilà donc tout ce qui reste de la maison où mourut Moliere. Encore ne le voit-on plus, ce bon vieux puits, dont l'orifice était sans doute dégagé par une arcade à jour, pratiquée dans le mur sans épaisseur qui séparait à peine les deux maisons.

D'après les indications qui m'ont été fournies sur le lieu même, tant par le concierge de M. de Palluel que par les employés des Glacières de Paris, dont le dépôt est adossé à l'ancien passage, le puits se trouve au-dessous du sol, à environ deux mètres en dedans des deux maisons, à partir du trottoir de la rue Beaujolais.

A moins d'une restitution pieuse, que je rêve sans oser la suggérer, la lumière du jour parisien n'éclairera plus jamais le puits obscur et enseveli devant lequel Moliere a passé chaque jour pendant les cinq derniers mois de sa vie, soit qu'il descendît sous les ombrages pour respirer l'air matinal, soit qu'il se rendît à son théâtre pour préparer ce funeste *Malade imaginaire,* dont les répétitions, mêlées de musique et de danse, durèrent près de trois mois, et dont la quatrième représentation le tua.

C'est par là qu'il sortait, vêtu communément de drap noir, sur lequel tranchait la blancheur des dentelles, marchant grave, noble et pensif, vers ce tréteau glorieux auquel il avait depuis trente ans dévoué sa vie, et qui la lui prit dans la soirée du 17 février 1673.

Vaines évocations ! Décevantes recherches du passé ! La maison natale de Moliere fut détruite au commencement de ce siècle; l'emplacement de celles qu'il habita aux Piliers des Halles, au quai de l'École et rue Saint-Thomas du Louvre, se confond aujourd'hui dans le sol de nos places publiques ou bien se trouve inclus dans les vastes maisons du Paris nouveau, et nous en sommes réduits à deviner les lignes de sa maison mortuaire sous les pierres entassées par Perrard de Montreuil.

Et cependant je ressens comme une joie mélancolique en fixant mes yeux avec certitude sur la place à jamais vénérable où expira celui que Boileau désignait à Louis XIV étonné comme « le plus grand écrivain » de son règne. C'est là que

Plaute et Térence et Moliere sont morts.

C'est là que l'auteur de *l'Ecole des femmes,* de *Tartufe* et du *Misantrope* rendit son âme avec des flots de sang, *purpuream vomens animam,* a dit Virgile. Et c'était bien la pourpre du génie français qui coula dans la soirée du 17 février 1673 avec le sang et la vie de Moliere. Nous n'en pouvons rien ressaisir; mais, enfin, dissiper le doute qui déconcertait les admirations ferventes et leur dire : « Arrêtez-vous, c'est là ! » n'est-ce pas avoir recouvré quelque chose de lui ?

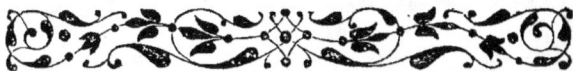

LA RUE RICHELIEU

DEPUIS SA CRÉATION

I.

A rue Richelieu s'ouvrit en conséquence des lettres patentes du 16 novembre 1633, qui accordaient à Charles Froger l'entreprise de la démolition de l'ancienne enceinte de Charles V, depuis le Louvre jusqu'à la porte Saint-Denis. Les terrains compris en dedans de l'ancienne porte Saint-Honoré, selon une ligne dirigée du nord au sud, furent donnés par le roi au cardinal de Richelieu. On prétend que la rue nouvelle dut s'appeler d'abord rue Royale, mais elle porte le nom de Richelieu dans les documents les plus anciens.

En effet, la liste des rues de Paris pour 1636 (ms. fr. 18,805), ne nomme ni rue Royale, ni rue Richelieu, et celle-ci apparaît, dès 1637, dans le rôle des taxes des boues et lanternes de Paris (Archives nationales K K. 1020 et suiv.), ne comptant encore que cinq ou six maisons comprises, au sud-ouest, entre la rue Saint-Honoré et la petite rue du Rempart. Le côté droit de la rue Richelieu, depuis son origine à la rue Saint-Honoré jusqu'à sa rencontre avec la rue Neuve-des-Petits-Champs, le plus intéressant pour nous puisqu'il renferme la maison mortuaire de Molière, développait en 1673 une longueur en façade d'environ 200 toises (390 mètres), qu'il a conservée jusqu'à la reconstruction des bâtiments du Palais-Royal et à l'établissement de la place du Théâtre-Français.

En 1655, il n'existait encore, de ce côté, que deux maisons bâties, la première par M. de Pradines, c'est le n° 26 d'aujourd'hui, et la suivante, par le Sr Le Roy [1], aujourd'hui n°s 28 et 28 bis. A droite et à gauche de ces deux maisons s'étendaient les places à bâtir cédées par le duc de Richelieu à la compagnie Flacourt. C'est pourquoi le terrain vendu en 1658 aux frères Marsy et à Baudelet est indiqué « vers la maison Le Roy », comme étant le point de repère le plus proche, quoiqu'il y eût entre celle-ci et le terrain vendu une distance d'au moins vingt-quatre toises.

Il fallut près de trente ans pour remplir tous les vides, mais, enfin, en 1684, la rangée était complète. En voici le dénombrement, d'après l'*État et partition de la Ville de Paris* [2], à partir de la rue Saint-Honoré (je conserve le numérotage du document original) :

360 Maison du sieur Brizacier, occupée par le sieur Ogier.
361 au même, occupée par le Sr Tessier.
362 au même, occupée par le Sr Juil.
363 au même, occupée par le Sr Milot.
364 au même, occupée par le Sr Oudenier.
365 au même, occupée par le Sr Girard.
366 au même, occupée par le Sr Benoist [3].

1. Ce M. Le Roy de 1658 n'avait rien de commun, que je sache, avec M. Le Roy, aïeul de MM. Cretté de Palluel, qui acheta la maison Baudelet en 1765.
2. Bibl. nat. Ms. fr. 8604.
3. Les sept petites maisons du Sr Brizacier représentent assez exactement la partie retranchée qui, avant l'Empire, rejoignait l'ancien alignement de la rue Saint-Honoré.

367 maison du Sr Brunet.

368 académie des peintres du Roy. Le Sr Pereau.

369 la maison du Roy (c'est-à-dire le Palais-Royal),
M. de la Croix.

370 partie du palais Brion. M. de la Croix.

371 le palais le Brion du Roy [1]. M. le comte de Grammont.

372 maison de M. de Verjus, habitée par madame la
marquise de Lionne.

373 maison de M. de Longueil.

374 maison de M. de l'Épine, occupée par M. Chedru.

375 maison de M. du Fort.

376 maison de M. Le Guay.

377 maison de la dame Perault, occupée par M. l'abbé
de Lignerague.

578 maison de la dame Bouquet, occupée par le S^r Su-
rières.

379 maison de M. du Bourg, occupée par le Sr Morel.

380 maison de M. de Pradine, occupée par le Sr Dupuy [2].

381 au même, occupée par Sr Duban [2].

382 au même, occupée par le Sr Cabary [2].

383 maison de la damoiselle Le Roy ; occupée par madame la comtesse de Brissac.

384 maison de la dame de Villeblain.

385 maison de M. Dionis, occupée par M. de Vassy [3].

386 au même, occupée par le Sr Gautier [3].

387 au même, occupée par le Sr Urbain Gourboutte [3].

388 au même, occupée par le Sr Davancourt [3].

389 maison de la dame Corneil, occupée par le
Sr Duret.

390 maison de M. du Marsic, occupée par madame la
comtesse de Bled.

1. Je copie fidèlement pour montrer l'orthographe de ce précieux mais
incorrect document, qui demande un travail constant d'interprétation et de re-
dressement.

2. C'est une maison unique en trois corps de logis ; elle subsiste telle quelle
sous le n° 26.

3. Quatre corps de logis qui ne forment aujourd'hui que deux maisons.

391 maison de M. l'abbé Baudelet, occupée par le
    Sr de Beauprez.
392 maison du Sr Boulanger, occupée par le Sr Gobert
    et autres.
393 maison du Sr Inard.
394 maison de la damoiselle Bonnegarde, occupée par
    le Sr Renard.
395 maison de la damoiselle Le Noir.
396 autre à la même, occupée par le Sr Chalier.
397 maison du Sr Hoquet, occupée par le Sr d'Arboulin.
398 maison du Sr Mangin.

Entre 1684 et l'année 1705, date approximative du Terrier
royal, le côté droit de la rue Richelieu subit une modification
dans sa partie initiale, par suite des changements qui furent
apportés aux dépendances du Palais-Royal, devenu, en 1692,
l'apanage du duc de Chartres, en considération de son mariage avec mademoiselle de Blois. L'ancien palais Brion, où
siégeait l'Académie des peintres, fut démoli et remplacé
par une aile nouvelle en bordure sur la rue, construite sur
les dessins de Jules Hardouin Mansard, et se raccordant au
sud avec le bâtiment inachevé de l'hôtel de Richelieu [1], qui
servit de jonction avec l'aile gauche de la seconde cour du
palais. Ces constructions nouvelles, dont la décoration intérieure fut confiée à Oppenord, laissaient un vide ouvert du
côté du jardin du Palais-Royal. On en fit un petit jardin qui
servait de parterre d'orangerie; il était fermé d'une grille de
fer en demi-cercle, qui le séparait du grand jardin. Ce parterre d'orangerie, connu plus tard sous le nom de Jardin des
Princes, parce que les appartements qui l'environnaient
étaient habités par les princes fils de Louis-Philippe-Joseph,
disparut à l'époque de la construction des galeries de pierre,
vers 1784; son emplacement est compris dans le sol du
palais, de l'extrémité de la rue Montpensier et du Théâtre-
Français. Il est très exactement indiqué, avec sa grille circu-

1. Annexe du Palais-Royal, où le cardinal de Richelieu voulait loger son
neveu, qui fut son héritier. L'hôtel Richelieu, qui ne fut jamais achevé, servait
de bibliothèque

laire, dans le plan du Terrier, dont le fac-similé accompagne la présente notice.

Ces explications données, voici le tableau des propriétés qui composaient le côté droit de la rue Richelieu en 1705, d'après le Terrier royal, et en conservant les numéros du plan [1].

  1 maison et quatre boutiques, au sieur Brizacier [2].
  2 passage du Palais-Royal.
  3 galerie neuve du Palais-Royal, à Mgr le duc d'Or-léans.
  4 maison et porte-cochère, tenant par derrière au jar-din du Palais-Royal. M. Verjus de Crecy.
  5 maison et porte-cochère, à madame la duchesse de la Ferté.
  6 maison et porte-cochère, à la dame Berteau [3].
  7 maison et porte-cochère, à la dame du Fort.
  8 maison et porte-cochère, à la dame du Fort.
  9 maison et porte-cochère, à la dame Perrot.
10 maison et porte-cochère, à l'Hôtel-Dieu.
11 maison et porte-cochère, au Sr de l'Espine.
12 maison et porte-cochère, au Sr Brayer, conseiller en la Cour.
13 maison et porte-cochère, à la dame de Saint-Martin.
14 maison et porte-cochère, au Sr Morisau.
15 maison et porte-cochère, à M. Dionis, notaire.
16 maison et porte-cochère, à M. Perrier, marchand.
17 maison et boutique, à la dame Cornette.
18 maison et porte-cochère, au Sr Raoult.
19 maison et porte-cochère, aux Sr et dame Bondelait.
20 maison, porte-cochère et deux boutiques au Sr Ge-nest, procureur.
21 maison, porte-cochère et deux boutiques, au Sr Mon-nerot.

1. Arch. nat. Q¹ 10996.

2. Cette parcelle collective représente les sept premières maisons de l'État et partition.

3. La ligne qui traverse le n° 6 sur le plan indique la séparation de la cen-sive de l'Archevêché avec celle du fief Popin, d'où relèvent les numéros suivants.

22 maison et porte-cochère, à la dame Charpentier.
23 maison, porte-cochère et boutique, au Sr Aulic, conseiller.
24 maison, porte-cochère et boutique, au Sr Chapperon.
25 maison et boutique, à l'enseigne de la *Ville de Valenciennes,* au Sr Hattier.
26 maison et boutique, à l'enseigne du *Mortier de la Providence,* faisant le coin de la rue Neuve-des-Petits-Champs, au Sr Auscau.

Un troisième document, non seulement inédit, mais demeuré inconnu jusqu'à présent, vient s'ajouter aux deux précédents. C'est la légende qui accompagne le plan du fief Popin, dont il fut délivré copie authentique le 19 mai 1721. Il nous fournit l'état suivant des propriétés, à partir de la maison de M. de l'Épine (n° 374 de l'*État et partitions* et n° 6 du Terrier royal) jusqu'à la rencontre de la rue Neuve-des-Petits-champs :

 1 maison appartenant à M. de Hariague, anciennement à Nicolas de l'Épine.
 2 M. de la Poire de la Roquette.
 3 M. Dufort.
 4 M. Perrot.
 5 M. Henault.
 6 MM. de Lepine, Mouffe, Cesson et Le Clerc.
 7 M. Brayer.
 8 M. Dartaguiette.
 9 M. Nouveau.
10 M. Dionis.
11 M. Dionis et veuve Perrier.
12 M. Corneille.
13 M. de Marsy,
14 MM. Baudelet et Demary.
15 M. Henault.
16 M. Fouchet.
17 M. Henault.
18 M. Ollier.

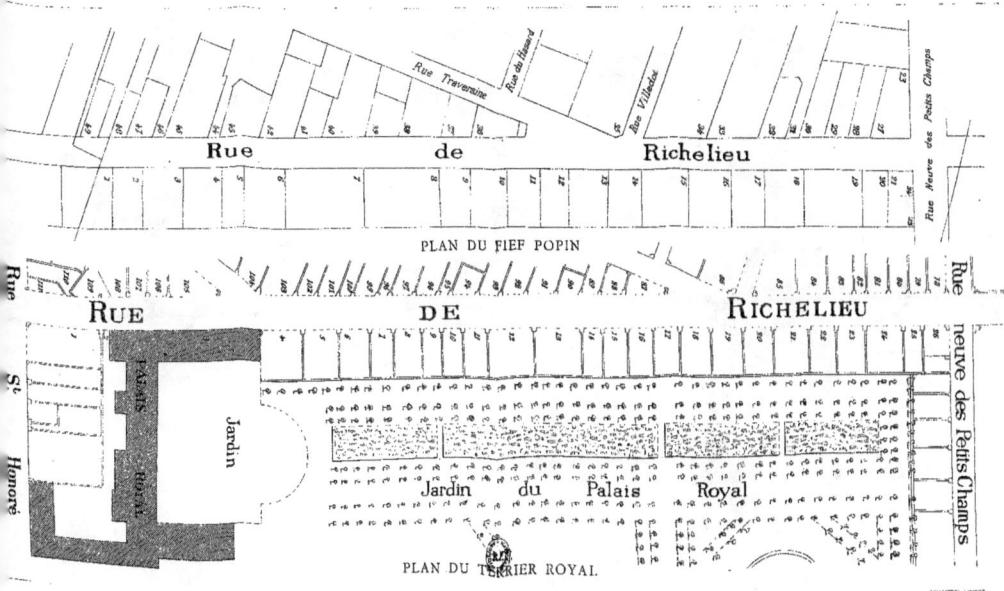

Rue de Richelieu

Rue Traversine

PLAN DU FIEF POPIN

RUE DE RICHELIEU

Jardin

Jardin du Palais Royal

PLAN DU TERRIER ROYAL.

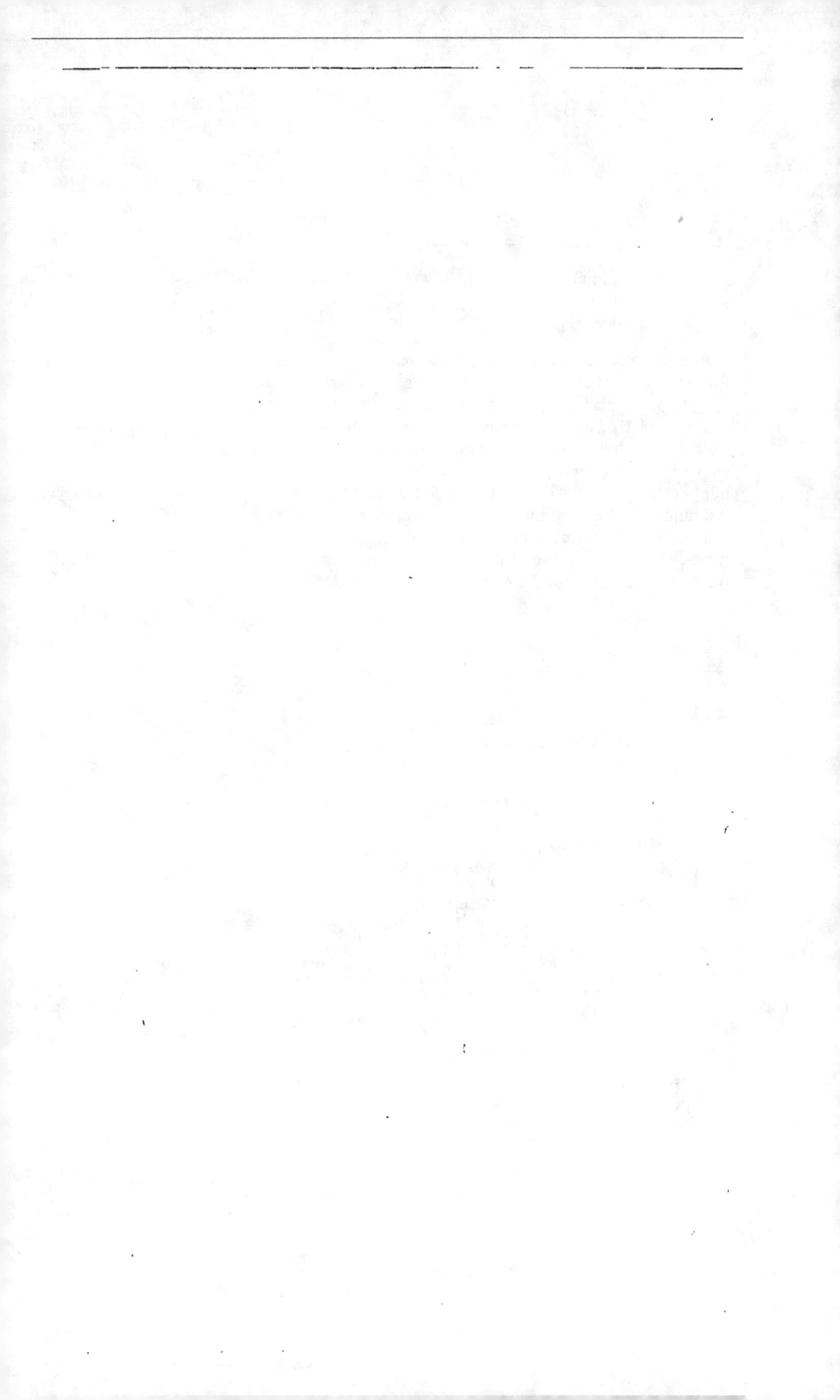

19 M. Gallois.
20 M. Hattier.
21 M. Rivière.

Plaçons maintenant en regard les relevés authentiques fournis par l'*État et partition* de 1684, par le Terrier royal des 1705 et par le plan de 1721, et nous aurons l'éclaircissement aussi complet et aussi immédiatement applicable que possible à notre sujet, qui est la restitution de la rue Richelieu au temps de Moliere. Je me borne cette fois à transcrire le nom des propriétaires de 1684, de 1705 et de 1721, en face des numéros d'aujourd'hui. Cette liste comparative des propriétés, entre la fin du XVIIe siècle et le commencement du XVIIIe, sera consultée avec fruit, en même temps que le plan du Terrier royal et que l'extrait du plan du fief Popin.

Numéros actuels.	1684	1705	1721
2 à 8	1 maison Brisacier.		
	2 id.		
	3 id.		
	4 id.	1 maisons Brisacier.	»
	5 id.		
	6 id.		
	7 id.		
	8 maison Brunet.	2 passage au Palais-Royal ou passage Richelieu.	»
	9 Académie des peintres.		
	10 maison du Roy.	3 galerie neuve du Palais-Royal.	»
	11 et 12 palais Brion.		
10	13 M. Verjus de Crecy.	4 M. Verjus de Crecy.	»
12	14 M. de Longueil.	5 Mme de la Ferté.	»
14	15 M. de l'Espine.	6 Mme Berteau.	1 M. de Hariagne.
16	16 M. Du Fort.	7 Mme du Fort.	2 M. de la Poire de la Roquette.
18	17 M. Le Guay.	8 La même.	3 M. Du Fort.
20	18 dame Perault.	9 Dame Perrot.	4 M. Perrot.
22	19 dame Bouquet.	10 Hôtel-Dieu.	5 M. Henault.
24	20 Du Bourg.	11 M. de l'Espine.	6 MM. de l'Espine et autres.
26	21 de Pradine.		
	22 id.	12 M. Brayer.	7 M. Brayer.
	23 id.		
28	24 demoiselle Le Roy.	13 Mme de Saint-Martin	8 M. Dartaguiette.
30	25 dame de Villeblain.	14 M. Morisau.	9 M. Nouveau.
32	26 M. Dionis.		
	27 id.	15 M. Dionis.	10 M. Dionis.

6

Numéros actuels.		1684	1705	1721
34	{ 28	M. Dionis.	16 M. Perrier.	11 MM. Dionis et Perrier.
	29	id.		
36	30	dame Corneil.	17 Dame Cornette.	12 M. Corneille.
38	31	Dumarsic.	18 M. Raoult.	13 M. de Marsy.
40	32	Abbé Baudelet.	19 M. Baudelet.	14 MM. Baudelet et Demary.
42-44	33	M. Boulanger.	20 M. Genest.	15 M. Henault.
46	34	M. Inard.	21 M. Monnerot.	16 M. Fouchet.
48	35	D^lle Bonnegarde.	22 Mme Charpentier.	17 M. Henault.
50	36	demoiselle Lenoir.	23 M. Aulic.	18 M. Ollier.
52	37	id.	24 M. Chapperon.	19 M. Gallois.
54	38	M. Hoquet.	25 M. Hattier.	20 M. Hattier.
56	39	M. Mangin.	26 M. Auscau.	21 M. Rivière.

II

On a pu remarquer que huit maisons seulement, sur les vingt-six propriétés cataloguées par le Terrier royal, avaient leur rez-de-chaussée disposé à usage de boutiques, et que celles-ci ne commençaient guère qu'aux abords de la rue Neuve-des-Petits-Champs, à partir et en face de la rue Villedo. L'aspect de la rue Richelieu était encore, au commencement du XVIIIe siècle, celui d'une rue sérieuse et tranquille, dont la noblesse, la magistrature et la bourgeoisie se partageaient le séjour. Les arts y avaient été représentés, dès l'origine, par le peintre Corneille et par les sculpteurs Marsy. Le grand Moliere habita chez les Baudelet, et, ce qu'on sait moins, c'est qu'il y fut le très proche voisin de l'autre Moliere, le musicien-danseur, qui l'y avait précédé de quelques années.

Dès l'année 1665, Louis de Mollier demeurait rue de Richelieu, avec sa fille Marie-Blanche de Mollier et son gendre Léonard Itier, officier de la musique du roi, ainsi que le prouve l'acte de baptême de son petit-fils, Léonard Itier. L'acte d'inhumation d'un des petits-fils de Louis de Mollier,

daté du 24 octobre 1676 [1], nous apprend que la maison habitée par les deux familles Mollier et Itier était celle de
Mme Corneille, « vis-à-vis de l'hôtel de Crussolle. » Or, la
maison de Mme Corneille est celle qui porte aujourd'hui le
n° 36.

Louis de Mollier y demeurait au moins depuis l'année
1662, témoin le procès-verbal dressé le 19 mai par le commissaire Pierre Lemusnier, chargé d'informer sur l'assassinat
d'un comédien italien, François Mansac, dit le Capitan, qui
était venu tomber expirant « au devant la porte de la maison
du sieur Moliere [2] ». M. Campardon a cru qu'il s'agissait de
notre poète ; mais c'est une erreur évidente sur laquelle il
n'y a pas lieu d'insister. Il n'en est pas moins curieux que
les deux Moliere aient demeuré pendant quelques mois des
années 1672-73 porte à porte dans la rue Richelieu ; un tel
voisinage dut amener de leur vivant plus d'une méprise de
ce genre.

Remarquons, en passant, le caractère approximatif et vague
des adresses fournies par les anciens documents. La maison
des Baudelet faisait certainement face à la rue Villedo en
même temps qu'à l'hôtel de Crussol ; cependant j'ai déjà
relevé, d'après l'*Almanach royal*, l'adresse du procureur Genest donnée en face de la rue Villedo, quoique sa maison
fût à gauche de celle des Baudelet ; et voici que le registre de
Saint-Eustache indique la maison de madame Corneille
comme étant en face de l'hôtel Crussol, quoiqu'elle se trouvât
un peu plus bas.

---

1. Actes cités par Beffara, t. I, p. 113 et 180, et reproduits par M. Charles
Livet dans son excellente édition des *Intrigues de Molière et de sa femme*, p. 124.

2. Émile Campardon, *Nouvelles Pièces sur Molière*, p. 25.

III

Une autre adresse, donnée dans les mêmes termes que celle du procureur Genest « en face la rue Villedo » pose un problème minuscule, et cependant intéressant, de la topographie anecdotique de Paris.

Pendant trente-neuf années consécutives, de 1713 à 1751 inclus, l'*Almanach royal* enregistre, sous la rubrique générale de l'Académie royale de peinture, le peintre Robert Tournières, avec les quatre adresses suivantes, souvent mélangées entr'elles :

Devant la rue Vildot (*sic*) ;
Au-dessus de la fontaine Richelieu ;
Vers la fontaine Richelieu ;
Rue et près la fontaine Richelieu ;

Et, de 1713 à 1719 inclus, l'Almanach ajoute cette indication insolite, dont il n'existe pas un autre exemple dans ce grave recueil, ce qui autorise à soupçonner une réclame commerciale, « joignant M. Foix, limonadier. »

La lecture de ces quatre derniers mots m'a d'abord saisi d'étonnement. J'avais cru d'après des traditions accréditées, qui se retrouvent dans le livre de M. Lefeuve (1), que le café Foy, comme on l'écrit de nos jours, avait été fondé vers 1749 par un ancien officier appelé M. Foy, et je découvrais que la fondation de ce lieu célèbre était plus ancienne d'au moins trente-six ans. Il n'y a cependant pas à douter. Le café Foix existait avant 1713, sous Louis XIV, exactement à la place qu'il occupait encore en 1784 lorsqu'il dut franchir la rue Montpensier pour s'installer sous les galeries neuves du Palais-Royal, c'est-à-dire vers le milieu de la

1. *Anciennes Maisons de Paris*, t. II, p. 337.

section de la rue Richelieu comprise entre la rue Saint-Honoré et la rue Neuve-des-Petits-Champs, avec son enseigne digne du marquis de Bièvre : « *A la bonne foy!* » J'ai pu constater aussi que Jousserand, l'homme assez heureux pour posséder le café de Foy en 1789, où Camille Desmoulins et les clubistes doublèrent sa fortune, n'avait pas été, ne pouvait pas être le successeur immédiat du limonadier Foix. Entre les deux se place au moins un intermédiaire, le sieur Delondres, qu'un almanach d'adresses de 1769 me livre comme le titulaire du café de *la Bonne Foy,* rue Richelieu.

Reste à préciser l'emplacement, c'est-à-dire à fixer la demeure du peintre Tournières, à portée raisonnable de la fontaine Richelieu et de la rue Villedo, mais certainement au-dessus de la Fontaine, c'est-à-dire en montant vers la rue Neuve-des-Petits-Champs.

La maison Baudelet (n° 40 actuel), qui fait exactement face à la rue Villedo, reste nécessairement hors de cause, puisque les archives de la maison Baudelet ne fournissent aucune trace d'une location de près d'un demi-siècle au peintre Tournières.

Le café Foix était-il à droite ou à gauche de la maison Baudelet? Voilà la question.

Si Tournières habitait le n° 38, ancienne maison des frères Marsy, le café Foix descendrait au n° 36, avec extension possible sur la maison double qui porte le n° 34, celle du passage Hulot où se trouve la plaque fallacieuse dont j'ai raconté l'origine. On sait que Foix et ses successeurs avaient licence de faire circuler des plateaux chargés de glaces et d'autres boissons fraîches dans le jardin du Palais-Royal, avant la construction des galeries de pierre. L'aspect des lieux n'était pas contraire à ces indications. Le n° 36 conserve un escalier de treize marches, qui descend au n° 33 de la rue Montpensier et qui dessert aujourd'hui la brasserie Muller, tandis que le n° 38, qui porte le n° 35 sur la rue Montpensier, et dont la façade du côté du jardin paraît avoir gardé sa structure originaire, n'offre plus aucune trace de communication avec l'ancien sol du jardin. La descente du passage Hulot est toute semblable à celle de la brasserie Muller, sauf que l'escalier n'a que douze marches, la pente devenant plus faible à mesure que la rue Richelieu se rapproche de la rue Saint-Honoré.

L'hypothèse qui placerait l'ancien café Foix aux nos 36 et 34 ne rencontrerait donc aucune objection dans la configuration des lieux.

Cependant l'hypothèse contraire, qui ramène le café Foix au-dessus du n° 40 et de la rue Villedo, paraissait réunir des vraisemblances plus fortes, non pas topographiquement, mais historiquement.

Ici, j'aborde une digression nouvelle, qui me ramène au cœur de mon sujet.

La communication entre la rue Richelieu et la rue Montpensier s'établit, à l'heure actuelle, par quatre passages non classés comme voies publiques, savoir :

I. Passage Richelieu, ci-devant de Bretagne, au n° 18 ;
II. Passage Potier, ci-devant Beauvilliers, au n° 26 ;
III. Passage Hulot, au n° 34 ;
IV. Passage Beaujolais, au n° 52.

Ces quatre passages sont modernes, et se sont ouverts successivement dans l'espace du dernier demi-siècle écoulé. En compensation, il en existait d'autres, qui se sont fermés à mesure qu'on en a créé de nouveaux. Voici l'histoire assez précise de ces variations.

En 1812, La Tynna enregistre les quatre passages suivants :
I. De la Comédie, au n° 6 ; il aboutissait en équerre au n° 216 de la rue Saint-Honoré ; il a disparu en 1863 dans la formation de la place du Théâtre-Français et la reconstruction de la Comédie ;
II. Passage du Prix-Fixe, au n° 10 ; il tenait sa désignation d'un magasin à prix fixe qu'il traversait, et d'un autre auquel il aboutissait sous les galeries de pierre. Il n'a disparu qu'assez récemment, lorsqu'on a reconstruit la maison qui porte le n° 10, et traversait de part en part la boutique du liquoriste qui se trouve au n° 7 de la rue Montpensier.
III. Passage Beauvilliers, au n° 26 ; c'est là que le célèbre restaurateur de ce nom avait établi ses fourneaux. C'est aujourd'hui le passage Potier.

IV. Passage du café de Foix, au n° 46. La communication
avec la rue de Montpensier a été fermée au public après 1850.

Les Guides et Almanachs de 1817 font connaître l'ouverture d'un nouveau passage, nommé par abréviation le
passage Breton, pour le passage de l'hôtel Breton ; cet hôtel
occupa, depuis l'année 1803 jusqu'à l'année 1806, le n° 38,
c'est-à-dire l'ancienne maison des frères Marsy ; il n'y reste
plus aucune trace d'escalier, mais on pourrait croire que le
passage, dit de l'hôtel Breton, traversait la maison voisine,
c'est-à-dire le n° 36, où un escalier de treize marches, d'apparence ancienne, met en communication la brasserie Müller
avec le sol de la rue Montpensier. Le passage Breton semble
avoir disparu à peu près à l'époque où le passage Hulot est
nommé par les Indicateurs parisiens, c'est-à-dire vers 1829 ;
peut-être est-ce le même.

De la même époque, date l'ouverture du passage Beaujolais, indiqué sur le plan de Bellanger et Vasserot comme
« passage sans nom », et dont l'existence est signalée pour
la première fois sous son appellation actuelle dans un ouvrage daté de 1825, avec cette remarque : « ouvert depuis
trois ans [1]. »

De ces variations successives dans les passages qui s'ou-
vrent de la rue Richelieu à la rue Montpensier, je ne retiens
que ce fait : c'est que, depuis la fin du siècle dernier jusqu'aux premières années du règne de Louis-Philippe, la
maison qui porte le n° 46 fut traversée par un passage
qu'on appelait le Passage du Café Foy. Les guides et les
ouvrages spéciaux prétendent qu'il portait ce nom parce
qu'il conduisait au café Foy, situé sous les arcades de la galerie
Montpensier. L'explication me paraît médiocre. Le café Foy
a occupé plus ou moins d'arcades, suivant les convenances
de ses propriétaires ou les fluctuations de sa prospérité ; mais
dans sa plus grande extension, il n'a jamais dépassé l'emplacement circonscrit par les arcades 55 à 60 [2], lesquelles

---

1. *Dict. hist. de Paris*, par Antony Beraud et P. Dufey. 2 vol in-8° ; 1825.
2. Gireault de Saint-Fargeau. M. Lefeuve parle cependant de sept arcades.
La fameuse hirondelle de Carle Vernet orne encore le plafond de l'arcade 57,
occupée par un bijoutier.

correspondent aux maisons numérotées 38 et 40 sur la rue
Richelieu. Le passage ouvert au n° 46, et au bas duquel on
rencontre le Théâtre du Palais-Royal et ses dépendances, ne
conduit pas directement au café Foy; le passage Hulot serait
une traverse beaucoup plus directe et plus courte.

Mais si nous admettons, l'adresse du procureur Genest et
du peintre Tournières étant donnée en termes identiques
par l'Almanach royal « en face la rue Viledot », que Tournières ait habité la maison Genest et Henault, qui se nu-
mérote aujourd'hui 42 et 44, il se serait trouvé, comme dit
l'Almanach, « joignant » le café Foix, qui aurait occupé le
46 actuel. Par conséquent l'ancien Passage du café Foix aurait tiré son nom du café Foy lui-même, ce qui paraît très
naturel, et ce qui est, en effet, la vérité.

On trouvera aux notes détaillées qui terminent ce travail, l'extrait des actes authentiques qui prouvent que le café
Foix a occupé, depuis sa fondation sous Louis XIV, l'une
des boutiques du n° 46, et qu'il y est resté jusqu'à sa trans-
lation aux galeries de pierre.

Il n'était certainement pas indispensable de retrouver l'emplacement du café Foix sur la rue Richelieu, mais, lorsque
l'on se sent aux prises avec de pareilles incertitudes pour
déterminer des vétilles, on arrive à mesurer, avec un peu
d'effroi philosophique, l'énorme labeur que suppose l'éclaircissement des grands faits de l'histoire.

IV

Les documents se référant aux quatre-vingts années qui
suivirent la confection du Terrier royal ne sont pas très
abondants. J'y ai suppléé par une recherche fort laborieuse
dans les dépôts privés. Je dois consigner ici l'expression de
ma reconnaissance pour les messieurs les notaires de Paris,
qui, à l'exemple de leur vénérable doyen M. Thomas, qui

achève heureusement sa cinquante-unième année de notariat, ont bien voulu favoriser, avec une intelligence toute littéraire, un travail dont ils apprécient hautement l'intérêt et l'utilité. J'ai rencontré également le concours le plus obligeant chez le conservateur des hypothèques, M. Laurans, et chez ses employés de tous grades. Le nom de Moliere me servait d'introducteur et de garant.

En dehors de ces investigations toutes personnelles, j'avais primitivement à ma disposition :

1º La Table de la censive de l'archevêché (Arch. nat. S. 1293), qui m'a fait connaître qu'en 1748 les trois premières maisons joignant le Palais-Royal appartenaient, la première à M. Bergeret, fermier général; la seconde, aux héritiers Gagnat; la troisième, à la présidente d'Hariagues;

2º Une copie du plan du fief Popin de 1683, conservée au Cabinet des estampes, et sur laquelle on a reporté les noms des propriétaires à une époque qui me paraît très voisine de 1780. Ce dénombrement n'y commence naturellement qu'avec le fief Popin, c'est-à-dire au nº 14 actuel; mais d'autres sources indiquent que les deux premières maisons joignant le Palais-Royal (nºs 10 et 12 actuels) appartenaient alors, la première à M. de Maussion, la seconde à la baronne de Nieuwerkerque, demeurant au Louvre et aux Tuileries.

Voici maintenant le recensement fourni par le plan du Cabinet des Estampes, éclairci par quelques désignations puisées ailleurs :

1. (Nº 14 actuel.) Le président d'Ecquevilly, à Arpajon.

2. (Nº 16.) M. Dalainville, maréchal des logis du roi.

3. (Nº 18.) M. Duquesnoy, grand maître des eaux et forêts.

4. (Nº 20.) M. de Bourboulon, trésorier-général de Madame comtesse d'Artois.

5. (Nº 22.) M. Doche ou Doc, rue de l'Echelle-Saint-Honoré.

6. (Nº 24.) M. Rousseau de Bel-Air, rue Saint-Avoye.

7. (Nº 26.) M. le conseiller Brayer, représenté par M. le président Bochard de Saron, rue de l'Université, vis-à-vis de la rue de Beaune.

8. (N⁰ 28.) M. Dartaguiette, représenté par le marquis de Perusse des Cars, rue des Vieilles-Tuileries.

9. (N⁰ 30.) M. Desperre ou Despers, ancien syndic des perruquiers.

10. (N⁰ 32.) M. de l'Espine, butte Saint-Roch, et Mlle Dionis, rue de la Sourdière (deux maisons).

11. (N⁰ 34.) M. Ratagrat ou Ratgras.

12. (N⁰ 36.) M. Vigoureux, épicier-cirier, rue Croix-des-Petits-Champs.

13. (N⁰ 38.) M. Lecomte, secrétaire du roi.

14. (N⁰ 40.) M. Le Roy, rue Neuve-des-Petits-Pères.

15. (N°s 42 et 44.) M. Neveu, architecte, rue du Four-Saint-Germain.

16. (N⁰ 46.) M. Duchauffour, représentant M. et Mme Jousserand, propriétaires du café Foix.

17. (N⁰ 48.) M. Boudet, maître-maçon, rue du Four-Saint-Germain.

18. (N⁰ 50.) M. Roger, à Charonne.

19. (N⁰ 52.) Madame veuve Fortier.

20. (N⁰ 54.) M. Goudin.

21. (N⁰ 56.) N..... (Encoignure de la rue Neuve-des-Petits-Champs.)

V

Au point de vue féodal, la rue Richelieu relevait, avant 1789, des fiefs suivants :

1⁰ Du côté gauche, depuis la rue Saint-Honoré jusqu'au n⁰ 19 actuel inclus moins 6 pieds 12 1/2 pouces ; et du côté droit, depuis la rue Saint-Honoré jusqu'à peu près la moitié du n⁰ 14 actuel, de la censive de l'archevêché de Paris ;

2⁰ Du côté gauche, depuis le n⁰ 21 actuel, plus 6 pieds 12 1/2 pouces sur le n⁰ 19, jusqu'au mur mitoyen des n°s 63 et 65 actuels, et du côté droit, depuis la moitié septentrionale du n⁰ 14 jusqu'à la rue Neuve-des-Petits-Champs, en touchant l'angle sud-ouest de la Bibliothèque nationale, de la censive du fief Popin ;

3° Du côté gauche, depuis la maison n° 65 jusqu'à la rue Neuve-Saint-Augustin, de la censive de l'abbaye de Saint-Victor ;

4° Du côté droit, à partir du coin nord-ouest de la rue Neuve-des-Petits-Champs jusque et y compris l'arcade Colbert, de la censive royale, depuis que Jean Law, acquéreur de l'ancien hôtel de Nevers, avait acheté en même temps cette partie de la seigneurie directe du fief de la Grange-Batelière ;

5° Du côté gauche, depuis le coin nord-est de la rue Neuve-Saint-Augustin jusqu'au débouché sur le boulevard actuel des Italiens, et, du côté droit, depuis le n° 60 actuel, attenant à l'ancien hôtel de Nevers, jusqu'au débouché sur le boulevard Montmartre, du fief de la Grange-Batelière.

J'ai dit, dans la première partie de cet ouvrage, ce que je sais des seigneurs du fief Popin [1]. Ceux de la Grange-Batelière furent, dans les temps les plus anciens, le chapitre de Sainte-Opportune, Guy de Laval au XIV° siècle, Jean de Malestroit, évêque de Nantes, chancelier de Bretagne, et Robert de Bailleul, curé d'Heudicourt, grand chantre de Saint-Méry (1473); puis Jean de Bourbon, comte de Vendôme, trisaïeul d'Henri IV.

Au milieu du XVI° siècle, le fief de la Grange-Batelière devint la propriété de René Vivien, notaire et secrétaire du roi, mort avant 1573; et, après lui, de ses nombreux enfants, parmi lesquels Marie Vivien, qui épousa en premières noces Daniel Bourgoin, receveur des tailles à Lizieux; d'où plusieurs enfants, parmi lesquels Henriette qui épousa Louis Pinon de Quincy, conseiller au Parlement de Paris, et Geneviève qui épousa André-François-Paul Lefebvre d'Ormesson.

Une des petites-filles de René Vivien, nommée Louise, épousa Claude Feydeau, seigneur d'Erouville, correcteur des comptes; sa sœur Catherine fut mariée, par contrat du

---

1. Le dernier seigneur du fief Popin fut M. Velut de la Crosnière de Popin (v. ci-dessus, p. 28), qui était en 1790 conseiller honoraire à la Cour des Aides, et qui avait formé dans son hôtel, rue Porte-Foin, une collection d'histoire naturelle et de pièces de mécanique que les Guides de ce temps-là signalent aux curieux.

29 avril 1625, à Pierre Feydeau, chevalier, seigneur de Vaugien, Malmouze, etc. Le père de Mmes Feydeau était Louis
Vivien, seigneur de Saint-Marc, qui a laissé ses noms à la
rue Saint-Marc et à la rue Vivienne. Le fils de Pierre Feydeau et de Catherine Vivien, qui fut Denis Feydeau, correcteur des comptes, épousa Catherine Forest, qui se remaria
en secondes noces à Bruno Riquetty, seigneur de Mirabeau,
capitaine aux gardes. Denis Feydeau eut une fille, Louise-
Madeleine, mariée en octobre 1683 à Nicolas Bertin, maître
des requêtes, seigneur de Vaugien par sa femme [1].

Il résulta de ces diverses alliances que le fief de la Grange-
Batelière appartenait, en 1737, aux familles Pinon, Lefebvre
d'Ormesson, Bertin, etc.

Le président Pinon, président à la grand Chambre du
Parlement avant 1789, fut le dernier seigneur, mais non le
dernier propriétaire de son nom de la Grange-Batelière. C'est
en 1850 seulement que la rue Pinon, qui passait devant le
manoir de la Grange-Batelière, devenu la mairie du IIe arrondissement et démoli pour le prolongement de la rue
Drouot, a reçu le nom de rue Rossini [2].

Au point de vue municipal, la rue Richelieu a subi divers
classements.

En 1684, alors que Paris se divisait en seize quartiers, la
rue Richelieu relevait du quartier du Palais-Royal des deux
côtés, depuis la rue Saint-Honoré jusqu'à la rue des Petits-
Champs, et du quartier Saint-Eustache, également des deux
côtés, depuis la rue Neuve-des-Petits-Champs jusqu'à la porte
Richelieu, attenante aux n°s 79-81 et 76-78 d'aujourd'hui;
au delà de la porte Richelieu commençait le faubourg, que
l'*État et Partition* relève à titre de dépendance du quartier
Saint-Eustache.

Dans la seconde moitié du XVIIe siècle, la portion subur-
baine de la rue Richelieu consistait en une ruelle à peine
tracée à travers les marais; on l'appelait alors le chemin de

---

1. Sauf certains droits de fief adjugés au sieur de l'Espine, moyennant
2,420 livres, le 23 janvier 1676 (Arch. nat., Q^1, 1158-9).

2. Voir mon Étude sur la Grange-Batelière publiée en 1851 dans le journal
la Patrie et réimprimée dans *Ombres et vieux murs;* Paris, Charpentier, 1876.

la Grange-Batelière. Lorsque les terrains se lotirent et se bâtirent, on agrandit la ruelle et on la pava. Elle porta successivement les noms de grande rue de la Grange-Batelière, de faubourg Richelieu, de rue du Faubourg-Richelieu, de grande rue du Faubourg-Richelieu. Après la démolition de la porte, ce fut la rue Neuve-Richelieu, puis la rue Richelieu tout court. Notons encore que, lorsque le prolongement de la rue Richelieu au delà du cours ou boulevard jusqu'à la rencontre du mur de clôture de l'hôtel de la Grange-Batelière eut été ordonné et exécuté, ce prolongement prit pendant quelque temps, jusqu'à la rue des Marais, aujourd'hui rue Rossini, le nom de faubourg Richelieu. Cette portion de rue devint ensuite le *terminus* de la rue de la Grange-Batelière, qui commençait alors au faubourg Montmartre. Elle forme aujourd'hui la première section de la rue Drouot.

L'extension de la rue Richelieu jusqu'au Cours, en même temps que le développement du quartier Gaillon, amena, en 1702, la division de la ville en vingt quartiers[1].

Le quartier Saint-Eustache, qui s'étendait depuis la rue de la Tonnellerie jusqu'à la porte Gaillon, fut morcelé; sa partie occidentale et septentrionale, comprise, depuis l'extrémité des faubourgs, entre la rue et le faubourg Poissonnière, la rue Neuve-des-Petits-Champs au sud et le marais des Porcherons à l'ouest, devint un nouveau quartier, appelé le quartier Montmartre, dans lequel la partie nord de la rue Richelieu fut inscrite, depuis la rue Neuve-des-Petits-Champs jusqu'au Cours.

A la Révolution, les anciens quartiers furent remplacés par des sections autonomes, qui découpèrent Paris en quarante-

---

1. Un arrêt du Conseil du 4 décembre 1720, qui ordonnait la création d'un vingt et unième quartier sous le nom de quartier Gaillon, ne paraît pas avoir été exécuté. Un fait singulier, qui n'a été remarqué ni expliqué par aucun historien de Paris, c'est que, malgré l'augmentation du nombre des quartiers, le nombre des quartiniers resta, jusqu'à 1789, fixé à seize, soit un par quartier; le nombre des cinquanteniers à soixante-quatre, soit quatre par quartier, et celui des dizeniers à deux cent cinquante-six, soit seize par quartier, et tous ces nombres prouvent qu'on ne raisonnait pour la nomination de ces officiers que sur l'ancienne division par seize quartiers.

huit municipalités à peu près indépendantes. La partie de la rue Richelieu située entre les rues Saint-Honoré et la rue Neuve-des-Petits-Champs, fut attribuée à la section du Palais-Royal, dont les assemblées avaient lieu dans l'église Saint-Roch, tandis que la partie septentrionale, comprise entre la rue des Petits-Champs et le boulevard, fit partie de la section de la Bibliothèque qui s'assemblait dans l'église des Filles-Saint-Thomas.

En 1793 et 1794, la section du Palais-Royal devint la section de la Butte-des-Moulins, puis de la Montagne, tandis que la section de la Bibliothèque se décorait des titres non moins significatifs de section de 1792 et de section Le Pelletier.

Je n'ai pas à m'occuper ici du rôle politique des sections révolutionnaires, rôle très mobile d'ailleurs, puisque quelques-unes d'entre elles finirent par se faire mitrailler pour la cause de la monarchie sur les marches de l'église Saint-Roch. Mais il entre dans mon sujet de rappeler qu'elles se sont marqué une place à part dans notre histoire municipale par une des inventions les plus singulières qu'on pût trouver pour faire sentir au peuple parisien la saveur de l'anarchie en l'introduisant jusque dans les menus détails de la vie quotidienne.

Avant 1789, il n'existait, à cela près de quelques tentatives locales et sans suite, aucun numérotage pour les maisons, excepté dans les faubourgs bâtis en dehors des anciennes limites et successivement annexés.

Un *Almanach de Paris,* publié dans les premières années du règne de Louis XVI (Quillau, imprimeur-libraire, et Vᵉ Mangot, à l'hôtel de Toulouse), accolle un numéro très trompeur aux maisons des principales rues. Voici l'explication qu'il en donne : « Les chiffres qui suivent certaines adresses « sont, ou celui des lanternes les plus proches de la personne « dénommée, ou celui de l'hôtel qu'elle habite, lorsque ces « demeures se trouvent dans un des faubourgs où les mai- « sons sont numérotées. Il seroit à souhaiter qu'elles le fussent « toutes, ainsi que les hôtels, à l'instar de la nouvelle halle. » Le numérotage par lanterne pouvait aider à trouver les maisons, mais il offre bien peu de ressource à l'archéologue, aujourd'hui que les lanternes sont détruites. L'*Almanach de Paris* n'attribue, par exemple, à la rue Richelieu que dix-huit lanternes, portant les nᵒˢ 579 à 584 et 728 à 739; et chacun de ces numéros de lanterne est commun à une douzaine ou à une quinzaine de maisons, c'est-à-dire à six ou sept maisons de chaque côté de la rue.

Cependant, dès 1774, le sieur Lesclapart, éditeur d'un autre Almanach de Paris, avait inventé un système beaucoup plus logique : il donnait les adresses des particuliers notables et des commerçants, en attribuant un numéro aux maisons pour un certain nombre de rues, parmi lesquelles se trouve comprise la rue Richelieu. Ce numérotage est établi par portes; il commence au bas et à droite de la rue Richelieu par le nᵒ 1, correspondant à l'encoignure de la rue Saint-Honoré, continue jusqu'au boulevard Montmartre dont l'encoignure porte le nᵒ 87, traverse la rue Richelieu en inscrivant à l'encoignure du boulevard des Italiens le nᵒ 88, et redescend jusqu'à la rue Saint-Honoré où il s'arrête avec le nᵒ 183. Ce système fut repris et généralisé par quelques faiseurs d'almanachs, dont le plus connu est le libraire Watin, peintre, doreur, vernisseur, commissionnaire en tous genres et annoncier, qui publia en 1788, sous le titre d'*État actuel de Paris,* un guide curieux, rédigé par l'ingénieur-géographe Moithey [1].

Le numérotage par portes, qui reposait sur une base évidemment trop variable, n'en fut pas moins accepté par le public parce qu'il répondait à un besoin réel; il entra rapidement dans les habitudes, et le ci-devant Almanach royal, devenu national, ne dédaigna pas de s'en servir. Il aurait suffi de corriger le système de Lesclapart, de Watin et de Moithey pour arriver à un résultat excellent.

Malheureusement, en 1792, les sections s'en mêlèrent, et, abandonnant l'idée apparemment trop simple du numérotage par rue, elles entreprirent le numérotage de la ville, les unes par îlot, les autres par séries tournantes, dont le point de départ est aussi difficile à déterminer que le point d'arrivée.

1. Quatre vol. in-32, avec cinq cartes très précieuses.

Si l'on veut se faire une idée de l'indescriptible confusion où tombèrent les adresses de la ville de Paris, il faut lire la très vive et très spirituelle critique qu'en fit un écrivain humoriste, Joseph Lavallée[1], qui ne méritait pas l'oubli dans lequel il est tombé.

La Société de l'Histoire de Paris exprimait, dans l'un de ses derniers bulletins (juin 1880), le souhait que l'on pût rétablir la concordance entre le numérotage sectionnaire et le numérotage actuel, afin de dissiper l'obscurité fâcheuse où le premier de ces systèmes a plongé l'archéologie parisienne. C'est précisément ce que je me suis efforcé de réaliser pour la rue Richelieu. J'ai rétabli le numéro sectionnaire d'un assez grand nombre de maisons.

Quant au système, j'en vais donner une idée sommaire.

Je prends le côté droit de la rue Richelieu et je constate qu'il commençait par les n°s 988 à 994, entre la rue Saint-Honoré et la rue Montpensier. Au delà de la rue Montpensier, nous trouvons une seconde série dont le premier terme est le n° 1223, et qui se continue régulièrement, sauf quelques soubresauts, jusqu'au n° 1270, au coin sud de la rue Neuve-des-Petits-Champs. Au delà de celle-ci, le numérotage reprend par une apparence de série rétrograde, du n° 280 au n° 276, de la rue Neuve-des-Petits-Champs à la rue des Filles-Saint-Thomas. Vaste lacune jusqu'à la rue Feydeau, où nous retrouvons, se touchant presque, les n°s 297, 323, 203 et 151, sur lequel la rue finit à la rencontre du boulevard Montmartre.

Si l'on cherche l'explication[2], on peut essayer sinon de démêler complètement l'écheveau, du moins d'y saisir quelques bouts de fil conducteur. On aperçoit, par exemple, ou

---

1. *Semaines critiques ou Gestes de l'an V*, 3 vol. in-8°, xvi° semaine. Voir sur Joseph Lavallée, une intéressante notice dans la Biographie Michaud (2° édit.).

2. On croit, dans les bureaux de la Ville de Paris, que le numérotage sectionnaire attribuait aux maisons autant de numéros qu'elles avaient de co-propriétaires; j'ignore sur quels faits s'appuie cette hypothèse, que je m'abstiens également de contredire et d'accepter.

l'on croit apercevoir que le numérotage initial, nos 988 à 994, venait de la rue Saint-Honoré, longeait le Théâtre-Français, et se dérobait ensuite en suivant les murs du Palais-Royal sur le côté droit de la rue Montpensier, alors rue de Quiberon ; tandis que la seconde série, nos 1223 à 1270, arrivait par le côté gauche de cette même rue, et suivait le côté droit de la rue Richelieu pour s'enfuir à droite dans la rue Neuve-des-Petits-Champs.

Quant à la dernière série, dont l'incohérence touche au délire, je crois en avoir saisi la marche serpentine. Elle provenait sans doute du côté gauche de la rue Montmartre, s'avançait jusqu'au boulevard, tournait, toujours à gauche jusqu'à la rencontre de la rue Richelieu, déposait sur la première maison de cette rue, la maison qui devint Frascati, le no 151, continuait jusqu'au coin nord de la rue Saint-Marc, y pénétrait par le côté gauche sur le no 160 ou approchant, se repliait sur elle-même par le côté droit de la même rue, rentrait dans la rue Richelieu avec un numéro supérieur à 193, faisait ensuite le tour de la rue Feydeau avec des numéros compris entre 223 et 247 ou au delà, et revenait à la rue Richelieu en imposant le no 276 à la maison de l'angle sud de la rue des Filles-Saint-Thomas, pour mourir, avec le no 280, sur la Bibliothèque nationale, au coin nord de la rue Neuve-des-Petits-Champs.

Je crois superflu de répéter ce genre de démonstration sur le côté gauche de la rue ; il présente, d'ailleurs, moins de difficultés, car du coin nord de la rue Neuve-des-Petits-Champs (no 55 actuel) jusqu'à la rencontre du boulevard des Italiens (no 103 actuel), le numérotage sectionnaire se suivait d'une seule venue, à partir du no 291 jusqu'au no 333.

On pourrait, si l'on y tenait, compléter ces données rudimentaires ; c'est une vérification à faire qui n'exigerait que du temps et de la patience, mais, en ce moment, elle m'aurait entraîné trop loin.

N'insistons pas : Joseph Lavallée déclarait, en l'an v, qu'on ne pouvait pas s'y reconnaître ; il faut bien avouer qu'il exagérait de peu.

Le décret du 7 février 1805 mit fin à cette scandaleuse

inintelligibilité des adresses parisiennes, en établissant le numérotage actuel par rue et par séries paires et impaires, partant du cours de la Seine ou le suivant [1]. Les almanachs de 1806 attribuent aux maisons le numérotage nouveau, et c'est par une comparaison attentive entre les adresses de 1805 et celles de 1806 qu'on arrive à en saisir la concordance.

Chose essentielle à noter : le numérotage de 1805 est demeuré intact pour la section de la rue Richelieu comprise entre la rue Saint-Honoré et la rue des Petits-Champs du côté droit, et n'a que peu varié du côté gauche jusqu'à la rue Traversière. On s'en assure par la comparaison des documents, et notamment par l'étude du plan parcellaire de Vasserot et Bellanger, commencé en 1825, et du plan numéroté de Jacoubet qui porte la date de 1836. L'édilité moderne, en remaniant la première partie de la rue, comprise entre la nouvelle place du Palais-Royal et le débouché en retour d'équerre de la rue Montpensier, s'est arrangée de manière à respecter l'ancien numérotage depuis le n° 8 (ancien café Minerve), qui fait le coin nord de la rue Montpensier, jusqu'à la rencontre de la rue Neuve-des-Petits-Champs ; la reconstruction de l'ancien n° 28 ayant donné deux portes au lieu d'une à cette vaste propriété, l'une de ces deux portes a reçu le n° 28 bis, pour ne pas déranger l'ordre numéral des maisons suivantes.

On s'est efforcé d'obtenir un résultat analogue pour le côté gauche de la rue, entre la place du Théâtre-Français et l'angle de la rue Moliere. L'établissement de la place du Théâtre-Français, en absorbant les rues du Rempart, des Boucheries, la cour Saint-Guillaume et sa dérivée l'impasse

---

1. Il est à regretter que, sous l'administration de M. le comte de Rambuteau, la Ville ait supprimé l'ingénieuse distinction des plaques rouges et noires, qui montrait au premier coup d'œil que la rue était parallèle ou perpendiculaire à la Seine. Cette indication ne manquait pas d'utilité. Par exemple, le boulevard Haussmann et la rue Lafayette, à leur point d'intersection avec la Chaussée d'Antin, semblent parallèles ; cependant le premier est classé comme perpendiculaire à la Seine et la seconde comme parallèle au fleuve ; d'où il suit que les numéros du boulevard Haussmann vont en sens inverse de ceux de la rue Lafayette. La couleur des numéros, telle que la prescrivait le décret de 1805, prévenait toute méprise.

de la Brasserie, a fait disparaître les anciens nos 1 à 13 de
la rue Richelieu, que remplacent deux maisons seulement,
numérotées 1 et 3; on n'a pas comblé la lacune, en sorte
que le no 15 ancien succède immédiatement au no 3 nouveau; les anciens numéros continuent ensuite à partir du
no 15, ce qui laisse la série ancienne presque intacte jusqu'à
la fontaine.

Ici se présente une complication bizarre que je signale aux
curieux.

Dans le système de 1805, la première section gauche de
la rue Richelieu était numérotée, de la rue Saint-Honoré
jusqu'à la fontaine, 1 à 43. La série continuait, entre le coin
nord de la rue Villedo et le coin sud-ouest de la rue Neuve-
des-Petits-Champs, de 45 à 55. L'angle aigu que formait
l'ancienne fontaine Richelieu barrait la rue du Hasard et les
deux maisons qui séparent celle-ci du coin sud de la rue
Villedo; or, ces deux maisons, qui comptaient dans la rue
Traversière, y portaient les nos 45 et 47, exactement comme
les deux suivantes, au delà de la rue Villedo, comptées dans
la rue Richelieu.

La fontaine Richelieu étant abattue (no 43), les deux maisons intermédiaires entre les rues du Hasard et Villedo se
trouvèrent à découvert pour les passants de la rue Richelieu,
qui lisaient ainsi la série : nos 1 à 41, 45, 47, 45, 47, 49 à 55.
On y remédia d'abord en incorporant les anciens nos 45 et 47
de la rue Traversière à la rue Richelieu, sur laquelle ils
prirent d'abord les nos 45 et 45 bis, puis 43 et 45; l'ancien 45
de la rue Richelieu devint 47 et l'ancien 47 fut le 47 bis.

Mais, vers 1850, l'édilité, considérant que l'ancienne maison de Mignard ne formait qu'un seul tenant, lui supprima
l'un des deux numéros qu'elle portait (23 et 25) en la nu-
mérotant 23 et 23 bis; en conséquence, le 27 ancien devint
le 25 et ainsi de suite jusqu'à la nouvelle fontaine, qui de
no 41 devint no 39. Enfin, la reconstruction des vieilles maisons nos 31 et 33 en une seule, sous le no 29, fit encore ré-
trograder la série jusqu'au point où nous la voyons, la fontaine ne portant plus que le no 37. Pour comprendre la
confusion née de ces changements, on n'a qu'à regarder le
petit tableau que voici :

	RUE RICHELIEU.		RUE TRAVERSIÈRE		RUE RICHELIEU.		
	Numéros		Numéros		Numéros		
Avant 1830....	1 à	43	45	47	45	47 à	55
Après 1830 ...	1 à	41	43	45	47	47 bis à	55
—	1 à	39	41	43	45	47 à	55
Après 1850....	1 à	37	39	41	43	45 à	53

Il suit de là que la maison qui fait l'angle nord de la rue du Hasard avec la rue Richelieu a porté, en cinquante ans, le nº 45 sur la rue Traversière, les nºs 43, 41 et 39 sur la rue Richelieu; la maison qui suit, et qui s'élève sur l'emplacement réduit de l'hôtel Crussol, a été, pendant le même temps, le nº 47 de la rue Traversière, les nºs 45, 43 et 41 de la rue Richelieu. Il y a là une source de nombreuses méprises lorsqu'il s'agit de rechercher l'identification d'une maison comprise dans cette mobile région.

Le reste de la rue, jusqu'au boulevard, a été bouleversé par diverses causes que j'indiquerai chacune en son lieu. Le fait est que la rue Richelieu, qui finissait avant 1830 au 115 et au 108, finit aujourd'hui au 103 et au 112. Elle a perdu des numéros du côté impair et en a gagné de l'autre.

Je résume l'état actuel de mes connaissances sur la rue Richelieu tout entière, dans le tableau suivant qui établit la concordance entre le numérotage par porte de Watin, le numérotage sectionnaire, le numérotage régulier de 1805 et le numérotage actuel. J'ai pénétré de mon mieux le principe du numérotage des portes imaginé par Watin; je demande cependant quelque crédit sur cet article, pour m'épargner des explications minutieuses qui fatigueraient le lecteur en pure perte. Il suffit de savoir que Watin comptait les portes et non pas les maisons; par exemple, une maison bourgeoise à porte bâtarde avec deux boutiques reçoit trois numéros, tandis que tel grand hôtel princier n'emploie qu'un seul numéro, n'ayant en ce temps-là qu'une porte unique sur la rue Richelieu.

Watin attribuait à la rue Richelieu 500 toises de longueur et 183 portes, numérotées par lui de 1 à 87 par la droite,

de la rue Saint-Honoré au boulevard Montmartre, et 88 à
183 par la gauche, en retournant du boulevard des Italiens
à la rue Saint-Honoré.

A la suite du tableau, je donne, sous forme de notes correspondant à chacune des maisons existantes, de nombreux
renseignements anecdotiques, biographiques et archéolo-
giques, la plupart inédits, ainsi que l'indication des actes
authentiques que j'ai découverts ou consultés.

Quoique la rue Richelieu n'existe que depuis deux cent
cinquante ans environ, elle est prodigieusement riche en
souvenirs précieux ou curieux ; à la littérature et aux arts elle
rappelle Molière et Voltaire, Israël Silvestre et Mignard,
Meyerbeer et Cherubini, Mme Pasta, la Bigottini, la Comédie-Française, l'Opéra et le Théâtre Louvois ; à la politique,
les ministres Colbert, Louvois, duc de Choiseul ; à la finance,
Jean Law, l'abbé Terray et plusieurs receveurs généraux du
xviiie siècle, sans compter un nombre infini de personnalités
secondaires, mais intéressantes.

On croit que Regnard y demeura, mais je n'ai pas découvert sa trace ; de même pour le peintre Hyacinthe Rigaud.

Marivaux est mort comme Molière, son grand aïeul, dans une
des maisons de la rue Richelieu qui prenaient jour sur le jardin du Palais-Royal, mais je n'ai pu la déterminer exactement.

J'ai indiqué l'adresse des acteurs, chanteurs et danseurs
qui ont habité la rue Richelieu, qui a compté jusqu'à trois
théâtres en exercice. On ne trouvera pas ces indications dé-
placées dans une notice consacrée à la maison de Molière.

Je dois prévenir que les dates portées dans le tableau qui
va suivre sont purement indicatives et non limitatives ; lorsque je signale, par exemple, l'existence d'un hôtel garni
en 1803, cela ne signifie pas que cet hôtel n'existât ni plus
tôt ni plus tard, mais seulement qu'un document me le signale en 1803. Certains noms obscurs ont leur valeur parce
qu'ils m'ont servi de points de repère. J'indique par des caractères *italiques*, les monuments, voies publiques ou établissements de tout genre qui subsistent aujourd'hui, et par des
PETITES CAPITALES les hôtels seigneuriaux, pour les distinguer des hôtels meublés dont le nom est imprimé en
caractères ordinaires.

NUMÉROS actuels.	NUMÉROS de 1806	NUMÉROS du TERRIER ROYAL	RUE DE RICHELIEU (Côté droit. — Numéros pairs)	NUMÉROS Sectiontes SECTION du P.-R. (1)	NUMÉROS de WATIN
(2)	2, 4 et 6	1 et 2	Anciennes maisons Brisacier et Brunet (1684-1705). — Claude Ogier, notaire, et ses successeurs (1664-1763). — Café du Roi (1784-1828). — Parfumerie Dumas (1803). — Legendre, avoué (1805-06) — Deslandes, cirier (1808), — Mlle Saint-Ange, Com.-Franç. (1819). — Mlle Minette, Vaudeville (1825). — Café de la Comédie (1790-1882). — Passage du Palais-Royal (1705).	988 989 990	»
6	6 bis	3	HÔTEL RICHELIEU (1639) et PALAIS BRION (1643-1692). — Académie royale de peinture et de sculpture (1672-92). — Galerie de tableaux du Palais-Royal (1692-1784). — Félibien (1679); le Cte de Gramont (1684). — Théâtre du Palais-Royal (1790); Théâtre-Français (1791); de la Liberté et de l'Égalité, puis de la République (1792); Français de la République (1798); Comédie-Française (1803-1882).	991 à 994	7 à 10

RUE MONTPENSIER.

| 8 | 8 | 3 | Portion de l'HÔTEL RICHELIEU (1639); du Palais Brion (1643), et de la galerie des tableaux du Palais-Royal (1692-1784). — Salle provisoire des Variétés et du Palais-Royal (1784-90) — M. Duchesne (1792-1815). — Famille Pépin Le Halleur (1815-82). — Café Minerve (1796-1866). — Mmes Desbrosses, Mars aînée et cadette, Com.-Fr. (1801). — Beauvais, tribun (1802). — Mme Cochois, commissionnaire au Mont-de-Piété (1805). — M. de Saint-Just (1806). — Chevallier, tailleur de l'Empe- | 1223 | 11-12 |

(1) Plus tard de la Butte-des-Moulins et de la Montagne; aujourd'hui quartier du Palais-Royal, 1er arrondissement.

(2) Par une singularité qu'on ne s'explique guère, ce qui reste de l'emplacement de ces anciennes maisons porte, sur la rue Richelieu, les n°s 23, 24, 25 et 26, en continuation du numérotage par arcades de la galerie du Théâtre-Français (côté de la place du Palais-Royal).

NUMÉROS actuels.	NUMÉROS de 1806	NUMÉROS du TERRIER ROYAL	RUE DE RICHELIEU (Côté droit. — Numéros pairs)	NUMÉROS Section^res — SECTION du P.-R.	NUMÉROS de WATIN
			reur (1808). — Bureau de loterie n° 23 (1827-36). — Armand, Com.-Fr. (1830).		
10	10	4	M. de Ratabon (1670). — M. Verjus de Crécy de l'Acad. fr. (1670-1709). La M^ise de Lionne (1684). — Le Mis de Crécy (1709-50). — M. Bergeret (1750-17).— M. de Stragaloft (1778). — Famille de Maussion (1771-1823) — M Legacque (1823). —Mlle Bertin (1784-89). — Passage du Prix-Fixe (1816-69). — Bazar du Sr Messin (1788). — M. de Vergennes (1805). — Restaurant Dupuis (1799-1803). — Cabinet de physique de l'aéronaute Garneriu (1832). — Mme Eulalie Dupuis, Com.-Franç. (1834).	1224	13
12	12	5	M. de Longueil (1684). — HÔTEL DE LA FERTÉ (1684-1705).—M. de Cuisy (1750). — Les héritiers Gaignat (1751-1764). — M. Bertrand Dufresne ; M. Beaujard (1778). — Mis et M^ise de Walsh Serrant (1788). — Baronne de Nieuwerkerque (1780). — Marie-Jos. Chenier, de l'Institut (1805-07). — Bassi, Op. Ital. (1815). — Hôtel des Hautes-Alpes (1815-82).	»	14
14	14	6	Pierre-Nicolas de l'Espine (1660-88). — Borne n° 8 du Fief Popin. — M. et Mme Breteau (1688-1707). — M. et Mme de Hariague (1707-44). — Le président d'Erquevilly (1780). — Soldato, trait^r-liquoriste ; mort de Sacchini (1786). — Hôtel Colin-Tonneau (1797-1803); de Toscane (1805-17); d'Irlande (1827-28). — Guillaumin et Cie (1850-1882).	1234	15
16	16	7	Famille du Fort (1666-1719).—M. de la Poire de la Roquette (1719-44). — M. Dalainville (1780-86). — Hôtel de Cahors (1815-30). — Pharmacie Lebrou (1806-82).	1235	15
18	18	8	M. de Givry (1680). — MM. du Fort (1702-46). — M. Dupuis (1744). — M. Duquesnoi (1778-1806). —	1236	17 et 18

NUMÉROS actuels.	NUMÉROS de 1806	NUMÉROS du TERRIER ROYAL	RUE DE RICHELIEU (Côté droit. — Numéros pairs)	NUMÉROS Section^res SECTION du P.-R.	NUMÉROS de WATIN
			M. de Brosses, Vte et V^tesse d'Estresses (1778). — M. Laval (1780). — Le Ch^r de Saint-Pol (1788). — Restaurant Chéron (1788). — Marie-Jos. Chenier, de l'Institut (1806-09). — Monrose, Mlle Dupuis, Com.-Fr. (1819). — Mme Hervey, Com.-Fr. (1830). — *Passage Richelieu* (ci-devant de Bretagne).		
20	20	9	M. Lenormant (1659). — M. Perrot (1670-1750). — Mme des Roches (1734). — M. de Bourboulon (1772-1783). — Hôtel Royal (1788). — M. Mignard, notaire honor. (1827).	»	19
22	22	10	M. Picault (1669). — Hôtel-Dieu et Hôpital général 1676). — Le président Henault (1710-44). — M. Doc ou Doche (1780). — Mme Thomassin, Montansier (1793). — Dazincourt, Com.-Fr. (1801). — *Hôtel d'Artois, de Venise, de Piémont* (1788-1882).	10 et 1240	20
24	24	11	M. Alexandre de l'Espine (1658). — M. Leclerc, M. Cosson, M. Mouffle (1715-20). — Mme Perdrigeon, M. de l'Espine et la Ctesse du Quernoy (1744). — M. Rousseau de Bel-Air (1748). — Cte des Authieux (1781). — Mme Petinau, Mme de Saint-Martin (1788). — Soldato (1797-1806). — M. Personne-Desbrières, agent de change (1799-1803). — Armand, Com.-Fr (1815).	1241	21
26	26	12	M. de Pradines (1643-1684). — M. Brayer (1685-1730). — Le président Bochard de Saron (1730-1789). — Mlle Bertin (1789-1808). — Ch. G. Potier, Variétés, et ses héritiers (1821-1867). — Hôtel de Londres (1788). — Café Carchi (1797). — Restaurant Beauvilliers (1799-1817). — Restaurant Lenglet (1827). — Mme Despréaux, Comédie-Française (1830). — *Passage Beauvilliers*, puis *Potier* (1799-1882).	1243	22
28 et 28 *bis*	28	13	M. Le Roy de la Sanguinière (1643-1684). — M. Blin (1703). — Mme de Saint-Martin (1705). — M. Dar-	1245	»

NUMÉROS actuels.	NUMÉROS de 1806	NUMÉROS du TERRIER ROYAL	RUE DE RICHELIEU (Côté droit. — Numéros pairs)	NUMÉROS Section^tes SECTION du P.-R.	NUMÉROS de WATIN
			taguiette (1719-1754). — Le Mis de Pérusse d'Escars (1754-1788). — Restaurants Duplan, Thomas et Campagnac (1797-1806). — Thomassin, tailleur (1808). — Mlle Anaïs Aubert, Comédie-Française (1819). — M. Bertinot, notaire (1827). — Dr Dechambre (1847).		
30	30	14	Mme de Villeblain (1684). — M. Mauriceau ou Morisau (1687). — M. Nouveau (1718-1744). — M. Desperre (1780). — Hôtel d'Orléans (1788), de Montpellier (1797-1810), de Nantes (1810-30). — Saint-Aubin, Opéra-Comique (1815). — M. Brière de Mondétour (1832).	1247	23
32	32	15	Pierre Dionis et ses héritiers ; familles Perrier, de l'Espine, Desplaces (1658-1784). — Hôtel Vauban (1797-1806)	1249	24
34	34	16	Pierre Dionis (1658). — Ve Perier et ses héritiers (1695-1721). — M. Ratgras (1780). — Dublin et Mme Bourneuf, Montansier (1793). — M. Hulot, propriétaire (1837). — *Passage Hulot* (1827-82). — *Fausse inscription relative à la mort de Molière.*	1250 à 1252	25, 26 et 27
36	36	17	Les Corneille, peintres du roi (1658-1749). — Mollier le musicien et son gendre Itier (1662-76). — Café Chantrier (1827). — *Brasserie Muller* (1882.)	1253 et 1254	28 et 29
38	38	18	Les frères Marsy, sculpteurs du roi, et Mme Rahaut, leur sœur (1658-1721). — Mme Laisné (1731). — Mme Chailles (1744). — M. Miotte de Ravannes (1765). — M. Le Comte (1780). — M. Jousseran, agent de change (1787). — Josse de l'Opéra (1794). — Café Langlois (1798). — Hôtel Breton (1802-06). — Gressier, chapelier (1805-08). — Mlle Claret, Com.-Fr. (1819). — Ancien passage Breton.	1255	30
40	40	19	Maison Baudelet (1658-1765), où mourut MOLIÈRE (1673). — M. Le Roy et la famille Cretté de Palluel	1256	31

NUMÉROS actuels.	NUMÉROS de 1806	NUMÉROS du TERRIER ROYAL	RUE DE RICHELIEU (Côté droit. — Numéros pairs)	NUMÉROS Section˛ᵉˢ — SECTION du P.-R.	NUMÉROS de WATIN
			(1765-1881). — Hôtel de Chartres (1769-93). — Morial, drapier (1793-1805). — Nys et Cⁱᵉ (1804). — M. et Mᵐᵉ Dabos, peintres (1802-05). — Mony, commissaire - priseur (1847).— Cⁱᵉ *La Foncière* (1881-82).		
42 et 44	42 et 44	20	M. Boulanger (1684). — Le procureur Genest (1705). — Familles Henault et d'Aubeterre (1712-1773). — Robert Tournieres, peintre (1713-1752). — Neveu, architecte (1775-1787). — *Pharmacie Dufilho, M. Ducoux, successeur* (1801-82).	1257 et 1258	32 à 35
46	46	21	M. Inard (1684). — Monnerot (1699-1729). — Café Foix (1700-1784). — M. Fouchet (1729-1770). — M. et Mᵐᵉ Jousserand (1770-1788). — Tavernier, horloger (1806) — Cᵉˢˢᵉ d'Espreménil (1824). — Nadermann, harpistes et marchands de musique (1805-1831). — Hôtel Breton (1810). — Passage du Çafé de Foy (1802-1850). — *Pradel, fourreur.*	1262 et 180	36 à 38
48	48	22	M. et Mᵐᵉ Bonnegarde (1684). — M. de Montmort (1701). — M. Charpentier (1705). — M. le président Henault (1769-1721). — M. Boudet (1780). — M. Farinain, notaire (1788). — M. Fauveau, payeur de rentes (1788). — Reys, bijoutier (1805-06). — Dublin, dessinateur de l'Opéra (1815).— Michot, Com.-Fr. (1815-19). — Désaugiers, homme de lettres (1827).	1264	39 et 40
50	50	23	Mˡˡᵉ Le Noir (1684). — Jullien Touchard (avant 1697). — Le conseiller Ollier (1697-1700). — Familles Chaperon et Paris (1700-38). — Famille Poisson; la marquise de Pompadour et le marquis de Marigny (1758-77). — M. Duclos-Lange (1777-87). — Pierre Roger (1787). — Mᵐᵉ Maingot (1882). — *Hôtels :* de Nassau. Montpensier, Suffren (1776-89); *de Strasbourg* (1792-1882).	1266	4 t
52	52	24	Mᵐᵉ Le Noir (1684). —MM. Çhaperon	»	42

NUMÉROS actuels.	NUMÉROS de 1806	NUMÉROS du TERRIER ROYAL	RUE DE RICHELIEU (Côté droit. — Numéros pairs)	NUMÉROS Section^tes SECTION du P.-R.	NUMÉROS de WATIN
			et Paris (1695-1705). — M. Gallois (1708-44). — Bitaud de Vaillé (avant 1770). — Mme et héritiers Fortier (1770-1866). — M. Lebas (1868-82). — Grétry (1773). — Grand Hôtel du Cirque (1789-99). — *Passage Beaujolois* (1822-82). — *Restaurant* Serveille, *Recordon*, successeur (1827-82).		
54	54	25	M. Maugin (1658). — M. Hoquet et M. Darboulin (1684) — M. Hattier (1695-1721). — M. Gradin (1744). — Devilliers, agent de change (1797).	1269	»
56	56	26	M. Anceau ou Auscau (1670-1711), au *Mortier de la Providence.* — M. Mangin (1684)? — M. et Mme de la Rivière (1720-44). — *Hôtel Colbert* (1882).	1270	»
			RUE NEUVE-DES-PETITS-CHAMPS.	SECTION de la BIBL. (1)	
58	58	27	HOTEL DE VARENNE (1705). — Jean Law (1719). — *Angle sud-ouest de la Bibliothèque nationale* (1882).	280	49 à 52
8	58	28	HOTEL MAZARIN (1660). — HOTEL DE NEVERS (1661-1719). — Jean Law et Banque royale (1719). — *Bibliothèque royale, impériale, nationale* (1721-1882).	»	52
			RUE COLBERT.		
58	58 bis	28	Reste de l'HOTEL DE NEVERS après l'arcade démolie (1881). — Dépôt des pompes (1788). — *Bureau des travaux* (1882).	»	52
60	60	29	HOTEL DE BARTAGE (1703-1735). — Le conseiller Guigou (1705-1710). — Cte et Ctesse de Perrigny (1735-	279	53

1. Plus tard Section de 1792 et de LE PELLETIER, aujourd'hui quartier Vivienne, IIe arrondissement.

NUMÉROS actuels.	NUMÉROS de 1806	NUMÉROS du TERRIER ROYAL	RUE DE RICHELIEU (Côte droit. — Numéros pairs)	NUMÉROS Section^res SECTION de la BIBLIOTH.	NUMÉROS de WATIN
			1783). — PETIT HÔTEL TALARU (1784-1820). — Le comte de Bozé, le chevalier de Guéret (1788). — M. de Forbonnois (1774-1784). — L'abbé de Sauvé, le ch^er de Seilhac e ch^er de Zimmermann (1788). — Maës, brasseur (1820). — Catoire, régisseur des salines (1802-06). — Mme Charton Com.-Fr. (1825). — Mlle Pauline, Var. (1825). — Mme Quincy, Op. (1830). — Mme Lebrun, Op.-Com. et chapelle du roi (1830). — Librairie Paulin et journal *l'Illustration* (1844-72).		
62	62	30	Pierre Pidou et Pidou de Saint-Olon (1652-1720). — Le comte et la comtesse de Perrigny (17:5-1784). — M. de Forbonnais (1774-84).— HÔTEL TALARU (1784-1820). Prison de la Section Le Pelletier (1794). — Hôtel des Colonies (1797-1827). — M. Levagneur (1820). — Nattier, plumassier-fleuriste (1820). — Héritiers Dupuytren (1832). — Rattier, nouveautés (1850).	278 et 277	54
64	64	31	MM. de Vandenesse (1652-1735). — Héritiers Robinet (1705). — Familles Chaillou de Jonville et de Chavaudon (1755-1858). — M. de Laubespin (1778). — Le chevalier de Paulien (1781).	276	55
66	66	32	Familles Paget, Brouilly et Monnerot (16..-1759), à la Croix-Rouge (1705). — Hôtel de Calais (1788-1805). — Pharmacie Baccoffe-Moriset et Duvignau (1810-57).	»	56

RUE DES FILLES-SAINT-THOMAS.

NUMÉROS actuels.	NUMÉROS de 1806	NUMÉROS du TERRIER ROYAL		NUMÉROS Section^res	NUMÉROS de WATIN
68	o et 68	33	L'abbé Renaudot (1705-18). — Familles de Rozay de Flamanville, le Comte de Nonant (17..-55).—Famille Coupard de la Bloterie (1755-77). — Le président Chabenat de	»	59

NUMÉROS actuels.	NUMÉROS de 1806	NUMÉROS du TERRIER ROYAL	RUE DE RICHELIEU (Côté droit. — Numéros pairs)	NUMÉROS Section^{res} SECTION du P.-R.	NUMÉROS de WATIN
			Bonneuil (1777-1789). — Barne de Roquefort (1788). — M. Hugand (1797-3). — M. Bourrier (1793-1811). M. Barthélemy (1811). — Vernet, Var. (1815-19). — Hôtel de Lyon (1810-1829). — Poilleux et Thiéry. épiciers (1829-1850).		
(1)	68 et 68 bis	33	Démembrement de la précédente. — Mêmes origines jusqu'à 1811. — Hôtel Dublin (1803-1810). — Famille Foulon (1811-1868). — Démolie pour le percement de la rue du Quatre-Septembre.	»	60
(2)	70	33	Démembrement de la précédente (avant 1709), réuni anciennement à l'ancien hôtel Paget et de Caillières, rue des Filles-St-Thomas, anc. n° 18. — Jacques Paget (avant 1709). — F. de Caillières (1709-17).— L'Hôtel-Dieu de Paris (1717-.). — Nicolas Linassier (1770-..). — Hôtel d'Angleterre (1788-1869) ; de la Tranquillité (1797). — Pandin de Narcillac (1811-69). — Démolie pour le percement de la rue du Quatre-Septembre.	271	61 et 62
74	72	34	Familles Paget et Brouilly (avant 1671). — Antoine du Perey et ses héritiers (1681-1755). — A.-G. du Gard (1755-72). — M. et Mme|Lirassier (1772). — Familles Gabet (1794) et Trancard (1795-1810). — MM. Lamotte (1810-59). — Paul, fleuriste de l'Opéra (1825-20). — Genot, Op.-Com. (1830).— M. Tabouis (1859-69). — Expropriée et reconstruite partiellement après le percement de la rue du Quatre-Septembre.	270	62
76	74	35	François Thévenin (avant 1635). — M. Vipart(1635-45). — M. et Mme Alais (1645-1657). — Famille Paget (1657-1719). — Judith Boissière (avant 1746). — Le docteur Ver-	269	63 et 64

(1) Lacune dans le numérotage actuel.
(2) *Idem.*

NUMÉROS actuels.	NUMÉROS de 1806	NUMÉROS du TERRIER ROYAL	RUE DE RICHELIEU (Côté droit. — Numéros pairs)	NUMÉROS Section^{res} SECTION de la BIBLIOTH.	NUMÉROS de WATIN
			nage (1746). — Mme de Meyssac (1768-91). — Familles Poux-Lamothe, Morphy et Droz (1791-1882). — Hôtel Lamotte et Ménars (1797-1840). — Perret et fils, châles, a la *Ville de Bombay* (1850-56). — M. de Baudoin (1781).		
78	76	36	Marguerite Hardy, veuve de François Briçonnet (avant 1702). — Maison du procureur Langellerie et ses héritiers (1702-1791). — M. Caminade de Castres (1788-91). — P.-A. Danger (1792). — M. Tronchin (1778). — M. de Chindré (1781). — Boivin de Blancmur et héritiers (1792-1811). — Familles Charvet, Chaney et Tarbé des Sablons (1811-1831). — MM. Perier et Pène (percement de la rue de la Bourse (1831-35). — M. Le Loup de Sancy (1835). — M. Noël(1846). — Chérubini, Kreutzer, Boïeldieu, Méhul et Cie, marchands de musique (1806-8). — Hôtel des Américains (1815) et Richelieu (1827-30). — Hetzel et Ildefonse Rousset, libraires (1850). — Lavanchy, cachemires, maison du Persan (1858).	268	65

PORTE RICHELIEU, *démolie en 1693.*

| | 78 | 37 | *Rue de la Bourse.* — Fossés et remparts de la Ville (1630-1678). — Jardin de l'hôtel Croiset (ouvrant sur la rue des Filles-St-Thomas, ancien n° 16). — Mis et M^{ise} Chassepoux de Verneuil, familles de Menou, Montmorin et d'Appellevoisin (1748-1792). — 1re partie du 3e lot du morcellement de l'ancien hôtel Croiset. — Comte Villain XIIII (1792). M. et Mme Genevois (1793). — M. et Mme Gillet (1799). — Hôtel Planet (1797) et Diogène (1802). — H.-G. Planet (1800). — Famille Chevrier (1807). | 267 | 66 |

NUMÉROS actuels.	NUMÉROS de 1806	NUMÉROS du TERRIER ROYAL	RUE DE RICHELIEU (Côté droit. — Numéros pairs)	NUMÉROS Section^res SECTION de la BIBLIOTH.	NUMÉROS de WATIN
			— MM. Perier et Pène (1832). — Leduc et Cie, marchands de musique (1809-30). — Fossin, joaillier (1820-29). — Babin, costumier (1815-1825).		
80	80	37	Fossés et remparts de la Ville (1630-1678).— Jardin du président Croiset (1678-1748). — Familles Chassepoux de Verneuil et Menou (1748-1792). — 2e portion du 3e lot de l'ancien hôtel Croiset. — M. Bullot (1792). — Héritiers Chabrier et famille Verdé-Delisle (1882). — Pironet, arquebusier de l'empereur et du roi de Westphalie (1808-10). — Café Lorres (1827). — Mme Bodonet, modes (1827). — Geffrier, Ybert et Cie, Compagnie des Indes (1843-50).	»	»
82	82	38	Maison à porte cochère, à François Garingeau (1672-1698). — Id. et boutique au Sr Remy (1705). — Nenainsse, tailleur (1804). — Crochard, lingerie (1808-1832). — Brousse et Audibert, ensuite Rosset, Normand et Cie, marchands de châles (1827-82).	323	67
84	84	39	Autre maison au Sr Garingeau (1677-98). — Héritiers Garingeau, Remy, Fabre, Parent, etc. (1698-1801). — M. le d^r Vergez (1801-11). — M. Jacquet et héritiers (1811-82). — Dubief, joaillier (1810-29). — MM. Rosset, Normand et Cie.	207	68
86	86	40	Maison, porte cochère et boutique à M. de la Borde (1672).— Sr Meigret et héritiers (1684-1784). — Hôtel royal des Mines (1788).— Mlle Adèle, Var. (1815). — Mlle Corinaldi, Op.-Com. (1819). — Hôtel du Nord (1843) et de Russie (1850).	206	69
88	88	41	Maison à petite porte cochère et boutique à Jean Pierret (1672). — Familles Huberdot, Loiseau et Chevremont (1730-99).— Mme Desbrosses, Op.-Com. (1819). — John Walker, gants et cravates (1825-	205	»

NUMÉROS actuels.	NUMÉROS de 1806	NUMÉROS du TERRIER ROYAL	RUE DE RICHELIEU (Côté droit. — Numéros pairs)	NUMÉROS Section^{res} SECTION de la BIBLIOTH.	NUMÉROS de WATIN
			1829). — M. Guyet-Desfontaines, avoué (1827). — *Papeterie Dorival et Mignon* (1850-1881).		
90	90	42	Démembrement de la propriété suivante. — D^{lle} Edmée Couppé-Dumanoir (avant 1781). — Héritiers Thoynet (1781-1825). — M. Archangé (1810-34). — Restaurant Letter (1800). — John Walker (1808-25).	204	»
92	92	42	Place close de murs à la D^{lle} Surin (1672). — Maison et porte cochère au S^r de l'Espine, avec équerre sur la rue Saint-Marc (1705). — HÔTEL DE CAUMONT LA FORCE (1749-1778). — M. Thoynet (1778-1788). — Héritiers de Mme Thoynet, familles Tourolle, de Lurieu, de Curnieu, Friès, Devilliers (1788-1823). — J.-J. Staub, tailleur (1825-52). — Compagnies d'assurances l'Impériale, la Paix, *le Crédit Viager* (1855-1882). — Boullongne de Préminville (1749-51). — Poujard père et fils (1779). — Nardot, Pantigny (1805). — Janet et Cotelle, marchands de musique (1828-30). — Bureaux et imprimerie du journal *le Temps* (1830). — *Boulangerie Viennoise* (1828-1882).	204	75 à 79
94	94	43	Maison et boutique du Sr Grosbois, marchand de vins (1672-1705), (et n° 33, rue Saint-Marc). — La c^{esse} de Chabannois (1783).	»	80

RUE SAINT-MARC.

NUMÉROS actuels.	NUMÉROS de 1806	NUMÉROS du TERRIER ROYAL		SECTION de la BIBLIOTH.	WATIN
96	96	44	Petite maison basse au Sr Pierre Bouret (1672-1684). — Maison du Sr Pourché (1705). — Mme Cauchois, commissionnaire au Mont-de-Piété (1807-08). — Mme Mainvielle-Fodor, Ital. (1819).	157	81
98	98	45	Maison et bout. à l'*Image St-François*,	156	82

NUMÉROS actuels.	NUMÉROS de 1806	NUMÉROS du TERRIER ROYAL	RUE DE RICHELIEU (Côté droit. — Numéros pairs)	NUMÉROS Section^res — SECTION de la BIBLIOTH.	NUMÉROS de WATIN
			à Nicolas Bourbier (1672-1705). — Mme Desbrosses, Op.-Com. (1815). — M. de Vilfosse, propriétaire (1832). — Restaurant italien Biffi (1810-32); Thomas Broggi (1850).		
100	100	46	Place close de murs, au Sr Mulbe (1672-84). — Maison à porte cochère au Sr Lemoyne (1705). — Héritiers Vieille (1771). — M. de Wismes (1775). — Mme de Saint-Julien (1778). — M. Sevalle, M. de la Fresnaye (1793). — M. Hardy (1833-82). — Lemardelay, restaurateur (1827-82).	155	83
102	102	47	Louis Bourgoin (avant 1664). — Boisseau, procureur (1664-99). — Place à porte cochère à MM. Mailly du Breuil et Maurisset de la Cour (1699-1744). — Mis et M^ise de Creil (1744). — Mis de Bussy (1763). — Rolland de Villarseaux (1775). — HÔTEL VOLTAIRE, Mme Denis et M. Duvivier (1778-90). — M. Duruey (1784-99). — Jean Perrin l'aîné (1799). — Baron de Beaujour (1831). — M. Farina (1833). — Familles Colbert et de Galard (1852). — Biétry, fabricant de châles français; Morel-Fatio, banquier (1850).	154	84
104	104	48	Louis Bourgoin. — Maison, boutique et terrain au Sr Soulas (1672-1684). — MM. Maurisset de la Cour et Mailly du Breuil (1698-1744). — Mis de Creil (1744). — Mis de Bussy (1763). — Rolland de Villarseaux (1775). — Collin fils, banquier; Mme de Tremeville (1781). — Mis de Chamboy (1783). — M. Duruey (1784). — Jean Perrin l'aîné (1799). — M. Farina (1833). — Mis de Colbert (1852). — Hôtel des Négociants (1806). — Cie royale d'assurances; Fleury de Chaboulon, directeur général (1827). — Restaurant Lointier (1828). — Magasins des Villes de France, et rue Vivienne, 51 et 53 (1850). — Taverne britannique (1845-82).	153	85

8

NUMÉROS actuels.	NUMÉROS de 1806	NUMÉROS du TERRIER ROYAL	RUE DE RICHELIEU (Côté droit. — Numéros pairs)	NUMÉROS Section^res — SECTION de la BIBLIOTH.	NUMÉROS de WATIN
106	106	49	Places closes de murs et petites maisons à MM. Bourgoin (1672-98). — Robert Couvreur et Jean Regnaudin (1672-84). — Familles Moricet de la Cour, des Chiens et Mailly du Breuil (1698-1711). — Le roi Louis XIV (1711-12). — M. et Mme Desmaretz de Maillebois (1712). — Claude Pâris La Montagne et Cie (1712-1751). — Familles Michel, de Marbeuf et de Lévis (1751-1770). — M. Tail, epied de Bondy (1771-3). — HÔTEL TAILLEPIED DE LA GARENNE (1773-92). — M. Pourtalès (1792). — M. Sœhnée et ses héritiers (1800-39). — Cercle des étrangers (1827-36). — Mis de Chalabre (1827). — MM. Boilleau et Guiffrey (1839). — Reconstruction totale à cette dernière date avec les trois portes cochères numérotées 106, 108, 110.	151	86
108	106	50		151	86
110	106	51		151	86
112	108	52	MM. Bourgoin (1672-98). — Cte et C^sse de St-Georges (1699-1711). — M. et Mme Desmaretz de Maillebois (1711-12). — Claude Pâris La Montagne et Cie (1712-51). — Familles Michel, de Marbeuf et de Lévis (1751-60). — HÔTEL TAILLEPIED DE BONDY (1771-89). — M. Lecouteulx du Molcy (1789-96). — Garchi, limonadier, jardin Frascati (1796-1811). — Hôtel Frascati (1808). — Mme Vaulont, modes (1808-27). — M. Caroillon des Tillières et famille d'Osmont (1811-55). — Plaisir, coiffeur (1827); *Edmond Lespès* (1855-82). — Régie des Jeux (1827-36). — Janisset, bijoutier (1843). — Buisson, tailleur (1829-50). — Honoré de Balzac (1843). — Cercle Constant (1845-52). — Moïse Millaud (1855); *le Petit Journal* (1862). — *La Nationale, compagnie d'assurances sur la vie* (1868-1882).	1243 151 150	87

NUMÉROS actuels.	NUMÉROS de 1806	NUMÉROS du TERRIER ROYAL	RUE DE RICHELIEU (Côté impair)	NUMÉROS des Sect. — SECTION du P.-R.	NUMÉROS de WATIN

RUE SAINT-HONORÉ.

Démoli.	1	111	Maison et boutique à la veuve Essé ou Issy (1684-1705).	»	183
Démoli.	3	110	Maison et boutique au Sr Marceau (1684-1705).—Dr Guillemain (1847).	»	182
Démoli.	5	109	Maison du Sr Bidard (1684), — du Sr de la Champagne (1705). — Parfumerie Bully (1806).	»	181

RUE DU REMPART (*supprimée*).

Démoli.	7	108	Maison et boutique de la Ve Hugot (1684-1705). — Hôtel Richelieu (1800-1806). — Comédie-Française (1863).	»	170
Démoli.	9	107	Maison et boutique à la Ve Mercier ou Lemercier (1684-1705). — Colson, Baudrier, Valmore, de la Com.-Fr. (1815). — Comédie - Française (1863).	»	169
Démoli.	11	106	Maison à M. de Surieres (1684). — M. Lecamus (1705), à l'enseigne de la Botte du duc d'Orléans. — Magnier, horloger (1805). — Lepage, arquebusier de l'Empereur (1808-50). — Comédie - Française (1863).	959	168
Démoli.	13	105	Autre maison aux mêmes (1684-1705). — Lepage, arquebusier (1830-50).	»	167

RUE DES BOUCHERIES (*supprimée*).

Démoli.	13 bis	104	Cour St-Guillaume (supprimée). — M. de Laporte. — Cte et Ctesse de Melfort. — M. et Mme de Meslay (1778).	»	166 165 164 et 163
? Supprimé	»	104	Maison du Sr des Bournets (1680-1705).	»	162
15	15	103	Maison, cour et jardin à M. Chéret, maître des comptes (1680-1705). — Goujet-Desfontaines, avoué (1802). — Chavet, agent de change (1799).	955 954 904 204	161

NUMÉROS actuels.	NUMÉROS de 1806	NUMÉROS du TERRIER ROYAL	RUE DE RICHELIEU (Côté impair)	NUMÉROS des Sect. — SECTION du P.-R.	NUMÉROS de WATIN
			— Lepage, arquebusier de l'Empereur et du Roi (1808-1830). — Cartigny, Mme Demerson, Com.-Fr. — Benelli, Italiens (1815). — Laporte, traiteur (1805). — Mme Dupuis, Com.-Fr. (1830). — Hôtel de Bristol (1842-43). — M. Enue, avoué (1847). -- M. Grévy, avocat (1850-52). — (Ouv^{re} sur la rue Traversière, aujourd'hui Moliere n° 4, ancien 22).		
17	17	102	M. Augier (1639). — Maison et porte-cochère au sieur Tanchot (1684-1705). — Hôtel de Valois (1805-17). — *Hôtel d'Orléans* (1827-1882). — (Ouv^{re} sur la rue Moliere n° 6, ancien 24).	»	160
19	19	101	M. de Noyers (1639). — Nic. Messier et ses héritiers (1639-83). — Maison et porte-cochère, enseigne du Bain-Royal, au procureur Vouet, puis à l'Hôtel-Dieu (1705). — Bains Villermont (1786-89). -- Hôtel des Bains (1802-50). — (Passage à la rue Moliere n° 8, ancien 26.)	899 et 898	159
21	21	100 et 99	Maison double à porte cochère. — Pierre Resneau et sa veuve Poncette Maillard; Anne Métezeau, femme de Joseph Foucault (1669-1691). — L'intendant Foucault (1691-1715). — Le receveur général Pierre Dodun (1707-1750). — M. et Mme de Fontanieu (1750-51). — M. et Mme Gillet de Champlay (1751-1769). — Mis et M^{ise} de Tourdonnet (1769-91). — Le Cte de Tourville (1778). — M. et Mme Soldato (1791). — M. et Mme Lambert (1797-1804). — M. et Mme Gauguier (1805). — M. Desprez et ses héritiers (1822-1882). — Hôtel Valois (1788); des États-Généraux (1789); de l'Univers (1794-1817). — Restaurant Lambert (1806-27). — Pauline Geoffroy Vaudev. (1819). — *Babin, costumier* (1825-1882) — (Et rue Moliere, n° 10, ancien 28.)	897 896	158 157 156

NUMÉROS actuels.	NUMÉROS de 1806	NUMÉROS du TERRIER ROYAL	RUE DE RICHELIEU (Côté impair)	NUMÉROS des Sect. SECTION du P.-R.	NUMÉROS de WATIN
23	23	98	Terrain à Pierre Resneau (avant 1660). — Petite maison enclavée dans la suivante. Chebron de Bonnegarde et Marie de l'Espine (1660-67). — Pierre Mignard (1667-95). — Ctesse de Feuquières (1695-1742). — Héritiers Mignard (1742-84). — M. et Mme Portier (1784). — M. et Mme Santot (1794). — Meysenberg (1810-34). — Hôtel Richelieu (1778-92); d'Espagne (1802-17); des Négociants (1815-17); New-York (1827-30).	895	155
23 bis depuis 1847	25	97	Terrain à Pierre Resneau (avant 1660). - Chebron de Bonnegarde et Marie de l'Espine (1660-67). — Le comte d'Albon (1662). — M. de Buzanval (1669).— Pierre Mignard (1667-75); il y mourut le 3 mai 1695. — Ctesse de Feuquières (1695-1742). — Héritiers Mignard (1742-1801).— M. de Flacourt (1778). — Hôtel Necker (1784) et Jockart (1793). — Hôtel de Bretagne (1784-1882), et de Bussy (1842). — (Et rue Molière n° 12, ancien 30.)	894 893	154
25	27	96	M. Baudouin (1666-1705). — M. Barjavel de Saint-Louis (1715). — Hôtel de la Paix (1778-1830). — Alquier, conventionnel (1793). — Hôtel Languedocien (1808-10). — Pottier, culottier (1805-8). — Nelisen, tailleur (1845).	892 891	153
27	29	95 et 94	Maison double à porte-cochère. — M. Avisse (1657). — Mlle de Bertigny (1684). — M. de Rasson (1705). — M. Dufort (1739).— Hôtel de l'Empereur (1789); de Russie (1827-43). — Collin, avoué (1793).— Moïana, bijoutier (1805-06). — Gossart, notaire (1842-52).	890 889 888	152 et 151
29	31 et 33	93 et 92	Deux maisons à porte cochère reconstruites et n'en formant plus qu'une seule : 1° (ancien 31); Mlle Aigues (1684). — M. Loiseau (1698).— Mme de la Fonds (1705). — M. Baranion (1713). — Hôtel des Deux-Siciles (1788-1830). —	887 886 885	149

NUMÉROS actuels.	NUMÉROS de 1806	NUMÉROS du TERRIER ROYAL	RUE DE RICHELIEU (Côté impair)	NUMÉROS des Sect. — SECTION du P.-R.	NUMÉROS de WATIN
			Nattier, fleuriste (1805-08). — *Corroy, tailleur* (1843-81). — 2° (ancien 33): M. Roche (1676). — Mlle Aigues (1684). — M. Rouillé (1702).—Mme de la Fonds (1705).— M. Gaillet (1719) qui y réunit une petite maison adossée rue Traversière, aujourd'hui Moliere, n°s 18 et 20. — M. Rouillé de Meslay (1720). — Baudin de la Chesnaye (1721). — Coustou (1730).		
31	35	91	Antoine Le Menestrel et Elisabeth Metezeau, sa femme (avant 1638). — Pierre Resneau et Poncette Maillard (1638-39). — Pierre Le Mercier et ses héritiers (1639-1669). — Les Pères de l'Oratoire Saint-Magloire (1669-1790). — Les Bains de Bourbon (1669-1785).—Lenoir, cabinet littéraire (1808). — Michelot (1815) ; Mme Brohan, Com.-Fr. (1852). — *Leroux, arquebusier* (1843-82).	884	148
33	37	90	Maison du Sr Blanchard, à l'Aigle-Royale (1661-1705). — M. des Rochers (1714).	883	147
35	39	89	Maison et deux boutiques à M. de l'Espine (1684-1700).— Gaudin, menuisier, à la Règle d'or (1700). — Restaurant Desnoyers (1796-1800). — Grand hôtel Vauban (1789-1806).	882	146
37	41	88	Maison à M. Neveu (1665). — Ve Jamé (1684). — Le Sr Gaudron, au Cabinet Royal (1700). — Démolie et remplacée par la *Fontaine Moliere* (1844-82).	»	»
Supprimé	43	87	Maison et deux boutiques à M. Baudouin (1690). — M. Guillet ou Gillet, au Lion Ferré (1705). — Ancienne fontaine Richelieu (1674-1842).	»	»
			RUE DU HAZARD.		
39 en 1850	45	»	Maison à M. de Menestrel (1670-1721). — HÔTEL DE BEZONS (1721). — M. et Mme Rouillé (avant 1756).	764	39, rue Traversière.

NUMÉROS actuels.	NUMÉROS de 1806	NUMÉROS du TERRIER ROYAL	RUE DE RICHELIEU (Côté impair)	NUMÉROS des Sect. — SECTION du P.-R.	NUMÉROS de WATIN
			M. Fauveau (1784-1795). — M. Gauldrée Boilleau (1795-1842). — Mis de Gasville (1842-68). — Provenchère, Tourneur; Dumont, épiciers (1810-80). — Bureaux généraux des sous-fermes du domaine (1738). — M. Manceau (1850). — Desmarest, avoué (1847-50).		
41	45 bis et 47	86	Maison à Michel Villedo (avant 1660). Hôtel Crussol, Mis et Mise de Crussol (1660-99) — Héritiers de Crussol, de Vernou, J. A. de Fumée, abbé des Roches (1699-1713). — Jean Du Vau (1713-1742). — Le chevr Dumas (1742-1769). — F. V. Guyot de Chenizot (1769-1829). M. Agasse, notaire (1830). — Hôtel de la Loi (1797-1810); grand hôtel de Hollande (1827-30). — Roquebert, notaire (1832-41). — Gœury-Duvivier, avoué (1847-50).	761	41 rue Traversière
	RUE VILLEDO.				
43	45 et 47	85	Maison à M. Métivier (1669). — M. Billiard de Montataire (1684). — Hôtel Chauvelin (1695-1719). — M. Pougin de Novion (1719-44). — M. de Gribeauval (1777-89). — Hôtel Guinot (1797); d'Irlande (1806); de Bruxelles (1809-52). — Boileau et Poignant, notaires (1802-31). — Delannoy, épicier (1810).	757	136
45	47 et 47 bis	84	Maison à M. Villedo (1661). — Famille Picon, puis Hôtel d'Andrezel (1663-1738). — Louis Oré et sa fille, marquise de Javon et héritiers (1738-1882). — Cte et Ctesse de Vassy. — M. de Cimeri; M. Doazant; M. et Mme Deroy; M. et Mme de Saint-Senoch (1788). — Hôtel Chosson-Lassalle (1799). — Franc, Pillault, Dabit, Goujet-Desfontaines, Roubo, avoués (1802-47). — Dondey-Dupré père et fils (1827). — Froger-Deschesnes, Thirion, Hennet, Potier, notaires (1828-50).	755	135

NUMÉROS actuels.	NUMÉROS de 1806	NUMÉROS du TERRIER ROYAL	RUE DE RICHELIEU (Côté impair)	NUMÉROS des Sect. — SECTION du P.-R.	NUMÉROS de WATIN
47	49	83 et 82	Deux anciennes maisons réunies : 1° MM. Sénéchal et Lecamus (1684-1712). — M. Lemaître (1720). — Mme Hugot (1744). — 2° M. Sénéchal (1684). — M Lasalle (1705-1710). — M. Henault (1710-43). — Leplée, faïencier (1805). — Mme Cazot, Op. (1815). — MM. Firmin, Saint-Eugène, Com.-Fr. (1819). — Dauprat, corniste, Op. (1825-30). — *Librairie Curmer* (1840-82).	753	134
49	51	81 et 80	Deux anciennes maisons réunies : 1° M. Jourdan (1684), — M. Le Jay (1702). — M. et Mme Girault (1719-44). — 2° Vc Flacourt (1684); M. et Mme Girault (1701-44). — Teissier et Provost, parfumeurs (1808-50). — Mme Tobi, Palais-Royal (1834).	»	»
51	53	79	Maison à M. Roger (1665). — Dansse de Villoyson (1668-1744). — Cortet, Rieffel et Dorsemaine, boulangers (1810-80). — *Hôtel Richelieu et Mazarin* (1880-82).	»	»
53	55	78	Maison à M. Paviot (1669). — M. Clair Adam (1684-1721). — Fortier, notaire (1691-1770); Laroche, notaire (1770-78). — Le docteur Azevedo (1726-42). — *Liguereux, Dubus et succrs, drapiers* (1845-82).	»	»

RUE NEUVE-DES-PETITS-CHAMPS.

				SECTION de la BIBLIOTH.	
55	57	77	André et Jacques Mazières (1662-1713). — M. Vezou, Mlle Garost (1696-1705). — Maison de la Belle Étoile (1705). — M. de Lavoye-pierre (17..). — Papillon, épicier (1850).	»	»
57	59	76	Maison à porte cochère au Sr Bergeron (1669). — Famille Tarade (1672-1748). — M. Lenfant (1770-83). — Potard, chapelier (1783-1800). — Héritiers Thacussios (1801-19).	»	»

NUMÉROS actuels.	NUMÉROS de 1806	NUMÉROS du TERRIER ROYAL	RUE DE RICHELIEU (Coté impair)	NUMÉROS des Sect. SECTION de la BIBLIOTH.	NUMÉROS de WATIN
59	61	75	Maison de M. Villedo (1662). — Jean-Remi Henault (1719-39). — Hôtel de la Poupelinière (1739-70). — M. Barjac (1770-73). — M. Chaban de la Borie (1773-79). — Famille Valleteau de la Fosse (1779-1813). — *Grand hôtel d'Espagne* (1788-1882). — Restaur¹ Meunier (1800). — Ambassade de Naples (1817).	291 292	120
61	63	74	Thomas Gobert (avant 1667). — Famille Cadeau (1667-1714). — M. Heudelot de Chezé (1714) — M. Robert (1728). — Hôtel de Lancastre (1788-1810). — Hôtel Lillois (1802-....). — Mˡˡᵉ Liparini (1819); Mᵐᵉˢ Pasta et Schiasetti, Italiens (1825). — Martainville (1827).	293 294	119
63	65	73	M. Langlois (avant 1662). — Maison à porte cochère à MM. Chebron de Bonnegarde et Nicolas de l'Espine (1662-79). — Le Mⁱˢ de Louville (1664). — M. Charpentier (1699-1705). — Familles de Prunclé, du Monceau, Lemoine de Bellisle, comte et cᵗᵉˢˢᵉ Descourtis (1754-88). — *Hôtel de Malte* (1797-1882).	295 et 296	118
65	67	72	1ᵉʳ lot du jardin de l'hôtel Saint-Pouanges (1683). — Maison à porte cochère au duc de Villeroy (1705). — Famille Oursin (1754-82). — Hôtel Louis XVI (1788); de Paris (1802-15). — Mᵐᵉ Branchu, Opéra (1819). — Ponchard Op.-Com. (1827). — Cᵗᵉ de Biencourt (1832).	297	117
67	69	71	2ᵐᵉ lot du jardin de l'hôtel Saint-Pouanges (1683). — Maison à porte cochère au marquis de Souvré (1705). — Familles Guyhon et Rousseau de Pantigny (1750-95). — Brière de Mondétour, recette des économats (1787). — Restaurant Guichard (1799-1806). — Mᵐᵉ Bigottini, Opéra (1819-50). — M. Boulouze, commʳᵉ-priseur (1847).	298	116

NUMÉROS actuels.	NUMÉROS de 1806	NUMÉROS du TERRIER ROYAL	RUE DE RICHELIEU (Côté impair)	NUMÉROS des Séct. — SECTION de la BIBLIOTH.	NUMÉROS de WATIN
69	71	70	3ᵐᵉ lot du jardin de l'hôtel Saint-Pouanges (1683). — M. Rivière (1705). — M. Brulon (1754). — Le dᵣ Bouvart (1759-1787). — Ancienne compagnie d'assurances contre l'incendie, M. Cretet (1788). — Hôtel Lhéritier (1797); de Ligurie (1802-03); Richelieu (1805); Languedocien (1809-15); de Valois (1827-82).	299	115
»	73	69	Sans numéro sur la rue Richelieu; 1, 3 et 5 sur la rue Rameau. Lisière de l'ancien hôtel de Jars.	»	114

RUE RAMEAU, PLACE LOUVOIS.

»	75	69 et 68	1º HÔTEL DE JARS. François de Rochechouart, chᵣ de Jars (16..-70). — Le cardinal de Coislin (1670-1706). — Le duc de Coislin, év. de Metz (1706-14). — MM. de Senozan (1714-1781). — Prince et princesse de Tingry (1734-40). — M. de Miromesnil (1781-89). — M. Cottin (1792). — La rue Rameau (1792-1882).	300 à 305 et 224	113
			2º HÔTEL LOUVOIS. — M. de la Bazinière (1648). — M. Cousinot (avant 1660). — L'abbé Fouquet (1660-69). — M. de Louvois et ses héritiers (1669-1783). — Salle de la Montansier (1762-94); l'Opéra (1794-1820). — Café de l'Opéra, rue Richelieu, 75, et rue Louvois, nº 1 (1974-1820). — Monument expiatoire à la mémoire du duc de Berry (1820-36). — Square Louvois (1836-82).	»	112 111

RUE LOUVOIS

71	77	68	Reste de l'HÔTEL LOUVOIS (1669-1785). — Écuries de la princesse de Lamballe (1785-98). — M. Charles-Arnould Delorme (1798-1839). —	305	110

NUMÉROS actuels.	NUMÉROS de 1806	NUMÉROS du TERRIER ROYAL	RUE DE RICHELIEU (Côté impair)	NUMÉROS des Sect. — SECTION de la BIBLIOTH.	NUMÉROS de WATIN
			Bains Louvois (1799-1820). — Hôtel Louvois (1827). — Café de Dieppe (1798). — Voigt, musicien (1801). — Guibourt, pharmacien; Lejay-Meurant, modes, *au Triomphe de Trajan* (1810-27). — Fichet, serrurier (1842-50).		
73	79 et 81	67	Terrains de M. de la Bazinière (1648) — Maison à porte cochère à M. de Louvois (1689). — Duchesse et héritiers de Villeroy (1694-1718). — Jean Foubert (1718-1752). — Louis-Philippe, duc d'Orléans (1752-1785); Louis-Philippe-Joseph, duc d'Orléans (1785-92). — Écuries de la duchesse de Chartres, puis d'Orléans (1784-92). — Hôtel de la Chine (1788). — M. Benoit (1792). — Hôtel et café de Suède (1797-1847) — Hôtel Languedocien (1799-1805). — Restaurant Prunier (1800-4) et Denoyé (1827). — Le marquis Molé de Sainte-Croix (1823). — M. Charles-Arnould Delorme (1839). — *Héritiers Talleyrand-Périgord* (1882). — *Les frères Agnellet, tulles et fournitures de modes* (1842-82).	309 310 311 313 314	109 108
75	83 et 85	66	HÔTEL DE VILLARCEAUX Marquis et héritiers de Villarceaux (1684-1709). — Mᵐᵉ de Bragelongne et ses héritiers (1709-61). — M. et Mᵐᵉ Cabanel (1761-97). — M. de la Bretêche, Mᵐᵉ de la Caille (1788). — Baron Roger (1797-1813). — Hôtel de Languedoc ou des Languedociens (1802-9). — *Cartier père et fils et successeurs, soieries et ameublements* (1813-1882). — Nattier, plumassier-fleuriste (1827-50).	»	107
			RUE NEUVE-SAINT-AUGUSTIN.		
77	87	65	M. et Mᵐᵉ Le Nain (avant 1655). — M et Mᵐᵉ Jacques Paget (1655-62). — Partie de l'HÔTEL GRANCEY, puis MENARS (1662-1719). — M. Boutin et sa fille, Mᵐᵉ de Ca-	314	106

NUMÉROS actuels.	NUMÉROS de 1806	NUMÉROS du TERRIER ROYAL	RUE DE RICHELIEU (Côté impair)	NUMÉROS des Sect. — SECTION de la BIBLIOTH.	NUMÉROS de WATIN
			nillac (1734-76). — Gaultier de Mondorge (1734-68). — M. de Kercadou d'Igny (1760-76). — Le vicomte de Méré (1782-88). — Café Jourdan (1798). — Renou, tapissier (1847).		
»	89	65	Ancien jardin de Thévenin (avant 1656). — M. et Mme Paget (1656-62). — HÔTEL DE GRANCEY, puis MENARS (1662-1719). — HÔTEL BOUTIN (1736-1813). — M. et Mme de Canillac (1788). — Paër, compositeur (1825-30). — Le d^r Marjolin (1825-30). — Démoli pour le passage de la rue du Dix-Décembre (1868).	315	105
			RUE DU QUATRE-SEPTEMBRE.		
79	89	65	Suite du jardin de Thevenin (avant 1656) et des HÔTELS GRANCEY et de MENARS. — Suite de L'HÔTEL BOUTIN (1736-1813). — M. Manuel, agent de change (1802). — Le Roy, marchand de modes (1805-20). — Cartier, marchand de soieries (1808-13). — Nattier, plumassier-fleuriste (1810). — Tavernier, agent de change (1850). — Tiffany Reed et Cie, commissionnaires (1850).	315	105
			RUE DE MENARS.		
81	91	»	Ancien rempart de la ville (1630-92). — Suite de l'hôtel GRANCEY et MENARS (1662-1719). — Pierre Le Maistre (1719-20). — M. Gache de Montblanc (1720-21). — Le marquis de Mauregard (1721-34). — M. et Mme d'Hariagues (1734-67). — Mis et M^{ise} de Moges (1767-75). — B. J. Agirony (1775-88). — M. Guillemin, divers et M. Germain Delavigne (1788-1857). — La Caisse paternelle (1857-82). — Bric Joffrin, modes (1840-82).	316	104
83	93	›	Emplacement du fossé de la Ville et du chemin extérieur menant à la	317 à 320	103

NUMÉROS actuels	NUMÉROS de 1806	NUMÉROS du TERRIER ROYAL	RUE DE RICHELIEU (Côté impair)	NUMÉROS des Sect. — SECTION de la BIBLIOTH.	NUMÉROS de WATIN
			porte Gaillon (1630-92). — Suite et fin de l'Hôtel Menars (1692-1719). — M. Gache de Montblanc (1720-21). — Mis de Mauregard (1721-34). — M. et Mme d'Hariagues (1734-....). — Le marquis de Vallières (1739-59). — M. Penot de Tournières (1739-59). — Baudon, fermier général (1758-83). — Giroust, notaire (1783-97). — MM. Versepuy, Laboullée, Legay, marchands de nouveautés, à la *Providence* (1797-1829). — Ravrio, bronzes (1808). — Emilie Contat, Com.-Fr.(1810-15).		
85	95	64 et 63	Pierre Eduin (avant 1657). — Jacques Paget (1657-64). — Jean Feydeau de la Malmouse (1664). — Les frères Marsy (1664-1705). — Mme de Soyecourt (1694). — Cl. B. de Marsy (1705-08). — L'abbé Boyard (1708-13). — Mme Hatte (1713-60) — Hôtel de Guiche (1719-24). — M. de Rougemont (1760-79). — M. et Mme de Boisemont (1779-84). — Hôtel de Gontaut. M. et Mme de Gontaut (1784-7), MM. de Crisenoy père et fils (1787-1812). — Mme Logette (1812-28). — M. et Mme Chefdeville et leurs héritiers (1828-51). — *Compagnie d'assurances générales sur la vie* (1851-82). — Maine-Glatigny, notaire (1827). — Darbo, tabletier (1808-27) — Kessner, caissier général du Trésor (1827). — Delorme, avoué (1847). — Mirès et Cie, *Caisse générale et Journal des chemins de fer* (1848-55).	320	99
87	97	62	Terrain à André Eduin de St-Maur (avant 1647). — Mathieu Guignard de la Saullaye (1647-61). — Les frères Marsy (1661-64). — Le marquis de Montbrun (1664-67). — Hôtel Senneterre (1672-1708). — Hôtel Sonning (1708-39). — M. Rolland de Fontferrière (1739-74). — Hôtel de Berulle et de la Tour-du-Pin-Chambly	323	98

NUMÉROS actuels.	NUMÉROS de 1806	NUMÉROS du TERRIER ROYAL	RUE DE RICHELIEU (Côté impair)	NUMÉROS des Sect. — SECTION de la BIBLIOTH.	NUMÉROS de WATIN
			(1774-1802). — Le conseiller Foissy; Mis et M^{ise} de Tuisy (1788). — M. Péan de Saint-Gilles, notaire (1802-22). — *Compagnie d'assurances générales sur la vie* (1822-82). — Hôtel du Nord (1798-1822). — Maréglier, chapelier (1805-27). — Schlesinger, éditeur de musique, et Brandus, s^r (1827-56).	1	
89	99	61	Portion du terrain précédent, détachée en 1856; l'autre, à la suite, est la partie sud de l'ancienne maison Du Houx (V. ci-après). — Duc et duchesse de Choiseul (1766-80). — Ancienne compagnie d'assurances (Vieusseux) (1788). — M. Revil (1795-1816). — Mlle Bigottini, Op. (1816-37). — *Compagnie d'assurances générales sur la vie* (1837-82).	»	97

RUE SAINT-MARC

»		60	La rue *Neuve-St-Marc* a été ouverte en 1780, au centre de l'ancienne maison Du Houx (1672-1680). — Les Religieuses du Saint-Sacrement (1680-84). — M. et Mme Fannière (....-1707).— M. Orceau d'Itteville (1707-11). — Charles Chastelain (1711 17). — Gaspard de Réal (1717-19). — M. de Chaumont de Marcilles (1719-51). — M. de Chaumont Mis de la Galaisière (1751-66). — Duc et duchesse de Choiseul (1766-88).	»	»
91	101	59	Marge septentrionale de l'ancienne maison du Houx, et partie de l'hôtel Choiseul (1706-1788).	»	96
93	103	58	Réunion de trois parcelles comprenant environ 5 mètres sur le lot précédent: 1° maison d'Edme Du Four (avant 1702); 2° Pierre Eduin (....); les époux Saury; Denis Bourgoin (1701-6 ; 3° Israël Silvestre (avant 1677); Mme Le Clerc, née Du	»	95

NUMÉROS actuels.	NUMÉROS de 1806	NUMÉROS du TERRIER	RUE DE RICHELIEU (Côté impair)	NUMÉROS des Sect. — SECTION de la BIBLIOTH.	NUMÉROS de WATIN
			Breuil (1677-1703). — Le tout acquis par Pierre Crozat (1702 à 1706). — Hôtel Crozat, du Chatel et Choiseul (1706-88). — Berthoud frères, horlogers (1825-27).		

RUE D'AMBOISE.

»	»	57	Le sol de la *Rue d'Amboise* occupe la portion méridionale de la maison Le Clerc ci-après.	»	94
95	105	57	Terrain au Sᵣ Eduin (avant 1661). — Reste de la maison précédente à M. Choblet de Monteville (1661-9). — Jean Le Clerc (1669). — Hôtel Crozat, du Chatel et Choiseul. — Pierre Crozat, Mˡˢ de Châtel et duchesse de Choiseul (1727-88). — Ancienne compagnie d'assurances sur la vie (1788-95).— M. Ribeaumont de Rogemont (1795-1846).— M. Privat (1846).—M. Mirès (1859).— *Compagnie d'assurances générales sur la vie* (1866-82).		
95	107	56	Place à bâtir à M. Pierre Eduin (avant 1661). — P. F. Choblet sᵣ de Monteville (1661-9). — Mᵐᵉ Le Clerc (1669-1714). — Maison à porte cochère à M. de Senozan (1714-1778). — M. Radix de Stᵉ-Foix; le Cᵗᵉ d'Estaing (1776). — Mᵐᵉˢ de Talleyrand-Perigord et de Montmorency-Tingry, héritiers Senozan (1778-1794). — Mᵐᵉ Leduc de Tourvoye et princesse de Palffy-Kinski (1743-93). — M. et Mᵐᵉ Mouron Egerton (1794-1799). — Mᵉ Dourif, avoué (1799). — Successions Dourif, Dumesnil et divers (1812-....). — MM. Privat, père et fils (18...) — M. Mirès (1859). — *Compagnie d'assurances générales sur la vie* (1866). — Hôtel des Princes (avant 1793). — Hôtel des Patriotes étrangers (1793). — Hôtel Dasseau (1797). — Gervais, marchand de chevaux	329	92

NUMÉROS actuels.	NUMÉROS de 1806	NUMÉROS du TERRIER ROYAL	RUE DE RICHELIEU (Côté impair)	NUMÉROS des Sect. SECTION de la BIBLIOTH.	NUMÉROS de WATIN
			(1807). — Hôtel des Colonies (1827-30). — Légation de Würtemberg (1816).		
97	109	55	Maison à petite porte à Nicolas Wyet (1672). — Le procureur Gever (1705). — François Pajot de Marcheval et Charles-François Pajot (1747-1795). — M. et Mme Dangé de Bagneux (1779-84). — M. Lamante (1788). — Th. W. Griffith (1795). — M. et Mme Thiboust (1796). — Degosse, hôtel des Princes (1797-1807); Privat successeur (1810-59). — Hôtel de l'Europe (1802-6); Princes et Europe (1842). — Légation de Portugal (1847). — Passage Mirès (1859). — Passage des Princes, à la Compagnie d'assurances générales sur la vie (1866-82).		
99	111	54	Maison et jeu de boules à René d'Avoust (1705). — Le docteur François Terray de Rozières (1719-38). — M. de Launay de Saint-Valery et famille de Launay (1738-1835). — M. et Mme Lemarchand (1835-56). — M. Mirès et Caisse générale des chemins de fer (1856-66). — M. Châteaumont (1805-6). — Hôtel de l'Europe (1810-26); Nord et Europe (1827); des Princes (1827); Princes et Europe (1842); de Paris (1842-3). — Lacretelle aîné (1807). — Meyerbeer (1850).	321	90
101	113	54	Deuxième lot du jeu de boules de René d'Avoust (1705). — HÔTEL TERRAY. Le docteur François Terray de Rozières; l'abbé Terray; Pierre Terray; Antoine-Jean Terray (1719-80). — Jacqueline de Flesselles, Mme de Blair (1784). — Le maréchal comte de Vaux; l'abbé Barthélemy (1788). — M. de Puisieux (1794). — M. de Courval (1800). — Hôtel des Etrangers (1802-10); de Choiseul (1817); de Castille (1827-82).	332	89

NUMÉROS actuels.	NUMÉROS de 1806	NUMÉROS du TERRIER ROYAL	RUE DE RICHELIEU (Côté impair)	NUMÉROS des Sect. — SECTION de la BIBLIOTH.	NUMÉROS de WATIN
103	115	53	Terrains de la Grange-Batelière à M. Eduin (av. 1660). — Le notaire Robert de Vaux (1660). — Famille Huet, héritiers Huet et famille Bigot (1703-84). — M. et Mme Lallemand (1784). — Le chevalier Lambert (1787-8). — V^esse d'Estrées, Mis de Montendre, C^esse de Whyt (1788). — Barrère de Vieuzac (1793). — Boissonnade (1799). — Legrand et Nicolas, merciers, *à la Petite Nannette* (1805-6). — Hôtel et café Dangest (1798); café Richelieu (1827-30); *café du Cardinal* (1830-82).	333	88

9

III

(Les numéros qui commencent chaque note sont ceux des maisons de la rue de Richelieu en 1882.)

—

COTÉ DROIT (NUMÉROS PAIRS).

2 à 8. — Le 2 et le 4 n'existent que nominalement, le café de la Comédie-Française, à l'encoignure droite de la rue, étant numéroté en continuation de la galerie du Théâtre-Français, qui longe la rue Saint-Honoré. La rue Richelieu se prolongeait, antérieurement à 1863, jusqu'à la rue Saint-Honoré, en alignement avec la façade du Palais-Royal.

Des constructions particulières, enclavées dans le Palais-Cardinal et dans le Palais-Royal, occupèrent jusqu'en 1863 l'espace compris entre la rue Saint-Honoré et la Comédie-Française. De 1684 à 1705, il se trouvait là huit petites maisons, dont les sept premières appartenaient, en 1684, ainsi que plusieurs autres de la rue Saint-Honoré, aux créanciers du sieur Brisacier.

Les Brisacier étaient une famille d'origine militaire; au XVIᵉ siècle, Jean de Brisacier, seigneur de Collegien, avait été l'un des gentilshommes de la chambre du roi François II; il eut un fils, Roland, qui devint trésorier général de France à Bourges, maître d'hôtel du roi, et conseiller d'État en 1622; de Roland, naquit Guillaume Brisacier, sieur de Montriche, qui fut commis du comte de Brienne, ministre des affaires étrangères, ensuite maître des comptes; commis pendant dix ans auprès du duc de la Viefville, surintendant général des finances, il fut pourvu, après le remplacement de celui-ci par MM. Servien et Fouquet, d'une des quatre charges d'intendant créées par les nouveaux contrôleurs généraux; ces charges rapportèrent 800.000 livres, avec quoi Mazarin entretint l'armée qui tenait tête aux Espagnols. La commission de Guillaume Brisacier est du 12 juillet 1654; il devint conseiller d'État le 12 juin 1659, secrétaire des commandements de la reine Marie-Thérèse le 3 février 1661, et sa faveur survécut à la disgrâce de Fouquet, puisqu'on le retrouve, en 1669, trésorier général de la reine. Il avait été marié, le 6 août 1640, à Magdeleine de Gastelan, dont il eut Mathieu, qui était, en 1669, secrétaire ordinaire de la reine, en même temps que son neveu René, fils de son frère Charles, conseiller d'État depuis 1648, occupait auprès de Marie-Thérèse la charge de maître des requêtes.

Un autre de ses neveux, René-Mathias, était trésorier général à Bourges, et deux autres de ses frères méritent qu'on les nomme. Le plus âgé était Laurent Brisacier, docteur en théologie, protonotaire du Saint-Siège, conseiller d'Etat en 1649, aumônier ordinaire de Louis XIV, dont il avait été le précepteur pendant quatre mois en suppléance de M. de Péréfixe, évêque de Rodez; il mourut le 15 février 1690, à quatre-vingts ans. Le plus jeune, Nicolas Brisacier, maréchal de camp et colonel du régiment étranger, grand bailli d'Allemagne, gouverneur de Sirck et de Vaudrevange, prit une part glorieuse aux campagnes de Jean Sobieski, qui le créa comte de Hombourg, et le reconnut solennellement comme son parent, par une patente royale du 6 mars 1676. (Cabinet des titres.)

On voit que la famille Brisacier était considérable à tous égards. Elle disparaît cependant vers les dernières années du XVIIe siècle.

La succession d'où dépendaient les maisons de la rue Richelieu paraît être celle de François Brisacier, un traitant dont l'existence est constatée par le rôle de la Chambre de justice du 19 décembre 1716, qui taxa sa veuve à 8,000 livres.

L'occupant de la première des maisons Brisacier, qui

faisait l'encoignure des rues Richelieu et Saint-Honoré, et dont la principale entrée était sur la rue Saint-Honoré, en face de l'hospice et église des Quinze-Vingts, était le notaire Claude Ogier (4 avril 1664), auquel succédèrent Mes Billeheu (29 mai 1711) et Le Pot d'Auteuil (18 mars 1759). Ce fut seulement en 1763 que M^e Le Pot d'Auteuil se transporta dans une autre maison de la rue Saint-Honoré, en face de l'hôtel de Noailles. La vieille étude Ogier avait donc occupé le même domicile pendant quatre-vingt-dix-neuf ans sans interruption [1].

Les Ogier étaient une famille de robe assez ancienne. Leur auteur commun paraît avoir été Pierre Ogier, simple procureur au Parlement en 1600, père de trois fils : l'un, qui fut le président Ogier et qui construisit l'hôtel de l'île Saint-Louis connu plus tard sous le nom de Lauzun, habité aujourd'hui par le savant bibliophile baron Pichon ; et les deux frères, Charles, né en 1595, avocat au Parlement, et François, dit le Prieur, qui accompagnèrent le comte d'Avaux (Claude de Mesmes) en Pologne, en Suède et en Danemark : le premier en qualité de secrétaire, le second en celle d'aumônier. Leur sœur Catherine épousa Roland Bignon, le célèbre avocat.

Il y eut trois notaires du nom d'Ogier ; le plus ancien (François), qui entra en charge le 22 février 1622, eut pour successeur, le 14 mai 1632, un fils du même nom, et celui-ci fut le père des Ogier qui subsistent encore sous le nom de comtes d'Ivry. Il y eut d'abord Jean-Nicolas, auditeur des Comptes (1671), dont le fils Pierre-François, seigneur d'Henouville, fut receveur général des finances de la généralité de Montauban (1702), trésorier général du clergé (1710), grand audiencier de France (1711), et mourut en 1735, à soixante-dix ans. Il avait été taxé à 167,700 livres par la

---

1. Le successeur actuel de Claude Ogier est Me Martin Deslandes. Il ne faut pas confondre le notaire Claude Ogier avec ses deux homonymes, dont le prénom était François. Les deux François Ogier, le père et le fils, furent notaires du 22 février 1622 au 25 janvier 1681 ; ils habitaient la rue Saint-Honoré, au coin de la rue Croix-des-Petits-Champs. Leurs minutes, qui renferment un grand nombre d'actes intéressants en tout genre, mais surtout pour l'histoire du quartier du Palais-Royal, sont conservées par leur très aimable et obligeant successeur Me Carré.

Chambre de justice, le 28 novembre 1716. Son fils, nommé Jean-François, conseiller, puis président de la deuxième Chambre des requêtes du Palais (1722-1729), devint ensuite ambassadeur en Danemark, et put s'entendre appeler, comme le secrétaire du comte d'Avaux, « Ogier le Danois ». Le président Ogier, nommé conseiller d'État en 1766, mourut le 23 février 1775.

L'une de ses sœurs, Marguerite-Hermine, épousa François de Salaberry, président en la Chambre des comptes.

Les Ogier étaient devenus propriétaires du comté d'Ivry; un de leurs descendants, le comte Ogier d'Ivry, est mort il y a deux ans (1880), conseiller-maître à la Cour des comptes. Nous retrouverons plus loin (no 14) une de leurs filles mariée au conseiller d'Hariagues.

Le grand audiencier Pierre-François, malgré ses grandes charges et son cordon de Saint-Michel, n'échappa pas plus que les Brisacier aux rigueurs de la Chambre de justice, qui le taxa à 105,000 livres dans le rôle du 7 novembre 1716. Ces taxes, à vrai dire, n'étaient qu'une sorte d'impôt forcé sur les riches; on s'en rapportait, à peu près, à leur propre déclaration.

La huitième maison, qui séparait celle des Brisacier du Palais-Royal, appartenait en 1684 à Jean-Baptiste Brunet, garde du trésor royal en 1692, puis président à la Cour des comptes, qui subit le même sort que ses voisins. Il fut taxé à 213,000 livres au rôle du 12 décembre 1716; son fils, Gilles Brunet, seigneur d'Évry, n'en fut pas moins maître des requêtes, intendant d'Auvergne, puis intendant de Moulins en 1727.

Le rez-de-chaussée de la maison d'encoignure était occupé très anciennement par un établissement nommé le Café du Roy, qui ouvrait sur la rue Saint-Honoré. C'était, avant la Révolution, le rendez-vous des artistes, et surtout des musiciens attirés par le voisinage de l'Opéra. C'est grâce à la permanence de ce café que j'ai pu connaître le premier numéro sectionnaire de la rue Richelieu. L'*Almanach des Spectacles* pour 1785 donne l'adresse de M. Lancez, premier violon de l'Opéra, au Café du Roy, rue de Richelieu; j'ai suivi cette piste en amont et en aval; j'ai appris ainsi que le violoniste Lancez, d'humeur

quelque peu vagabonde, après avoir occupé et quitté rapidement divers domiciles, entre autres rue du Champ-Fleuri et
rue Saint-Thomas-du-Louvre, donnait son adresse, en 1784,
au coin des rues Richelieu et Saint-Honoré; en 1785, cette
adresse devint simplement le Café du Roy, et cela se
continue jusqu'à la Révolution. Enfin, en 1794, le domicile
de Lancez nous est donné « rue de la Loi, no 988 ». Le
no 988 du numérotage sectionnaire s'identifie ainsi avec
l'ancien no 2 de la rue Richelieu. Je ne conclus pas de
cette stabilité inusitée que le violoniste Lancez eût perdu
l'habitude de déménager, mais, au contraire, qu'il n'avait
plus de domicile décent, et qu'il se faisait adresser ses lettres
au Café du Roy. Le procédé n'est pas perdu chez tous nos
contemporains, mais on ne le retrouverait pas chez les chefs
de pupîtres de l'Opéra d'aujourd'hui, qui sont de respectables
bourgeois ayant pignon sur rue, et jouissant, ce qui vaut
mieux, d'une considération que les pauvres racleurs du
XVIIIe siècle n'obtenaient guère plus souvent qu'ils ne la
méritaient. Comment s'appela le Café du Roy sous la
République? Il est difficile de le savoir, car l'agent de police
qui le signalait, en 1799, comme donnant à jouer la roulette (Arch. Nat., F7 6179, no 2112), l'appelle « le café au
« coin de la rue de la Loi », ce qui n'est pas compromettant.

Un petit ouvrage daté de 1828 dit que « les habitués du
« théâtre de la rue de Chartres se réfugient souvent au Café
« du Roi, rue Saint-Honoré; un coin de ce dernier café est
« occupé presque exclusivement le matin par des hommes
« de lettres, et le soir par des gardes du corps de Sa
« Majesté. Épées et plumes servent la même cause. » Mais
le même narrateur ajoute sur-le-champ : « En changeant de
« propriétaire, le Café du Roy a perdu son titre, et par suite
« ses anciens habitués[1]. » L'ancien propriétaire s'appelait
M. Désiré, et avait appartenu à la domesticité du château.
Si j'en crois un opuscule spécial[2], le successeur de Désiré
n'aurait été autre que Constant, l'ancien valet de chambre de
Napoléon Ier. Rien d'étonnant que les royalistes se fussent

---

1. *Nouveaux tableaux de Paris.* Pillet aîné, 1828, t. Ier, pp. 60 et 61 (par
Joseph Pain et C. de Beauregard).
2. *Histoire des cafés de Paris.* 1857. In-16.

retirés. Quoi qu'il en soit, le Café du Roy disparut en cette même année 1828, à la suite de la reconstruction totale, par le duc d'Orléans, de la maison qui portait le nº 2 sur la rue Richelieu et le nº 218 sur la rue Saint-Honoré[1].

En 1705, après la construction de la galerie neuve du Palais-Royal, les anciennes maisons Brisacier ne figurent plus sur le plan du Terrier que pour une parcelle unique, cotée 1, composée d'une maison et quatre boutiques ; sur le plan de Beaurain (1737), la parcelle unique se trouve subdivisée en trois maisons, cotées 9, 10 et 10 (*sic*). et cette division nouvelle a subsisté, sous les nºs 2, 4, 6 du numérotage actuel, jusqu'à la reconstruction de la place du Théâtre-Français en 1863 ; ces trois maisons, qui figurent d'un seul bloc au nom du citoyen Sarron, sur un plan de la Comédie-Française et des maisons adjacentes vers 1799 (Arch. Nat., IIIe classe, Seine, nº 502), appartinrent, de 1814 à 1848, au duc d'Orléans (Louis-Philippe Ier). Elles étaient séparées du nº 6 *bis*, que portait alors la Comédie-Française, par le passage noir dont il sera parlé ci-après, qui succédait au passage de service laissé entre la rue Richelieu et les cours intérieures dans la construction de l'hôtel Richelieu.

Au moment de sa démolition en 1863, le pâté de maisons enclavées dans le Palais-Royal, par lequel commençait la rue Richelieu, n'avait pas changé d'étendue ; il figure sur les plans antérieurs à 1784 pour une façade d'environ 20 toises, et pour 22 toises à partir de 1784, l'architecte Louis ayant avancé de deux toises les façades sur la rue Saint-Honoré, afin de les redresser et d'effacer la ligne oblique qu'elles décrivaient dans la direction du nord-ouest.

Du nº 6 à la rencontre du nº 10, le terrain compris entre ces deux points a subi, entre les années 1629 et 1792, des changements considérables, que je vais retracer succinctement.

On sait déjà (*voir* page 23) que l'angle inférieur de la rue Richelieu actuelle était tronqué, avant 1629, par les remparts

---

1. *Le nouveau guide des dîneurs* (Paris, Bréauté, in-12) donne au café du Roi le nº 196 sur la rue Saint-Honoré, c'est une faute d'impression. En 1828 comme aujourd'hui, le nº 196 s'appliquait au café de Danemark, tout contre la rue des Bons-Enfants.

et fossés de la Ville, qui coupaient diagonalement, du sud-ouest au nord-est, l'emplacement actuel de la Comédie-Française et du jardin du Palais-Royal dans la direction de la rue Baillif. La suppression de l'enceinte de Charles V et le nivellement des terrains annexés permirent au cardinal de Richelieu d'étendre les dépendances de son palais jusqu'à la rue nouvelle qui conserve son nom. Je ne sais pourquoi le cardinal laissa en dehors de ses acquisitions le pâté de maisons occupant l'encoignure des rues Saint-Honoré et Richelieu, qui formaient enclave dans son palais et dont je viens de parler.

Le cardinal se réserva les terrains en bordure sur la rue Richelieu, à la suite des huit petites maisons Brisacier et Brunet; mais il revendit ultérieurement la parcelle qui s'étendait depuis et y compris le n° 10 actuel jusqu'à la rue Neuve-des-Petits-Champs. L'espace compris entre le n° 10 et les huit petites maisons, occupé aujourd'hui par les bâtiments du Théâtre-Français, par le débouché de la rue Montpensier et, au delà de celle-ci, par la maison n° 8, mesurait 36 toises de façade. Le cardinal ne le fit pas entrer dans le plan général de son palais, dont la façade occidentale conserva l'alignement qu'indique l'aile gauche sur la rue Saint-Honoré, et qui s'arrêta à 33 toises de la rue Richelieu; mais l'aile gauche de la seconde cour (démolie en 1784 pour élargir la cour royale) présentait un retrait d'environ 9 pieds sur l'aile du devant, ce qui donnait aux terrains réservés en façade du côté de la rue Richelieu une profondeur de 34 toises et demie; la façade étant de 36 toises, la superficie se mesurait par 1,232 toises carrées (4,680 mètres carrés).

Cette surface fut destinée par le cardinal à la construction d'un hôtel dit de Richelieu, qui devait servir de logement à M. de Richelieu, son neveu et son héritier, qui, en cette qualité, fut investi par lui du titre héréditaire de concierge du Palais-Cardinal. Un passage, appelé d'abord du Palais-Royal, puis passage Richelieu, sépara l'hôtel des huit anciennes petites maisons, et permit d'accéder par la rue Richelieu aux cours intérieures du palais. Le tracé de ce passage a subsisté en partie jusqu'aux reconstructions de 1863; il limitait alors, du côté du midi, les bâtiments de la Comédie-Française.

A la suite de ce passage et parallèlement, s'élevait une galerie de 34 mètres de longueur, qui, partant de la rue Richelieu, où elle occupait 6 à 7 toises de façade, allait s'appuyer sur l'aile gauche de la seconde cour du palais. Cette galerie, où l'on installa la bibliothèque du cardinal, fut à peu près tout ce qu'il put construire de l'hôtel projeté. Le plan de Beaurain, retraçant l'état des lieux tel qu'il était à la mort du cardinal, indique, à la suite de la bibliothèque, un appentis de 17 toises de façade sur la rue, fermant la grande cour de l'hôtel. Venaient ensuite un potager et des écuries, comprises entre la rue Richelieu et le jardin, et enfin un petit pavillon occupé par le sieur De la Contré (*sic*). Ce pavillon était séparé de la rue par un terrain non bâti, qui correspond à la maison n° 8 d'aujourd'hui, et qui se trouvait mitoyen avec la maison n° 10; celle-ci forme la limite nord des anciennes dépendances du Palais-Royal.

Ce palais devint la propriété de la famille royale à la mort du cardinal, par suite de la donation entre vifs qu'il en avait faite au roi Louis XIII, le 1er juin 1639. On n'acheva pas l'hôtel Richelieu, et sur le reste de l'emplacement s'éleva le palais Brion, « petit corps de logis que le duc « d'Anville a fait bâtir, par ordre de Sa Majesté, vis-à-vis le « mail du Palais-Cardinal, et désigné par Elle pour ses « divertissements particuliers et vaquer aux desseins de ses « fortifications et autres études de mathématiques. Ledit « palais ainsi appelé du premier nom que portoit ce duc ». Ainsi s'exprime la *Gazette de France* du 9 septembre 1651.

François-Christophe de Levis-Ventadour, comte de Brion, né vers 1603, premier écuyer de Gaston, duc d'Orléans, disgracié et chassé de la cour en 1639, y reparut après la mort du cardinal et du roi Louis XIII, fut gouverneur du Limousin, gouverneur du palais de Fontainebleau, vice-roi d'Amérique, etc. Il releva le titre de duc de Damville (16 janvier 1644), qui avait appartenu à son oncle maternel, Henri II, duc de Montmorency (décapité en 1632), et le duché de Damville fut érigé pour lui en duché-pairie au mois de novembre 1648.

Veuf, depuis 1651, d'Anne Le Camus de Jambeville, qui était elle-même veuve de Claude Pinart, vicomte de Comblisy, fille unique d'Antoine Le Camus, seigneur de Jambeville, président au Parlement, et de Marie Le Clerc de Lesseville, le duc de Damville devint amoureux de Mlle de Menneville, fille d'honneur de la reine Anne, lui fit une promesse de mariage par écrit, que les deux familles contresignèrent, emprunta de l'argent à sa future, et mourut, le 19 septembre 1661, à cinquante-huit ans, sans avoir acquitté ni sa dette de cœur ni sa dette d'honneur [1].

Le duc de Damville ayant changé de nom en 1648, la construction du palais Brion est nécessairement antérieure à cette date, ce qui circonscrit l'époque de sa construction entre 1648 et 1643, puisqu'elle ne put être entreprise qu'après la mort du cardinal de Richelieu, en décembre 1642.

J'ignore à quel titre le comte de Brion, premier écuyer de Monsieur, fut chargé de construire un pavillon pour l'usage personnel du jeune roi. Ce pavillon, d'après ce que je puis conjecturer, occupait l'emplacement de la maison qui porte aujourd'hui le n° 8 sur la rue Richelieu et s'étendait en façade sur le jardin, qu'il regardait par des fenêtres ouvertes au nord, absorbant ainsi le potager du Palais-Cardinal et le pavillon autrefois occupé par le S^r de La Contré ou de La Contrie. Comme il se reliait par les appentis en façade sur la rue avec la galerie de la bibliothèque, l'ensemble paraissait assez imposant pour qu'on lui décernât le nom de palais.

Je trouve le palais Brion, nommé pour la première fois dans la *Gazette rimée* de Loret, sous la date du 15 janvier 1651, dans le récit d'une anecdote curieuse à plus d'un titre. Le jeune roi aimait beaucoup les travaux de fortifications ; le jardin du Palais-Royal était à chaque instant bouleversé par l'établissement de bastions et de demi-lunes en miniature. Or, voici ce que raconte Loret, en rapportant le fait au jeudi 12 janvier 1651 :

> Je vys jeudi faire la guerre
> Au fort construit dans le parterre
> Du jardin du Palais-Royal
> Où le Roy ne fit point trop mal.

1. M. Chéruel, dans ses *Mémoires de Fouquet*, a donné tous les détails de cette piquante et véridique histoire.

Je vis Monsieur en sentinelle
Avec sa voix de demoiselle,
Crier vivement : Qui va là ?...
. . . .
Le mesme soir le Roy, dit-on,
Etant au palais de Brion,
Aperceut en une fenestre
Une jeune beauté parestre,
Fille d'un voisin avocat,
Reluisante comme un ducat ;
Du moins elle paroissoit telle
A la lueur de la chandelle.
Nôtre petit galant de Roy
La lorgnoit de bon cœur, ma foy !
Mais le père de la mignonne,
Ombrageuse et sotte personne,
La fit tout soudain retirer,
Ce qui fit le Roy soupirer,
Et demeurer longtemps encore
Pour revoir cette aimable Aurore.
Mais ces soins furent superflus,
Car la belle ne parut plus :
Dont le Roy, se fâchant dit : Briche,
Je crois qu'on me veut faire niche !
Si je ne craignois le caquet,
Je ferois venir mon mousquet
Pour faire bruire le salpêtre
Et tirer à cette fenêtre.
Mais Monseigneur de Vileroy
Essaya d'apaiser le Roy,
Qui fit dès lors penser et dire
Qu'il deviendroit un maitre sire.

Louis XIV n'avait que douze ans et demi lorsqu'il commençait à lorgner les fillettes du voisinage.

Le 12 juin suivant, le roi dansa, à la lueur des flambeaux, sur un théâtre élevé dans le jardin, un ballet improvisé. « Dans le fond de cet appartement champêtre, le palais « Brion, éclairé d'une infinité de lanternes de toutes cou- « leurs, aux armes de Sa Majesté, formoit une très agréable « perspective. » (*Gazette* du 17 juin 1651.) Ce dernier détail prouve que la façade principale du palais Brion donnait sur le jardin, dont il formait l'angle sud-ouest, dans la direction approximative de la galerie d'Orléans, mais un peu en arrière de celle-ci du côté sud. On illumina encore le palais Brion à l'occasion de la cavalcade qui eut lieu le 7 septembre, pour célébrer la majorité du roi, qui commençait en ce jour-là sa quatorzième année. (*Gazette* du 9 septembre.)

Après que la cour eut définitivement abandonné le Palais-Royal pour se fixer au Louvre, le nom de palais Brion désigna communément l'ensemble des constructions comprises entre le passage qui s'ouvrait contre le guichet de droite, où la Comédie-Française délivre aujourd'hui ses billets, et le mur mitoyen de la maison nº 10. On y logea, vers 1672, les Académies de peinture et d'architecture. Une salle, voisine de celle où s'assemblaient les académiciens architectes, contenait les modèles de quelques bâtiments remarquables, existants ou projetés.

L'Académie de peinture et de sculpture occupait une place plus étendue. La salle des séances était remplie de tableaux peints par les académiciens, y compris leur chef-d'œuvre de réception et les morceaux couronnés aux concours annuels, de copies en plâtre des antiques les plus célèbres, entre autres l'Hercule Farnèse, la Flore, les Lutteurs, etc.; on y voyait aussi les portraits et les bustes des personnages qui avaient rendu quelque service à l'Académie.

On conservait dans une galerie basse les statues et bustes antiques que le roi avait fait venir d'Italie, et qui forment aujourd'hui le fonds principal de la galerie des Antiques au Louvre. Il s'y trouvait aussi un modèle en plâtre de la colonne Trajane, moulée à grands frais par ordre du roi. Germain Brice rapporte à ce propos[1] une particularité fort curieuse. Il paraît que François Ier avait fait exécuter le même travail dans l'intention d'élever à Fontainebleau une reproduction de la colonne Trajane; mais la mort l'ayant empêché d'accomplir ce dessein, les creux furent si négligés qu'on s'en servit pour bâtir une écurie. Il était réservé au vainqueur d'Austerlitz de réaliser avec le bronze pris à l'ennemi la pensée artistique de François Ier et de Louis XIV.

Au milieu de la cour, on avait placé sur un piédestal un cheval de bronze un peu plus grand que nature, que le roi avait fait venir de Nancy, en attendant qu'on le pût exposer aux regards du public. Cette figure de bronze, dont

1. *Description nouvelle*, etc., 2e édition, 1687, p. 81.

l'emplacement est indiqué sur tous les plans antérieurs à 1692, permet de constater l'identité du palais Brion, quant à l'emplacement, avec l'hôtel projeté de Richelieu.

Toutefois, l'État et Partition de 1684 distingue en quatre parties : 1° l'Académie des peintres où demeurait le sieur Pereau (André Félibien y demeurait en 1679) ; 2° la maison du Roy, c'est-à-dire dépendance du Palais-Royal, habitée par M. de la Croix ; 3° partie du palais Brion occupée par le même M. de la Croix ; 4° le palais Brion, appartenant au roi, habité par M. le comte de Grammont.

Il est difficile de préciser quels étaient ce Pereau, Perrot ou Perrault, et ce M. de la Croix.

Le comte de Grammont, en 1684, n'était autre que ce fameux Philbert de Gramont, plus connu par les mémoires satiriques donnés par son beau-frère Hamilton que par ses services militaires, qui furent cependant éclatants. Réparons en passant cette injustice de la renommée. Philbert de Gramont, deuxième fils du second mariage d'Antoine II de Gramont avec Claude de Montmorency-Bouteville, naquit en 1621 ; il se distingua au siège de Trin en 1643, au combat de Fribourg en 1644, à la bataille de Nordlingen en 1645, à la bataille de Lens en 1648, au siège d'Arras en 1654 ; il suivit Louis XIV à la conquête de la Franche-Comté en 1668, de la Hollande en 1672, prit part au siège de Maestricht cette même année, puis à ceux de Cambrai et de Namur en 1677. Il fut gouverneur du pays d'Aunis et chevalier du Saint-Esprit ; et le roi couronna ses services en lui accordant la lieutenance générale du gouvernement de Béarn, dont il se démit en faveur du marquis de Feuquières, son neveu, fils de sa sœur Anne-Louise de Gramont, aïeul du comte de Feuquières, qui épousa Catherine Mignard, fille du peintre ami de Molière.

Élisabeth Hamilton, qu'il avait épousée d'une façon si bizarre, devint dame d'honneur de la reine Marie-Thérèse. Leurs filles furent demoiselles d'honneur de la dauphine ; l'aînée devint lady Stafford, et la cadette mourut en religion.

M. de Gramont possédait une charge de gentilhomme chez le duc d'Orléans ; c'est probablement à ce titre qu'il logeait au palais Brion en 1684. Ceci m'amène à constater

que je ne sais pas du tout comment l'ancien hôtel Richelieu
était devenu la propriété du comte de Brion et ensuite du
Roi, cette portion de la propriété du cardinal n'étant pas
comprise dans la donation de 1639 ; aussi Germain Brice,
dans ses deux premières éditions, parle-t-il du palais Brion
dans un chapitre distinct et assez éloigné de celui du Palais-
Royal. Le Roi l'avait également réservée lorsqu'il concéda
l'habitation du Palais-Royal à son frère vers 1660. Le duc
d'Orléans n'en put disposer qu'en vertu des lettres patentes
du mois de février 1692, qui lui transférèrent, à titre d'ac-
croissement d'apanage, la totalité de l'ancien Palais-Cardinal
avec toutes ses dépendances, sous la seule exception du corps
de garde établi au fond de la place du Palais-Royal, et de la
portion de ladite place « qui se trouvoit comprise dans le
« grand dessein fait pour les bâtiments de notre château du
« Louvre[1] ».

La constitution d'apanage de 1692 fut la récompense du
mariage du duc de Chartres, le futur Régent, avec Mlle de
Blois, fille légitimée du Roi et de Mme de Montespan.
Brice constate que le Roi, à cette occasion, donna le
petit hôtel Richelieu, c'est-à-dire le palais Brion, pour agrandir le Palais-Royal, et qu'il prit à sa charge les travaux
de reconstruction et d'agrandissement en vue de procurer
une habitation splendide à sa fille et à son gendre. Les
Académies quittèrent alors la rue Richelieu pour s'installer
au Louvre. L'ancienne bibliothèque Richelieu, qui, s'appuyant à l'est au mur de l'aile gauche du Palais-Cardinal,
aboutissait vers l'ouest à la rue Richelieu (partie droite de
la façade actuelle de la Comédie-Française), était du dessin
de Le Mercier ; la façade tournée vers le nord, c'est-à-dire
vers le jardin, était ornée de deux ordres d'architecture, à colonnes engagées d'un tiers, ioniques et corinthiennes, avec
un petit attique au-dessus ; on se contenta de réparer la
galerie et de compléter quelques parties restées inachevées.
On la termina par une lanterne octogonale, dont le premier
étage renfermait un salon qui fut décoré par Oppenoid, avec

1. *Apanage de la Maison d'Orléans.* — Paris, in-4°, chez la ve d'Houry,
1762.

quatre balcons en projection sur la rue Richelieu. On y ajouta, s'ouvrant au premier étage sur le salon d'Oppenord, une galerie en retour sur la rue Richelieu, ornée extérieurement de fenêtres cintrées. Cette nouvelle galerie, indiquée par le *Terrier royal,* occupait le terrain qui commence à droite à la porte principale du grand vestibule de la Comédie-Française, et se termine à gauche au mur de la maison actuellement numérotée 10; elle fut décorée en 1704 par Coypel le jeune; il y peignit au plafond des sujets tirés de l'*Énéide;* le riche lambris qui régnait sur les deux longueurs avait des ornements de glace et de peintures d'une rare beauté, des tables de marbre, des cabinets précieux, des bronzes et des porcelaines rares.

Dans les salles de plain-pied avec le petit jardin, le futur Régent, dont on connaît le goût pour les sciences naturelles, créa un laboratoire de chimie pour son premier médecin, Jean Homberg. C'est là que se fit l'expérience d'une lentille colossale qui fondait et vaporisait l'or et le diamant.

Le petit jardin, qui donnait devant le nouveau bâtiment, était garni d'orangers et d'autres arbustes, avec un jet d'eau au milieu. Il était séparé du grand par une grille de fer disposée en demi-cercle (voir pages 78 et 79).

En 1780, le duc d'Orléans (Louis-Philippe), petit-fils du Régent, transmit le Palais-Royal par donation entre-vifs à son fils le duc de Chartres (Louis-Philippe-Joseph-Égalité), Au moment où celui-ci, en 1784, entreprit la construction des galeries de pierre, l'ancienne bibliothèque portait le nom d'aile des Princes, et la galerie en retour le long de la rue Richelieu s'appelait la galerie des Tableaux.

Je n'ai pas à m'occuper ici des changements que la construction des galeries de pierre apporta dans la configuration générale du Palais-Royal et du grand jardin. Je m'en tiens à décrire les modifications qu'elle entraîna du côté de la rue Richelieu. L'aile des Princes et la galerie des Tableaux furent démolies et le jardin des Princes détruit. Un parallélogramme ayant 24 toises de façade sur la rue Richelieu et 24 toises de profondeur fut prélevé sur l'aile des Princes, sur la galerie et sur l'angle sud-ouest du jardin des Princes, pour la construction d'une salle de spectacle.

Immédiatement au-dessus de celle-ci, Louis ouvrit en
retour d'équerre le débouché de la rue Montpensier, qui
coupa en deux tronçons le terrain de la galerie, dont la
portion nord se trouva détachée du Palais et servit plus tard
à la construction de la maison qui porte le n° 8.

Reprenons maintenant la description de la rue telle qu'elle
se comporte aujourd'hui, édifice par édifice.

N° 6. — COMÉDIE-FRANÇAISE. — L'incendie de 1781
ayant détruit la nouvelle salle d'opéra attenante à l'aile droite
du Palais-Royal, et qui occupait une partie de l'espace compris
entre cette aile, la rue Saint-Honoré et la cour des Fontaines (n°s 198 à 202 d'aujourd'hui), le duc de Chartres
songea aussitôt à réparer ce nouveau malheur; mais des
difficultés s'étant élevées avec la Ville au sujet de l'Opéra, il
fallut chercher une autre destination pour la salle projetée.

Parmi les théâtres de la Foire, les Variétés Amusantes
s'étaient fait une place à part, grâce à des succès répétés et
à l'habileté de ses deux entrepreneurs, Gaillard et Dorfeuille.
Ceux-ci acquirent vers 1780 le théâtre du sieur L'Écluze, qui
occupait l'angle gauche des rues de Lancry et de Bondi;
Volange, Bordier et autres farceurs célèbres y créèrent
*Ésope à la foire, la Théâtromanie, Janot ou Les battus paient
l'amende,* etc.

L'ambition leur étant venue, Gaillard et Dorfeuille solli-
citèrent du duc d'Orléans la concession de la salle projetée
du Palais-Royal sur la rue Richelieu; leurs propositions
furent accueillies. Ils devinrent locataires de la salle moyennant 24,000 livres par an pour trente années, et ils avan-
cèrent au Prince, sans intérêts, pour servir à la construction,
une somme de 300,000 livres, dont 66,250 livres sans répétition, le surplus remboursable par le duc d'Orléans seulement à la fin du bail. Ces conditions paraissent assez
douces, s'il est vrai, comme l'assure un mémoire présenté
par les comédiens au ministre de l'intérieur, le 22 septembre
1800, que la construction du Théâtre-Français ait coûté
3,600,000 livres.

En attendant l'achèvement des travaux, Gaillard et Dorfeuille construisirent, en travers du débouché actuel de la

rue Montpensier, une salle provisoire en bois dont l'ouverture eut lieu en 1784. Grâce à la protection du duc d'Orléans, les Variétes-Amusantes, sous le titre nouveau de Variétés Palais-Royal, puis de Palais-Royal tout court, devinrent le quatrième théâtre privilégié (les trois autres étant l'Opéra, la Comédie-Française et la Comédie-Italienne). Plusieurs écrivains de ce temps-là, entre autres Dulaure, voulaient que le théâtre des Variétés devînt le second Théâtre-Français. Le premier occupait alors la salle aujourd'hui connue sous le nom d'Odéon. Les deux théâtres ont fait en un siècle un chassez-croisez assez imprevu ; le premier Théâtre-Français est venu s'établir rue Richelieu, et le second a repassé les ponts.

La salle de bois ferma le 14 mai 1790, par la première représentation du *Mariage de Julie*, comédie en un acte. Fermer par une première représentation, c'est assez original. On rouvrit le lendemain 15 mai dans la salle de Louis, que l'architecte venait enfin d'achever, et qui garda le titre de Théâtre du Palais-Royal. Voici le spectacle d'ouverture : « Prologue d'inauguration, avec divertissement ; *l'Homme « mécontent de tout*, comédie en un acte ; *le Médecin malgré « tout le monde*, comédie en trois actes. » Mlle Julie Candeille débuta par le rôle de Thalie dans le prologue et par celui d'Amélie dans la seconde pièce.

Le 23 avril 1791, on alla jouer par ordre à la salle d'Audinot, à la foire Saint-Germain, au bénéfice de deux pauvres familles ; ce jour-là, l'entreprise Gaillard et Dorfeuille porta pour la dernière fois le titre de Théâtre du Palais-Royal ; elle rouvrit le lundi 25, à la rue Richelieu, sous le titre de Théâtre-Français de la rue Richelieu ; ce fut, en 1794, le Théâtre de la Liberté et de l'Égalité, puis de la République ; en 1798, le Théâtre-Français de la République ; enfin la Comédie-Française depuis 1803 jusqu'à ce jour.

Louis-Philippe-Joseph, duc d'Orléans, ayant été arrêté le 4 avril 1793, ses biens furent mis sous séquestre le 16 du même mois, et le 1er mai suivant un décret de la Convention autorisa l'exécution du concordat que le Prince avait passé avec ses créanciers le 9 janvier 1792, c'est-à-dire la vente de ses propriétés.

10

Le 22 octobre 1793, la salle de spectacle de la rue Richelieu fut adjugée moyennant 1,600,500 livres en assignats,
aux sieurs Gaillard et Grandmesnil, au nom d'une société
dite des Comédiens français, qu'il ne faut pas confondre avec
la Comédie-Française, qui occupait toujours l'Odéon sous le
nom de Théâtre de la Nation.

Dorfeuille et ses comédiens, associés par moitié, revendirent la salle à Charles-Henry-Armand Julien et à Mélanie-
Thérèse Ghesquière, son épouse, par un sous-seing privé
déposé et enregistré le 3 brumaire an IV (25 octobre 1795).
Le gouvernement devint ensuite locataire de la salle pour
dix-huit années, par deux baux consécutifs passés les 28 prairial an XI (17 juin 1803) et 21 mars 1809, jusqu'au 31 décembre 1815, entre M. Julien et M. de Rémusat, en sa qualité
de préfet du palais et de surintendant du Théâtre-Français.

Les ordonnances des 18 et 20 mai, 17 septembre et 7 octobre 1814, ayant rendu au duc d'Orléans (Louis-Philippe Ier)
le Palais-Royal, le parc de Mousseaux et tous autres biens
non vendus, une instance s'engagea entre le prince et M. Julien. Le prince prétendait que l'adjudication du 22 octobre
1793 était nulle comme ayant porté au moins partiellement
sur des biens d'apanage, non susceptibles d'aliénation.
M. Julien répondait que les apanages ayant été réunis au
domaine national, l'État, qui avait encaissé la presque totalité
du prix, avait eu qualité pour ratifier l'adjudication. Ce débat,
compliqué de questions de procédure, se termina par une
transaction devant Me Cristy, notaire, les 7 et 8 avril 1818,
dont je possède une copie [1], aux termes de laquelle le duc
d'Orléans rentra dans la totalité des parties du Palais-Royal
adjugées à M. Julien, moyennant le paiement à celui-ci d'une
somme de 600,000 francs.

J'ai cru devoir résumer ces faits obscurs et assez ignorés, mais je m'en tiens là et ne pousserai pas plus avant
l'histoire de la salle de la rue Richelieu, généralement
connue.

Elle a subi depuis son origine trois ou quatre reconstruc-

---

1. Cette copie termine le recueil complet de toutes les pièces relatives aux
procès; in-4°, relié aux armes du duc d'Orléans, qui fait partie de mon cabinet.

tions intérieures dont la dernière a été exécutée sous l'administration générale de M. Émile Perrin, par M. Chabrol, architecte du Palais, pendant le voyage de la Comédie à Londres en juin 1879.

En 1863, le bâtiment de la Comédie a été isolé du côté sud par la démolition des maisons qui le séparaient de la rue Saint-Honoré; une partie de leur emplacement est demeuré vide et forme le rentrant dans lequel se trouve aujourd'hui le café de la Comédie.

Pendant les travaux de reconstruction, l'administration et ses bureaux furent installés dans les petites maisons situées de l'autre côté de la rue Richelieu, avec lesquelles on communiquait par un pont couvert jeté sur la rue à la hauteur du balcon du grand foyer.

Avant ce dégagement, dont la date est inscrite dans le dallage du vestibule, entre les statues de Casimir Delavigne et de Chénier, un long passage noir s'ouvrait, au n° 6, entre le guichet qui est aujourd'hui le premier bureau pour la distribution des billets de la Comédie-Française, et le café de la Comédie, et aboutissait, sous la galerie de Chartres, au magasin de fleurs de Mme Prévost. Le débouché de ce couloir est occupé aujourd'hui, du côté de la galerie de Chartres, par l'arrière-boutique de Mme Prevost, arcade n° 8, et par un water-closet, arcade n° 7.

Le passage noir retint longtemps le nom de passage des Variétés, en souvenir du théâtre de Gaillard et Dorfeuille ; plus tard, il constitua, avec la galerie alors sans issue du côté de la rue Saint-Honoré où se trouve aujourd'hui le magasin de Chevet, ce qu'on appela le Pourtour du Théâtre-Français. Le passage noir se continuait alors en équerre jusqu'à la rue Saint-Honoré, où il aboutissait au n° 216. Enfin, lorsque le Pourtour du Théâtre-Français fut débarrassé des échoppes qui l'encombraient du côté de la cour Royale et que l'achèvement du péristyle de Chartres se compléta par la construction de la galerie de ce nom jusqu'à la cour de Nemours vers la rue Saint-Honoré[1], le passage noir prit le nom de passage de la Comédie.

---

1. En dehors du numérotage très régulier des arcades formant le pourtour

Lorsqu'on y pénétrait par la rue Richelieu, on trouvait à gauche, en tâtonnant dans l'ombre, une porte battante qui donnait accès à l'administration, aux coulisses et aux loges de la Comédie-Française. Il est plus d'une fois question, dans les mémoires de Victor Hugo et d'Alexandre Dumas, de cette sombre avenue, par où l'auteur d'*Hernani* et celui d'*Henri III* entrèrent le cœur palpitant et sortirent glorieux : *ad augusta per angusta*.

Le café de la Comédie, longtemps tenu par M. Saintard, avait l'aspect modeste, obscur et morose d'un café du Marais. On y buvait la bière de mars, accompagnée d'échaudés et d'une partie de dominos ; mais la consommation de luxe et les soupers confortables étaient l'apanage de son célèbre voisin, le Café Minerve, dont je vais parler au n° 8.

ENTRE LE 6 ET LE 8. — La rue Montpensier. — Le plan de Louis, exécuté en 1784, ouvrit sur la rue Richelieu le débouché en retour d'équerre du passage ou rue Montpensier. Cette fraction de rue, qu'on désigna pendant quelques années sous le nom de place Montpensier, occupe une partie de l'ancien jardin des Princes et coupe en deux le terrain de l'ancienne galerie des Tableaux. Ce fut sur cet emplacement, comprenant à la fois le débouché de la rue Montpensier e le terrain demeuré vide par la démolition de la galerie, que s'éleva la salle provisoire en bois du théâtre des Variétés, à laquelle Watin donne le n° 11 sur la rue Richelieu et le n° 210 sur le Palais-Royal, c'est-à-dire sur la galerie Vitrée [1], à l'endroit même où s'ouvrit ensuite le café Lyonnais.

N° 8. — Le terrain sur lequel s'élève la maison n° 8 provient de la démolition de la galerie des Tableaux en 1784.

du jardin, lequel n'a pas changé depuis leur construction, le classement et le numérotage des galeries accessoires du Palais-Royal est encore aujourd'hui un véritable chaos.

1. La galerie Vitrée, détruite en 1828, au moment de la construction de la galerie d'Orléans et de l'achèvement du péristyle de Chartres, continuait la galerie Montpensier en droite ligne jusqu'à la rencontre du mur septentrional de la Comédie-Française, en façade duquel elle débouchait un peu à gauche du grand escalier du Palais-Royal, par lequel on accède aujourd'hui à la Cour des comptes.

Occupé d'abord, de 1784 à 1790, par le théâtre provisoire des Variétés, il redevint libre lorsque cette salle en bois disparut à son tour par suite de l'ouverture de la salle de pierre (15 mai 1790).

En exécution du concordat passé devant Brichard, notaire, le 9 janvier 1792, entre Louis-Philippe-Joseph, duc d'Orléans, et ses créanciers, ce terrain, contenant environ 116 toises de superficie (441 mètres carrés), non encore bâti, fut vendu pardevant le même Brichard, le 6 novembre 1792, à M. Louis-Denis Duchesne, qui y fit édifier la maison à trois faces, dont deux sur la rue Montpensier, qui porte depuis l'année 1806 le nº 8 de la rue Richelieu, et qui appartient depuis l'année 1815 à la famille Pepin Lehalleur.

Le Café Minerve fut un des premiers locataires de la maison construite par M. Duchesne. Je ne l'ai pas vu naître, Dieu merci! mais j'ai le regret de l'avoir vu mourir. Il occupait, à l'angle de la rue Richelieu et de la rue Montpensier, la place que tient aujourd'hui l'armurier Fauré-Lepage. Je l'y trouve installé, dès l'an V (1796-1797), par M. Brou ou Brouin, limonadier, qui en fut probablement le fondateur, avec ou sans le patronage de la déesse Minerve. A M. Brou succéda M. Perret, que remplaça M. Tarin vers 1830. Le comédien Grassot l'acheta peu de temps avant sa mort, survenue le 18 janvier 1860. J'y déjeunais souvent, pendant ma collaboration au *Constitutionnel*, avec Paulin Limayrac et La Tour-Saint-Ybars. Le Café Minerve a disparu vers 1868.

Girault de Saint-Fargeau prétend que Mme Charlotte Bourette, plus connue sous le nom de la Muse limonadière, fut la fondatrice du Café Minerve. La réponse à cette fable, c'est que la maison ne fut construite qu'après l'année 1792, sur l'extrémité nord de la galerie des Tableaux; Charlotte Bourette était morte en 1784. (Voir ci-après le nº 10.)

M. de Saint-Just, dont le nom se trouve en 1806 parmi es habitants du nº 8, n'avait aucun lien de parenté avec le scélérat de ce nom. Il s'appelait Claude Godard d'Aucour, baron de Saint-Just, et naquit à Paris le 14 juillet 1769. C'était le sixième enfant de Claude Godard d'Aucour, seigneur de Plancy et de Saint-Just, écuyer, secrétaire du roi; et de Claire Poisson. Né le 26 décembre 1716, à Langres,

où son père remplissait les fonctions d'élu, Claude Godard
d'Aucour père fut fermier général en 1754 et receveur général d'Alençon en 1785. Il écrivit des romans turcs au
goût du jour, une épître à Mlle D. T. (Duthé) qui fut
célèbre, et il fit représenter quelques pièces à la Comédie-
Française et aux Italiens, en société avec Bret, Villaret,
La Chaussée, Boissy, etc. Il mourut à Paris le 1er juillet 1795.

Son fils, l'habitant de la rue Richelieu, marié le 30 juillet
1786 avec Élisabeth-Catherine Groignard, fille de messire
Antoine Groignard, écuyer, ingénieur général de la marine,
capitaine de vaisseau, chevalier de Saint-Louis, ne recueillit
guère que le goût des lettres dans l'héritage de son père; il
a laissé nombre d'opéras-comiques, qui ne sont pas tous
oubliés, notamment : *la Famille Suisse*, 1797; *le Calife de
Bagdad*, 1800, et *Jean de Paris,* 1812, dont Boïeldieu écrivit
la musique.

M. de Saint-Just est mort le 28 mars 1826.

Mlles Mars aînée et cadette, M. Armand, Mme Desbrosses, sociétaires de la Comédie-Française, ont tour à tour
habité cette maison. Rappelons ici que Mme Desbrosses était
la troisième sociétaire de ce nom depuis la fondation de la
Comédie-Française.

No 10. — Sur le terrain de cette maison s'élevaient primitivement les écuries du Palais-Cardinal (Arch. Nat., S, 1293).
Son premier habitant connu, et probablement son constructeur, fut un homme dont le nom appartient à l'histoire de
Molière, messire Antoine de Ratabon, qui, en sa qualité de
surintendant général des bâtiments du roi, chargé des travaux du nouveau Louvre, fit démolir la salle de spectacle du
Petit-Bourbon au mois d'octobre 1660, sans en prévenir
Molière, qui y donnait des représentations. Ce procédé sommaire excita le courroux du placide La Grange, qui en a consigné la trace dans son journal, et certainement celui de Molière lui-même. Les comédiens, se voyant du jour au lendemain sans théâtre, se plaignirent au Roi, et M. de Ratabon
répondit, en administrateur qui connaît son affaire, que la
salle appartenant au Roi, « il n'avoit pas cru qu'il fallût entrer

« en considération de la Comédie pour avancer le dessein
« de Louvre. »

La Grange prétend que « la méchante intention de M. de
« Ratabon étoit évidente », et des écrivains modernes, en-
chérissant là-dessus, ont dirigé contre « l'inconnu Ratabon »,
qui s'était permis d'avancer les travaux du Louvre sans le
congé des comédiens, des insinuations désobligeantes. J'ai
cru que ce petit débat méritait d'être vidé à fond, et j'y suis
parvenu. M. de Ratabon abattit le théâtre du Petit-Bourbon
parce que la marche des travaux exigeait cette démolition;
c'est ce que j'établirai, pièces en main, dans l'étude que je
prépare sur les théâtres de Molière. Les comédiens ne furent
pas traités autrement que d'autres occupants de l'hôtel du
Petit-Bourbon. Reste que M. de Ratabon, qui ne se donna
pas la peine de les avertir (n'était-ce pas plutôt au premier
gentilhomme de la chambre qu'il faudrait s'en prendre?),
manqua peut-être de politesse envers eux, en quoi il eut
tort. Remarquons toutefois que, en octobre 1660, Molière
n'avait pas encore écrit l'étonnante série de chefs-d'œuvre
qui commence à *l'École des Femmes*, et qu'il serait peut-être
excessif d'exiger que les gens de ce temps-là saluassent le
grand homme avant qu'il ne fût né.

Voici ce qu'était « l'inconnu Ratabon » :

Fils d'un gentilhomme nommé Jean de Ratabon, écuyer,
et de Catherine Pache, habitant à Servien, près Mende au
pays de Gevaudan, province de Languedoc, Antoine de Ratabon fut maître d'hôtel ordinaire du roi Louis XIV, trésorier général de France à Montpellier, intendant des gabelles
du Languedoc, premier commis de M. des Noyers, qui était
surintendant des bâtiments sous le cardinal de Richelieu, et devint enfin titulaire de cette charge sous le cardinal Mazarin,
qui la lui céda après l'avoir occupée lui-même. La surinten-
dance générale des bâtiments du roi, arts et manufactures de
France, équivalait à peu près, mais non pas dans toute leur
étendue, aux départements actuels des travaux publics et du
commerce. En cette qualité, M. de Ratabon prit une large part
aux embellissements de Paris sous Louis XIII et sous Louis XIV,
et compte parmi les collaborateurs les plus éminents des
cardinaux Richelieu et Mazarin, ces illustres bâtisseurs.

Antoine de Ratabon épousa, par contrat du 1er mars 1647, devant Michel de Beauvais et Pierre Muret, notaires, Marie Sanguin, fille de Nicolas Sanguin, écuyer, sieur de Pierre-laye[1] et de Marie Le Court. Le roi, la reine mère, le cardinal Mazarin assistèrent et signèrent au contrat (Cabinet des titres).

Tel fut « l'inconnu Ratabon », qui, dans sa charge de surintendant général, eut pour prédécesseur le cardinal Mazarin et pour successeur le grand Colbert, et que M. Eugène Despois accuse tout bellement de s'être laissé graisser la patte par les comédiens de l'hôtel de Bourgogne et du Marais, pour faire de la peine à leur rival Molière.

L'affaire s'arrangea, d'ailleurs, par une transaction; les comédiens obtinrent, avec la salle du Palais-Royal, la permission d'emporter les planchers et les loges du Petit-Bourbon; la rancune fut vite éteinte, car, dans le temps même que la démolition s'achevait et que l'on commençait les travaux à la salle du Palais-Royal, les comédiens, c'est La Grange qui nous l'apprend, allèrent en visite, moyennant deux cents livres, chez M. Sanguin, à la place Royale. Or, M. Sanguin était un des proches parents de M. et Mme de Ratabon.

Antoine de Ratabon céda sa charge de surintendant à Colbert en 1664, et mourut dans sa maison de la rue Richelieu le 12 mars 1670. Il eut plusieurs enfants de son union avec Marie Sanguin, lesquels, sans parler de ceux qui moururent jeunes, furent :

1° Louis de Ratabon, chevalier, seigneur de Trememont, gentilhomme ordinaire de la chambre du roi, gouverneur de Fécamp, envoyé extraordinaire du roi à Liège, à Venise,

---

1. Nicolas Sanguin était de la branche cadette des Sanguins, seigneurs, puis marquis de Livry, maîtres d'hôtel du Roi, alliés aux de Thou, aux Beauvilliers Saint-Aignan, etc.; leur auteur commun était un certain Ancelin Sanguin, Italien, établi en France (Cabinet des titres). Ç'est donc par erreur que P. Anselme a voulu les rattacher à l'ancienne famille parisienne des Sanguins; les deux familles ont coexisté sans aucun lien de parenté; dès le xve siècle, on signale Pierre Sanguin, fils de l'Italien Ancelin, et son fils Simon, seigneur et gruyer de Livry, époux de Marie Le Cocq, fille du président au parlement de Paris.

et dans plusieurs autres cours étrangères; mort en septembre 1693, époux de Marie-Marguerite de Ranchin, morte en 1727, à soixante-quatorze ans, sans postérité;

2° Martin de Ratabon, docteur en Sorbonne, grand vicaire de Strasbourg, évêque d'Ypres et de Vivier, né en 1654, mort en 1728, à soixante-quatorze ans;

3° Marie-Marguerite de Ratabon, née en 1652, mariée par contrat des 9 et 11 octobre 1676, devant Bernard Mousnier et Mouffle, notaires, à Louis Verjus, chevalier, seigneur et comte de Crécy, baron de Couré, seigneur de Baslay, des Deux-Eglises et autres lieux, chevalier du Christ de Portugal et des Saints Maurice et Lazare, conseiller du Roi en ses conseils, secrétaire du cabinet de Sa Majesté, fils d'Antoine Verjus, conseiller d'État, et de Marie de Chauvegarde. Le contrat fut signé, comme l'avait été celui de M. de Ratabon, en présence du Roi.

Le comte de Crécy, plénipotentiaire de France à la diète de Ratisbonne, à Ryswick, etc., fut un diplomate intègre et capable, dont Saint-Simon lui-même fait l'éloge. Il avait été reçu de l'Académie française en 1672. Le Cabinet des manuscrits contient de lui une relation inédite des négociations de Ratisbonne en cette même année (Coll. Bouhier, 87, — Ms. Fr. 23331). Il mourut en 1709. La comtesse de Crécy lui survécut et ne mourut qu'en 1736, à quatre-vingt-quatre ans. Elle avait recueilli la maison de la rue de Richelieu dans l'héritage de son père, et en avait passé déclaration le 1er juillet 1688 (Arch. Nat., Dom. du roi, Q¹ 1158-59).

Son fils, Louis Verjus, marquis de Crécy, colonel du régiment de Boulonnois, gouverneur du Toulois, chevalier de Saint-Louis, passa à son tour déclaration le 6 mai 1741, pour la même maison, ainsi décrite : « Tenant d'une part à la « galerie du Palais-Royal, d'autre à l'hôtel de la Ferté, par « derrière au jardin du Palais-Royal. » (Arch. nat., P, 1202.)

La marquise de Lionne, qui habitait l'hôtel Crécy en location vers 1684, était Jeanne-Renée de Lionne, héritière du marquisat de Claveson et de la branche aînée de la maison de Lionne; elle mourut en décembre 1680, femme, depuis 1675, de son cousin Louis, marquis de Lionne, maître de la garde-robe du roi, mort le 22 août 1708, à soixante-deux ans, fils d'Hugues de Lionne, l'illustre ministre; celui-ci avait épousé en 1645 Mlle Paule Payen. C'était une sorte de naine, fort coquette, que son mari fit mettre au couvent en 1671 à cause de ses dérèglements; mais à quelques jours de là, M. de Lionne mourut subitement, non sans quelque soupçon de poison, et sa veuve lui survécut jusqu'en 1704.

Le marquis de Crécy vendit sa maison le 8 mai 1750, à Pierre-François Bergeret, beau-frère de M. Pâris de la Montagne, le second des quatre frères Pâris; il fut nommé fermier général de la régie des frères Cordier en 1721. Son fils, M. Bergeret, receveur général des finances de la généralité de Montauban, amateur éclairé des arts, fut reçu associé libre de l'Académie royale de peinture le 31 août 1754, et mourut le 21 février 1785, à soixante-dix ans; sa sœur, Marie-Thérèse-Antoine Bergeret, décédée le 28 juin 1778, à soixante-quatre ans, veuve d'Étienne-Charles Maussion de la Courtaujaye, avait eu quatre enfants :

Pierre Antoine, receveur-général de la généralité d'Alençon, qui mourut quelques semaines avant sa mère, dans la maison de la rue Richelieu, le 18 mai 1778, à l'âge de vingt-six ans : Étienne-Thomas de Maussion, mari de Jeanne-Antoinette Robert d'Orléans Perrin de Cypierre; Marie-Geneviève Perrine de Maussion, femme d'Antoine de Chaumont de la Galaizière; et Marie-Charlotte de Maussion, femme de Jean-Thérèse-Louis de Beaumont d'Autichamp, aide de camp du maréchal de Broglie pendant la guerre de Sept ans, commandant de la cavalerie de l'armée de Condé en 1792, général russe en 1797, pair de France sous Louis XVIII, mort en 1831, à quatre-vingt-treize ans.

La maison passa en 1791 aux deux fils d'Étienne-Thomas de Maussion, MM. Alfred-Augustin-Joseph, comte de Maussion-Montgoubert, et Adolphe-Antoine-Thomas de Maussion; mais celui-ci l'abandonna en 1810 à son aîné, qui la vendit en 1823 à M. Jean-Louis Legacque, restaurateur célèbre.

Le comte Alfred de Maussion, chevalier de la Légion d'honneur, ex-officier supérieur des gardes du corps de Monsieur, était le mari d'Antoinette-Ernestine-Léontine-Éléonore de Saint-Simon de Courtomer. Il a publié chez Ladvocat, en 1837, un roman intitulé *Faute de s'entendre*.

Louis de Maussion, baron de Candé, né vers 1750, fut préfet de la Meuse en 1816. Imbu des maximes sévères de l'ancienne magistrature, il refusa son concours à l'enlèvement des papiers du conventionnel Courtois, et se fit glorieusement destituer par le comte Decazes, ministre de l'intérieur. M. de Maussion devint membre secrétaire du Conseil royal de l'Université sous M. de Frayssinous. Il mourut le 4 novembre 1831, à quatre-vingt-un ans.

Sa femme, née de Thellusson, a publié divers ouvrages d'éducation très estimés, tels que les *Conversations entre une mère et ses enfants sur la morale chrétienne,* qui, publiées pour la première fois en 1812, se réimprimaient encore en 1854; les *Contes aux enfants du château de Vaux,* Paris, in-12, 1846; *Louise,* 2 vol. in-8, 1846; etc., etc.

Mlle Bertin, la fameuse marchande de modes de la reine Marie-Antoinette, qui habitait la rue Saint-Honoré en 1781, vint ensuite installer ses grâces dans la maison de M. de Maussion, qu'elle quitta en 1789, lorsqu'elle acheta la maison n° 26, du même côté de la rue.

Watin indique, au même endroit, un bazar de toutes sortes de marchandises, appartenant au sieur Messin. La porte de communication avec descente sur la rue Montpensier s'ouvrit vers les premières années de la Restauration, et donna le passage du Prix-Fixe, probablement en souvenir du magasin Messin. Le passage est intercepté depuis une douzaine d'années. Il correspondait à la porte cochère de la maison n° 10 reconstruite, et à la partie gauche du magasin de vins qui porte le n° 7 sur la rue Montpensier.

Mieux avisé que Girault de Saint-Fargeau, qui avait placé le café de Mlle Bourette dans une maison qui ne fut construite qu'après la mort de cette poétique dame, M. Lefeuve les rattache l'un et l'autre au n° 10, qui était en effet, avant 1784, la première maison après le Palais-Royal.

« Une dixième sœur, « dit-il, » était née aux Neuf Muses « chez M. de Maussion; la Muse limonadière, Charlotte « Bourette, parée de ce surnom, tenait un café d'où elle « envoyait des vers aux célébrités de l'époque; Dorat y « répondait par d'autres vers, le duc de Gesvres et le roi « de Prusse par des cadeaux. Telle était l'origine du Café

« Minerve, à la tête duquel vient de mourir le comédien
« Grassot. » J'ignore sur quelle autorité M. Lefeuve fait
de Mᵐᵉ Bourette une locataire de M. de Maussion. Ce
qu'il y a de certain, c'est qu'elle ne vécut point à la rue
Richelieu. Charlotte Renier, veuve en premières noces d'un
sieur Curé et en deuxièmes d'un sieur Bourette, était, en
1755, la maîtresse du Café Allemand, rue Croix-des-Petits-
Champs, ainsi qu'il est expressément déclaré au folio viij de
la préface de *la Muse limonadière, ou recueil d'ouvrages en
vers et en prose, par Mᵐᵉ Bourette, ci-devant Mᵐᵉ Curé, dédiée
au roi Stanislas;* Paris, 2 vol. in-12, chez Sébastien Jorry,
1755. Le Café Allemand devint ensuite le « Caffé des
« Muses », ainsi désigné dans la réclame naïve que j'extrais
de l'*Almanach Dauphin ou Tablettes royales du vrai mérite des
artistes célèbres du royaume,* pour les années 1777 et 1778 :
« BOURETTE, rue Croix-des-Petits-Champs, au Caffé des
« Muses. Madame BOURETTE, si avantageusement connue
« par ses poésies, s'est mérité des présents considérables
« de plusieurs têtes couronnées ». Mᵐᵉ Bourette dut se
retirer des affaires à peu près à cette dernière date de
1778, car la comédie qu'elle fit représenter, dit-on, devant les clients de son café, est signée à l'impression
« Madame Bourette, ci-devant la Muse limonadière ». (*La
Coquette punie,* comédie en un acte, en vers; Paris, chez
Bastien, et Versailles, chez Dacier, in-8°, 1779; approbation
signée Suard, du 24 novembre 1778; permis d'imprimer
signé Le Noir, du 25 novembre. Imprimé par L. Jorry.)
Charlotte Bourette, née en 1714, mourut, dit-on, en 1784,
à soixante-dix ans. Mais son café subsistait en 1788; Watin
l'enregistre sous le titre de Café de la Muse limonadière,
rue Croix-des-Petits-Champs, n° 28, c'est-à-dire au n° 18
ou au n° 20 du numérotage actuel, la troisième porte à
droite après l'angle de la rue de Bouloi.

Peut-être le Café des Muses quitta-t-il la rue Croix-
des-Petits-Champs après 1788 pour devenir le Café Minerve au n° 8 de la rue Richelieu; c'est ce que je n'ai pu
vérifier.

12. HÔTEL DE LA FERTÉ. — Cette maison appartint

d'abord à Jean de Longueil, marquis de Maisons, président à mortier, membre du conseil du duc d'Orléans. Il y fut remplacé par Magdeleine d'Angennes, dame de La Loupe, veuve depuis le 27 septembre 1681 de Henry II, seigneur de Saint-Nectaire, duc de la Ferté, pair et maréchal de France. La duchesse de La Ferté mourut le 16 mars 1714, à quatre-vingt-cinq ans. Saint-Simon a raconté la plaisante pénitence qu'elle et sa sœur la comtesse d'Olonne s'infligèrent pour expier leurs péchés, en faisant jeûner leurs gens. C'est à Mme de la Ferté que le maréchal son mari adressa le singulier madrigal rapporté par le président Bouhier (*Souvenirs,* publiés par Lorédan Larchey), qui se termine par ces deux vers :

> Si vous n'étiez pas ma femme,
> Vous ne la seriez jamais.

L'hôtel de La Ferté appartint, vers le milieu du XVIIIe siècle, à Jean-Louis Gaignat, secrétaire du roi, receveur des consignations de la seconde chambre des requêtes du Palais, époux de Françoise-Jeanne Le Gras, et fils de Jean Gaignat, de Nevers, procureur au Parlement. Jean Gaignat, qui avait succédé à Me Henry, et qui demeurait rue Saint-André-des-Arts, avait acheté, le 12 janvier 1724, à M. de Montalant, la moitié de la maison patrimoniale des Pocquelins, sous les piliers des Halles. Son fils, Jean-Louis Gaignat, plaida en licitation, dans le cours des années 1745 et 1746, contre Élisabeth Pocquelin, dernière héritière de cette maison. (Arch. nat., P, 1248.)

La demeure de Jean-Louis Gaignat est indiquée, par les Almanachs royaux de 1753 à 1764, à l'hôtel de La Ferté, qui gardait encore son ancien nom.

M. Nicolas de Cuisy du Fey, seigneur de Villemain, secrétaire du roi, fermier général, époux de Barbe-Elisabeth Lièvre, mort le 25 août 1758, l'habitait avant Jean-Louis Gaignat, qui l'y remplaça à Pâques 1751.

La maison appartenait, aux environs de 1780, à Mme la baronne de Nieuwerkerque, demeurant au Palais-Royal. « Mme de Newkererque, depuis Mme de Champcenetz, cé-« lèbre par sa beauté, connue sous le nom de Mme Pater;

« elle avait failli épouser M. de Lambesc, et elle finit
« par donner sa main au marquis de Champcenetz. » Tel
est le renseignement sommaire que fournissent les Mémoires de la comtesse de Genlis.

Mᵐᵉ de Nieuwerkerque avait pour locataire M. Bertrand
Dufresne, intendant général des fonds de la marine sous le
ministère du maréchal de Castries. Né à Navarreins en
1736, M. Bertrand Dufresne avait été d'abord commis aux
affaires étrangères sous le duc de Choiseul, puis commis de la
Banque de la cour, premier commis de la Caisse d'escompte;
il fut ensuite directeur du Trésor public sous M. Necker,
receveur général des finances de Rouen, et enfin conseiller
d'État par brevet. Dénoncé sous la Terreur, il fut incarcéré;
le 9 thermidor le sauva. Député de Paris au Conseil des
Cinq-Cents en 1795, il en fut exclu par le coup d'État du
18 fructidor; mais, après le 18 brumaire, il revint aux
affaires sur la demande du consul Lebrun, et le Premier
Consul le nomma conseiller d'État et directeur général du
Trésor public. Sous son habile administration, les fonds
publics remontèrent de 19 à 60 francs. Il mourut le 22 février 1801, à l'hôtel du Trésor public, rue Neuve-des-Petits-
Champs. Le Premier Consul, qui était venu lui rendre visite
huit jours avant sa mort, ordonna que le buste de cet
utile serviteur de l'État fût placé dans les salles de la Trésorerie.

Parmi les autres habitants du nᵒ 12 de la rue Richelieu,
citons, à la date de 1788, Philippe-François-Joseph, comte,
puis marquis de Walsh-Serrant, maréchal de camp, et Isidore-
Félicité Lottin de Lagérie, sa femme, dame d'atour de
Madame Élisabeth de France, et aussi M. Beaujard, chevalier
de l'ordre du roi, trésorier général des États de Bretagne.

L'*Almanach parisien* de 1790 signale aux curieux les tableaux
de l'hôtel de La Ferté, rue de Richelieu.

Marie-Joseph Chénier, de l'Institut, prit ici son avant-
dernier domicile, pendant les années 1808 et 1809, à la
veille d'aller mourir rue des Fossés-du-Temple (10 janvier
1811).

Nᵒ 14. — M. DE L'ESPINE. — Les L'Espine étaient une famille d'architectes très anciennement employés dans les bâtiments du roi. Simon de L'Espine fut l'un des trois associés de la compagnie Flacourt et Gauldrée-Boilleau, qui entreprit la construction des quartiers du Palais-Royal et de la Butte des Moulins. Ils possédaient un assez grand nombre de maisons dans cette région de Paris. Simon de L'Espine, époux de Jeanne Pagne ou Pacque, eut, entre autres enfants, Marie de L'Espine, épouse de M. Chebron de Bonnegarde, et Nicolas eut pour fils Pierre-Nicolas de L'Espine, contrôleur des bâtiments au département de la machine de Marly, et pour fille Marie-Anne, qui épousa Jacques Gabriel, architecte et inspecteur des bâtiments du roi.

Le propriétaire du n° 14 était, en 1684, Pierre-Nicolas de L'Espine, susnommé, époux de Marie-Anne Dionis. Il quitta la rue Richelieu vers 1688, et alla demeurer rue de Cléry, où il mourut, vers 1728, dans un âge très avancé, doyen des architectes experts jurés.

En 1688 la maison appartint à un sieur Breteau, puis au sieur Coutard, et fut achetée en 1707 par M. Pierre d'Hariague, seigneur d'Auneau, trésorier général des ducs d'Orléans Philippe (le Régent) et Louis. Aux environs de 1789, elle appartenait à M. Jean-Joseph de La Salle d'Ecquevilly, président de la troisième chambre des enquêtes du parlement de Paris, reçu le 9 décembre 1767.

Le terrain du n° 14, contenant 71 toises 16 pieds de superficie (271,40 mètres carrés), était divisé par une ligne transversale du sud-ouest au nord-est; les 30 toises superficielles (114 mètres carrés) en deçà de cette ligne relevaient de l'archevêché de Paris; au delà, en montant la rue vers le nord, commençait le fief Popin. Cette délimitation était indiquée visuellement par les lettres F. P. avec le chiffre 8, gravés sur la première plinthe de pierre de taille, à 79 toises et demie de l'angle sud-est de la rue Richelieu et de la rue Saint-Honoré. (Arch. nat. Archevêché, S, 1121.)

L'Almanach de Watin fournit sur la maison n° 14 une note extrêmement curieuse : « Partition d'*Œdipe à Colonne*, « prix 24 livres, au profit de la sœur de Sacchini, musicien « célèbre, mort en 1787 dans cette maison, chez le sieur « Soldato. » Sacchini mourut, non pas en 1787, mais un

peu plus tôt, le 7 octobre 1786, du chagrin qu'il ressentit
lorsque la Reine, sa protectrice, lui annonça que la représentation d'*Œdipe à Colonne* était retardée; on accusait la
Reine de trop protéger les musiciens étrangers, et il fallut
que Sacchini cédât son tour à la *Phèdre* de Lemoine. Berton,
élève de Sacchini, a raconté d'une manière touchante, dans
la *Gazette musicale* de 1835, la fin prématurée de son maître,
mort à cinquante-deux ans, dans toute la force du génie.
L'*Œdipe à .Colonne* fut représenté pour la première fois le
1er février 1787, avec un succès immense et qui s'est prolongé tant que les directeurs de l'Opéra ont bien voulu le
maintenir à la scène. Le précieux renseignement fourni par
Watin, et que Fétis n'a pas recueilli, donne assez clairement à entendre que Sacchini laissait sa famille dans la
misère.

Le sieur Soldato, chez qui Sacchini mourut et chez qui
se trouvait la partition posthume d'*Œdipe à Colonne*, n'était
ni un artiste ni un éditeur de musique; c'était un simple
marchand qui vendait des comestibles, du café de Bourbon
et de Moka; en même temps marchand de vins, hôtelier
et traiteur, d'origine probablement italienne. Nous le retrouverons plus loin aux nos 21 et 24. Il était mort en 1810,
et sa veuve vendait alors des oranges de Malte et autres
fruits, dans une boutique qui portait le n° 43 sur la rue
Croix-des-Petits-Champs.

No 16. — Cette maison appartint dès l'année 1666 à la
famille Du Fort et se trouva possédée en 1705, ainsi que la
suivante, par Mme veuve Du Fort, qui la vendit en 1719 à
M. de La Poire de la Roquette.

Jean-Frédéric d'Alainville, mari de Louise-Denise Gran-
geray, possédait et habitait cette maison en 1784. Il était
capitaine de cavalerie et doyen des maréchaux de logis de
la maison du roi.

No 18. — Après avoir appartenu à la famille Le Guay,
qui paraît être la descendance de Jean Le Guay, marchand
de soieries à Paris, de qui parle L'Estoille dans son journal
à la date de mars 1611, et dont la fille avait épousé le

premier président de Verdun, la maison du n° 18 appartint à M. de Givry, puis à la famille Du Fort en 1702. Cette famille comptait alors trois membres employés dans les fonctions publiques : Jean Du Fort, conseiller maître des comptes, reçu le 6 novembre 1692 ; son fils, Joseph-Pierre Du Fort, également conseiller maître, né en 1697, reçu le 8 avril 1718, à vingt et un ans, et N. Du Fort, sénéchal du Rouergue.

Les deux maîtres des comptes, le père et le fils, demeurèrent longtemps rue Neuve-des-Petits-Champs, et ne prirent logis en leur maison de la rue Richelieu qu'en 1741. Jean Du Fort y mourut l'année suivante, après avoir accompli la cinquantième année de sa magistrature.

Joseph-Pierre Du Fort mourut dans la même maison, le 15 novembre 1746, à quarante-neuf ans, veuf d'Agnès-Françoise Soulet. Il eut un fils qui devint en 1753 introducteur des ambassadeurs, et qui demeura successivement rue du Grand-Chantier et rue d'Anjou.

Les Du Fort étaient seigneurs de Saint-Leu-Taverny, sauf les droits de haute justice réservés à la maison de Condé.

Il y a apparence qu'ils descendaient d'Arnauld Du Fort, mestre de camp des carabins, l'un des fils d'Isaac Arnauld, intendant des finances, et de cette Mme Du Fort, cousine de Perrot d'Ablancourt, dont Tallemant des Réaux a tant parlé. Mais je n'en ai pas la preuve et ne l'ai pas recherchée.

M. Duquesnoy de Moussy, propriétaire en 1784, était grand maître des eaux et forêts pour les généralités du Berry, du Blésois, du Haut et Bas-Vendômois (Almanachs royaux de 1764 à 1789).

Marie-Joseph Chénier habitait ici de 1805 à 1807, avant d'aller loger au n° 12 de la même rue. Il venait de la rue de l'Université, oiseau sur la branche et sans nid.

La maison est traversée par un passage à la rue Montpensier ; l'inscription qui lui donne le nom de passage Richelieu est superposée à celle du passage de Bretagne ; ce dernier nom lui venait de l'hôtel de Bretagne, situé tout en face, de l'autre côté de la rue, au n° 23 *bis*.

11

No 20. — Cette maison fut bâtie en 1659 par un M. Lenormand, à qui succéda M. Perrot en 1670; elle appartenait en 1750 par moitié aux héritiers Perrot, Perot ou Perault, et à la famille Narbonne. Le propriétaire et l'habitant de 1772 à 1783 était M. Bourboulon, qui, de petit clerc de notaire, était devenu premier commis des finances sous l'abbé Terray en 1770; secrétaire ordinaire de Monsieur comte d'Artois en 1772; trésorier général de Madame comtesse d'Artois en 1774; conseiller ordinaire de Monsieur comte d'Artois en 1775, puis son trésorier général; il acquit, en la même année, la survivance d'une charge d'intendant et contrôleur général de l'argenterie, menus plaisirs et affaires du Roi, appartenant à M. L'Escureuil de la Touche; mais cette charge fut supprimée avec beaucoup d'autres par Necker. M. Bourboulon écrivit une critique très vive du fameux compte rendu par lequel le ministre genevois soumettait pour la première fois à la nation l'exposé des finances de l'État; on a prétendu que le comte de Provence avait coopéré à cet ouvrage, dû à « l'intendant de ses « finances ». Mais M. Bourboulon n'appartint jamais à la maison du comte de Provence; la conséquence tombe donc avec ses prémisses. C'est là une des erreurs ordinaires de ces recueils d'anecdotes hasardeuses qui s'appellent *Correspondance secrète, Mémoires secrets*, etc., et qui ne doivent être consultés qu'avec une extrême circonspection.

M. Bourboulon, traqué, vilipendé, insulté publiquement par la populace dévouée à Necker, finit par faire banqueroute en 1787, laissant un passif de quatre à cinq millions; ce sont les *Mémoires secrets* qui le disent. Il est certain qu'en 1788 M. Bourboulon avait cessé d'appartenir à la maison du comte et de la comtesse d'Artois.

Il avait quitté la maison de la rue Richelieu depuis 1784, pour habiter la Chaussée-d'Antin.

No 22. — Appartenait en 1669 à un M. Picault qui la légua en 1676 à l'Hôtel-Dieu et à l'Hôpital Général de Paris. L'Hôtel-Dieu, ayant revendu cette maison au président Henault en 1710, n'en a pas gardé le dossier dans ses archives. Le président posséda trois maisons de ce côté de la rue ; elles en forment quatre aujourd'hui, numérotées 22, 42-44 et 48.

Nᵒ 24. — Fut construite en 1658 par Alexandre de L'Espine, juré du roi ès œuvres de maçonnerie, frère cadet ou fils aîné de Simon de L'Espine, de qui j'ai déjà parlé sous le nᵒ 14. Après sa mort la maison appartint pour un quart à l'un de ses fils, à une Mᵐᵉ Le Clerc pour moitié, et le dernier quart : à un sieur Cosson pour deux douzièmes, et à M. Mouffle pour un douzième (1715 à 1720).

Les Mouffle étaient une vieille famille de magistrature et de notariat.

Le sieur Soldato, l'hôte de Sacchini, vint habiter ici de 1797 à 1806.

Nᵒ 26. — La maison de Pradines, l'une des trois plus anciennes de la rue Richelieu. Beaurain constate qu'elle était déjà bâtie en 1643. Bernard de Pradines était en 1607 secrétaire de la chambre du roi Henri IV et chargé des affaires de Mᵐᵉ la comtesse de Sault. (Cabinet des titres.) Il eut de sa femme Anne Bizet un fils nommé Charles, qui fut le constructeur de la maison dont il s'agit, et probablement le frère du Père de Pradines, confesseur des enfants de France au temps du cardinal de Richelieu. Charles de Pradines eut un fils, Charles-Joseph, seigneur de Champotras et les Prés par Ronoy-en-Brie, qui fit reconnaître sa noblesse en 1698, au bureau de la rue de Tournon (Cab. des mss.)

En 1685, la maison de Pradines fut acquise par messire Gaspard Brayer, reçu conseiller en la troisième chambre des enquêtes du Parlement le 14 février 1675, et conseiller de la Grand'Chambre en 1711 ; il mourut doyen de cette compagnie, dans sa maison de la rue de Richelieu en 1730, après avoir siégé cinquante-cinq ans. Sa fille cadette avait épousé le marquis de Ponteaux-sous-Montreuil; elle mourut le 5 mai 1758, à quarante-six ans. Sa fille aînée était la femme de Jean-Baptiste Bochart de Saron, conseiller au Parlement, dont elle était veuve lorsqu'elle mourut le 5 mai 1770, à soixante-deux ans. La maison de la rue

Richelieu appartint alors à leur fils Mgr Jean-Baptiste Gaspard seigneur de Saron, président à la Grand'Chambre du Parlement de Paris, reçu le 20 mai 1755, mari d'Angélique-Françoise-Rosalie d'Aguesseau. Né à Paris le 16 janvier 1730, le président Bochart de Saron eut l'honneur mortel d'être le dernier des premiers présidents du Parlement de Paris. Nommé le 6 février 1789, il périt à l'âge de soixante-quatre ans sur l'échafaud révolutionnaire, le 20 avril 1794, avec ses collègues les présidents Mathieu Molé, Le Pelletier de Rosambo, Le Febvre d'Ormesson, et presque tous les anciens conseillers de la Grand'Chambre. Cet intègre magistrat était un savant mathématicien, et avait été reçu en 1779 membre de l'Académie des Sciences. Il avait publié à ses frais, en 1784, la *Théorie des mouvements elliptiques et de la figure de la terre,* de Laplace. La Révolution lui devait bien l'échafaud de Lavoisier. Une rue de Paris, percée entre l'avenue Trudaine et le boulevard Rochechouart en vertu d'une décision ministérielle du 29 mai 1821, porte le nom vénérable du président Bochart de Saron.

Les héritiers du président Bochart de Saron étaient le comte et le vicomte de Menou, issus du mariage de Louis-Victoire de Menou, colonel d'infanterie, avec Marie-Jeanne-Pauline-Rosalie Bochart, fille du premier président.

En prenant possession de l'hôtel des premiers présidents au Palais de Justice, le président Bochart de Saron se défit de sa maison de la rue Richelieu, qui fut acquise le 24 août 1789 par Mlle Marie-Jeanne Bertin, fille majeure, modiste de la reine Marie-Antoinette. Mlle Bertin avait habité jusque-là le no 10 actuel, attenant au Palais-Royal.

La devanture de sa boutique avec ses trois arcades à la romaine, style Louis XVI, a été conservée par la gravure, bien qu'elle n'offrît rien qui puisse nous sembler remarquable.

Elle mourut vers la fin de 1809 ou au commencement de 1810 ; laissant pour héritiers deux frères, qui vendirent la maison le 6 mars 1810. A la suite de diverses transmissions dépourvues d'intérêt, cette maison devint, le 11 décembre 1823, la propriété de Charles-Gabriel Potier, le célèbre comédien des Variétés et de la Porte Saint-Martin. Elle fut licitée le 23 février 1867, entre les héritiers de Madeleine-Jeanne Blaudain, veuve de Charles-Gabriel Potier, morte le 29 octobre 1866, en son domicile boulevard du Prince-Eugène, nº 70. parmi lesquels on trouve les noms de M. Henry Potier, professeur au Conservatoire, et de Mme Honorine Denis, femme de Charles-Marie Montgobert, veuve en premières noces de Ferdinand Laloue, enfants et petits-enfants du grand comédien.

C'est au rez-de-chaussée de cette vaste maison qu'était établi, en l'an VI, le glacier italien Garchi, que nous retrouverons plus loin au nº 112. La vogue de Garchi précéda celle de Velloni et de Tortoni. Les amateurs, qui s'y rendaient au retour de la promenade ou du spectacle, s'y réunissaient dans une « salle nue, sans draperies, sans peintures, sans bas-« reliefs, mais élégante et haute, ornée de grandes glaces « encastrées dans des panneaux de bois orangé d'un beau « vernis avec des chambranles bleu céleste, éclairée par des « lampes de cristal de roche. » (Goncourt, *Directoire,* p. 224.) On s'y asseyait sur des chaises étrusques autour de tables d'acajou.

Garchi était royaliste; il avait été blessé en combattant dans la journée du 13 vendémiaire, contre les troupes de la Convention. Ce fait d'armes, qui lui valait une clientelle aristocratique, ne laissa pas que de lui attirer en revanche une fâcheuse aventure. Dans la soirée du 26 nivôse an VI (15 janvier 1798), une dizaine d'hommes armés envahirent le café Garchi, brisèrent les tables, les glaces, les quinquets, les cristaux, volèrent l'argenterie, blessèrent le colonel Fournier, aide de camp du général Augereau, et assommèrent le marquis de Rochechouart.

Ce fut un événement dans Paris; le général Bonaparte envoya un de ses officiers dans la soirée pour constater les faits. (*Détail très exact du massacre qui a eu lieu la nuit dernière, etc.* Se trouve rue Cherubini, nº 11, et chez la citoyenne Malherbe, au Palais-Égalité. Bibl. nat., LK7, 7539.) Dans la séance de Cinq-Cents du lendemain (16 janvier), le député Béraut, du Rhône, proposa et fit adopter l'envoi d'un message au Directoire, pour l'inviter à rechercher et à punir les auteurs de cette échauffourée, qui coïncidait avec un attentat bien autrement grave dont l'envoyé du Dey d'Alger, nommé Abu-Kaya, venait d'être victime six jours auparavant· (Voyez ci-après au nº 87.) Les choses en restèrent là.

Peu de temps après, Garchi quitta le nº 26 de la rue Richelieu pour s'installer, en 1798, dans l'hôtel Le Couteulx, au coin du boulevard, qu'il avait acheté le 22 brumaire an V (12 novembre 1796).

L'hôtel de Londres et la grande Taverne de Londres furent, à ce même nº 26, la double création du restaurateur Beauvilliers, ancien officier de bouche du comte de Provence et « attaché aux extraordinaires des maisons royales ». C'est à Beauvilliers que revient le mérite d'avoir initié le public parisien aux produits de la cuisine anglaise, ainsi qu'il s'en fait gloire dans la préface de *L'Art du Cuisinier* (Paris, 1814), dédié à l'illustre marquis de la Voppalière. J'ignore si la cuisine de Beauvilliers répondait aux prétentions de son chef : tout ce que je sais, c'est qu'elle était singulièrement plantureuse; un menu de vingt couverts, rédigé par Beauvilliers, ne comporte pas moins de dix entrées, outre les potages et les relevés, quatre plats de rôti et douze entremets, sans compter les desserts et les hors-d'œuvre. Ces amas de victuailles n'effrayaient pas l'estomac complaisant de nos grands-pères, et l'on s'assure, en consultant quelques ouvrages du commencement de ce siècle, entre autres les *Souvenirs* de Kotzebuë, que les repas de restaurateurs étaient de véritables festins de Gargantua.

Beauvilliers mourut vers 1815. Le tableau alphabétique des hôtels garnis de Paris, publié pour l'année 1817 par F.-V. Goblet, premier commis au bureau des hôtels garnis à la Préfecture de Police, enregistre la « Taverne de Londres, « tenue par M. Gauthier, fils adoptif et successeur de feu « Beauvilliers, *Aux soupirs de Momus !* »

Le passage qui conduit du nº 26 de la rue Richelieu au nº 23 de la rue Montpensier s'appela longtemps le passage Beauvilliers; il prit le nom de passage Potier aux environs de 1830.

Nº 28. — La maison de M. Le Roy de La Sanguinière, qu'il ne faut pas confondre avec M. Le Roy du XVIIIᵉ siècle, l'aïeul de MM. de Palluel, propriétaires du nº 40, était construite dès 1643 et se trouvait contiguë à celle de M. de Pradines. Je ne sais qui était ce contemporain du cardinal de Richelieu, non plus que Mmes de Villeblain et de Saint-Martin, qui paraissent en cette maison sous les dates de 1703 et 1705, et que remplaça en 1719 M. Dartaguiette.

Celui-ci m'est beaucoup plus connu; j'ai même vu sa signature sur divers actes et je puis écrire correctement son nom, souvent corrompu en Dartaguette ou d'Artaguette.

Il paraît qu'au XVIIIᵉ siècle comme de nos jours, les Basques émigraient volontiers en Amérique et qu'ils y réussissaient quelquefois. Tel fut le parti que prirent au moins deux des fils de Jean-Baptiste Dartaguiette, baron Daguerre, marquis de La Mothe' Sainte-Heraye, secretaire du roi, syndic général des États de Navarre, époux de Marie Diron. Le cadet, N. Dartaguiette, fut, au dire d'une note du Cabinet des titres, commandant des Illinois en Amérique, tué et défait « par les Chicacos ou sauvages du Chic, le 1ᵉʳ avril 1736, « aux sources de la Mobile, à l'orient du fleuve Mis« sissipi ».

Mais l'aîné, plus heureux, revint de bonne heure en France avec une fortune énorme, dont il plaça une grande partie en acquisitions immobilières tout autour du Palais-Royal. Il s'appelait Jean-Baptiste-Martin de La Hette Dartaguiette Diron, écuyer, et il acheta une charge de receveur général des finances de la généralité d'Auch. Il posséda les terrains originairement attribués à M. Paparel dans le périmètre du Palais-Cardinal, l'hôtel de La Roche-Guyon rue des Bons-Enfants, et enfin la maison de la rue Richelieu, aujourd'hui nº 28, qu'il habita au moins de 1721 à 1741. Il épousa le 5 juillet 1729 Marie-Victoire, fille de Jean-Baptiste Gaillard de la Vacherie, capitaine au régiment du Roi, chambellan du duc de Berry, gouverneur de la citadelle d'Arras, et de Marie-Charlotte Herault, fille de René Herault, qui fut lieutenant de police de 1725 à 1740. J.-B.-M. Dartaguiette mourut avant le 25 mai 1754, son héritage ayant été partagé à cette date, devant Mᵉ Brochart, notaire, entre ses deux filles, Reine ou Renée-Jeanne-Charlotte, née le 26 avril 1730, mariée en 1750 à Charles-Louis de Carvoisin, comte d'Achy, mort maréchal de camp le 25 mars 1784, à soixante-quinze ans; et Jeanne-Marie-Victoire, née le 26 juillet 1731, mariée le 16 mai 1750 à Louis-Nicolas, marquis de Perusse d'Escars[1], né le 28 septembre 1719, chevalier de Malte, colonel du régiment d'Escars réformé, puis l'un des seize colonels des grenadiers de France, colonel du régiment de Normandie en 1753; brigadier le 1er février 1759; lieutenant général, mort en Westphalie au mois de novembre 1795, ayant fait la campagne de 1792 avec les émigrés de l'armée de Condé

Nᵒ 30. — Cette maison appartint en 1687 au sr Moriseau ou Maurisseau, puis en 1718 à M. Nouveau, qui était un secrétaire du roi nouvellement reçu; Barthélemy-Jean Nouveau ne portait que depuis 1719 le titre de conseiller secrétaire du roi, maison, couronne de France et de ses finances. M. Despere ou Despers, qui lui succéda soixante ans plus tard, était le syndic des perruquiers de Paris.

Un hôtel garni occupa la maison pendant quarante années, sous le nom d'hôtel d'Orléans d'abord, puis de Montpellier, puis de Nantes. Cette dernière désignation lui fut apportée en 1810 par le propriétaire de cet ancien hôtel de Nantes dont un corps de logis démantelé subsista jusqu'en 1852 au milieu de la place du Carrousel, comme pour donner l'ancien alignement de la rue Saint-Nicaise.

Nᵒ 32. — Les familles Dionis et Perrier, propriétaires depuis 1658 des maisons nᵒˢ 32 et 34, appartenaient à la plus vieille bourgeoisie parisienne. La famille Dionis s'éleva par le notariat à la magistrature; elle compte diverses illustrations, parmi lesquelles : Pierre Dionis, célèbre chirurgien, professeur d'anatomie au Jardin du Roi, premier chirurgien de la Reine, mort en 1718; Étienne-Achille Dionis du Séjour, conseiller à la Cour des Aides, historien de cette compa-

---

1. Un nombre incalculable de titres remontant très haut écrivent toujours d'Escars cette branche de la famille de Perusse; j'ignore pourquoi ses descendants ont adopté l'orthographe Des Cars, qui est toute nouvelle.

gnie; Achille-Baptiste, son fils, géomètre, membre de l'Académie des Sciences de 1734 à 1794; enfin, M. Dionis du Séjour, conseiller au Parlement de Paris, fut député de Paris à l'Assemblée Constituante en 1789 et juge élu à Paris le 30 novembre 1790. Le nom de Dionis du Séjour est encore porté par un architecte parisien, et je crois qu'il subsiste d'autres membres de cette ancienne et honorable famille.

Les Perrier sont moins connus, et si je sais qu'Anne Dionis épousa, vers la fin du XVIIe siècle, un marchand de draps du quartier Saint-Denis, appelé N. Perrier, je ne le dois qu'à mes études sur Moliere et au singulier hasard qui fait que, pendant plus de cent ans, les héritiers d'Anne Dionis, veuve Perrier, avaient possédé, comme Anne Dionis elle-même, l'antique Jeu de Paume des Mestayers, où Moliere fonda l'Illustre Théâtre en 1643.

Le *Livre Commode* d'Abraham du Pradel indique, à la date de 1698, Mme veuve Dionis, entrepreneur de menuiserie à la Porte Richelieu. Elle s'appelait Anne Baudin, veuve de Pierre Dionis, menuisier ordinaire des bâtiments du Roi dès 1665.

No 34. — Cette maison a les mêmes origines que la précédente, à partir de 1658. Elle appartenait en 1780, d'après la légende du fief Popin au Cabinet des Estampes, à M. Ratgras, qui exerçait, en 1772, les fonctions de contrôleur contre-garde du directeur de la Monnaie de Paris. La maison fut possédée en 1827 par M. Hulot, qui laissa libre la communication par sa porte cochère entre la rue Richelieu et la rue Montpensier; c'est le passage Hulot, ouvert seulement depuis 1827 et non depuis 1787, comme le dictionnaire de MM. Lazare frères l'imprime par erreur.

C'est sur cette maison des Dionis et des Perrier que subsiste la plaque faussement indicatrice de la mort de Moliere.

No 36. — MAISON DES CORNEILLES, PEINTRES DU ROI. — Michel Corneille Ier, né à Orléans, vers 1603, l'un des douze anciens qui formèrent l'Académie de Peinture le 1er février 1648, recteur le 7 octobre 1656, avait épousé le 4 février 1636 Marguerite Grégoire, fille de Michel Grégoire,

apothicaire, et sœur de Marie Grégoire, mariée depuis le
26 octobre 1631 à Jacques Sarrazin, sculpteur du roi. Michel
Corneille habitait depuis longtemps la butte Saint-Roch,
d'abord rue Neuve-Saint-Roch, puis rue Neuve-des-Bouche-
ries, puis rue Traversine, Traversante et Traversière, lorsqu'il fit bâtir en 1658 sa maison de la rue Richelieu,
sur le terrain qu'il venait d'acheter, en même temps que
les frères Marsy et le tailleur Baudelet achetaient celui
des maisons nos 38 et 40. (Voir ci-dessus, p. 30.) Michel
Corneille mourut rue Richelieu le 13 juin 1664, à soixante et
un ans. Il avait eu dix enfants; son premier fils, Michel,
qui mourut jeune, avait été présenté au baptême le 14 juillet
1640 par son grand-père Michel Grégoire et par Marie-
Radegonde Beranger, femme de Simon Vouet, fille de Philippe Beranger, procureur au Châtelet, et nièce de Jeanne
Beranger, laquelle avait épousé Pierre Bejart, procureur au
Châtelet, frère de Joseph Bejart et oncle par alliance de
Moliere. M. Jal a cru que Joseph Bejart s'était marié deux
fois; c'est une erreur. Jeanne Beranger vivait encore en 1643,
ayant été marraine le 7 juin, avec Jacques Sarrazin, d'un enfant de Simon Vouet. (Ext. des registres de Saint-Germain-
l'Auxerrois, recueillis par M. Herluison.) Le Pierre Bejart
qui se fiança le 28 mai 1620 à Marie Loyt est un fils du premier Pierre Bejart et de Jeanne Beranger, mariés en 1608.

Marguerite Grégoire, devenue veuve de Michel Corneille,
loua sa maison à Mollier, le musicien-danseur, qui l'occupa
avec sa fille et son gendre Itier de 1662 à 1676, et s'y trouva
par conséquent, du 1er octobre 1672 au 13 février 1673, le très
proche voisin du grand Moliere.

Michel, l'aîné des enfants de Michel Ier Corneille, peintre
et académicien comme son père, habitait les Gobelins, où il
mourut le 16 août 1706, à soixante-six ans. Son frère cadet,
Jean-Baptiste, né le 2 décembre 1649, peintre ordinaire du
Roi, gendre de P. Mariette, vint habiter la maison de la rue
Richelieu après 1679, sa mère sans doute étant morte, et
lui-même y décéda le 12 avril 1695, à l'âge de quarante-
six ans.

Dans cette maison se trouvait en 1847 le cabinet du célèbre dentiste Désirabode.

No 38. — C'est la maison des frères Marsy ou de Marsy, les sculpteurs du roi, à la postérité desquels paraît se rattacher M. le comte de Marsy, le savant archéologue de Compiègne, mon collègue à la Société de l'Histoire de Paris.

L'œuvre des frères Marsy, l'honneur de la grande école française du XVIIe siècle, est très considérable; il me suffit de citer ici le groupe de *Latone,* en marbre blanc; le groupe de *Bacchus* en plomb, et surtout le troisième groupe des *Coursiers du Soleil,* dans les *Bains d'Apollon,* ouvrages admirables qui comptent parmi les plus importants du parc de Versailles.

J'ai dit (page 29) que les frères Marsy possédaient deux maisons joignantes faisant l'encoignure du fossé de la ville et de la rue Richelieu; j'en parlerai au no 87, dont elles occupaient l'emplacement. Mais je dois placer ici quelques détails intéressants que les archives du no 87 me fournissent sur la maison no 38.

Les deux frères Marsy, propriétaires de la maison no 38, moururent à trois jours de distance : Gaspard Ier, sculpteur et architecte juré bourgeois, le 13 mai 1674, chez son gendre Rahault, marchand de soie, rue des Prouvaires; et Balthazar, sculpteur, le 16 du même mois, dans sa maison de la rue Saint-Marc, proche la porte Montmartre.

Gaspard laissait deux enfants : Gaspard II, sculpteur comme son père, qui mourut recteur de l'Académie royale de Sculpture, le 20 décembre 1681, rue Frementeau, dans une dépendance du Louvre, et Marie-Thérèse de Marsy, femme d'Alexandre Rahault.

Gaspard II laissa pour unique héritier Claude-Balthazar de Marsy, avocat au Parlement, qui paraît s'être mêlé d'affaires financières. Je le trouve taxé pour 20,000 livres par la Chambre de justice au rôle du 19 décembre 1716, dit « le gras, », parce qu'il s'élevait à une forte somme (17,127,481 livres).

Une sentence de licitation fut rendue par le Châtelet le 4 juillet 1705, entre Claude-Balthazar de Marsy, seul héritier de son père Gaspard II et héritier pour un sixième de Marie-Thérèse de Marsy, sa tante, et les cohéritiers de celle-ci.

Il y est rappelé, dans la description de la maison du Palais-Royal (n° 38), que du côté gauche de la cour « est « un puits mitoyen sur la maison voisine appartenant au « sieur Baudelet », ce qui corrobore surabondamment mes précédentes investigations à ce sujet.

Le cahier des charges de la licitation contient l'article suivant :

« L'adjudicataire ne pourra prétendre que les vendeurs le « fassent jouir de l'escalier qui sert à descendre dans le « jardin du Palais-Royal, attendu qu'ils n'en jouissent que « par souffrance. »

Cette stipulation détermine le caractère du droit de passage dont jouissaient les riverains du jardin royal, et elle explique la réserve analogue formulée par M. et Mme Le Roy, pour la maison n° 40, dans le bail de l'hôtel de Chartres. (Voir p. 69 et 70.)

Il n'existe plus aucune trace de l'ancien passage du n° 38.

Les maisons furent adjugées à Claude-Balthazar de Marsy, quoique le Terrier royal les attribue à Alexandre Rahault, qu'il appelle Raoult.

La maison n° 38 était en 1765, comme on l'a déjà vu, possédée par M. Miotte de Ravanne, grand maître des eaux et forêts. Aux mêmes dates, l'autre maison des Marsy à la porte Richelieu appartenait à une dame Anne-Catherine Miotte, veuve Hatte, qui paraît avoir été la sœur de M. de Ravanne. (Voir ci-après le n° 85.)

Les almanachs de 1805 et 1806 indiquent, sous le n° 1255 de la section de la Butte-des-Moulins et sous le n° 38 actuel, l'hôtel et le passage Breton. L'almanach de 1820 transporte l'hôtel Breton au passage du café de Foy, c'est-à-dire au n° 46. Après cette dernière mention, l'hôtel Breton disparaît.

N° 40. La maison des Baudelet, où mourut Moliere, formant l'objet essentiel du présent livre, je n'ai rien à en dire de plus. Je dois cependant compléter la filiation de MM. Cretté de Palluel, en rappelant les titres d'un homme éminent qui fut leur aïeul et dont le nom ne saurait

être omis dans un livre qui leur doit tant de reconnaissance.

Le père de M. Alexandre Cretté baron de Palluel, de
qui j'ai parlé p. 38, était François Cretté de Palluel, seigneur
de Palluel, Blaru et Pontgalland, né à Drancy près Paris le
31 mars 1741, député à l'Assemblée provinciale de l'Ile-de-
France le 19 août 1787, juge de paix de Pierrefitte en novembre 1790, député à l'Assemblée nationale législative en
septembre 1791, mort à Dugny le 29 novembre 1798, à cinquante-huit ans. Incarcéré avec son frère et son vieux père
le 27 prairial an II, François de Palluel fut délivré par la
journée du 9 thermidor. Ce fut un des plus savants agro-
nomes de France, et il fit partie à ce titre de la Commission
de l'Agriculture et des Arts. Passionné pour les arts et pour
les vieux monuments de notre histoire, on lui dut, pendant
la Terreur, la conservation du fauteuil de Dagobert.

Je place également ici, comme en son meilleur lieu,
quelques observations qu'impose à ma conscience la mort
aussi prématurée qu'imprévue de mon cher confrère, collègue
et ami Édouard Fournier. Je tiens à ce qu'on sache bien que
les premières feuilles du présent livre étaient imprimées déjà
lorsque l'érudition française fit cette perte douloureuse; je
ne voudrais pas que ma contradiction très nette de ses travaux sur la maison mortuaire de Moliere fût prise pour un
manque d'égards envers sa mémoire. S'il en eût été temps
encore, j'aurais modifié quelques tournures de phrases qui
n'auraient pas blessé l'écrivain vivant et très armé d'ailleurs
pour se défendre, mais qui, publiées aujourd'hui, pourraient
étonner par leur allure polémique, si je n'en donnais l'explication.

Le catalogue de la bibliothèque d'Édouard Fournier annonçait
sous le n° 2076 un « Plan de l'étendue du fief Popin suivant
« l'arrêt du Grand Conseil du 30 septembre 1683, in-16 cart. ».
C'était évidemment le document sur lequel mon regretté
confrère avait appuyé son identification du n° 42 de la rue
Richelieu avec la maison mortuaire de Moliere. Je m'en
suis rendu acquéreur. Ce petit carnet manuscrit de 23 feuil-
lets est fort curieux; il contient la réduction presque micro-
scopique, mais fort exacte, du grand plan conservé aux

Arch. Nat. (Seine, IIIe classe, n° 129) et que j'avais fait co-
pier, il y a trois ans, pour la rédaction de mon propre travail.
En outre, il donne le plan du fief de la Butte à la Ville-Neuve-
sur-Gravois en 1721 (le quartier Bonne-Nouvelle). Il a vraisemblablement servi d'aide-mémoire à un régisseur ou à un
procureur chargé de recouvrer les droits afférents à ces deux
fiefs, car son propriétaire a écrit au revers du cartonnage et
sur le premier feuillet les formules d'ensaisinement à l'usage
tant du seigneur que du vassal.

Le carnet contient en outre l'état des propriétaires, maison par maison, en 1721, avec les changements ultérieurs
dont le plus récent est de 1750; il va donc beaucoup moins
loin que la légende de la copie mss. du grand plan conservée au Cabinet des Estampes; mais, en revanche, il
remonte beaucoup plus haut et indique le nom de presque
tous les propriétaires d'origine; c'est en cela que mon acquisition, que j'ai été très fâché de disputer à la Bibliothèque
Carnavalet, m'a rendu quelque service. Mais ce qui lui
donne surtout un prix particulier, c'est que le carnet contenait une note manuscrite d'Édouard Fournier, que je transcris
textuellement :

« La partie entourée de rouge indique l'emplacement
« exact de la maison, dont Baudelet, tailleur de la Reine,
« était propriétaire depuis quinze ans, quand Molière y
« mourut le 17 février 1673. Cette maison, dédoublée en
« 1705, est aujourd'hui remplacée par celles qui portent
« les n°s 38 et 40, et qui font face à la rue Villedot. »

Je n'ai plus à discuter l'erreur qui fait porter le dédoublement sur les n°s 38 et 40 au lieu des n°s 40 et 42; ce qui
ressort de cette note, c'est qu'Édouard Fournier, abandon-
nant le 42, était en train de se convertir au n° 40, c'est-à-
dire à la vérité.

La conversion n'aurait pu manquer de devenir complète
dans un temps donné, puisque le petit plan manuscrit place
très exactement l'hôtel Crussol au coin gauche de la rue
Villedo et non au coin droit, où Édouard Fournier l'avait placé
dans son travail de 1862.

Je n'ai pas besoin de faire remarquer que l'encadrement au
crayon rouge, qui comprend la maison des frères Marsy et

la maison Baudelet (nᵒˢ 38 et 40), a été tracé après coup, probablement par Édouard Fournier lui-même, afin de circonscrire sur le plan le champ de sa recherche. Je tiens seulement, pour enlever toute consistance à l'hypothèse, absolument sans base, d'un dédoublement de la maison nᵒ 40 en 1705 ou en toute autre année, à rappeler :

1ᵒ Que la parcelle sur laquelle Baudelet fit construire sa maison en 1658 contenait la moitié de 103 toises superficielles, ainsi qu'il résulte du contrat passé devant De Vaulx et Daubanton, notaires, le 9 février 1658, soit 51 toises et demie de superficie (196 m. c.) ;

2ᵒ Que le carnet ms. provenant de la bibliothèque d'Édouard Fournier indique exactement (fᵒ 3) cette même superficie de 51 toises et demie comme subsistante en 1721 ;

3ᵒ Que l'ordonnance du bureau des finances du 7 avril 1767, qui autorisa la reconstruction de l'ancienne maison Baudelet, donne l'alignement pour la réédification « sur les « anciens vestiges » ; la façade étant de 36 pieds, sur 8 toises 3 pieds 9 pouces de profondeur, reproduit la contenance originaire de 196 mètres, moins 28 pieds carrés (environ 3 mètres carrés), résultant d'une évaluation en moins d'un pied sur la façade (35 pieds au lieu de 6 toises);

4ᵒ Que le mesurage sur le terrain donne exactement, à l'heure où nous écrivons, la façade de 35 pieds (11 mètres 18) indiquée par l'ordonnance de 1767, sur une profondeur de 17 mètres 25, qui, multipliées l'une par l'autre, donnent 195 mètres et une légère fraction.

Ainsi, la contenance de la propriété des Baudelet n'a pas varié d'une toise carrée depuis deux cent vingt-trois ans. Bien entendu que les différences infinitésimales que présentent les divers toisés résultent de petites erreurs inévitables dans ce genre d'opérations, mais dépourvues d'importance, puisqu'elles n'affectent pas le résultat général.

J'ai dit, à la page 37, que M. Le Roy avait cédé en 1773 son office de receveur de la capitation des corps et communautés, arts et métiers de la Ville de Paris, à M. Collart du Tilleul. J'ajoute que ce dernier était entré dans l'administration avec M. de Sartines en 1759, en qualité de premier commis de la lieutenance générale de police, chargé du bureau du commerce, manufactures, agents de change, loterie, religionnaires, nouveaux convertis et dépenses secrètes. Ses bureaux furent successivement établis rue Saint-Pierre-Montmartre, rue de la Sourdière, boulevard Montmartre, et rue Chabannais. Il continua ses fonctions sous M. Le Noir, successeur de M. de Sartines, et se retira en 1784. M. Jules Dutilleul était employé dans ce bureau et y resta, après la retraite de son père, jusqu'en 1789, sous M. de Crosne, le dernier en titre des lieutenants généraux de police. Il devint en 1793 chef de la septième section de la Commission de liquidation de la Dette publique établie place des Piques, n° 18 (place Vendôme, n° 13), sous la direction de M. Louis-Valentin Denormandie.

Au moment où s'achevait la rédaction de ces notes, la maison où mourut Moliere, mise en vente en la Chambre des notaires, a été achetée le samedi 12 juillet 1881, sur la mise à prix de 400,000 francs, par la Compagnie d'assurances sur la vie *La Foncière*.

Nos 42 et 44. — J'ai consacré un chapitre spécial à ces deux maisons (pages 40 à 47.), et j'ai prouvé qu'autrefois elles n'en faisaient qu'une. Il me reste à ajouter qu'il en est de même aujourd'hui, non plus quant à la propriété, mais quant à l'habitation, car MM. Bonamy et Ducher, tailleurs, occupent de plain-pied le premier étage des deux maisons, avec jouissance des escaliers aboutissant respectivement aux portes bâtardes nos 42 et 44.

Je complète par un court résumé biographique ce que j'ai dit du peintre Tourniere, ancien locataire de cette maison, contemporainement à la fondation du café Foix.

Robert Le Vrac Tourniere, né à Caen vers 1688, élève de frère Lucas de La Haye, de l'ordre des Carmes, et de Bon Boulogne, fut reçu à l'Académie royale de Peinture le 24 mars 1702 (il avait donc quatorze ans?), comme peintre de portraits, sur ceux des peintres Monier et Michel Corneille, qui sont aujourd'hui à l'École des Beaux-Arts, et comme peintre d'histoire le 24 octobre 1716 (*alias* 26 mai 1714), sur la présentation de sa *Dibutade,* qui appartient au Musée du Louvre (n° 580). Il fut adjoint à son professeur

puis le 28 septembre 1725 jusqu'à 1751. Retiré dans sa ville
natale, il y mourut le 16 mai 1752 (et non le 18, comme
le dit le livret du Musée), âgé de quatre-vingt-quatre ans.
Son portrait, peint par Pierre Le Sueur pour son morceau
de réception, le 30 septembre 1747, est au Musée de Versailles.

No 46. — Cette maison appartint d'abord à un sieur
Inard ou Juard, de qui je ne sais rien. Elle était en 1699 à
Pierre Monnerot, doyen des conseillers du Châtelet de Paris,
où il siégeait depuis 1661, et qui habitait la rue Sainte-
Anne, à la butte Saint-Roch. Pierre Monnerot, propriétaire
et seigneur de la terre de Sèves ou Sevres, près Saint-Cloud,
après son père Monnerot l'aîné, de qui Sauval a dit qu' « il
« s'étoit joué de l'eau à Sève avec plus d'artifice que les
« Romains n'ont fait à Tivoli et à Frascati », était fils de
Pierre Monnerot, receveur général d'Orléans, de qui je
parlerai plus amplement, ainsi que de sa famille, sous les
nos 68 et suivants, et de Marguerite Laugeois. Notre Pierre
Monnerot mourut en août 1707, sans avoir été marié. Ses
héritiers bénéficiaires, qui durent être sa sœur Marguerite
Monnerot et le mari de celle-ci, Bernardin Cadot, marquis
de Sebeville, neveu du maréchal de Bellefonds, vendirent la
maison de la rue Richelieu le 28 février 1729, par contrat
passé devant Me Fortier, le notaire d'en face (nb 53 d'aujourd'hui), à Toussaint Fouchet et Jeanne Bedoré, sa femme,
qui la laissèrent à leur fils Robert-Toussaint Fouchet, écuyer,
secrétaire du roi, président-trésorier de France au bureau
des finances de la généralité de Montauban. Elle fut licitée
sur la succession du président Fouchet, et adjugée, par sentence du Châtelet, le 18 août 1770, à Denis-Jean Duchauffour, premier commis des finances, représentant Pierre-
Antoine Jousserand et Marie-Élisabeth Dupuis, son épouse,
propriétaires du café de Foix. M. et Mme Jousserand se défirent
de la maison par acte devant Grard, notaire, le 4 août 1788.
Elle fut ensuite possédée par divers, entre autres par Mme Ana-
tole-Louise-Marie Eudes de Mirville, épouse séparée quant
aux biens de M. Jacques Duval, comte d'Espremenil, colonel
de cavalerie, né le 30 mai 1770, fils de Jacques Duval

12

d'Espremenil, avocat au Châtelet, et de Marie-Madeleine Devaux. L'acquisition de Mme d'Espremenil date du 21 février 1824.

Barbe-Rose Courtois, veuve de Jean-Henri Nadermann (ces noms manquent à l'article Nadermann du dictionnaire de Fétis), fut, de 1805 à 1831, locataire d'une partie de cette maison, où elle tenait un magasin de musique et de harpes fabriquées par ses fils, les célèbres facteurs et virtuoses François-Joseph et Henri Nadermann, qui furent l'un et l'autre harpistes de la musique du Roi et professeurs au Conservatoire.

Avant de venir prendre rue Richelieu le local laissé disponible par la transplantation du café de Foix sous les arcades du Palais-Royal, la maison Nadermann était établie rue d'Argenteuil, à la butte Saint-Roch. Jean-Henri Nadermann, luthier ordinaire de la Dauphine qui devint la Reine, outre l'exécution de deux harpes, l'une en cuivre, l'autre en argent, qui eurent le plus heureux succès, avait inventé vers 1778 une nouvelle « guitarde de Vankecke » (sic), qui permettait de moduler dans tous les tons, c'est-à-dire de transposer « au « moyen d'une méchanique placée dans le manche ». L'annonce que j'ai sous les yeux fait remarquer que « l'on ne « s'étoit point encore avisé, avant l'Auteur, d'aller chercher « des demi-tons hors du seillet ».

Arrivons au Café de Foix. J'ai déjà dit qu'il apparaît à l'Almanach royal de 1713 avec l'adresse du peintre Robert Tourniere, ainsi libellée : « joignant M. Foix, limonadier ». Le petit carnet ms du fief Popin indique comme acquéreur immédiat des Monnerot en 1709 un sieur Foühet. Or, le nom « Foühet » reproduit exactement la prononciation du nom « Foix » suivant l'usage de cette époque-là. (Voyez la règle de Regnier Desmarest, qui consiste à prononcer en général l'oi par oè comme dans foy, Traité de la Grammaire française, p. 44.) Plus tard, dans une sentence du Châtelet de Paris du 31 août 1765, je retrouve le Café de Foy appelé le « caffé de Foühet ». Je ne veux pas induire de là que le fondateur du café de Foix s'appelât réellement Foühet, mais seulement qu'on le nommait ainsi communément; et comme il se trouve inscrit en qualité du propriétaire en 1709, quoiqu'il ne l'ait jamais été, l'acquéreur de la succession Monnerot s'appelant Fouchet et non Foühet, j'en conclus que le rédacteur du carnet a confondu les noms presque semblables du propriétaire et du locataire, ce qui semblerait une preuve assez forte que le café de Foix, ainsi désigné par l'autorité supérieure de l'Almanach royal de 1713, existait dès 1709 et sans doute quelque peu devant. Le petit carnet ne fait d'ailleurs que reproduire le nom de Fouhet, donné comme celui du propriétaire de la maison par les aveux et dénombrements de 1711, 1721 et 1744 (Arch. Nat., Archev. S. 1121). Mais j'arrête ici cette démonstration, devenue superflue par suite de la trouvaille que je fis dans la riche bibliothèque parisienne de mon collègue et ami M. Romain Boullenger, quelques jours avant la mort prématurée de ce jeune érudit. Le supplément (rarissime) aux *Tablettes royales de renommée et d'indication* pour le premier trimestre (1778?), in-8º, sans date et sans nom d'éditeur ni d'imprimeur, contient à la page 44, 1ʳᵉ colonne, la note suivante : « *Jousseran,* rue de Richelieu, au Café de Foi ; ce « Café, un des plus anciens de cette capitale, établi en 1700, « est aussi un des plus renommés pour le bon café, les glaces « et limonades. On ne joue communément dans ce Café « ni aux dames ni aux échecs, mais nombre d'Officiers et de « Financiers qui s'y réunissent, après la promenade, pour y « discuter sur les affaires politiques et les nouvelles du jour, « rendent ce lieu très agréable et très amusant. »

Ainsi, le café Foix, Foy ou Fouhet date de 1700, c'est-à-dire du temps où le conseiller Pierre Monnerot était propriétaire de la maison, et il n'y a plus lieu de s'arrêter à la similitude du nom de Foühet avec celui de M. Toussaint Fouchet qui, après Pierre Monnerot, posséda la maison dont le café Foix n'occupait qu'une faible partie, ainsi que cela est établi par la sentence du Châtelet de Paris des 18 août 1770 et 7 décembre 1771 (Arch. Nat. Y. 2869), qui contient une description ainsi conçue : « Une grande maison appelée vulgairement le « caffé de la Foy, rue de Richelieu, donnant sur le jardin du « Palais-Royal, ayant porte cochère, boutique et arrière- « boutique de chaque côté de ladite porte ; appartement de « six pièces de plain-pied aux premier, second et troisième

« étages, ornez de boiseries et glaces ; chambres de domes-
« tiques au quatrième ; un grenier au-dessus ; belles caves
« sous ladite maison ; cour, puits et autres aisances ; louée
« le total 6,335 livres, tenant d'un côté à la maison de M. le
« président Ennaud (lisez Henault), d'autre à celle de M. le
« marquis Dobter (lisez d'Aubeterre) ; par le derrière sur le Pa-
« lais-Royal ; les boutiques occupées *par un limonadier nommé*
« *le caffé de la Foy* et l'autre par un marchand de toiles. »

J'ai dit que le fondateur du café Foix avait eu un successeur plus ou moins immédiat en 1769, nommé M. Delondres.
M. et Mme Jousserand, successeurs de Delondres, firent
évidemment fortune dans leur commerce, puisqu'ils achetèrent
la maison aux héritiers du président Robert-Toussaint Fouchet en 1770. Lorsque les galeries du Palais-Royal se construisirent en 1784, le café de Foy y descendit ; M. et Mme Jousserand achetèrent les arcades nos 57 à 60, et revendirent
quatre ans plus tard, en 1788, la maison de la rue Richelieu.
Mme Jousserand, qui avait succédé à son mari, au dire de
Girault de Saint-Fargeau, mourut en janvier 1842, laissant
une fortune de cinq millions. L'Almanach du commerce pour
l'an XII donne pour propriétaire du café de Foy M. Cellier,
à qui succéda, vers 1807, M. Philippe-Baltasard-Marin Lenoir,
époux de Marie-Aspasie Jousserand, fille ou petite-fille des
anciens propriétaires du café Foy. Mme veuve Lenoir mourut
le 4 mars 1874, seule dispensatrice, par le prédécès de son
mari, d'une fortune considérable ; elle institua pour sa légataire universelle l'Assistance publique de la Ville de Paris, à
la charge de legs dont le principal était ainsi formulé : « Je
« donne et lègue à l'État, pour le Musée de Louvre, ma collec-
« tion de tabatières, mes émaux anciens, mes miniatures
« anciennes, mes ivoires anciens, mes bijoux anciens, mes
« vieux laques ... à la charge par le Musée de placer ces
« objets d'art, en les laissant dans les vitrines où ils se trou-
« vent, que je donne aussi au Musée, et sans les diviser,
« dans une des galeries du Louvre, avec ces mots pour sus-
« cription : *Don de M. et Mme Philippe Lenoir.* » Le legs a
été accepté ; il comprend deux cent quatre tabatières, trois
émaux, soixante-quatorze miniatures, onze ivoires, soixante-
six bijoux, vingt-trois laques ; admirable collection qui fait

honneur au goût artistique de M. et Mme Philippe Lenoir.

L'ancien café de Foix occupait vraisemblablement la boutique de droite, où est maintenant une brasserie; cela se déduit de l'adresse donnée pour la maison n° 44, au temps où Pierre Tourniere y demeurait « joignant M. Foix, limonadier ».

N° 48. — Le propriétaire indiqué par l'État de 1684 est M. Jean Chebron de Bonnegarde, écuyer, gentilhomme servant chez le Roi, époux de Marie de L'Espine, sœur de Nicolas et fille de Simon. (Voyez plus haut n°s 14 et 24.) M. Chebron de Bonnegarde, constructeur, avec la famille L'Espine, de la rue de la Sourdière, qui fut nommée un instant rue de L'Espine (actes notariés des 16 avril 1666 et 28 mai 1669, faisant partie de mon cabinet), fut le père de : 1° Gilles Chebron, conseiller du roi, élu de Paris, substitut du procureur général de la Chambre des Comptes; 2° Henry Chebron de Bonnegarde, contrôleur général des rentes de l'Hôtel-de-Ville en 1697, et contrôleur du greffe de la Chambre des Comptes en 1727; 3° Barbe-Élisabeth Chebron, femme de Jean Charpentier, conseiller du roi, contrôleur général des rentes de l'Hôtel-de-Ville de Paris; 4° Joseph-Simon Chebron de Bonnegarde, contrôleur général des mêmes rentes; 5° Marie-Anne Chebron, femme de Philippe Delbosc, conseiller du roi, contrôleur général des mêmes rentes, viagères et tontines; 6° Louise Chebron, femme de Pierre Bernier, procureur au Parlement. Je recueille cette filiation dans un dossier, qui m'appartient, d'actes relatifs aux familles L'Espine, Chebron et Charpentier, datés de 1662 à 1699.

En 1715, une Jeanne de L'Espine était la femme de Jean Charpentier, commissaire des guerres, et en 1738 Gilles Charpentier, avocat au Parlement élu de Paris, était l'époux de Marie-Thérèse Chebron.

Nous retrouverons ces trois familles, étroitement alliées, les L'Espine, les Chebron et les Charpentier, aux n°s 23 et 63 de notre rue Richelieu.

Les aveux du fief Popin (Arch. Nat. S. 1121) indiquent comme le successeur de M. Chebron de 1701 à 1711, au n° 48, M. Payen de Montmort, que je trouve, de 1694 à 1727, l'un des douze maîtres d'hôtel ordinaires du Roi, avec survivance en faveur de son neveu Hugues-Florent-Gabriel, marquis de Montmort. Je m'empresse d'ajouter, pour prévenir toute méprise, qu'il ne s'agit pas ici du Montmort chez qui Moliere lut un jour les trois premiers actes de *Tartuffe*, en présence de Chapelain, de Ménage et de l'abbé de Marolles. Cet autre Montmort, cher aux lettres, était Henri-Louis Habert de Montmort, doyen des maîtres des requêtes, reçu membre de l'Académie française en 1635, après ses deux frères Philippe Habert et Germain Habert, abbé de Cerizy. Il était fils de Jean Habert dit le Riche, trésorier de l'extraordinaire des guerres, et frère d'Anne Habert de Montmort, qui, veuve de Charles de Thémines de Lauzières, épousa en secondes noces le maréchal d'Estrées. C'était un homme lent, timide, s'expliquant avec peine (Bibl. Nat., ms fr. 14018); mais infiniment spirituel, adorant les lettres et les sciences, et se plaisant à réunir autour de lui les beaux esprits de ce siècle fertile. Il avait retiré Gassendi dans sa maison, et c'est là que le célèbre philosophe, dont Moliere avait été, dit-on, l'élève, rendit le dernier soupir en 1655. M. de Montmort mourut en 1679, dans un âge très avancé, car il était depuis plus de dix ans le doyen des maîtres des requêtes, laissant une fille mariée à Bernard de Rieux, seigneur de Targis, maître d'hôtel ordinaire du Roi.

Revenons à M. Payen de Montmort, pour dire qu'il vendit sa maison vers 1709 à Jean-Remi Henault, de qui elle passa à son fils le président. Celui-ci la possédait encore en 1770, époque de sa mort, ainsi qu'il résulte de la description du Châtelet citée dans l'article précédent (n° 46).

En 1788, on trouvait dans cette maison l'étude de Me Farmain, notaire, et les bureaux de M. Fauveau, payeur de rentes, de qui je parlerai au n° 39 (hôtel de Bezons).

N° 50. — Cette maison se recommande à l'attention du passant par l'intégrité de sa physionomie architecturale. Deux charmantes consoles encadrant l'imposte en fer forgé de la porte cochère appartiennent à la pleine floraison du style Louis XV. Il n'en fallait pas tant pour stimuler ma curiosité, et, circonstance bien faite pour la redoubler, la tradition locale voulait que Mme Du Barry eût demeuré là. Grâce à l'obligeance de M. Maingot, un modeste mais habile amateur de musique classique, fils de la respectable dame à laquelle la maison appartient aujourd'hui, et qui a bien voulu me communiquer ses titres, j'ai su la vérité.

Le plus ancien propriétaire connu de la maison n° 50 est un notaire appelé Jullien Touchard, mari d'Anne-Marguerite Loir, dont je découvre la parenté dans le recueil de M. Herluison; Anne-Marguerite, née le 17 août 1673, était la fille de l'orfèvre Alexis Loir et de sa femme Marie Madré, et la nièce du peintre Nicolas Loir, l'un des décorateurs du palais des Tuileries, auteur d'un portrait de Molière que j'ai exposé au foyer de la salle Ventadour en 1873. La maison avait été probablement bâtie et vendue par Pierre-Nicolas de L'Espine; du moins, c'est sur la poursuite de cet « architèque », comme on écrivait et prononçait en ce temps-là, que le notaire Touchard fut exproprié par une sentence des requêtes du Palais du 27 février 1697, et adjugée à Nicolas-Édouard-Philybert Olier, conseiller au Grand Conseil, que le Terrier royal appelle le conseiller Aulic, ce qui forme un singulier jeu de mots. Jean-Philibert Olier de Touquin, son fils, devint maître des requêtes en février 1719.

Le conseiller Ollier revendit la maison par contrat devant Mouffle, notaire, le 11 novembre 1700, à la famille Chaperon, de qui elle passa à Espérance-Catherine Chaperon, veuve d'Antoine Pâris, écuyer, commissaire des guerres, l'un des quatre célèbres frères Pâris. Sur licitation entre les héritiers de Mme Chaperon de Paris, la maison fut adjugée par sentence du Châtelet du 8 janvier 1738, insinuée le 10 février suivant, au procureur Jacques Collin, pour le compte de Louise-Madeleine La Motte, épouse séparée quant aux biens de François Poisson de Lucy, officier de feu S. A. R. Mgr le duc d'Orléans, régent du royaume.

Mme Poisson mourut au commencement de 1755. L'inventaire et le partage des biens de sa succession eut lieu pardevant Melin, notaire, le 28 juin de la même année, entre ses deux enfants : Jeanne-Antoinette Poisson, « du- « chesse-marquise de Pompadour, dame de Bresse, La « Rivière et Saint-Cyr, La Roche et autres lieux, épouse « séparée de messire Charles-Guillaume Le Normand, sui-

« vant sentence du Châtelet rendue en la chambre du
« conseil le 15 juin 1745, prononcée le 16, insinuée le 18;
« néanmoins autorisée à la fin des présentes, par acte reçu
« Melin le 5 juin 1755. » J'ai retrouvé aux Archives Nationales (Y 9048) la sentence de séparation, dont l'existence
m'était révélée par les archives notariées de M. Maingot.
Elle ne porte que sur les biens et prononce la liquidation de
la communauté à la requête de l'épouse contre le mari qui
ne se présente pas. On voit que la légende locale contenait
quelque chose de vrai : il faut seulement y substituer le nom
de Mme de Pompadour à celui de Mme du Barry.

La maison n'avait été complètement payée entre les
mains des héritiers Chaperon et Paris que par actes devant
Melin, des 2 juillet 1747 et 22 août 1752; encore est-il dit
dans le premier de ces actes que les 12,000 livres payées à
cette date par François Poisson de Lucy proviennent des
deniers de Jean Paris de Montmartel, comte de Sampigny,
baron de Dagouville, seigneur de Brunoy, etc., frère du
précédent possesseur et parrain de la marquise.

Il est probable que Jeanne-Antoinette Poisson habitait
avec ses parents cette maison de la rue Richelieu lorsqu'elle
épousa, à l'âge de quinze ans, le 19 mars 1741, Charles-
Guillaume Le Normand, seigneur d'Étiolles, chevalier
d'honneur du présidial de Blois, puisque le mariage fut
célébré à Saint-Eustache, d'où relevait ce côté de rue; le
marié demeurant alors rue Saint-Honoré, sur la paroisse
Saint-Roch. La maison paraît avoir continué d'être habitée
bourgeoisement jusqu'à la mort de la marquise de Pompadour (14 avril 1764). De ce mariage naquirent deux enfants :
Guillaume-Charles-Louis Le Normant, né le 26 décembre 1741, mort sans doute en très bas âge, et Jeanne-
Alexandrine, née le 10 août 1744, morte le 15 juin 1754.
Le marquis de Marigny se trouva donc seul héritier de sa
sœur, et par conséquent seul propriétaire de la maison de la
rue Richelieu. C'est en cette dernière qualité que M. de
Marigny loua la maison, par bail devant Picquet, notaire, du
1er avril 1770, à Marie-Charlotte Pepin, veuve en premières
noces de Pierre Gelée, bourgeois de Paris. Ce bail fut résilié
par acte passé devant Picquais, notaire, le 26 mars 1776,

entre le marquis de Marigny, les héritiers de la veuve Gelée, décédée en 1775, et son second mari, M. Daniel O' Sullivan, commandant des grenadiers du régiment Royal Irlandais. A cet acte figure, comme procureur d'un des mineurs Gelée, Jacques-François Paris, sculpteur et chef des travaux à la manufacture royale de Sèvres. Mme Gelée tenait dans cette maison un hôtel meublé connu d'abord sous le nom d'hôtel de Nassau. Le commandant O' Sullivan y demeurait.

Le bail fut cédé par le même acte à Dominique-Adrien-Jean-Baptiste Desain, maître perruquier, pour neuf ans à partir du 1er avril 1776, et la maison elle-même sortit des mains du marquis de Marigny le 12 juillet 1777, par acte devant Deherain, au profit de MM. Gédéon-Charles-François-Philippes Duclos-Lange, et de Nicolas-Louis-Guillaume Arnoult, acquéreur par indivis, y compris les meubles et ornements garnissant la maison. L'hôtel s'appelait alors hôtel Montpensier, en l'honneur du plus jeune fils du duc de Chartres, qui venait de naître au Palais-Royal le 3 juillet 1775. MM. Duclos-Lange et Arnoult, qui n'avaient agi probablement qu'en qualité de fondés de pouvoirs, recédèrent leur acquisition dès le 17 décembre 1777, à Pierre Rogé, bourgeois de Paris, et à Marie Piery, sa femme; l'hôtel, devenu hôtel Suffren vers 1787, porte depuis 1792 le nom d'hôtel de Strasbourg.

Une pièce sans date, faisant partie des archives de Mme Maingot, indique que l'hôtel Montpensier fut loué par M. et Mme Roger à M. le marquis de Gouffier. M. Roger, ayant fait de mauvaises affaires, vendit volontairement sa maison, qui fut adjugée devant Moreau, notaire, le 13 mars 1788, à Marie-Louise Forestier, veuve de Jean-Baptiste-Alexandre Brisset, de qui elle passa par diverses transmissions amiables à Mme veuve Maingot, propriétaire actuelle.

N° 52. — Les anciens propriétaires de cet immense logis, qui devait offrir une habitation charmante, lorsque sa façade orientale donnait sur le jardin du Palais-Royal, paraissent avoir été une Mlle Le Noir en 1684, les Chapperons et les Paris en 1695, et M. Gallois en 1708. Il ne faut

pas prendre cette dernière date à la rigueur ; c'est seulement
la date de la déclaration au seigneur du fief Popin. Pierre-
François Gallois, receveur général des finances de la généralité de Chalon, habitait la rue Richelieu au moins depuis
1702. Il céda sa charge en 1715, et fut taxé à 20,000 livres
seulement par la Chambre de justice, au rôle du 10 décembre
1716. Il était je crois, le fils de Pierre Gallois, écuyer, secrétaire du roi, conservateur des hypothèques nommé en 1685,
qui fit sa déclaration de noblesse au bureau de la rue Saint-
Marc le 28 juin 1697. Pierre Gallois, époux de Marie-Charlotte Vitart, fut taxé à 94,000 livres au rôle du 2 janvier 1717.

La maison est portée au nom de Mme Gallois, sans doute
la veuve du receveur général, à l'aveu et dénombrement du
24 octobre 1744. (Arch. Nat., S. 1121.) Elle appartint ensuite à Antoine-François Bitaut de Vaillé, conseiller au
Parlement, qui la vendit, par acte sous seing privé du
3 mars 1766, à Pierrette Le Roy, veuve du notaire Alexandre
Fortier, dont l'étude se trouvait située de l'autre côté de la
rue (voir, sur les Fortier, la notice du n° 53). Elle passa
ensuite aux petits-enfants de Mme Fortier, et se trouva réunie, tant par héritage que par acquisition, aux mains de sa
petite-fille Alexandrine-Louise-Pierrette Mullon de Saint-
Preux, femme d'Auguste-François Fauveau, baron de Fré-
nilly, qui ne s'en défit qu'en 1830. Les transmissions plus
récentes n'offrent aucun intérêt.

Le célèbre compositeur Grétry occupait, en 1780, à l'époque
où l'Opéra-Comique représenta pour la première fois *Aucassin
et Nicolette*, un logement au quatrième étage dans la maison
de Mme veuve Fortier. Grétry avait logé, peu d'années auparavant, dans la seconde maison de la rue Traversière après
la rue du Hasard, en venant par la rue Richelieu (n° 23 d'aujourd'hui).

Il s'ouvrit dans cette maison, vers 1789, un hôtel qui s'appela le Grand Hôtel du Cirque, à cause du cirque que le duc
d'Orléans venait de faire construire au milieu du jardin du
Palais-Royal. Les rapports de police signalaient en 1799
l'existence d'un *étouffoir* ou maison de jeu clandestine dans
cet hôtel, qui paraît avoir disparu à peu près au même temps.
(Arch. Nat., F^7 6179, liasse 2112.)

Le passage Beaujolais, qui fait communiquer la rue Richelieu avec la rue Montpensier par un escalier de douze marches, ne porte ce nom que depuis 1825 ; il était ouvert dès 1822, sans désignation ; le plan de Vasserot et Bellanger l'indique « passage sans nom ». Ne pas le confondre avec la rue Beaujolais, qui s'appela passage Beaujolais depuis son ouverture en 1784 jusqu'à 1797, où elle devint la rue d'Arcole.

Nº 54. — La maison fut construite par un sieur Maugin, en 1658, la même année que les maisons Baudelet, Marsy et Corneille. Elle appartenait en 1684 à un sieur Hocquet, en 1696 au sieur Hattier ; elle portait alors l'enseigne de *la Ville de Valenciennes ;* elle était louée en 1684 à M. Darboulin, qui est le plus ancien membre connu d'une famille parisienne dont je puis esquisser l'histoire pendant un siècle.

Il s'appelait Pierre Darboulin, il exerçait la profession de marchand de bois ; il se présenta le 21 juin 1697 au bureau de la rue Saint-Marc pour y faire vérifier sa prétendue noblesse, et les commissaires enregistrèrent impassiblement ses armes qui étaient « d'argent à la boule de gueules accostée « de trois fers de lance de même, la pointe en l'air, deux et « une ». Il eut un fils aîné nommé Pierre comme lui, qui continua le commerce du bois, épousa Charlotte Perdrigeon, d'une vieille famille parisienne, nommée par Molière dans *les Précieuses*, et qui, d'abord contrôleur des rentes de l'Hôtel-de-Ville, devint en 1750 secrétaire du commerce, et mourut en 1753.

Un second fils, nommé Louis Darboulin, marchand de vins de la Dauphine, Victoire de Bavière, femme du grand Dauphin, époux d'Anne Bléchet, mourut en 1692 et fut enterré à Saint-Médard. De ceux-ci vint un autre Louis Darboulin, marchand de vins du Roi, l'un des douze privilégiés pour cette fourniture, lequel ne manqua pas, le 24 septembre 1700, de se présenter au bureau de Versailles pour la vérification de la noblesse, qui lui reconnut des armes analogues à son commerce : « d'argent à trois barils « d'argent (?), deux et un, accolés d'or, à un chevron de « gueules accompagné de trois roses du même ». Il quitta le commerce en 1727, devint secrétaire du Roi l'année suivante, et mourut en 1745. Il avait épousé Élisabeth Bouillerot, fille d'un tanneur du faubourg Saint-Marcel, dont il eut : 1º Antoine Darboulin, qui devint en 1727 l'un des douze écuyers porte-manteaux du roi Louis XV; 2º N. Darboulin, sieur de Lassent; 3º Alexandre Darboulin, sieur de Balicourt et Montmagny, reçu en 1723 conseiller au Châtelet de Paris, non sans quelques difficultés qui furent vaincues par le puissant patronage de M. Sanguin, marquis de Livry, premier maître d'hôtel du Roi; puis, en 1730, greffier en chef de la Cour des Aides, retraité avec l'honorariat en 1752; 4º N. Darboulin, de qui le Cabinet des Titres donne la succincte biographie que voici : « Va dans les isles, s'y ruine « follement; ramène à Paris nombre d'enfants; s'y ruine; « interdit 1736 »; 5º N. Darboulin, notaire à Paris en 17.. (c'est une erreur du généalogiste, il n'a pas existé à Paris de notaire du nom de Darboulin) ; 6º N. Darboulin, mariée à M. de Montflambert-Sagnet.

Je ne sais de qui était fils, si c'est d'Antoine, le portemanteau du Roi, ou d'Alexandre, le greffier des Aides, un autre Darboulin, que Collé et Mme Du Hausset, dans leurs mémoires, citent comme étant de la société de Mme de Pompadour, et que celle-ci aurait chargé de négocier l'éloignement de son mari, M. Le Normand d'Étiolles, à qui la marquise offrait l'ambassade de Constantinople. M. Darboulin aurait entamé l'affaire avec la maîtresse de M. Le Normant d'Étiolles, Mlle Raime, danseuse de l'Opéra, qu'un épigramme du temps appelle *Rem publicam;* mais on ne put s'entendre. Je donne l'anecdote pour ce qu'elle vaut, c'est-à-dire pour fort suspecte. Comment la marquise, femme d'esprit et de sens, eût-elle songé à faire de son mari le représentant de la personne du roi de France?

Remarquons ici que Mlle Raime, que M. d'Étiolles épousa après la mort de la marquise, et dont il eut un fils, Charles-François-Constant Le Normant, né le 2 juin 1767, s'appelait de son vrai nom Marie-Étiennette de Matha. (Reg. de Saint-Eustache, transcrits par M. de Chastellux.)

Ce qui ne paraît pas douteux, c'est que ce Darboulin est le même personnage qui devint en 1769 secrétaire de la chambre et du cabinet du Roi ; en 1774, administrateur général des postes pour le pays Chartrain, l'Orléanais, l'Anjou et le Maine, et qui laissa ces deux charges par survivance à son fils, M. Darboulin de Richebourg, qui les exerçait encore en 1789.

No 56. — Appartenait de 1670 à 1711, d'après les aveux du fief Popin, à M. Anceau ou Hanceau. Il est vrai que, dans l'intervalle, l'État de 1684 indique un sieur Maugin, mais c'est peut-être par confusion avec le propriétaire de la maison précédente. La maison no 56, qui fait l'angle de la rue Neuve-des-Petits-Champs, et qui portait l'enseigne du *Mortier de la Providence*, fut acquise en 1720 par Louis Raymond de La Rivière, ancien échevin, à qui la Ville accorda une concession de quatre lignes d'eau, renouvelée en faveur de ses ayants cause le 25 avril 1770 (Arch. Nat., Q¹ 1156-7).

No 58. — BIBLIOTHÈQUE NATIONALE, du coin nord-est de la rue Neuve-des-Petits-Champs, au coin sud-est de la rue Colbert. Elle porte le no 58, inscrit dans une lanterne au-dessus du petit corps de garde installé dans le soubassement de l'édifice, non loin de la rue Neuve-des-Petits-Champs. L'histoire de ce grand établissement ne saurait trouver place ici. Je me borne à quelques particularités peu connues ou même inédites.

Avant la reconstruction ordonnée par l'empereur Napoléon III, de 1865 à 1867, on voyait encore, enclavées dans son périmètre, de vieilles constructions ornées d'une sorte de lanterne ou de tourelle, au coin des rues Richelieu et Neuve-des-Petits-Champs. La maison d'angle formait, au commencement du XVIIIᵉ siècle, un hôtel à porte cochère faisant face aux quatre maisons de la rue Richelieu aujourd'hui numérotées 55, 57, 59, 61 ; cet hôtel appartenait à un sieur Jean-Étienne de Varennes, de qui Jean Law l'acheta moyennant 120,000 livres, par contrat devant Ballin, notaire, le 10 mai 1719 (Arch. Nat. Q¹ 1158-9), en même temps que l'hôtel de Nevers, ci-devant Palais-Mazarin, dans lequel il était enclavé.

On sait qu'après la mort du cardinal Mazarin, son immense

palais, comprenant presque tout le périmètre inclus entre les rues des Petits-Champs, Richelieu, Colbert et Vivienne, qui sera prochainement rendu à la Bibliothèque nationale, fut divisé en deux parties : la partie orientale, du côté de la rue Vivienne, retint le nom d'hôtel Mazarin, étant échue au duc de ce nom ; l'autre côté, faisant bordure sur la rue Richelieu, sauf l'enclave de l'hôtel de Varennes, devint la propriété du marquis de Mancini duc de Nevers.

Cependant, l'emplacement de l'aile qui longe la rue Richelieu, et qui renferme aujourd'hui les Cabinets des Estampes et des Médailles, anciennement occupé par les écuries du Palais-Mazarin, en retint le nom longtemps après la division de la propriété. Louis de Bautru, chevalier, mestre de camp d'un régiment de cavalerie, y demeurait en 1669.

Les historiens de Paris expliquent assez mal la transmission de l'hôtel de Nevers au domaine royal ; Jaillot, ordinairement exact, tombe à ce sujet dans des méprises inintelligibles. La version la plus généralement acceptée et copiée, d'après le dictionnaire de Heurtaut et Magny, c'est que le Roi fit acheter l'hôtel de Nevers en 1719 pour y établir la Banque royale.

Je rétablis ici, d'après les pièces originales contenues dans le carton Q^1 1158-9 des Archives Nationales, la véritable forme de cette curieuse transmission.

Le 10 mai 1719, par contrat passé devant Ballin, notaire, Philippe-Jules-François Mazarini Mancini, duc de Nevers, vendit à Jean Law une grande maison appelée l'hôtel de Nevers, sise à Paris, rue Richelieu, moyennant 400,000 livres. Jean Law déclara au contrat que, dans son intention, l'acquisition, quoique faite de ses deniers, était pour le compte et profit de Sa Majesté, mais qu'il comptait se rembourser de ses avances sur les bénéfices de la Banque royale.

On a pu croire que cette singulière déclaration n'était qu'une formule destinée à couvrir l'achat direct pour le Roi. Il n'en était rien. Jean Law avait réellement payé de ses propres deniers. Il est vrai que lorsque la Banque royale, installée à l'hôtel de Nevers en 1719, eut cessé ses opérations vers la fin de 1720, un arrêt du Conseil d'État du 14 septembre 1721 ordonna que la Bibliothèque du Roi, logée très à l'étroit dans un bâtiment du côté droit de la rue Vivienne appartenant à la famille Colbert, fût transportée à l'hôtel de Nevers, ce qui impliquait la possession de ce bâtiment par la Couronne.

Mais les séquestres ou syndics de la déconfiture de Law reconnurent qu'il avait réellement payé de ses deniers, pour l'acquisition de l'hôtel de Nevers et de l'hôtel de Varennes, une somme de 695,442 livres 10 sols; ils en poursuivirent la restitution au profit de la masse des créanciers; le Conseil reconnut la légitimité de cette réclamation par un arrêt du 18 juin 1729, qui ordonna le remboursement aux séquestres de la somme entière, en même temps que le paiement au duc de Nevers et à Mme veuve de Varennes d'un solde qui leur restait dû sur le prix de leurs immeubles.

Le fief de la Grange-Batelière appartenait à un grand nombre d'héritiers directs des Viviens, et ces héritiers se l'étaient partagé en nature. La portion de fief sur laquelle s'élevaient les hôtels Mazarin, de Varennes et de Nevers venait d'écheoir à messire Nicolas Bertin de Vaugien, seigneur de Chaumont-sur-Loire, maître des requêtes (mort à Paris le 4 janvier 1742, à quatre-vingt-six ans), qui avait épousé, en octobre 1685, Louise Feydeau, fille unique et seule héritière de Denis Feydeau, seigneur de Vaugien, correcteur des comptes, fils de Pierre Feydeau, seigneur de Vaugien, qui avait épousé Catherine Vivien, petite-fille de René Vivien, notaire et secrétaire du Roi, possesseur avant 1573 de tout le fief de la Grange-Batelière.

Par actes des 14, 29 septembre et 20 décembre 1719, Nicolas Bertin vendit toute sa portion de fief à Jean Law, qui venait d'acheter les hôtels de Nevers et de Varennes, moyennant 310,000 livres. La somme peut paraître forte; mais il faut considérer que les droits seigneuriaux cédés par Nicolas Bertin embrassaient une vaste surface, sur laquelle s'élevaient déjà soixante-quinze hôtels ou maisons. Cette surface se divisait en deux parties : la première de 3 arpents 7 perches, dans laquelle l'ancien palais Mazarin se trouvait inclus, comprenait tout le terrain inscrit entre le côté gauche de la rue Vivienne en entrant par la rue Neuve-des-Petits-Champs, moitié de la rue Colbert de droite et de gauche et partie de la rue Neuve-Saint-Augustin de même. La

seconde partie commençait à la rue Richelieu, depuis la rue
Feydeau jusqu'aux deux premières maisons après la rue Saint-
Marc; elle renfermait la totalité du triangle que forment les
rues Feydeau et Saint-Marc, avec tout le côté gauche de la rue
Saint-Marc en y entrant par la rue Richelieu, plus les quatre
maisons en retour sur la rue Montmartre. Cette portion du
fief de la Grange-Batelière figurait en 1730 dans l'actif des
créanciers de Law et fit l'objet d'une requête adressée au
Roi, sous la date du 20 mars 1777, par les héritiers de Law,
qui étaient le marquis de Blosseville, le comte de Bermon-
det, M. Law de Lauriston et la veuve de Law, chacun pour
un quart. (Arch. Nat. S. 1203-4.)

A la grande porte, en ce moment-ci béante, de l'ancienne
Bibliothèque Royale, ont pris domicile, depuis 1721 jusqu'à
nos jours, bien des savants illustres dont la biographie n'est
pas à faire; je me borne à transcrire respectueusement les
noms vénérables des Bignon, des Boivin, des Boze, des
Sallier, des Barthélemy, des Caperonnier, des Van-Praët,
des Langlès, des Millin, des Dacier, des Gail, des Demanne,
des Raoul Rochette, des Letronne, des Magnin, des Lenormant, des Sacy, des Champollion, des Hase, des Reinaud,
des Guerard, des Fauriel, des Jomard, des Duchesne, des
Naudet, des Paulin Pâris, des Stanislas Julien, des Walck-
kenaër, des Ravenel, des Pillon, des Taschereau, des
Wailly, etc., etc. C'est proprement le livre d'or de l'érudition
française.

Aujourd'hui le directeur et les conservateurs de notre grand
dépôt national n'appartiennent plus comme habitants à la
rue Richelieu; ils occupent le ci-devant petit hôtel Mazarin,
admirablement restauré, où l'on pénètre par l'entrée monumentale de la rue Neuve-des-Petits-Champs, n° 8.

Après tant d'hommes éminents qui vécurent sous les illustres lambris du Palais-Mazarin, pourquoi ne pas nommer le
pauvre scribe qu'un heureux caprice de l'imagination littéraire a tiré de l'oubli où son humble cendre reposait depuis
six vingts ans? Le dimanche 1er mai 1729, un convoi modeste sortit des bâtiments de la rue Richelieu, accompagné
par l'imprimeur et le concierge de la Bibliothèque Royale:
c'était celui de Jean Buvat, l'innocent révélateur de la con-

spiration de Cellamare, à qui l'on accorda, pour sa peine, une pension de 300 livres, outre ses appointements de 600 livres qu'on n'augmenta point, faveur d'ailleurs chimérique, puisqu'on ne les payait jamais. Alexandre Dumas et Auguste Maquet ne connaissaient pas le journal de Buvat sur la Régence lorsqu'ils écrivirent *le Chevalier d'Harmenthal,* un de leurs chefs-d'œuvre. Mais, avec l'intuition du génie, ils avaient deviné le bonhomme :

> Laissez-moi aller,
> Laissez-moi jouer
> Sous la coudrette.

Buvat mourut à soixante-sept ans, et l'on peut consulter à son sujet l'excellente notice de Jal (*Dict. crit.,* p. 298), à qui nous devons presque tout ce que l'on sait sur le petit employé de la Bibliothèque Royale.

La rue Colbert passait autrefois sous une arcade qui continuait la grande galerie de la Bibliothèque jusqu'à la rencontre de la maison n° 60. Au-dessus de cette arcade se trouvait le Cabinet des médailles, éclairé sur la rue Richelieu par cinq croisées. Dans la nuit du 5 au 6 novembre 1831, des galériens évadés ou libérés, nommés Fossard frères, Drouillet et Drouhin, ayant pour complice une certaine vicomtesse de Nays, s'introduisirent dans l'enceinte de la Bibliothèque Royale par une maison attenante aux vieux bâtiments du Trésor du côté de la rue Neuve-des-Petits-Champs, et parvinrent jusqu'à la grande galerie; ils découpèrent par une couronne de trous percés au vilbrequin [1] le vantail droit supérieur de la porte en chêne qui séparait cette galerie du Cabinet des médailles, qu'ils dépouillèrent de ses plus précieuses richesses; puis ils descendirent leur butin au moyen d'une corde par une des croisées ouvrant sur la rue Richelieu, où il fut recueilli par des complices apostés; et tout ce travail s'exécuta sans que l'éveil fut donné,

---

1. Et non scié, comme le dit M. Gisquet dans ses Mémoires. On peut vérifier le fait, car le Cabinet des médailles conserve à titre de curiosité la porte mutilée.

13

ni à l'intérieur par le service de la Bibliothèque, ni au dehors par la police. Une partie des médailles fut retrouvée au fond de la Seine; le surplus avait été converti en lingots dont Mme de Nays avait reçu une partie, ce qui ne l'empêcha pas d'être mise hors de cause, tandis que la cour d'assises de la Seine, par arrêt du 16 janvier 1833, condamna les voleurs aux travaux forcés et à la réclusion.

No 58, *précédemment* 58 *bis*. — La portion de l'ancienne galerie de la Bibliothèque qui se trouve isolée depuis la démolition de l'arcade Colbert, sous laquelle passait la rue Colbert ouverte en 1683 et nommée alors rue Mazarin, porte aujourd'hui le n° 58, au lieu du 58 *bis* qui la désignait précédemment. Le rez-de-chaussée servait en 1788 de « dé- « pôt pour les gardes-pompes à incendie ». On y installa plus tard un corps de garde, qui fut supprimé comme inutile après le vol commis du Cabinet des médailles. C'est aujourd'hui le bureau des travaux de reconstruction de la Bibliothèque.

No 60. — L'adresse de M. Guigou, conseiller au Grand Conseil, est ainsi donnée dans l'*Almanach royal* de 1704 : « Rue de Richelieu, après l'arcade de la rue de Nevers, du « même côté. » M. Guigou alla, vers 1710, demeurer rue Sainte-Anne, puis rue Thérèse; il mourut conseiller honoraire vers 1729. Le Terrier de 1705 indique M. Guigou comme propriétaire de la maison, mais c'est une erreur; M. Guigou n'en était que le locataire; elle appartenait dès 1702 à François Guyet marquis de Bartage en Bourgogne, comte de Louhans, baron de Saint-Germain-du-Plan, seigneur de la Faye, maître des requêtes en 1689, intendant à Pau en 1699 et à Lyon en 1701. Saint-Simon dit que sa fille unique avait épousé, « malheureusement pour elle », le frère de Chamillart. M. Guyet de Bartage était le mari de Claude Quarré, morte le 10 novembre 1749, dont il eut en effet une fille unique, Philiberte Guyet, mariée en mars 1702 à Jérôme Chamillart, dit le comte de Chamillart, maréchal de camp, gouverneur de Dôle, frère du ministre, et qui mourut en 1728 sans postérité.

M. Guyet de Bartage fut appelé au Conseil d'État et à l'intendance des finances en 1704, en même temps que M. de Rebours, cousin germain de Chamillart. « Rien de « si ignorant ni, en récompense, de si présomptueux et de si « glorieux que ces deux nouveaux animaux », dit le duc de Saint-Simon. Je n'y saurais contredire en connaissance de cause, excepté sur le premier point : l'ignorance prétendue de M. Guyet de Bartage est peu conciliable avec quinze ans de fonctions publiques en qualité de maître des requêtes et d'intendant de Pau et de Lyon. Mais Saint-Simon n'y regarde pas de si près.

M. de Bartage mourut en septembre 1715, dans sa maison de la rue Richelieu, où il s'était installé en 1708. Je ne connais pas la date exacte de son acquisition ; seulement, l'état du fief de la Grange-Batelière de 1716 (Arch. Nat. S. 1203-4) porte la déclaration de M. Guyet de Bartage au 10 septembre 1702. La date de la reconstruction de la maison par son propriétaire, définitivement fixé à Paris, m'est donnée par la mention, contenue au carton des Archives Nationales (Q¹ 1156-7), d'une concession à lui faite par la Ville de Paris en 1706 et 1707 de quinze lignes d'eau à prendre au branchement Menars sur la fontaine Colbert, concession renouvelée le 14 septembre 1734, je ne sais pour qui, et confirmée le 2 mai 1785 en faveur du marquis de Talaru-Chalmazel, nouvel acquéreur.

La maison appartint, au moins de 1735 jusqu'en 1783, à M. et Mᵐᵉ de Perrigny, acquéreurs de la maison suivante (voir ci-après nº 62). Devenue à cette date le petit hôtel de Talaru et reconstruite en 1786, elle fut vendue le 20 septembre 1820, par suite d'un partage entre les héritiers Talaru, à M. Maës, brasseur. Elle était, depuis la Révolution, une dépendance de l'hôtel meublé des Colonies. On y a vu longtemps les magasins de MM. Paulin, Lechevallier et Cⁱᵉ, libraires-éditeurs, et les bureaux de l'*Illustration* y ont été installés pendant vingt-huit ans, de 1844 à 1872. Il est probable, vu le nombre des personnages dont l'adresse est donnée ici par les almanachs, que le petit hôtel Perrigny recevait des locataires. Parmi ceux-ci, je relève, de 1774 à 1784, jusqu'à la prise de possession par les Talaru, le nom de M. de Forbonnois. Le célèbre historien des finances de la France s'appelait François Veron, sieur de Forbonnois; il était né au Mans, le 2 septembre 1722, de la puissante dynastie drapière des Vérons, qui inventèrent la *véronnade*. Inspecteur général des monnaies de France en 1756, conseiller au Parlement de Metz, puis conseiller d'honneur à la Cour des monnaies de Paris le 18 décembre 1771, Forbonnois avait publié en 1758 ses *Recherches et considérations sur les finances de la France,* qui lui valurent d'être en 1759 le bras droit de M. de Silhouette, pendant le court passage de ce ministre au contrôle général des finances. Forbonnois vécut assez pour être appelé par le Premier Consul à faire partie de l'Institut de France. Il mourut le 20 septembre 1800, à Champessant, canton de Saint-Côme (Sarthe).

No 62. — Cette maison fut construite vers 1652, par un sieur Pidou (Déclarations du fief de la Grange-Batelière, Arch. Nat. S. 1203-4). Saisissons l'occasion d'esquisser encore une monographie pour l'histoire de la bourgeoisie de Paris.

Une ancienne tombe de Saint-Eustache fait connaître le nom de Nicolas Pidou, bourgeois de Paris, mort le 4 avril 1597, et de son fils Étienne Pidou, huissier sergent à cheval du Châtelet de Paris, marié à Jeanne Berthault.

Le fils d'Étienne, nommé Pierre Pidou, ami de Louis Le Barbier, l'entrepreneur de l'enceinte de 1633 (voyez p. 24), et probablement son associé, fut, à cette même époque, commis par le roi à la direction de la nouvelle clôture de la Ville (Arch. de l'Hôtel-Dieu, no 1385). Secrétaire du roi en 1639, honoraire le 31 décembre 1658, maître d'hôtel du roi en 1657, il fut nommé conseiller d'État en 1654 et contrôleur général des domaines de France en 1670. Il avait acheté les seigneuries de Ramathuel, de Gaffier et de Pesgnier. Il mourut le 18 octobre 1687. Il avait épousé Christine d'Aubray, morte le 4 décembre 1681.

Il en eut nombre d'enfants, parmi lesquels je citerai Louis Pidou, tenu sur les fonts baptismaux le 8 septembre 1637, par Louis Le Barbier; ce premier né de François Pidou fut évêque de Babylone *in partibus*, supérieur général des missions de Perse à la résidence d'Ispahan en 1708; François, dont je viens de parler; Jean, chevalier du Mont-Carmel et de Saint-Lazare en 1660, sous-lieutenant aux gardes françaises, aide de camp de M. de La Feuillade, tué au fort de Luck en 1696; et deux filles : Marie-Louise, mariée le 8 février 1660 à Pierre de Franciny, conseiller maître d'hôtel ordinaire du roi, et Élisabeth-Françoise, née le 22 avril 1642, mariée le 9 février 1671 à Claude de Machault seigneur de Garges en France. Chacune d'elles reçut 20,000 écus de dot (Cabinet des titres).

L'homme important de cette famille, si vite éclose et si bien rentée, fut le second fils de Pierre, c'est à savoir François Pidou, écuyer, sieur de Saint-Olon, chevalier et greffier de l'ordre du Mont-Carmel et des Saints Maurice et Lazare, conseiller de Monsieur frère du Roi, puis gentilhomme ordinaire de la Chambre du Roi. Une note du Cabinet des titres donne la nomenclature des nombreuses missions diplomatiques qui lui furent confiées par le roi Louis XIV, notamment comme envoyé extraordinaire à Gênes, puis comme ambassadeur au Maroc en 1693, d'où il ramena un ambassadeur de ce pays. Saint-Simon loue son adresse et sa fermeté dans des missions périlleuses.

On remarquera le chemin parcouru par ce fils et ce petit-fils d'un huissier sergent à cheval du Châtelet de Paris : le premier devenu conseiller d'État et le second ambassadeur du Roi Très Chrétien. Cet exemple et cent autres montrent que la société française, tout aristocratique qu'elle parût en la forme, était aussi ouverte sous Louis XIV que peut l'être la société anglaise d'aujourd'hui.

François de Saint-Olon avait épousé en premières noces Élisabeth Lombard, dont il eut Charles-Henry, seigneur de Saint-Olon, chevalier du Mont-Carmel et de Saint-Lazare, mousquetaire pendant trois ans, puis enseigne aux gardes françaises en 1704; estropié à la bataille de Ramillies et nommé gentilhomme ordinaire en survivance de son père, il mourut sans postérité avant 1727. Duquel de ces Saint-Olon, de l'ambassadeur ou du mousquetaire, Regnard écrivait-il, dans son épître à M. du Vaulx :

Je sais que Saint-O..., quoi qu'on fasse et qu'on die,
Sera fripon au jeu tout le temps de sa vie?

Devenu veuf d'Élisabeth Lombard, François Pidou de
Saint-Olon, que le Terrier royal nous donne comme propriétaire en 1705 de la maison de la rue Richelieu bâtie par
son père, se remaria secrètement à Saint-Sulpice le 26 juin
1709, avec Mlle de Marcara de Strachino, née le 14 avril
1692 et baptisée le 27 septembre suivant. Mlle de Marcara était,
d'après la note du Cabinet des titres à laquelle j'emprunte
cette bizarre anecdote, fille de Martin de Marcara, écuyer,
sieur de Strachino, « gentilhomme persan », ci-devant
conseiller au Conseil souverain de l'île Dauphine dite de
Madagascar, et directeur de la Compagnie française des Indes
orientales, et d'une Française Marie Fragnier. On peut entrevoir, dans ce singulier mariage de M. de Saint-Olon, presque septuagénaire, avec la fille d'un « gentilhomme persan »,
la main de son frère l'archevêque de Babylone.

M. de Saint-Olon, né le 18 avril 1641, mourut à Paris âgé
de quatre-vingts ans, le 27 septembre 1720. Il était alors en
procès avec ses sœurs, Mmes de Machault et Franciny.

Pidou de Saint-Olon a traduit de l'italien de Gian Paolo
Marana un ouvrage intitulé : *les Événements les plus considérables du règne de Louis le Grand,* dont le manuscrit existe
à la Bibliothèque nationale, sous la date de 1687.

Après un épanouissement de cinq quarts de siècle environ,
les Pidou disparurent brusquement; on n'en rencontre plus
un seul dans la diplomatie, l'armée ni l'administration, après
1720.

La maison n° 62 appartint, dès 1735, comme la précédente,
à la famille Gagne de Perrigny, qui la conserva près d'un
demi-siècle.

Les Gagne étaient une vieille famille de magistrature
bourguignonne dont le plus ancien auteur quelque peu
notable fut Barthélemy Gagne, procureur général au Parlement de Dijon en 1516. Le petit-fils du procureur général
fut Jean-Baptiste Gagne, président en la Chambre des
comptes de Dijon en 1706, père de Philbert Bernard, seigneur de Perrigny, président à mortier au Parlement de

Dijon, reçu le 27 mai 1715, lequel insulta l'avocat de la présidente de La Marche, contre laquelle il plaidait et qui lui demanda réparation. Ce petit scandale judiciaire, qui date de 1744 (Cabinet des titres), fit quelque bruit en son temps.

L'irascible président eut un fils, Antoine-Jean Gagne, chevalier, comte de Perrigny et de Saulon (à remarquer), né le 30 septembre 1714, qui fut pourvu le 7 mai 1735, c'est-à-dire à l'époque précise de sa majorité, d'une charge de conseiller à la deuxième chambre des enquêtes du Parlement de Paris, où il fut reçu le 17 juin suivant. L'Almanach royal donne son adresse dès cette époque rue Richelieu, près la rue Neuve-Saint-Augustin et l'arcade Colbert. Il est difficile de croire que ce conseiller de vingt ans ne demeurât pas avec sa famille. D'autre part, ce nom de Saulon, donné par l'acte d'inhumation de 1783 que me fournit le recueil de M. de Chastellux, m'a tout l'air d'une fausse transcription ou d'une fausse lecture du nom de Saint-Olon, écrit peut-être Saint-Aulon; ceci me permet de conjecturer qu'il existait un lien de parenté ou d'hérédité entre Pidou de Saint-Olon et la famille Gagne, de telle sorte que l'hôtel de la rue Richelieu aurait passé directement de M. de Saint-Olon, mort en 1720, au père de M. Gagne de Perrigny C'est ce qui se vérifierait sans doute si je connaissais les alliances féminines des Gagne. Il épousa en juin 1737 Anne-Louise de Lamoignon, sœur du président de Lamoignon de Mont-Revau, ce qui le fit cousin par alliance du chancelier de Lamoignon de Malesherbes, de M. et Mme de Senozan, beau-frère du premier président René de Meaupou, qui fut plus tard chancelier, etc. Cette influente parenté le porta bientôt au Conseil d'État, où il entra comme maître des requêtes le 7 juillet 1738, en recueillant la démission de Noël-Arnaud de Boëx. Mais de si brillants débuts n'eurent pas de suite; M. de Perrigny se retira du Conseil d'État vers 1759 sans y avoir marqué, et il mourut obscurément le 3 juin 1783 à soixante-huit ans. C'était un homme d'esprit sur lequel Collé raconte une amusante anecdote (*Mémoires,* t. Ier, page 53).

Des actes notariés, que je ne connais que par extraits,

portent que les deux hôtels se trouvèrent transmis par héritage dans l'illustre famille de Clermont-Montoison, en la
personne de Charianne de Clermont-Montoison, qui prit le
nom de Perrigny.

Les deux maisons de cette succession furent acquises par
le marquis de Talaru. Le n° 62 devint alors le grand
hôtel Talaru en 1786, puis l'hôtel meublé des Colonies. Il
eut aussi une autre destination que j'indiquerai tout à
l'heure.

Vendu par les héritiers Talaru le 20 septembre 1820, en
même temps que la maison n° 60, il fut acheté non par
le même acquéreur comme l'a cru M. Lefeuve, mais par
M. Levagneur, beau-père de M. Rosset, le grand marchand
de châles, que nous retrouverons au n° 82. Elle appartenait
en 1835 aux héritiers Dupuytren.

Les n°s 60 et 62 ont une histoire commune, histoire tragique que je ne puis scinder.

Avant 1785, la noble famille de Talaru avait son hôtel rue
Vivienne. L'acquéreur des deux maisons de la rue Richelieu, dévolues aux Clermont-Montoison de Perrigny, fut
César, marquis de Talaru et de Chalmazel, comte de Cha-
marande, né aux Chaussins le 8 juin 1725, premier maître
d'hôtel de la reine Marie-Antoinette, cordon rouge, lieutenant général, colonel du régiment de son nom, époux
depuis le 3 juin 1750 de Marie-Justine de Sassenage, dame
de la Dauphine mère de Louis XVI. Le frère du marquis
de Talaru était Louis-Ange François, né en juin 1727,
évêque de Coutances, puis député de ce bailliage à a Constituante.

Une légende sinistre s'attache à l'hôtel Talaru. On
raconte[1] que le marquis de Talaru avait loué son hôtel à un
particulier qui l'offrit en 1793 au Comité révolutionnaire de
la section Le Pelletier, pour en faire une maison d'arrêt; que
le marquis de Talaru y fut enfermé l'un des premiers; qu'il
payait dix-huit livres par jour pour la location d'une chambre
dans son propre hôtel, et qu'il n'en sortit que pour aller à

1. Girault de Saint-Fargeau. *Les quarante-huit quartiers de Paris*, 3e éd.
Paris, 1850, p. 190.

l'échafaud. MM. de Goncourt donnent même le nom du locataire de M. de Talaru; ce serait un nommé Gensse. Je n'ai pu vérifier l'exactitude de certains détails; je pense toutefois qu'il peut y avoir confusion sur l'identité du locataire, car le nom de Gensse est celui du propriétaire de l'hôtel des Colonies; il apparaît pour la première fois aux almanachs en l'an VI (1797-8), et s'y maintient jusqu'en 1817. Il est peu probable qu'un homme qui aurait joué sous la Terreur le rôle qu'on prête au locataire du marquis de Talaru continuât à tenir l'un des grands hôtels de Paris sur le lieu même de ses méfaits, et surtout qu'il fût resté le locataire de la famille Talaru, à qui la maison n'avait pas cessé d'appartenir, malgré les confiscations révolutionnaires.

Du reste, les mémoires de Sénart nous apprennent que « la prison Talaru » avait pour concierge un nommé Shmits, homme avide et dur, qui avait été désigné par Héron, le chef de la police du Comité de sûreté générale.

Mais, sous ces réserves, le fond de l'histoire n'est que trop vrai, comme le prouvent les documents conservés aux Archives Nationales. On en pourrait douter si l'on s'en rapportait au *Moniteur,* qui fait condamner le marquis de Talaru par le tribunal révolutionnaire comme « convaincu de s'être « déclaré l'ennemi du peuple, en participant aux complots « formés dans la maison d'arrêt du Luxembourg ». Mais c'est là une des erreurs si nombreuses de ce journal, auquel on accorde beaucoup trop de confiance.

Voici les faits :

Le marquis de Talaru fut dénoncé au Comité de sûreté générale le 22 messidor an II (10 juillet 1794), par un nommé Raffy, commissaire du Comité civil de la section Lepelletier. Je reproduis la dénonciation autographe (Arch. Nat. W[16], 428145), en respectant l'orthographe de ce scélérat illettré :

« Le ci-devant marquis de Talarue anciain cordon rouge « et ci-devant maitre d'hôtel de la reine demeurant rue de « la Loix dans la maison darais de la section Lepelletier « tous le temp que la ci-devant reine a été aux Thuileries « ille ne la point quité jusqu'a dix aoust ile etoit un de cais

« grand de fenceur. Jait signe cette declaration dans mon
« ame et consiance.

« *Signé :* RAFFY.

« Comisaire du comité civile de la section Lepelletier. »

Incarcéré dans la maison d'arrêt de la section Lepelletier,
rue de la Loi, ci-devant Richelieu, c'est-à-dire dans son
propre hôtel, M. de Talaru s'y rencontra avec M. Boutin,
l'ancien trésorier général de la marine, son voisin (voir les
nos 77 et 79). Ils en furent extraits en vertu d'un ordre ainsi
conçu :

« CONVENTION NATIONALE. — *Comité de sûreté générale,*
« 30 messidor an II. — Le Comité arrête que les nommés
« Talaru et Boutin, detenus en la maison d'arrêt de la sec-
« tion Lepelletier, seront transférés es prisons de la Con-
« ciergerie pour être jugés par le tribunal révolutionnaire
« comme prévenus, etc...; que les dénonciations faites
« contre les susnommés par le citoyen Raffy, commissaire
« du comité civil de la section Lepelletier, du 22 messidor,
« seront avec les autres pièces à leur charge remises à l'ac-
« cusateur public.

« *Signé :* LOUIS (du Bas-Rhin), DUBASTAN, Élie
« LACOSTE, LA VICOMTERIE, VOULLAND. »

Suit le mandat d'amener du 1er thermidor an II :

« Talaru, ex-marquis et cordon rouge, et maître d'hôtel
« de la ci-devant reine, et Boutin, ancien tresorier général
« de la marine, prevenus d'intelligences contre-révolution-
« naires avec la ci-devant reine, et en outre Boutin, prevenu
« d'émigration et d'être rentrés (*sic*) en France depuis
« la loy... »

J'ai eu entre les mains le dossier du marquis de Talaru ;
il ne se compose d'aucune autre pièce que la dénonciation
de Raffy et les mandats d'arrêt. Le marquis de Talaru n'en
fut pas moins condamné à mort le 4 thermidor an II
(22 juillet 1794), et guillotiné le jour même, en vertu d'une
sentence collective ainsi conçue :

« Lafond des Essarts, Samillard père, Samillard fils (c'é-
« taient des marchands de Troyes), Talaru, Boutin et La-
« borde, en entretenant des intelligences avec les ennemis
« de l'État, en participant aux conspirations du tyran contre
« le peuple, et provoquant la dissolution de la represen-
« tation nationale, le retablissement de la royauté, et La-
« borde en particulier en participant aux crimes et dilapi-
« dations des cy-devant fermiers-généraux intéressés dans
« les baux de David, Salzare et Mager... »

Malgré la confiscation qui atteignait les condamnés politiques, les biens du marquis de Talaru furent recueillis
par sa famille, grâce à je ne sais quelles circonstances, et
partagés entre ses héritiers, aux termes d'un acte devant Me Lemasle, le 29 janvier 1802. Les deux hôtels de
la rue Richelieu qui en faisaient partie revinrent, par un
autre partage devant Me Yvon, le 20 mai 1816, au marquis
Louis de Talaru, qui les vendit en 1820, comme je l'ai dit
plus haut.

La maison de Talaru s'est éteinte le 23 mai 1850 par la
mort de Louis-Justin-Marie, marquis de Talaru, né le 1er septembre 1769, officier des gardes du corps en 1814, pair de
France le 17 août 1815, ambassadeur à Madrid en 1823,
chevalier de la Toison-d'Or, grand-croix de Saint-Louis en
1824, ministre d'État et membre du Conseil privé en 1825.
Le marquis de Talaru était le neveu du lieutenant général
mort sur l'échafaud.

No 64. — L'état du fief de la Grange-Batelière (relevé de
1716, Arch. Nat., S. 1203-4) indique ici une déclaration du
5 février 1652, au nom de M. de Vandenesse. La maison
était encore habitée, de 1706 à 1735, par Jean-Baptiste de Vandenesse, écuyer, seigneur de Suines, reçu secrétaire du roi en
1706, qui mourut doyen et trésorier du marc d'or de sa
compagnie le 29 mars 1751, à soixante-quinze ans, dans sa
maison de la rue Sainte-Croix-de-la-Bretonnerie, et qui fut
inhumé le lendemain à Saint-Jean en Grève. Il avait eu, de
son mariage avec Marie Denis, morte le 28 juillet 1757, un
fils, Jean-Baptiste-François de Vandenesse de Suines, avocat

au Parlement, qui fut reçu auditeur à la Chambre des comptes le 12 août 1743, maître des comptes de 1749 à 1755, mort en sa maison de la rue de la Tixeranderie le 23 novembre 1755, à trente-quatre ans. Les lettres d'invitation aux convois mortuaires du père, de la mère et du fils sont au cabinet héraldique de M. le comte de Magny. Il n'existe pas de dossier Vandenesse au Cabinet des titres de la Bibliothèque Nationale.

Ce dernier Vandenesse avait épousé Henriette-Charlotte Salmon, et laissait deux enfants en bas âge. Cette maison est éteinte et Balzac le savait bien lorsqu'il choisit le nom de Vandenesse pour son héros du *Lys dans la Vallée* et d'*Une Fille d'Ève*. Une terre de Vandenesse près de Château-Chinon avait été érigée en baronnie pour la famille des Du Bois, marquis de Givry, mais ne lui constituait pas un droit patronymique.

Après les Vandenesse, la maison appartint à François-Charles Chaillou de Jonville, qui la constitua en dot, par contrat de mariage devant Doyen, le 21 mai 1755, à sa fille Catherine Renée, femme de Pierre-Guillaume de Chavaudon; Mme de Chavaudon mourut dans un âge très avancé, le 20 mai 1813, laissant un fils unique, Pierre-Laurent-Guillaume, comte de Chavaudon de Sainte-Maure, qui fit donation entre vifs de la maison de la rue Richelieu par acte devant Baudier, le 22 novembre 1846, à son parent Alexandre-Auguste-Jean-Louis-Marie-Guillaume, marquis de Chavaudon, époux d'Émilie-Françoise-Charlotte du Hamel. La maison fut vendue par le marquis et la marquise de Chavaudon le 12 mai 1858; elle était demeurée cent trois ans dans la même famille.

No 66. — Cette maison, qui présente son flanc droit sur la rue Richelieu, s'ouvre rue des Filles-Saint-Thomas avec le no 11 (ancien 23). Le Terrier de 1705 l'attribue au sieur Paget sur la rue des Filles-Saint-Thomas et au sieur Saint-Laurent, sur la rue Richelieu, avec l'enseigne de la Croix-Rouge. Il s'agit, je crois, de M. Hannyvel de Saint-Laurent, receveur général du clergé de France, empoisonné par Pennautier en même temps que M. Dalibert, dont je parlerai plus loin. (Voyez sur l'affaire des poisons, les livres de MM. Pierre Clément et Iung.)

Elle fut habitée, de 1768 à 1792, par l'abbé de Raze, ministre plénipotentiaire du prince-évêque de Bâle.

Elle fut adjugée le 15 brumaire an XI (6 novembre 1802), par jugement des criées du tribunal de la Seine, à M. Nicolas Langin, marchand de vins, sur licitation entre les héritiers d'un sieur Nicolas Louis, lequel, d'après le jugement d'adjudication, l'aurait acquise des syndics et directeurs des créanciers unis d'Antoine-Jacques Monnerot de Brouilly, par contrat passé devant Baudry, notaire à Paris, le 9 janvier 1759. Le malheur est qu'il n'existait plus à Paris en 1759 un seul notaire du nom de Baudry; si c'est une erreur du copiste des hypothèques, elle est irréparable, la minute du jugement de 1802 ayant péri dans l'incendie du Palais de Justice en 1871. Je me trouve donc arrêté tout net dans mes recherches d'origines; il n'en est pas moins certain que cette maison provenait des familles Brouilly et Monnerot, comme on le verra aux nos 68 et suivants.

Nos 68 à 80. — Les propriétés qui, antérieurement à 1792, à 1830 et à 1868, c'est-à-dire au percement de la rue des Colonnes, de la rue de la Bourse et de la rue du Quatre-Septembre, portaient les nos 68 à 80 sur la rue Richelieu, c'est-à-dire depuis l'angle sud de la rue des Filles-Saint-Thomas jusqu'à l'angle nord de la rue Feydeau, avaient des origines communes remontant plus haut que la clôture de 1639, et tellement entrecroisées que je crois expédient de les traiter ici d'ensemble, pour abréger et pour esquisser en même temps une portion de l'histoire de Paris qui n'a jamais été traitée.

Le roi Henry II et le prévôt des marchands avaient pris en 1553 sur le fief de la Grange-Batelière (aveux à l'Arch. de Paris par Pierre Édenin et Michel Vivien du 7 septembre 1575, et par Jean Vivien seigneur de Saint-Marc, des 26 mars 1622 et 12 juillet 1634) vingt-six arpents, au lieu dit les Fossés Jaunes, s'étendant de la porte Gaillon à la porte Montmartre, pour employer aux fortifications de la Ville. Ces fortifications qui, de la porte qui s'appela plus tard de la Conférence jusqu'à la porte Saint-Denis, devaient se composer d'un rempart de vingt-cinq toises d'épaisseur et d'un fossé de pareille largeur, le tout flanqué de bastions de soixante toises, furent ébauchées sur toute la ligne ; le plan de Nicolay (1609) en donne l'exacte configuration ; mais on ne les acheva nulle part, et, à partir du règne de Henri IV, l'Hôtel-de-Ville trafiqua de ces terrains achetés par le Roi, en les louant sous forme de baux emphytéotiques pour quatre-vingt-dix-neuf ans.

La ligne fortifiée dite des Fossés Jaunes, arrivant de la porte Gaillon, traversait obliquement le quartier qui nous occupe, de manière à couper du sud-ouest au nord-est la rue Richelieu et la rue de la Bourse, se dirigeant vers le carrefour que forme aujourd'hui la rencontre des rues Feydeau, Montmartre et Brongniart ; elle laissait, entre sa circonvallation et l'enceinte de Charles V, située plus au sud, une bande de terrains plus ou moins vagues, que les riverains, pour la plupart cultivateurs et maraîchers, disputaient aux joueurs de mail, aux écoliers et aux malandrins.

Spécialement, la région qui nous occupe comprenait, entre les rues actuelles Richelieu et Notre-Dame-des-Victoires, Saint-Marc et des Filles-Saint-Thomas, cinq pièces de terre superposées du sud au nord dans l'ordre suivant, à partir de la rue des Filles-Saint-Thomas d'aujourd'hui : 1º pièce de terre appartenant à la Confrérie des Bouchers ; 2º autre au sieur Morize, huissier de la Ville ; 3º autre au sieur Robin ; 4º autre au sieur Baronneau ; 5º autre aux marguilliers de Saint-Laurent, joignant les Fossés Jaunes ; le tout relevant du fief de la Grange-Batelière, sauf les droits de l'Archevêché, du prieuré de Saint-Denis de la Chartre et de la Fabrique de Saint-Laurent.

Avant d'esquisser les transformations subies par cette région aujourd'hui si riche, autrefois si misérable, rectifions, d'après des documents inédits, une erreur d'une certaine importance que les historiens de Paris ont répétée l'un après l'autre sans aucun examen.

Sauval a prétendu qu'au milieu du xviie siècle la rue Vivienne se prolongeait jusqu'à la rue Feydeau, sous le nom de rue Saint-Jérôme, et que cette portion de voie fut interceptée pour l'agrandissement du couvent des Filles-Saint-Thomas. Le dictionnaire des frères Lazare va plus loin : il affirme que « tous les plans qui représentent Paris « an XVIᵉ siècle » indiquent l'existence de la rue Vivienne. C'est une pure illusion difficile à justifier. Qu'on se figure deux lignes de remparts, de fossés, de contrescarpes et de glacis, partant la première du bord de l'eau, au quai actuel des Tuileries, se dirigeant vers la place de la Bourse en dessinant la bastion qui forme aujourd'hui le quartier Gaillon ; la seconde du bas de la rue Richelieu, prenant en écharpe le jardin du Palais-Royal, traversant l'hôtel de la Banque de France et rejoignant la première au bout de la rue Notre-Dame-des-Victoires. Comment admettre, entre deux, une rue Vivienne ouverte dans des glacis mal entretenus et partant d'une butte pour aboutir à une fondrière. Il suffit d'ailleurs de consulter les plans des premières années du XVIIᵉ siècle, Quesnel, Nicolay et les autres, pour reconnaître que la rue Vivienne n'existait pas avant la nouvelle clôture, et qu'elle ne pouvait pas exister.

Quant à la rue Saint-Jérôme, je l'ai découverte sur un plan manuscrit et dans des contrats notariés (Arch. Nat. S. 4760 et suivants). C'était une simple ruelle, à peu près déserte, qui longeait intérieurement les anciens Fossés Jaunes ; mais loin qu'elle continuât la prétendue rue Vivienne, elle se dirigeait obliquement du sud-ouest au nord-est, de telle façon que, reportée sur un plan moderne, elle traverserait diagonalement l'îlot qui nous occupe depuis le coin sud-est des rues Richelieu et des Filles-Saint-Thomas jusqu'au coin sud-est des rue et place de la Bourse. La rue Saint-Hierosme fut en effet absorbée par la construction du couvent, comme on le verra tout à l'heure.

Rappelons d'abord que les travaux de la nouvelle clôture ordonnée par le cardinal de Richelieu, et qui eurent pour résultat de faire reporter le rempart de la hauteur des premières maisons de la rue Richelieu actuelle jusqu'à la partie sud de la rue Feydeau, en absorbant les Fossés Jaunes, c'est-à-dire la fortification de Henry II, furent confiés à Louis Le Barbier, valet de chambre du roi, par traités des 9 octobre 1631 et 23 novembre 1633, sous les noms de Pierre Pidou et

Charles Froger. Ces divers traités furent homologués par arrêt
du Parlement de Paris le 5 juillet 1634. Un arrêt du Conseil
d'État du 11 décembre 1680, rendu à Saint-Germain-en-Laye
et signé Colbert, contient l'immense répertoire des pièces
administratives, judiciaires et privées, qui sont relatives à ce
sujet spécial, depuis 1631 jusqu'à 1680 (Paris, chez Frédéric Léonard, 1681, in-4°. de 32 pages).

Au sud de notre îlot, c'est-à-dire entre la rue des Filles-
Saint-Thomas et la clôture de Charles V, se trouvait une promenade avec jeu du Mail et un vaste terrain appelé les Burelles. C'est par là que commença la transformation de cette
banlieue. Les Augustins déchaussés achetèrent en 1628 le
grand terrain des Burelles. Louis XIII y posa, le 9 décembre 1629, la première pierre de l'église Notre-Dame-des-
Victoires. Je ne serais pas étonné que le premier tracé de la
rue Vivienne, sur le flanc occidental de la propriété des Augustins, n'ait été contemporain de leur établissement aux
Burelles.

L'ancienne muraille étant abattue et les nouveaux fossés, au delà des anciens Fossés Jaunes, étant creusés entre
la rue Richelieu, qui se poursuivait vers la Grange-Batelière,
et la rue Montmartre, le long de la rue Neuve-des-Fossés
que nous connaissons sous le nom de rue Feydeau, la communauté des religieuses dites les Filles de Saint-Thomas-
d'Aquin, fondée par Anne de Caumont, comtesse douairière
de Saint-Paul, duchesse de Fronsac, veuve de François d'Orléans, comte de Saint-Paul, duc de Château-Thierry (Dunois, le bâtard d'Orléans, duc de Longueville était son
quadrisaïeul), en vertu d'une bulle du pape Urbain VIII du
5 octobre 1625, de lettres de l'archevêque de Paris du
6 mars 1627, et de lettres patentes de Louis XIII du mois
de décembre 1629, enregistrées au greffe du Parlement le
3 juillet 1630, qui s'était d'abord établie en 1632 à l'hôtel de
Bon-Air, rue Saint-Martin, achcta en 1639 900 toises superficielles, autrement dit un arpent de Paris, en diverses
acquisitions inutiles à détailler ici, au lieu dit le Reposoir,
près la nouvelle porte Montmartre et jouxtant la partie septentrionale du couvent des Augustins déchaussés. Elles y
bâtirent le couvent qui a laissé son nom à la rue des Filles-

Saint-Thomas, et dont la porte principale, latérale à l'édifice, s'ouvrit au droit de la rue Vivien. Elles s'étendirent, par d'autres acquisitions, au nord jusqu'aux nouveaux fossés de la Ville, à l'est jusqu'à un sentier conduisant de Notre-Dame-des-Victoires à la nouvelle porte Montmartre, qui s'appelait le chemin Herbu, converti en rue par arrêt du Conseil du 23 novembre 1633, et qui prit aussitôt le nom de rue Notre-Dame-des-Victoires. On accédait d'abord au couvent par un cul-de-sac partant de la rue Richelieu; mais un jugement des commissaires du Conseil d'État du 10 septembre 1644 ordonna que les religieuses laissassent une rue de dix-huit pieds de large entre leurs murs de clôture et celui des Augustins déchaussés; en conséquence, le cul-de-sac fut prolongé jusqu'à la rencontre de la rue Notre-Dame-des-Victoires, aux dépens des terrains appartenant aux Filles-Saint-Thomas; et la nouvelle rue, depuis la rue Richelieu, fut appelée d'abord rue des Prêtres, ensuite rue Saint-Augustin, à cause des Augustins déchaussés ou Petits-Pères, et enfin rue des Filles-Saint-Thomas.

J'ai dit que l'ancienne rue Saint-Hierosme avait été enclavée dans le couvent; cela résulte d'un contrat du 15 juillet 1644, par lequel le sieur Jean Guillaume cède aux religieuses la jouissance qu'il avait acquise de Magdeleine Moissac, veuve de Jean Flamant, le 18 décembre 1642, d'une maison à porte cochère, « sise proche et à côté dudit couvent où étoit autrefois le rempart des Fossés Jaunes », construite sur un terrain concédé à titre emphythéotique par le prévôt des marchands pour quatre-vingt-dix-neuf ans commencés à la Saint-Jean-Baptiste 1635 (Arch. Nat. S. 4760).

Qui se douterait que cette maison, construite par le maître bourrelier Jean Flamant, revendiquerait un jour sa place dans les annales littéraires du XVIIIe siècle? Conservée et sans doute réparée par les Filles de Saint-Thomas-d'Aquin, elle fut vendue par elles, aux termes d'un contrat reçu Cuillerier le 10 juillet 1709, à Marguerite Rollot, veuve de Louis Doublet, trésorier général du feu duc d'Orléans, de qui elle passa à son fils Louis Doublet, secrétaire général des commandements de S. A. R., et à Marie Legendre, son épouse, fille d'un intendant du commerce. Chez cette seconde Mme Doublet se

14

réunirent pendant de longues années des hommes de lettres
connus, Marivaux, Piron, Helvétius, Petit de Bachaumont, etc.
C'est là que furent composés ces fameux *Mémoires secrets*
qui gardent le nom de Bachaumont, leur premier rédacteur.'
Mme Doublet mourut à quatre-vingt-quatorze ans en 1771,
dans cette maison où l'on accédait par la cour du couvent
(Arch. Nat. S. 4761-2), et qui occuperait, dans les plans
actuels, une portion du sol de la place de la Bourse, un
peu en avant et en travers du café du Vaudeville.

Entre le mur occidental du couvent et l'angle de la rue
Richelieu, le terrain se trouva couvert, dès l'année 1643,
par quatre maisons ou hôtels qui ont subsisté jusqu'à la fin
du dernier siècle, et dont je vais esquisser l'histoire, car
elle se rattache, comme on le verra tout à l'heure, à celle de
la rue Richelieu.

Rue des Filles-Saint-Thomas (no 20 du numérotage
de Watin en 1788). — Au moment où les Filles de Saint-
Thomas-d'Aquin vinrent s'établir au lieu dit le Reposoir,
entre le chemin Herbu et l'ancienne porte Montmartre, le
surplus des terrains, entre le mur occidental de la communauté et le prolongement de la rue Richelieu, se trouva divisé entre deux propriétaires ou deux groupes de propriétaires : d'abord, en allant de l'est à l'ouest, le chirurgien Jean
de Launay ; ensuite, joignant la rue Richelieu, son collègue
le chirurgien Thevenin et ses cointéressés ou cessionnaires.

Jean de Launay, chirurgien de longue robe, qui, antérieurement à 1638, tenait à bail emphytéotique du prévôt des
marchands 714 toises prélevées sur les Fossés Jaunes, en
acheta la toute propriété par contrat devant Marreau et Le
Revoux le 20 mars 1638, de Louis Le Barbier, cessionnaire
des droits de la Ville (transactions entre Le Barbier et de
Launay du 20 mars 1638, déclaration devant Ph. Le Cat et
Jean Semelier du 16 juin suivant; alignement par Tardif,
voyer de la prévôté, le 17 septembre 1636; autre par Laysant,
voyer de l'Archevêché, le 14 octobre suivant).

Devenu, par cette acquisition, maître des fonds inférieurs
auxquels il fermait toute issue, Jean de Launay les acquit de

leurs divers propriétaires, entre autres de la Fabrique de Saint-Laurent et de la Confrérie des Bouchers. Il ne conserva, des vastes surfaces ainsi réunies dans ses mains, que la portion contiguë au couvent des Filles-Saint-Thomas-d'Aquin; il y construisit une maison mitoyenne avec les Filles-Saint-Thomas et possédant des vues sur les deux cours du couvent, lesquelles communiquaient avec la rue. Cette maison passa, après la mort de Jean de Launay (avant 1641), à Jean-Martin de Laubardemont ou Lauberdemont (pour conserver une orthographe qui reproduit l'ancienne prononciation des Parisiens, aujourd'hui considérée comme faubourienne). C'était le célèbre maître des requêtes et conseiller d'État, qui fit brûler Urbain Grandier. Mme de Laubardemont, veuve en 1653, vendit la maison, par décret du 2 septembre 1662, à Antoine Rossignol, seigneur de Juvisy, maître en la Chambre des comptes de Paris (non de Poitiers comme les éditeurs de Tallemant des Reaux l'ont répété d'après une indication inexacte du Cabinet des titres), mort en décembre 1682. Il était le fils de ce Rossignol, natif d'Albi, né en 1590, mort en 1675, qui avait fait fortune auprès du cardinal de Richelieu par son extrême habileté à pénétrer le secret des dépêches chiffrées. Antoine Rossignol avait épousé Catherine Quentin de Richebourg, qui mourut en 1708 à quatrevingt-six-ans. Leur fille Catherine Rossignol épousa le président Croiset dont je vais parler à l'article suivant. Leur fils Charles-Bonaventure Rossignol, seigneur de Juvisy, qui fut d'abord conseiller au Parlement de Paris en 1674, puis l'un des présidents de la Chambre des comptes en 1688, époux, en juillet 1694, de Michelle de Pommereu, fille d'Auguste de Pommereu, conseiller d'État; d'où Bonaventure-Robert Rossignol, baptisé le 24 novembre 1694 (il était donc né avec cinq mois d'avance? mais ce sont là les dates du Cabinet des titres); maître des requêtes le 15 février 1719 avec dispense d'âge, intendant d'Auvergne en septembre 1734, époux de Anne-Marie-Renée de Bernage, morte veuve le 8 février 1786.

L'hôtel Rossignol fut habité ensuite par François-Guillaume Briçonnet, comte d'Auteuil, marquis de Rozay, fils aîné de Guillaume Briçonnet, avocat général au Grand

Conseil, puis président de la troisième chambre des requêtes
du Parlement de Paris, et de Charlotte Croiset fille du président Croiset. Le président Briçonnet de Rozay, neveu du
président Charles-Bonaventure Rossignol, mourut conseiller
d'honneur au Parlement le 24 octobre 1782, à quatre-vingt-
quatre ans, dans son hôtel de la rue des Filles-Saint-Thomas,
après l'avoir habité au moins soixante ans. Une remarque
cependant, pour répondre à une observation que pourraient
faire les érudits. Le plan de La Grive, daté de 1728, indique
à cette place un Ségur. Je ne sais quel était ce locataire ;
mais, en effet, les almanachs de 1721 à 1727 donnent
l'adresse de François-Guillaume Briçonnet rue Vivienne ; il
revint ensuite à la rue des Filles-Saint-Thomas pour n'en
plus bouger jusqu'à son dernier jour.

Après la mort du président Briçonnet, la maison, vraisemblablement reconstruite, appartint à un bourgeois de
Paris, nommé Georges Langlois, mercier, demeurant rue
Montmartre, qui la louait, en 1788, à usage d'hôtel meublé,
appelé l'hôtel du Grand Conseil. On conserve au Cabinet
des estampes les plans originaux d'un hôtel du Grand Conseil, au même emplacement, qui semble avoir eu la destination d'un édifice public. Le mercier Langlois, qui en sa
qualité d'ayant cause du chirurgien Jean de Launay, vendeur originaire d'une partie des terrains du couvent, possédait des vues et un accès libre sur les deux premières cours de
celui-ci, y renonça aux termes d'une transaction du 1er septembre 1788, accompagnée d'un plan qui porte à 14 toises 4 pieds
la façade de la maison. Sur le jardin de l'hôtel Briçonnet,
attenant à la rue Feydeau, on construisit en 1790 la salle
de spectacle connue sous ce nom, mais qui s'ouvrit d'abord
le 6 janvier 1791 sous le titre de Théâtre de Monsieur ; et
sur l'emplacement de l'hôtel même, c'est-à-dire du côté
de la rue des Filles-Saint-Thomas, s'éleva en 1828 le Théâtre
des Nouveautés, devenu successivement l'Opéra-Comique et
le Vaudeville, démoli en 1869 pour le percement de la rue
du Dix-Décembre. Sur le plan de Jacoubet, les deux théâtres
coexistent, également alignés l'un et l'autre, du côté de l'est
par le mur de fond des maisons du côté droit de la rue des
Colonnes, et séparés de la place de la Bourse par un triangle

dont la base est au nord et la pointe au sud, prélevé sur les anciennes cours et jardin du couvent des Filles-Saint-Thomas.

No 19 du numérotage de Watin (no 16 du numérotage de 1806). — La partie des terrains que le chirurgien de Launay avait conservée (voir l'article précédent) fut cédée par lui le 15 mai 1638, devant L'estore et Chapelain, notaires, à Nicolas d'Ivray, aux frères Adam et Jacques Robelin et à Pierre Convers, architectes entrepreneurs. (Il y avait trois frères Robelin : Adam fut inhumé à Saint-Sulpice le 8 juillet 1649, et le troisième frère, Marc Robelin, architecte des bâtiments du Roi, doyen des maîtres maçons, à Saint-Germain-l'Auxerrois, le 16 janvier 1659.) Par licitation entre les acquéreurs, du 16 avril 1639, la maison demeura à Nicolas d'Ivray, qui la céda à François Thevenin, chirurgien oculiste du roi (de qui je reparlerai au no 79 ci-après), le 30 août 1640, contre 750 livres de rentes.

Thevenin, à son tour, la céda contre 4,000 livres de rentes, aux termes d'un contrat du 8 mars 1658, confirmé par décret du Châtelet le 5 mars 1659, à Pierre de Maupeou, seigneur de Monceau et d'Ivry, président au Parlement de Paris (mort le 21 février 1682), époux de Jeanne-Marie Quentin de Richebourg, sœur de Mme Antoine Rossignol et par conséquent tante de la présidente Croiset. Le président Maupeou réunit à sa propriété par derrière, aux termes d'un contrat du 21 septembre 1661, les droits du maître des requêtes Paget sur les terrains provenant des Fossés Jaunes, que ce dernier tenait lui-même, par diverses rétrocessions, d'un sieur Marchand, auquel ils avaient été concédés par la Ville à titre emphytéotique, le 30 avril 1648 (Arch. Nat. Y. 3096).

Ce fut à son neveu le président Croiset que le président de Maupeou vendit son hôtel le 4 mai 1677, par contrat reçu Rallu (il devrait être aux minutes de Me Ambron, mais elles ont péri dans les incendies de la Commune en 1871), confirmé par sentence du Châtelet de Paris du 10 novembre 1677 (Arch. Nat. *loc. cit.*).

Louis-Alexandre Croiset, nommé à tort Croizette par le Terrier royal et Croisset par La Chesnaye des Bois, descendait d'un notaire au Châtelet de Paris, par Jacques Croiset,

receveur général des tailles en Berry (1602), contrôleur
général de l'audience de la Chancellerie (1605-1634), qui
eut pour fils Charles Croiset, payeur des gages au Grand
Conseil (1627), secrétaire du roi et contrôleur général de la
Chancellerie, grand audiencier de France, qui eut pour
femme Marie Damond, dame d'Estiaux, morte en septembre
1697, père et mère de Louis-Alexandre, le président. Celui-ci
fut reçu conseiller au Parlement le 26 mars 1672, puis
président de la quatrième chambre des enquêtes jusqu'en
1711, ensuite conseiller d'honneur à la Grand'Chambre et
président honoraire. Il mourut en 1728. Les baronnies et
châtellenies d'Estiaux, Damis, Longpré et Saint-Philibert
avaient été réunies et érigées pour lui en marquisat sous le
nom d'Estiaux, par lettres de janvier 1702, enregistrées le
10 du même mois.

De son mariage avec Marie-Catherine Rossignol naquirent
douze enfants, parmi lesquels : 1º Louis-Alexandre II marquis d'Estiaux, mort avant son père, le 9 septembre 1719,
marié, depuis le 25 février précédent, à Bonne-Louise Feydeau de Marville, morte le 14 juillet 1725 à vingt-deux ans,
d'où Louis-Alexandre III marquis d'Estiaux, reçu conseiller
aux requêtes du Parlement le 2 septembre 1738, président
en la Chambre des comptes de 1746 à 1753; 2º Charlotte
marquise d'Estiaux, morte le 2 novembre 1747 à soixante-
douze ans, mariée le 17 janvier 1697 à Guillaume Briçonnet
marquis de Rozay, président de la troisième des enquêtes au
Parlement de Paris, qui mourut le 13 janvier 1713 (voyez
l'article précédent et aussi au nº 78 ci-après); 3º Marie-
Louise Croiset, morte le 27 janvier 1768 à quatre-vingt-
quatre ans, mariée le 1er mai 1705 à Henry-Charles Feydeau,
seigneur de Garlande, président de la troisième des enquêtes
après Guillaume Briçonnet son beau-frère, mort le 6 septembre 1715; 4º Thérèse-Angélique, mariée en 1710 à
Cardin Le Bret, premier président et intendant en Provence,
mort en 1712; 5º Anne-Marie-Antoinette Croiset, femme
de Jean-Baptiste Laugeois, seigneur d'Imbercourt et de la
Jonchère, intendant à Soissons et à Montauban, maître des
requêtes du 10 décembre 1698.

On voit que les familles Quentin de Richebourg, Briçonnet, Maupeou, Rossignol et Croiset étaient unies par d'étroites et nombreuses alliances, auxquelles se rattachait fortement celle des Feydeau, deux filles du président Croiset ayant épousé des Feydeau, qui se trouvaient leurs proches parents, puisqu'une troisième sœur de Mmes Pierre de Maupeou et Antoine Rossignol, Marie Quentin de Richebourg, avait épousé N. Feydeau de Brou.

Les Feydeau étaient une famille noble de la Marche, établie à Paris au xve siècle, et qui donna un ambassadeur à Louis XII dans la personne de Guillaume Feydeau, conseiller au Parlement de Paris (inhumé à Saint-Étienne-du-Mont en 1520).

Le président Croiset et le président Rossignol, son beau-frère, possédaient à eux deux au moins les deux tiers du terrain compris entre la rue des Filles-Saint-Thomas, la rue Richelieu et le rempart qui s'étendait en bordure le long de la rue Feydeau. Le dictionnaire des frères Lazare rapporte le nom de la rue Feydeau aux mérites de Claude-Henry Feydeau de Marville, lieutenant général de police de 1739 à 1747 ; mais la rue Feydeau est indiquée sous cette appellation au Terrier royal de 1705 ; il est vrai qu'un peu plus tard on essaya de la nommer rue Neuve-des-Fossés, mais ensuite on lui rendit son premier nom, très antérieur à la lieutenance de police de M. Feydeau de Marville. Je remarque à ce sujet que les plans de N. de Fer et de Jaillot (*circà* 1707 à 1710) attribuent le nom de rue des Fossés-Montmartre à l'ancien chemin des fossés entre la rue Richelieu et la rue Gaillon, et lui donnent, entre la rue Gaillon et la rue Louis-le-Grand, un prolongement qu'ils appellent rue Feydeau. S'il n'y a pas erreur pure et simple dans ces plans si souvent remaniés, il ne pourrait s'agir, en tout cas, que de projets qui ne s'exécutèrent point. Dès 1693, le chemin hors de la porte Richelieu, entre la rue Richelieu et la rue Gaillon, avait cessé d'exister, sans avoir eu le temps de devenir une rue ; c'est une curieuse histoire sur laquelle je fournis, sous le n° 85, des renseignements complets.

En même temps, les fonds de l'hôtel Croiset, qui s'étendaient jusqu'au nouveau rempart, s'accrurent de toute la largeur de cette fortification déjà ruinée au bout de cinquante ans, non seulement au droit de la propriété, mais encore en débordant vers l'ouest jusqu'à la rue Richelieu, ainsi qu'on le verra ci-après sous les nos 78 et 80.

Le président Croiset avait fait construire, sur les terrains acquis aux dépens des remparts et des fossés, des écuries qui ouvraient sur la rue Feydeau. C'est ce qui explique comment il pouvait, sans se gêner, louer une écurie pour deux chevaux et une remise pour une chaise situées dans la première cour de son hôtel, à M. Rolland-Armand Bignon de Blanzy, conseiller d'État ordinaire, intendant de la généralité de Paris (acte sous seing privé, au Cabinet des titres). M. Bignon habitait alors au coin nord-est de la rue Vivienne et de la rue des Filles-Saint-Thomas (aujourd'hui no 15 place de la Bourse et rue Vivienne no 24), le bel hôtel qui avait été celui du savant marquis de l'Hôpital, mort en 1704, et qui vient de tomber sous la pioche des démolisseurs (mai 1881). Il n'existe plus guère que deux hôtels de ce grand et beau style Louis XIII ; ce sont : l'hôtel de Pomponne et de l'Hôpital (le maréchal), et l'hôtel Rambouillet de la Sablière, qui ornent sur la place des Victoires les deux encoignures de la rue d'Aboukir, ci-devant des Fossés-Montmartre. Dans le sous seing privé que j'ai découvert au Cabinet des titres, M. le président Croiset, parlant à la première personne, qualifie son hôtel : « Ma maison de l'Hermitage, rue Neuve-« Saint-Augustin ». Cette expression pouvait faire supposer que l'hôtel Croiset aurait fait partie anciennement des dépendances du couvent ; mais une connaissance exacte des titres de la communauté des Filles-Saint-Thomas-d'Aquin me permet d'affirmer que leurs possessions ou droits directs ou indirects ne s'étendirent jamais de ce côté. L'Hermitage du président Croiset n'était donc qu'une désignation toute intime, dépourvue de signification historique.

Le président Croiset étant mort en 1728, le partage des biens de la communauté qui avait existé entre lui et Marie-Catherine Rossignol eut lieu devant Me Dutartre l'aîné, le 6 avril 1730, entre Catherine veuve de Guillaume Briçonnet comte d'Auteuil, Marie-Louise veuve Feydeau de Garlande, et Guillaume-Jean-Baptiste Laugeois d'Imbercourt, seigneur de la Jonchère, baptisé le 12 septembre 1709, colonel de cavalerie au régiment de Berry, par représentation d'Anne-Marie-Antoinette d'Imbercourt, née Croiset, sa mère.

Quant à Louis-Alexandre Croiset marquis d'Estiaux, alors mineur, son tuteur M. Millerand renonça pour lui à la succession, ne retenant que l'hôtel de la rue des Filles-Saint-Thomas, en vertu de la substitution instituée par le président Louis-Alexandre Ier en faveur de son petit-fils.

La famille Croiset, ayant cessé d'habiter la rue des Filles-Saint-Thomas, se transporta place Royale près de la rue Saint-Louis; l'hôtel de la rue des Filles-Saint-Thomas fut alors loué par le tuteur Millerand aux termes d'un bail consenti à M. le comte de Saint-Florentin, du Ier octobre 1740 au Ier octobre 1748.

Louis Phelypeaux comte de Saint-Florentin, puis duc de La Vrillière, ce petit homme qui, d'après une épigramme du temps, porta trois noms et ne s'en fit aucun, était né le 18 août 1705 et mourut le 2 janvier 1777, à soixante-douze ans. Il naquit et mourut ministre; survivancier de son père à dix-huit ans, il devint à vingt ans secrétaire d'État titulaire, et s'installa rue du Canivet, derrière Saint-Sulpice. Vous figuriez-vous un ministère rue du Canivet? L'année suivante, en 1726, il prit une installation plus digne dans l'hôtel de feu son père, rue de Grenelle-Saint-Germain (no 75 avant les démolitions), puis il se transporta dans une maison de la rue de Richelieu (voyez ci-après no 89); en voilà pour quatre ans, de 1736 à 1740.

Le Ier octobre 1740, M. de Saint-Florentin, nommé, en plus de sa secrétairerie d'État et de son secrétariat du Saint-Esprit, chancelier de la reine Marie Leczinska, vint s'établir avec sa femme Amélie-Ernestine comtesse de Platen, fille du comte de Platen, ministre d'État et grand chambellan du roi d'Angleterre, à l'hôtel Croiset, qui devint ainsi le ministère des « affaires de la Religion prétendue réformée, de la « feuille des bénéfices, et des pays d'État ». Mais ce ne devait être ni la dernière, ni l'avant-dernière, ni même l'antépénultième des pérégrinations de ce ministre déménageur. M. de Saint-Florentin quitta l'hôtel Croiset à l'expiration de son bail le Ier octobre 1748, au moment même où un nouveau partage d'attributions entre les quatre secré-

taires d'État le faisait ministre de la maison du Roi. Il s'installa d'abord dans un hôtel dont je ne saurais préciser l'emplacement rue de la Madeleine; de là, en 1784, à la rue de la
Ville-l'Évêque dans l'hôtel que M. le comte Molé occupa
plus tard sous Louis-Philippe, et enfin, en 1770, à la rue qui
porte son nom, dans l'hôtel qu'il y avait fait construire, qui
apppartint plus tard au duc de l'Infantado, puis au prince de
Talleyrand, et qu'habite aujourd'hui M. le baron Alphonse
de Rothschild.

En vue de l'expiration prochaine du bail de M. de Saint-
Florentin, l'hôtel Croiset fut vendu par contrat devant Bronod,
notaire (aux minutes de Me Jules Plocque), le 8 mars 1748,
confirmé aux termes d'un décret des requêtes du Palais des
16 et 19 janvier 1749 (Arch. Nat. X³ 2902) à Marie-Louise-
Françoise Bigres, veuve d'Eusèbe-Jacques de Chassepoux
marquis de Verneuil en Lorraine, mort le 2 janvier 1747
à cinquante-cinq ans, doyen des quatre secrétaires de la
Chambre du Roi. J'emprunte à l'acte notarié du 18 mars
1748 la seule description à moi connue de l'hôtel Croiset :
« Grand corps de logis entre cour et jardin, rez-de-chaus-
« sée, premier, deuxième étage et grenier; bâtiment en
« aile où sont les remises; petit bâtiment au fond du jardin
« où sont les écuries (c'est le côté de la rue Feydeau);
« tenant d'un côté en son entier à M. le président Briçon-
« net (c'est l'hôtel Rossignol et Briçonnet), aboutissant sur
« la rue Feydeau; d'autre côté, en partie, à la rue Riche-
« lieu, au droit de l'encoignure de la rue Feydeau, et dans
« le surplus dudit côté à plusieurs qui font enclave; par de-
« vant à la rue Neuve-Saint-Augustin. »

La marquise de Verneuil mourut le 26 février 1777, à
soixante-treize ans. Elle laissait un fils, Eusèbe-Félix marquis de Verneuil, mort le 20 février 1791 à soixante-dix ans,
veuf d'Anne-Adélaïde d'Harville, qui fut de 1756 à 1790
premier échanson des rois Louis XV et Louis XVI, et non
« grand échanson de France » comme le disait pompeuse-
ment l'acte de son inhumation relevé par M. le comte de
Chastellux sur les registres de Saint-Eustache.

A la mort du marquis de Verneuil, la vente de l'ancien
hôtel Maupeou, Croiset, Saint-Florentin, fut poursuivie par

licitation entre : 1º Anne-Michelle-Isabelle Chassepoux de Verneuil, femme de René-Louis-Charles marquis de Menou; 2º Adelaïde Ch. de Verneuil, demoiselle majeure; 3º Anne-Pauline Ch. de Verneuil, femme de Louis-Victor-Hippolyte Luce comte de Montmorin; toutes trois filles du marquis et de la marquise de Verneuil; et 4º leurs nièces Anne-Henriette-Charlotte, Aglaé-Louise-Charlotte, Charlotte-Jeanne-Félicité-Élisabeth et Charlotte-Marie-Pauline d'Appellevoisin, filles mineures de feue Adélaïde-Félicité-Louise Ch. de Verneuil, femme de Charles-Gabriel-René d'Appellevoisin marquis de la Roche-du-Maine.

L'hôtel et ses dépendances furent divisés par lots selon le plan dressé par M. Boucher, architecte, le 1er décembre 1791. Le premier lot, comprenant tout l'hôtel, cour et jardin jusqu'à la rue Feydeau, fut adjugé, par jugement du tribunal civil du département de la Seine du 9 juin 1792, à Me Debruges, avoué, qui en passa déclaration le même jour au profit d'Antoine Richard et d'Antoine-Jean Jol Beaudecourt. Sur l'emplacement de l'hôtel de Verneuil, les acquéreurs ouvrirent un passage garni de portiques de chaque côté, que l'on appela le passage des Colonnes. L'administration centrale du département de la Seine refusa d'abord de comprendre ce passage parmi les voies publiques, parce que, n'ayant que 24 pieds de largeur entre les galeries couvertes, il ne satisfaisait pas à l'obligation édictée par la déclaration du 10 avril 1782, qui fixait à 30 pieds la largeur *minima* des rues nouvelles; un arrêté du 26 floréal an V (15 mai 1797) prescrivit même à M. Beaudecourt de poser des grilles à chaque extrémité du passage des Colonnes; mais l'administration rapporta son arrêté le 26 vendémiaire an VI (17 septembre 1797), sur cette considération que les portiques, considérés comme des trottoirs couverts, donnaient au passage des Colonnes 42 pieds de largeur réelle, et le passage fut élevé à la dignité de voie publique sous le nom de rue des Colonnes, à la condition que les portiques couverts feraient partie intégrante de la voie et qu'il serait entretenu sous ces galeries, aux frais des propriétaires riverains, « par l'entrepreneur de l'illumi-« nation de Paris, un nombre suffisant de réverbères pour « les éclairer convenablement pendant la nuit ».

La rue des Colonnes, coupée en deux tronçons par la rue de la Bourse ouverte en 1830, a perdu en 1869 sa section méridionale comprise entre la rue des Filles-Saint-Thomas et la rue de la Bourse. Les anciens nos 1, 3, 5, bâtis sur l'aile gauche de l'ancienne cour de l'hôtel de Verneuil, les nos 2 et 4, bâtis sur l'aile droite, ont été rasés, et sont aujourd'hui confondus dans le sol du large carrefour formé par la rencontre de la rue du Quatre-Septembre avec la rue des Filles-Saint-Thomas et la place de la Bourse.

No 18 du numérotage de Watin (ancien 18 rue des Filles-Saint-Thomas dans le numérotage de 1806).—L'établissement de la clôture de 1639 ayant déterminé le percement de la rue Richelieu dans une direction sud-ouest-nord-est oblique à la rue des Filles-Saint-Thomas, il s'ensuit que les terrains de celle-ci sont coupés au nord par la première, et que la bande de terrain laissée à l'ouest entre les terrains de Jean de Launay (hôtels Rossignol et Croiset) et la rue Richelieu affecte la forme d'un triangle composé d'un angle droit qui s'appuie à la rue des Filles-Saint-Thomas et dont le grand côté est formé par le côté droit de la rue Richelieu : d'où il suit que la profondeur des terrains diminue à mesure qu'on monte vers la rue de la Bourse. Cette disposition primordiale, très accentuée dans les plans antérieurs à 1830, a laissé sa trace, malgré la reconstruction presque totale de cette région. Les curieux qui jetteront en passant un coup d'œil sur la maison qui porte le no 76 constateront que ses murs offrent une obliquité très sensible nord-ouest-sud-est, comparativement aux maisons neuves entre lesquelles elle s'encastre.

Le triangle que je viens d'indiquer, et qui renferme encore aujourd'hui les nos 68 à 78 de la rue Richelieu, fut possédé tout entier, moins le no 78, par un groupe de familles étroitement unies d'alliances et d'intérêts, et dont je vais raconter ou plutôt reconstituer l'histoire, car elle n'a jamais été faite. Il s'agit des Paget, des Le Sage, des Thevenin, des Monnerot et des Brouilly, de naissance et d'illustration inégale, mais qui toutes cinq ont pris part aux affaires du pays. Les généalogistes m'ont été, en cette occasion, d'un médiocre secours; c'est en comparant entre eux un assez grand nombre d'actes anciens, dont quelques-uns sont sortis pour moi du précieux cabinet de M. le comte de Magny, que j'ai pu dresser l'arbre généalogique des Paget, la plus importante des trois familles que je viens de nommer.

C'est, je crois, en Picardie qu'il faut chercher le berceau des Paget; le plus ancien de ce nom qui me soit connu est un Antoine Paget, marié à une Thonnelier ou Le Thonnelier, dont le fils nommé Jacques fut, sous Louis XIII et Louis XIV, receveur des tailles de l'élection de Montdidier et de Roye, et secrétaire du Roi. C'est en cette dernière qualité qu'il fut chargé par ses confrères de juger comme arbitre, de concert avec son collègue Jacques d'Alibert, l'un des propriétaires des terrains du Reposoir, sur lesquels s'éleva le couvent des Filles-Saint-Thomas, un procès entre Olivier Budé, Henry de Louvigny, Louis Lopil et Charles Guérin, dont sentence, rendue à Paris le 15 mars 1638, est signée en original par Jacques Paget et d'Alibert (Cab. de M. de Magny). Il avait épousé Nicole Le Sage, fille d'un secrétaire du Roi, et paraît avoir été intéressé aux grosses affaires de finances. C'est bien à ce Paget, receveur des tailles, que s'applique cette phrase du *Catalogue des Partisans :* « Le « Sage, beau-frère de Paget, lui prête son nom pour l'exer- « cice des quatre offices de payeur de rentes des huit mil- « lions de tailles. »

Marguerite Le Sage, sœur de Mme Jacques Paget, avait épousé François Thevenin, le chirurgien oculiste du Roi, qui prit une grande part aux opérations de terrains dans le quartier neuf de la rue Richelieu.

Jacques Ier Paget eut trois enfants, qui se trouvèrent les neveux et nièces du chirurgien Thevenin :

1º François, sieur de Vauxbuin, conseiller au Grand Conseil le 31 avril 1637, mort doyen de sa compagnie avant 16..; marié le 15 juin 1638 à Marie Robin; d'où un fils Jean Paget, seigneur de Vauxbuin, bourgeois de Paris, mort célibataire en 16.., laissant pour héritiers ses neveux et nièces, fils et filles de sa sœur et de son frère, qui suivent :

2º Geneviève Paget, femme en 1630 de Philippe de Brouilly, seigneur de Herleville et du Quesne, capitaine du

château de Compiègne, mort en novembre 1653; d'où
Antoine de Brouilly, né le 3 mai 1639, seigneur et marquis
d'Herleville, lieutenant aux gardes reçu en 1658, promu
capitaine en 1668, mari de dame Andrée Solle, mort le
21 septembre 1713 à soixante-quatorze ans. Je ne puis
établir aucune parenté entre ces Brouilly seigneurs d'Herleville et leurs homonymes contemporains, les Brouilly marquis de Piennes.

Cette parenté ne m'en paraît pas moins certaine : 1° parce
que l'une et l'autre famille de Brouilly appartenaient à la
Picardie; le marquisat de Piennes avait été créé en avril
1668 pour Charles de Brouilly, mari de Renée de Rochefort
Croiset, d'où naquit Antoine de Brouilly marquis de Piennes,
contemporain de l'autre Antoine de Brouilly marquis d'Herleville et mari de Françoise Godet des Maretz; il ne sortit
de cette union que des filles, dont l'aînée, Olympe de
Brouilly, héritière du marquisat de Piennes, mourut le
23 octobre 1723, veuve depuis le 6 août précédent de Louis
duc d'Aumont, pair de France, premier gentilhomme de la
Chambre du Roi; 2° parce que ces deux Antoine de Brouilly
se trouvèrent rapprochés d'une manière aussi significative
que curieuse dans les dramatiques mystères des prisons
d'État sous Louis XIV. En effet, lorsque M. de Saint-
Mars prit le commandement du donjon de Pignerol en
1665, le gouverneur général, dont l'autorité s'était exercée
jusque-là sur la citadelle, le donjon, la ville et le territoire
de Pignerol, était Antoine de Brouilly marquis de Piennes.
Il s'absenta de son poste au commencement de 1670 et y
eut pour successeur en 1674 l'autre Antoine de Brouilly
marquis d'Herleville, capitaine aux gardes françaises (que
M. Th. Iung, dans son livre sur *le Masque de Fer,* défigure
doublement sous le nom et la qualité également erronés de
Breuilly, capitaine *des* gardes). La substitution d'un Brouilly
à l'autre semble indiquer que le marquis de Piennes ne se
retira qu'en obtenant, à titre de compensation, que son
gouvernement fût donné à quelqu'un des siens. Le marquis
de Brouilly d'Herleville demeura gouverneur général de Pignerol jusqu'à l'abandon de cette forteresse par la France.

Une de ses sœurs, Marie-Magdeleine de Brouilly, née le

18 octobre 1634, veuve en premières noces de Bénigne
Hennequin seigneur de Charmont et de la Coutardie, capitaine aux gardes, qu'elle avait épousé le 2 juillet 1651, se
remaria le 25 avril 1657 avec le célèbre financier qui s'appelait Nicolas Monnerot, fort jeune évidemment, puisque
Guy Patin en 1661 l'appelle encore « le jeune Monnerot de
Lyon ». La tige de ces fameux partisans était un huissier,
qui eut deux fils : l'aîné, Pierre Monnerot, receveur général
d'Orléans, mort en février 1682, mari de N. Laugeois, d'où
Pierre Monnerot, seigneur de Sevres, contrôleur au Châtelet
(voir ci-dessus le n° 46); Marguerite Monnerot, deuxième
femme de François Cadot, marquis de Sebeville, chevalier
de Saint-Louis, maréchal de camp, aide de camp du roi,
mort en mars 1704 à quatre-vingt-six ans; et Olivier-Louis
Monnerot, chevalier des ordres de Savoie, maître d'hôtel
ordinaire du Roi, chef du vol pour la pie de la Chambre
du Roi et du vol pour le canard de la grande fauconnerie
de France; mort en octobre 1703; d'où Antoine Monnerot,
chevalier de Saint-Louis, capitaine de cavalerie au régiment
Dauphin étranger, mari d'Agnès Solu.

Le frère cadet de Pierre, Nicolas Monnerot, dit le Riche,
qui épousa Madeleine de Brouilly, fut receveur général de
Lyon, secrétaire du roi le 4 septembre 1654, contrôleur en
1649 des rentes de la Ville de Paris sur les cinq grosses
fermes, et trésorier des parties casuelles. Il passait pour le plus
riche particulier du royaume. Sa réputation d'opulence lui
porta malheur. Au milieu des splendeurs du mariage royal
à l'île des Faisans en 1661, Louis XIV se tourna vers
M. de Roquelaure et lui demanda ce qu'il pensait de la
magnificence : « Sire, » répondit M. de Roquelaure avec
son accent gascon, « on diroit que Monnerot se marie. »
(*Mém. de Cosnac*, t. II, p. 19.) Le roi demeura pensif. Cette
saillie d'un courtisan venait de décider la perte de Monnerot.
L'île des Faisans fut pour lui ce que la fête de Vaux devait
être pour Fouquet quelques mois plus tard. A peine le surintendant était-il arrêté à Nantes, que des mesures de rigueur
furent prises contre les financiers plus ou moins suspects
d'avoir trempé dans les malversations qu'on lui imputait.
« Les partisans sont ici fort étourdis, » écrit Guy Patin sous

la date du 19 septembre 1661 ; « on a scellé chez le jeune
« Monnerot de Lyon. » Le roi s'était souvenu du mot de
Roquelaure. Ce fut la ruine de Nicolas Monnerot ; l'édit
d'avril 1664 supprima sa charge de trésorier des parties
casuelles, et la Chambre de justice le chargea d'une taxe
énorme, qu'il ne put ou ne voulut payer. Il mourut en
prison. Le merveilleux hôtel qu'il avait fait bâtir par l'architecte Chamois, rue Neuve-Saint-Augustin, à côté de l'hôtel
de Menars (démoli en 1767 pour le percement de la rue de
Gramont), fut confisqué au profit du roi, qui le céda le
17 mai 1667 au maréchal Antoine III de Gramont, par
échange contre l'hôtel de Gramont ci-devant de Clèves, situé
rue de l'Autriche ou du Louvre. N'est-il pas singulier que
le gouvernement général de Pignerol, où Fouquet se trouvait encore prisonnier, ait été confié au beau-frère d'une des
plus malheureuses victimes de la chute du surintendant ?

Faut-il identifier l'Antoine Monnerot désigné dans les
renseignements généalogiques qui précèdent avec l'Antoine-
Jacques Monnerot de Brouilly, probablement neveu ou petit-
neveu du marquis d'Herleville, dénommé précédemment
comme propriétaire de la maison n° 66 ? Je ne sais ; mais un
document judiciaire (Arch. Nat., Req. de l'Hôtel, V⁴ 1375)
donne l'adresse du marquis d'Herleville en 1673 dans une
maison faisant le coin de la rue Neuve-Saint-Augustin
(aujourd'hui des Filles-Saint-Thomas) et de la rue Richelieu.

3° Jacques II Paget, écuyer, seigneur de Villemonble,
Vauciennes et Plessis-aux-Bois, troisième enfant de Jacques Ier,
le receveur des tailles ; né en 1610, il fut d'abord président de
la Chambre des comptes, aides et finances de Montpellier,
puis maître des requêtes par lettres du 10 décembre 1643,
reçu le 9 février 1644 ; ensuite intendant à Tours et à Limoges ; on conserve au Cabinet des mss. quelques lettres
de lui écrites pendant son intendance de Tours au chancelier Séguier, et une lettre que lui écrivait Louis XIV le
9 avril 1650 pour l'approvisionnement des garnisons de
Champagne. L'une des premières mesures adoptées par le
cardinal de Mazarin, lorsqu'il eut appelé Fouquet au contrôle général des finances le 8 février 1653, fut de créer

quatre nouvelles charges d'intendants des finances (c'étaient des espèces de directeurs-généraux sous l'autorité du contrôleur-général); les trois dernières de ces charges furent vendues 800,000 livres, avec quoi Mazarin entretint l'armée qui tint tête aux Espagnols; mais la première fut donnée à Jacques Paget, que son mérite avait fait distinguer. Sa commission est datée de juillet 1654. Il avait été reçu secrétaire du Roi le 29 mai 1655. Il mourut doyen honoraire des maîtres des requêtes le 6 décembre 1695, à quatre-vingt-cinq ans et trois mois, et fut inhumé le lendemain à Saint-Sauveur (Bibl. Nat., ms. fr. 14018). On a plusieurs portraits de lui par Humbelot et Michel Lasne. C'était un homme d'aspect grave, doux et triste. Autour du médaillon, Lasne a gravé cet anagramme : *Pacate subigo* (Iacobus Paget); et au bas cette explication : *Cuncta animo subigit, constans atque benignus.* Bien qu'il dût sa fortune politique au choix de Fouquet, il fut envoyé pour apposer les scellés au château de Vaux après l'arrestation du surintendant, mission qui témoignait autant de confiance de la part du maître que de dévouement chez le magistrat, puisque, en même temps, on « scelloit » chez son propre neveu Nicolas Monnerot.

Il avait d'ailleurs donné au Roi des preuves personnelles de son zèle; un arrêt du Conseil du 15 juillet 1656, dont je possède l'extrait collationné et signé par le maître des requêtes Bouëx, porte ceci : « Le Roy ayant besoing de la « somme de quinze mille livres pour employer presentement « à une despense très urgente et importante à son estat et « à son service, et Sa Majesté ayant requis le sieur Paget, « intendant des finances et maistre des requestes ordinaires « de l'hostel du Roy, de luy prester ladite somme..., etc. » Un « brevet original signé du Roi, sous la date du 24 avril 1657 (Cabinet de M. de Magny), fait don à Jacques Paget d'une somme de trois mille livres.

Jacques II Paget fut marié trois fois : sa première femme était Anne Gelée, fille de Thomas Gelée, lieutenant criminel au Châtelet de Paris de 1587 à 1597, maître des comptes du 24 juillet 1597 au 9 septembre 1609 (ms. fr. 14,070), et de Louise Le Picart. Cette première Mme Paget, de qui Tallemant raconte l'amusante aventure dans laquelle elle

15

s'était innocemment fourvoyée avec Marion de l'Orme, fut
en réputation d'esprit et de beauté; on a de Boisrobert des
vers adressés à Mme Paget qu'il appelait « sa charmante
« voisine », et la *Galerie des peintures* (1659, p. 759) nous
apprend que Juste (Zacharie) avait fait le portrait de
Mme Paget avec son fils. Elle mourut le 13 mars 1665 et
fut inhumée le lendemain aux Feuillants. C'est uniquement
par le ms. fr. 14018 que je connais le second mariage de
Jacques II Paget; encore n'indique-t-il ni le nom ni les
prénoms de la nouvelle épouse; il n'a retenu que la date de
son inhumation, 5 avril 1670.

La troisième Mme Paget a laissé des traces plus saisissa-
bles. Elle s'appelait Geneviève Souillac. M. Paget avait
longtemps habité le nouveau quartier Richelieu, comme on
le verra par la suite. Mais en 1687 il habitait un hôtel de
la rue des Quatre-Fils. Je relève cette indication dans un
acte fort curieux, dont M. de Magny possède la copie collationnée. C'est le partage devant les notaires Monnerat et
Benoist, le 6 juin 1687, par tirage au sort en trois lots,
d'un terrain appartenant indivisément à Mme Paget, à
Pierre Le Mire, grand audiencier de France, et à Jules-Har-
douin Mansart, premier architecte et intendant des bâtiments du Roi; ce terrain de cinq mille toises, qu'ils
avaient acheté en commun sous le nom de M. Le Mire, par
sentence des requêtes du Palais du 10 juillet 1686, était
situé au faubourg Saint-Germain, derrière la Grenouil-
lère, faisant face par devant sur la rue de Bourbon (rue de
Lille), par derrière sur la rue de l'Université, d'un côté rue
de Poitiers, et d'autre rue de Bellechasse. C'est l'îlot placé
derrière l'ancien palais du Conseil d'État et de la Cour des
comptes, et sur lequel s'élevèrent deux hôtels, dans l'un
desquels mourut Dangeau. On voit que la troisième
Mme Paget avait, comme la famille et les alliés de son mari,
le goût des spéculations foncières. Elle vécut au delà de
l'année 1702.

Jacques II Paget n'avait eu qu'un seul enfant, issu de son
premier mariage; ce fut Jacques III, chevalier, seigneur du
Plessis, capitaine exempt des gardes de corps du Roi, démissionnaire avant 1677, qui, héritier pour moitié de son

grand-père (Thomas Gellé avait laissé une seconde fille, Élisabeth, femme de Jean Le Bec, conseiller à la Cour des aides), pour la totalité de son père, et, de plus, légataire universel de son cousin germain Jean Paget de Vauxbuin, recueillit tous les biens de la famille Paget. Il ne paraît pas avoir été marié, et son nom périt avec lui.

Nous connaissons maintenant les contractants des acquisitions et échanges qui constituèrent cette portion du nouveau quartier de la porte Richelieu, depuis le couvent des Filles-Saint-Thomas, dans la rue de ce nom, jusqu'à la rencontre du débouché de la rue de la Bourse, sur la rue Richelieu.

L'ancien n° 18 de la rue des Filles-Saint-Thomas, démoli en 1869, tirait son origine d'un contrat reçu Camuset et Rossel, le 15 avril 1635, portant vente par François Thevenin et Marguerite Le Sage, sa femme, à Philippe de Brouilly d'Herleville, leur neveu, d'une place vague contenant 316 toises, ayant face sur les rues Saint-Augustin et Richelieu. Sur une partie de ce terrain, Philippe de Brouilly avait construit une maison qu'il vendit devant Pacque et Le Cat, le 14 octobre 1643, à son beau-frère François Paget seigneur de Vauxbuin, de qui elle passa à son fils Jean Paget de Vauxbuin, lequel, par testament olographe du 22 décembre 1703, déposé à Dupuis le jeune, notaire, le 11 mai 1707, institua pour légataire universel son cousin germain Jacques III Paget, fils du maître des requêtes.

M. Jacques Paget vendit cette maison par devant Me Delambon (aux minutes de Me Labouret), le 12 juillet 1709, à M. François de Callières. Elle est ainsi décrite dans l'acte :
« Maison rue Neuve-Saint-Augustin, consistant en un corps
« de logis sur la rue, bâtiment en aile des deux côtés, cour,
« jardin, puits, ayant treize toises de façade et vingt-cinq
« toises de profondeur. Et en outre, une écurie qui a sa
« sortie rue Richelieu, bâtiments et greniers au-dessus,
« contenant 6 toises de longueur sur 4 de largeur, laquelle
« a été disjointe de la maison voisine par le propriétaire des-
« dites deux maisons auparavant la vente faite de ladite
« maison voisine à M. l'abbé Renaudot ; tenant d'une part au

« président Croiset, d'autre à l'abbé Renaudot et à celle de
« Mme du Perey; d'un bout par derrière à M. Penon, qui
« a un pavillon contenant 17 pieds sur 15 faisant enclave
« dans une des deux cours du jardin de la maison présente-
« ment vendue. »

François de Callières seigneur de la Roche, conseiller-
secrétaire du Cabinet du Roi, l'un des plénipotentiaires
de France au traité de Ryswick, membre de l'Académie
française, auteur des *Mots à la mode* (1692, in-12) et du
Traité du bon et du mauvais parler (1693, in-12), était né à
Torigny (Manche) en 1645; il mourut en 1717, laissant pour
seule et unique héritière Anne de Callières, sa sœur, veuve
de M. Du Mesnil seigneur de Champroger. Par testament
et codicile des 4 août 1716, 6 et 14 février 1717, dé-
posés à Me Delambon le 5 avril 1717, exécutés par arrêt
du Parlement du 4 août suivant, M. de Callières nommait son voisin l'abbé Renaudot pour exécuteur de ses dernières volontés, et léguait sa maison de la rue Neuve-Saint-
Augustin à l'Hôtel-Dieu de Paris. Je ne sais qui l'habita
pendant le demi-siècle suivant. Je trouve seulement que, par
bail du 13 juin 1770, reçu Poultier, notaire, l'Hôtel-Dieu la
loua à vie à Nicolas Linassier, arpenteur général au département des duché et comté de Bourgogne, haute et basse
Alsace, etc., demeurant à Dijon; et à Jeanne-Gabrielle Cha-
puis, sa mère, veuve d'Antoine Linassier, architecte. Nicolas
Linassier, époux de Marie-Anne Périer, acquit quelque
temps après (1772) la maison suivante (voyez ci-après
n° 74), de laquelle il se défit en 1794.

Dès l'année 1788, l'hôtel d'Angleterre s'y trouvait établi,
et n'en a été chassé que par les démolitions de 1869.

C'est par une confusion née non de l'ignorance des documents, mais de leur examen hâtif et superficiel, que
M. Lefeuve a identifié l'hôtel d'Angleterre avec l'hôtel du
président Croiset, dont le retour d'équerre sur la rue Richelieu correspondait non pas au n° 70 moderne, mais à l'emplacement actuel de la rue de la Bourse et de la maison n° 80,
ainsi qu'on le verra plus loin.

Ainsi s'explique d'une manière analogue le n° 5 donné par
M. Lefeuve à l'hôtel Croiset sur la rue des Filles-Saint-

Thomas. Ce numéro, c'est celui de la parcelle du Terrier royal; au moment du numérotage de 1806, l'hôtel Croiset avait disparu pour faire place à la rue des Colonnes; l'angle gauche de cette rue portait alors le nº 16 sur la rue des Filles-Saint-Thomas; venait ensuite l'hôtel d'Angleterre (ancien hôtel Paget) avec le nº 18, et la maison d'angle sur la rue Richelieu (ancien hôtel Renaudot) avec le nº 20. Ce numérotage, qui subsista jusqu'après l'ouverture de la place de la Bourse, fut modifié de manière à faire commencer au coin de cette place le numérotage pair de la rue des Filles-Saint-Thomas, qui fut ainsi distribué : Théâtre des Nouveautés, Opéra-Comique, Vaudeville, nº 2; maison angle droit de la rue des Colonnes, nº 4; maison angle gauche de la rue des Colonnes, nº 6; hôtel d'Angleterre, nº 10; maison angle droit de la rue Richelieu, nº 12; dans Watin (1788), l'emplacement du théâtre est numéroté 20; l'hôtel Croiset, nº 19; l'hôtel d'Angleterre, nº 18; la maison d'angle avec la rue Richelieu n'est pas comptée.

L'hôtel d'Angleterre s'appelait en 1795 l'hôtel de la Tranquillité; c'est à cette époque que Mᵐᵉ de Permon, mère de cette admirable femme qui s'appela quelques années plus tard la duchesse d'Abrantès, vint prendre asile à son retour de province, croyant que la chute de Robespierre et de ses complices suffisait à rétablir le calme et la sécurité. « Cet « hôtel garni, » dit Mᵐᵉ d'Abrantès, « avait une fort belle ap- « parence; il était entre cour et jardin, avantage fort rare en « ce quartier-là, même à cette époque. » Le général Bonaparte y vint dès lors presque tous les jours, et c'est là que Salicetti, proscrit à la suite de la journée du 1ᵉʳ prairial, se cacha pendant vingt jours dans l'appartement de Mᵐᵉ de Permon, protégé par le généreux silence du jeune héros, auquel il avait fait tant de mal.

Nº 20 ancien sur la rue des Filles-Saint-Thomas et nº 68 sur la rue Richelieu. — Jean Paget vendit cette maison devant Mᵉ Ogier, le 10 septembre 1693, à l'abbé Eusèbe Renaudot, prieur de Frossay, l'un des quarante de l'Académie française, membre de l'Académie des Inscriptions et Belles-Lettres; ce savant orientaliste, né le 21 juillet 1648,

mourut le 1er septembre 1720 dans sa maison de la rue
Richelieu.

Il était le fils d'un premier Eusèbe Renaudot et de Marie
d'Aicqs, fille d'un commissaire des guerres. Cet Eusèbe Ier
était lui-même le fils aîné du premier mariage de Théo-
phaste Renaudot, médecin consultant du roi Louis XIV, conseiller en la Cour des monnaies et fondateur de la *Gazette de
France*, avec Jeanne Baudot.

Au temps de l'abbé Renaudot, son hôtel, constitué par
un démembrement de la propriété précédente antérieur à
1709, et dont les restes ont disparu en 1868-69, s'ouvrait par
une porte cochère sur la rue Richelieu et s'y prolongeait en
façade jusqu'à la rencontre d'un corps de logis qui en avait
été anciennement détaché et qui rejoignait en équerre l'ancien hôtel Paget et de Callières (ancienne rue des Filles-
Saint-Thomas, no 18), auquel cet appendice servait d'écuries.
Dans le numérotage de 1806, l'hôtel Renaudot, du côté de
la rue Richelieu, comptait pour deux maisons : la première,
à l'angle, non numérotée, et la seconde portant le no 68.
Plus tard, sous la Restauration, elles furent numérotées 68
et 68 *bis*. Ce qui en subsiste comme terrain est compté aujourd'hui pour 68 et 70, celui-ci n'existant pas et représenté
par le sol de la partie méridionale de la rue du Quatre-
Septembre.

Cette maison, outre les droits de cens envers les seigneurs
de la Grange-Batelière, était obligée de loger les soldats de
la colonnelle des gardes suisses.

L'abbé Renaudot, par son testament olographe du 8 février
1720, exécuté en vertu d'une sentence du Châtelet du
14 mai 1721, institua pour légataire universel son neveu
messire Eusèbe-Jacques Chaspoux, chevalier, marquis de
Verneuil en Touraine et de Betz, doyen des quatre secrétaires de la Chambre du Roi, introducteur des ambassadeurs,
mari de M.-L. Françoise Bigres (voyez ci-dessus le no 19
(Watin) de la rue des Filles-Saint-Thomas), lequel vendit la
maison par contrat devant Meunier, le 22 décembre 1740,
à Jean-Jacques Bazan, chevalier, marquis de Flamanville, et
à Françoise-Bonaventure de Mauconvenant, sa femme, qui
la laissèrent à leur fille unique Marie-Jeanne-Françoise-

Élisabeth, femme de Jean-Joseph Le Comte de Nonant, chevalier, marquis de Raray, premier cornette des chevau-légers de la Reine. M. et Mme de Raray la vendirent le 13 avril 1755 par contrat devant Patu, à Jean-Michel-Joseph Coupard de la Bloterie, écuyer, receveur-général (?) mari d'Anne-Marguerite Bellaud, de qui, par testament du 26 août 1773 et partage du 17 février 1777, reçus Duclos-Dufresnoy, la propriété passa à Sophie-Angélique Coupard, fille de M. de la Bloterie, veuve de Jean-Baptiste-Julien Richard de Boutigny. Mme de Boutigny la vendit aussitôt (24 février 1777) devant Legras, notaire, à André-Charles-Louis Chabenat, seigneur et marquis de Bonneuil, reçu le 1er juillet 1766 président de la deuxième chambre des enquêtes du Parlement de Paris, époux d'Agnès-Antoinette Soullet.

Le président de Bonneuil se défit de son hôtel le 12 mai 1791, par contrat devant M^e Le Prédicant, au profit d'un entrepreneur de bâtiments nommé Pierre Hugand, qui ne perdit pas de temps pour mettre bas l'ancien hôtel, sur le terrain duquel il construisit deux maisons neuves, car il les revendit tout achevées le 7 mai 1793, par acte devant Me Boursier, notaire, à M. Étienne-Pierre Boursier fils aîné, banquier, de la maison Boursier père et fils, dont le siège était rue de la Victoire.

M. Boursier fils sépara les deux maisons; la maison d'angle fut adjugée le 8 mai 1811, par le tribunal de la Seine, à M. Remy Berthélemy, qui tenait à cette époque l'hôtel du Petit-Saint-Martin, rue Saint-Martin. La maison d'angle était elle-même occupée par un hôtel meublé nommé hôtel de Lyon (rue des Filles-Saint-Thomas, ancien n° 20), que tenait Marie-Barbe-Élisabeth Barré, veuve de Joseph-Victor Cortey, en vertu d'un bail qui avait commencé le 1er octobre 1810. Mme Cortey était la veuve du malheureux épicier qui, ayant eu le malheur de déplaire au citoyen Héron, chef de la police du Comité de sûreté générale, fut impliqué par ce scélérat dans la prétendue conspiration du baron de Batz, ancien député de Nérac à la Constituante. Cortey avait naguère loué une chambre meublée au baron de Batz, et celui-ci l'avait quittée longtemps avant qu'on ne

le poursuivît; encore cette location avait-elle été déclarée au
Comité de la section Lepelletier. Rien ne put soustraire Cortey
à la vengeance d'Héron; l'épicier, dénoncé par le Comité
de sûreté générale à la Convention le 26 prairial an II
(14 juin 1794), fut traduit au tribunal révolutionnaire le 29,
accusé, de complicité avec une foule de victimes qu'il ne
connaissait même pas, de toutes sortes de crimes parmi lesquels je relève celui d'avoir contribué « à la dépravation de la
« morale ». Il fut condamné à mort et guillotiné le même
jour, en compagnie de Cécile Renaud, accusée d'avoir voulu
tuer Robespierre, de MM. de Sombreuil père et fils, de
MM. de Rohan-Rochefort, de Laval-Montmorency, de M. de
Sartines fils, maître des requêtes, et sa femme M\ue de
Sainte-Amaranthe; de Tissot, valet de chambre du baron
de Batz, et de M. du Mesnil-Simon, de qui je reparlerai au
n° 93 ci-après. Toutes ces victimes allèrent à l'échafaud en
chemise rouge, pour faire honneur à Robespierre. Dans la
liste générale, où l'épicier Cortey porte le n° 1491, il est dit :
« né à Saint-Phorien »; le grossier copiste a supprimé Sym
et laissé subsister l'adjectif religieux qu'il abhorrait. Mme veuve
Cortey habitait encore en 1827 l'hôtel de Lyon, dont elle
avait cédé la gérance depuis quelques années.

La maison n° 68 d'aujourd'hui, construite en 1869 avec
triple façade sur la rue des Filles-Saint-Thomas, la rue
Richelieu et la rue du Quatre-Septembre, occupe une partie
de l'ancien terrain, agrandi en arrière par une portion de
l'ancien n° 18 de la rue des Filles-Saint-Thomas.

N° 70. — N'existe pas dans le numérotage actuel. Avant
le percement de la rue du Dix-Décembre, aujourd'hui du
Quatre-Septembre, en vertu de l'expropriation du 31 mars
1868, laquelle a fait disparaître la plus grande partie de
l'îlot compris entre la rue des Filles-Saint-Thomas, la rue
Richelieu et la place de la Bourse, on comptait, entre la
rue Richelieu et la rue de la Bourse (n°s 68, 74, 76 et 78
actuels), six maisons numérotées 68, 68 *bis*, 70, 72, 74, 76.
Les remaniements de 1868-69 ont fait disparaître les maisons 68 *bis* et 70, mais on a raisonné comme si les anciennes
eussent été numérotées 68, 70, 72, 74, 76 et 78. Les

nᵒˢ 70 et 72, qui manquent aujourd'hui, représentent donc, dans la série, les anciens 68 *bis* et 70, compris dans le sol de la rue du Quatre-Septembre.

Le 68 *bis* ancien ou 70 nouveau n'était, comme je l'ai dit à l'article précédent, qu'un démembrement de l'hôtel Renaudot. La seconde des maisons bâties de 1791 à 1793 par l'entrepreneur Hugand fut vendue par M. Boursier fils aîné, aux mêmes dates que la première, à la famille Foulon, qui la possédait encore en 1868.

Nᵒ 72 (ancien 70). — C'était un bâtiment mesurant seulement 4 toises de largeur, qui rejoignait par le fond et en équerre l'importante propriété autrefois numérotée 18 sur la rue des Filles-Saint-Thomas, désigné comme étant à usage d'écurie, dans le contrat du 12 juillet 1709. (Voyez ci-dessus, nᵒ 18, rue des Filles-Saint-Thomas.) Reconstruit et surélevé, il servit ensuite d'annexe à l'hôtel d'Angleterre. Les Parisiens, je parle de ceux qui ont au moins de vingt-cinq à trente ans, n'ont certainement pas oublié l'appétissante salle à manger, au linge damassé, aux cristaux étincelants, qu'ils apercevaient par la fenêtre grillée, presque toujours entr'ouverte au-dessus du trottoir de la rue Richelieu, l'ancien hôtel Paget n'ayant pas plus d'issue de ce côté en 1869 qu'il n'en avait au XVIIᵉ siècle. L'hôtel d'Angleterre, en tant que fonds de commerce, appartenait au moment de l'expropriation au baron de Rostang; l'immeuble était la propriété de M. le comte Pandin de Narcillac.

Nᵒ 74. — Cette maison, dont la propriété plus ancienne m'est inconnue, appartenait à Antoine de Brouilly qui, par acte devant Pillault, notaire (aux minutes de Mᵉ Ricard), le 25 mars 1671, l'hypothéqua, entre autres sûretés, au profit de Jacques Belley, bourgeois de Paris, pour garantie de la vente de plusieurs rentes provenant de la succession de son père et de sa bisaïeule, N. Thonnelier, veuve Antoine Paget. Par suite d'inexécution de certaines clauses du contrat, Marie Sainxot, veuve dudit Belley, poursuivit contre Antoine de Brouilly l'expropriation de la maison qui nous occupe, à la suite d'une procédure où intervinrent les créan-

ciers de François Thevenin, contrôleur-général des bâtiments de la feue reine Anne d'Autriche, représentés par le
sieur Anthoine du Pillé, conseiller du roi, ci-devant commissaire des guerres (arrêt du Parlement du 20 avril 1681).
Il est donc à supposer que le terrain provenait, comme
celui de l'hôtel Callières, d'une des nombreuses opérations
financières auxquelles Thevenin le père s'était livré dès
1635. La maison fut adjugée par sentence des requêtes de
l'hôtel du 2 octobre 1681 (Arch. Nat. V^4 1375), à Antoine du Perey, avocat au Parlement, bâtonnier de l'ordre,
substitut du procureur du roi au Châtelet de Paris, lequel
pourrait bien ne former qu'un seul et même personnage
avec le représentant des créanciers de Thevenin, appelé
Antoine du Pillé dans l'arrêt du Parlement précité.

Elle fut licitée soixante-quatorze ans plus tard entre
sa veuve Marguerite Macé, et ses héritiers qui étaient :
1° Étienne Mallivois, chef de fourrière de la maison du Roi ;
Louis Mallivois, avocat au Parlement ; Henry-François
Mallivois, huissier du Cabinet de la Reine ; Barthélemy-
Toussaint Le Clerc, médecin par quartier du Roi, à cause
d'Anne-Marie-Élisabeth Mallivois, sa femme, tous représentant Angélique du Perey leur mère et tante, décédée
femme d'Antoine Mallivois, lieutenant de robe courte ;
2° Guillaume du Perey, bourgeois de Paris, fils d'Antoine
du Perey ; et adjugée, par sentence du Châtelet du 23 avril
1755 (Arch. Nat. Y 2827), à Antoine-Guillaume du Gard et
Anne-Marie Marchand, son épouse, qui en firent faire décret
volontaire sur eux-mêmes par sentence du 18 février 1758
(*Ibid.* Y 3216).

La maison consistait, à cette époque, en un corps de logis
simple en profondeur, élevé d'un entresol et deux étages
carrés chacun de trois pièces avec une aile de chaque côté
de la cour, le tout couvert en tuiles, et occupé par la veuve
Constant, marchande de bière. A ce moment, elle n'était
encore que la seconde porte cochère en venant de la rue
Saint-Augustin ; la première était celle de l'hôtel Renaudot,
et le retour d'équerre de l'ancien hôtel Paget n'ayant pas
d'ouverture sur la rue Richelieu (sentence du Châtelet du
23 avril 1755 précitée).

M. et Mme du Gard la vendirent, par acte reçu Deherain (aux minutes de Me Philéas Vassal, notaire à Paris), à Nicolas Linassier, de qui j'ai parlé à l'article précédent.

M. Linassier y réunit 11 toises et demie de terrains qui se trouvaient derrière la maison et faisaient saillie dans le jardin de leur maison de la rue Neuve-Saint-Augustin, lesquelles leur furent vendues par l'Hôtel-Dieu de Paris, par acte reçu Perard les 4 et 10 juillet 1781.

La maison ainsi accrue passa ensuite aux familles Gabet et Trancard. Les héritiers Trancard ayant licité la maison, elle fut acquise le 25 avril 1810 par André Lamotte, maître cordonnier, de qui elle passa à son fils Julien Lamotte, commissaire-priseur, mort le 3 mai 1859. Elle fut ensuite adjugée le 15 novembre 1859 à M. Charles-Louis-Sophie Tabouis, agréé près le tribunal de commerce d'Orléans, à la requête des héritiers Lamotte, parmi lesquels je cite le nom de Mme Anne Rat, connue sous le nom de Julia, épouse de Louis-Antoine-Désiré Bourbier, capitaine en retraite, chevalier de la Légion d'honneur, laquelle pourrait bien être Mlle Julia dite Devarennes, double de la danse à l'Opéra en 1825 et premier sujet en 1829.

La maison fut expropriée en 1869 pour le passage de la rue du Quatre-Septembre; et celle qui la remplace n'occupe qu'une partie de l'ancien terrain, plus le fond des anciennes maisons de la rue des Filles-Saint-Thomas comprises dans l'expropriation.

N° 76. — L'arrêt du Conseil d'État du 11 décembre 1680 rendu contre le sieur Drouet, chargé par le roi du recouvrement des deniers provenant ou à provenir de la destruction et de l'aliénation de la clôture de 1635 (elle n'avait pas duré quarante ans) me fait connaître les origines de cette maison. C'est encore Thevenin le père qui vendit le 6 mars 1635 (je ne sais devant quel notaire) une place et maison près la porte Richelieu, au sieur Vipart, lequel n'était autre, si je ne me trompe, que messire Gilles Vipart, baron de Silli, mari de Jacqueline de Gruel de Touvoye, d'où Jacques Vipart, chevalier, marquis de Silly, colonel d'un régiment d'infanterie, mort le 22 janvier 1709 à quatre-vingt-cinq ans,

lequel avait épousé en 1661 Françoise Le Comte de No-
naut, dont nous avons vu la famille à deux pas de là, dans
l'ancien hôtel de l'abbé Renaudot (voyez ci-dessus n° 68).
M. de Vipart vendit la maison de Thevenin le 26 novembre 1645, à Guillaume Allais et Marguerite de La Lande,
sa femme, qui les revendirent le 2 janvier 1657 à François
Paget de Vauxbuin, du Grand Conseil, de qui elle passa à
Jean Paget son fils, et au légataire universel de celui-ci,
Jacques III Paget, fils unique du maître des requêtes. L'ancien garde de corps y demeurait lorsqu'il fit sa déclaration de noblesse au bureau de la rue Saint-Marc en
juin 1697; il l'habitait encore en 1719 et probablement y
mourut.

De ce dernier Paget à Mlle Boissière se présente une lacune que je ne puis combler, l'acte ci-après n'étant pas
inscrit au répertoire de M. Delaunay notaire, successeur de
Guérin. Je ne reprends la suite qu'à partir du 21 janvier
1746, jour où par acte devant Guérin, notaire, Judith Boissière, fille majeure, vendit la maison au docteur Michel Vernage, médecin consultant du roi, le même qui fut appelé
à constater les coups et blessures que Mme de la Poupelinière, sa voisine de l'autre côté de la rue, avait reçues de
son mari et des suites desquelles elle mourut (voyez ci-
après n° 59).

Le docteur Vernage la revendit par contrat devant Delage,
le 17 janvier 1768, à Marie-Anne Grison, veuve de Pierre-
François de Maissat, conseiller lai honoraire en la Grand'-
Chambre du Parlement.

On croit que Mlle Guimard habita cette maison en 1776;
elle y aurait donc été la locataire de Mme de Maissat, car
cette vénérable dame en garda la propriété jusqu'au 1er avril
1791, date de l'acte reçu Delarue, notaire, par lequel elle
s'en dessaisit en faveur d'Antoine-Joseph Poux de La Mothe
et de Charlotte Bazile, son épouse, de qui elle passa à leurs
filles, Élisabeth Poux femme Massin, et Adèle-Sophie femme
Morphy.

Cette famille y avait créé un hôtel meublé qui s'appela,
de 1807 à 1829, l'hôtel de Menars, parce qu'il faisait face à
la rue de ce nom; on l'a quelquefois confondu avec l'hôtel

du président Menars, situé de l'autre côté de la rue (nos 77 à 83), morcelé dès les premières années du XVIIIᵉ siècle.

Nᵒ 78. — Cette maison appartenait vers la fin du XVIIᵉ siècle à Marguerite Hardy, veuve de François Briçonnet, conseiller maître des comptes. Par un hasard inexplicable, ce François Briçonnet et sa femme sont omis dans la centaine de Briçonnets blasonnés par le Cabinet des titres, par La Chesnaye des Bois et les autres généalogistes. L'acte notarié où je les trouve n'est cependant pas une œuvre d'imagination, et l'existence de François Briçonnet m'est confirmée par le ms. fr. nᵒ 14070 de la Bibliothèque Nationale (*Recueil par ordre de différentes charges de la Chambre des Comptes*, etc.), d'où j'apprends que François Briçonnet, titulaire de la troisième charge de maître des comptes créée en 1373, y fut reçu le 4 janvier 1666 en remplacement de Jean Dugué, et y eut pour successeur Georges de Melun le 20 septembre 1684. D'ailleurs, le Terrier royal de 1705, sous la rubrique rue Neuve-Saint-Augustin, appelle encore la maison dont il s'agit « la maison de M. Brissonnet », quoique, sous la rubrique de la rue Richelieu, il la donne au procureur Langelerye.

La vérité est que Mᵐᵉ veuve François Briçonnet l'avait vendue le 13 avril 1702, par contrat reçu Angot, à Nicolas de Langelerye, natif de Saint-Quentin, procureur au Parlement jusqu'en 1718, de qui elle passa : 1º à son fils Noël-François, auditeur à la Chambre des comptes; 2º par partage devant Brillon, notaire, le 29 juin 1740, à la fille de Noël-François, Marie-Thérèse de Langelerye, femme en premières noces de Jean-Baptiste Lambert, contrôleur-général de la maison du Roi, et en deuxièmes noces de M. de Mestre; 3º à Nicolas-Charles de Langelerye, écuyer, conseiller du Roi, héritier de sa sœur Mᵐᵉ de Mestre. Celui-ci fit reconstruire la maison, qui devint l'héritage des quatre enfants nés de son mariage avec Marie-Charlotte-Françoise Pichot de Poidevinière, à savoir : Benjamin-Charles, Angélique-Joséphine, née le 21 octobre 1757, Marguerite et Marie-Charlotte, née le 25 septembre 1755, qui la vendirent le 29 mars 1791, par acte reçu Edon (aux minutes de

Me Robineau), à messire Claude-Olivier Caminade de Castres, marquis de Berins, de Tartigny, de Kerambars, etc., né le 9 février 1745, maître des requêtes honoraire du comte d'Artois, huissier des ordres du Roi, receveur-général des domaines et bois du Dauphiné, ancien régisseur-général des menus de M. le duc d'Orléans, juge auditeur-général de l'Infanterie, substitut du procureur du roi près le bailliage et capitainerie royale des chasses de la varenne du Louvre. Cette juridiction spéciale, composée d'officiers honorifiques, dont le duc de La Vallière était le capitaine, mérite qu'on s'y arrête un instant, car on y rencontre, assemblage curieux, Beaumarchais comme lieutenant-général, M. Le Couteulx de Molay avec M. Godart d'Aucourt (voyez le n° 8 ci-dessus) comme inspecteurs-généraux, le célèbre avocat Gerbier comme avocat du Roi; et enfin, comme exempts, Jéliotte, le chanteur retiré de l'Opéra depuis 1755, et le sieur Korneman, banquier, qui, en 1787, intenta à Beaumarchais un procès aussi absurde que scandaleux. M. Caminade de Castres avait un frère, Marc-Alexandre, secrétaire des commandements de la duchesse de Bourbon, de qui sont descendus de vaillants serviteurs de l'État, entre autres : Auguste-Prosper de Caminade de Castres, major de zouaves, chevalier de la Légion d'honneur, tué en Crimée.

Veuf en premières noces de Marie-Sophie Dionis du Séjour, M. Caminade de Castres demeurait depuis 1787 dans la maison des Langelerye, lorsqu'il l'acheta tant pour lui que pour Flore-Félicité Lamyrande (alias Lamyrault), son épouse, encore mineure. Il est dit, dans l'acte d'acquisition de 1791, que cette maison, située vis-à-vis la rue de Ménars, numérotée 65 (c'est le numérotage du système Watin), et comprenant 56 toises de superficie, s'ouvre par une entrée de porte cochère sur la rue Richelieu avec cinq croisées de face, écurie pour quatre chevaux et deux remises. M. et Mme Caminade de Castres la revendirent authentiquement devant Castel, notaire, le 17 janvier 1792, à Pierre-Alexandre Danger, de qui elle passa à M. Claude-Pierre Boivin de Blancmur, par contrat devant le même notaire le 22 janvier 1793.

Mme Jeanne-Victoire Benoiston, veuve de M. Gabriel-

Philippe Chaney, héritière de M. de Blancmur, la vendit le 16 novembre 1811 à M. Joseph-Hyacinthe Charvet; les héritiers de celui-ci, qui furent Marie-Anne Bourgeois, sa veuve, et M. Tarbé des Sablons, la cédèrent le 9 mai 1831 à André-Jean-Jacques Perier, banquier, concessionnaire administratif du percement de la rue de la rue de la Bourse, et à l'entrepreneur Achille Pène.

MM. Périer et Pène démolirent la vieille maison des Langelerye, qui portait alors le n⁰ 76 sur la rue Richelieu; ils revendirent ensuite le terrain, augmenté d'une faible partie de l'ancien n⁰ 78 (voir ci-après), et présentant alors une superficie de 210 mètres carrés (15 mètres sur la rue Richelieu, 14 mètres sur la rue de la Bourse), par contrat du 30 mai 1835, au vicomte Le Loup de Sancy et à Charlotte-Angélique-Clémentine de Rolland, son épouse. M. et Mᵐᵉ de Sancy y construisirent la maison qu'on voit aujourd'hui à l'encoignure droite de la rue de la Bourse et de la rue Richelieu, et qu'ils cédèrent le 24 novembre 1846 à M. Charles-Hippolyte Noël.

Dans l'ancienne maison, dont celle-ci tient la place, demeura de 1772 à 1783 M. Tronchin, trésorier du marc d'or et trésorier-payeur des rentes principales sur l'ordre du Saint-Esprit; l'Almanach royal de 1777 le loge à tort vis-à-vis la rue Saint-Marc, erreur corrigée subséquemment en ces termes : « vis-à-vis la rue de Ménars ». Le trésorier François-Louis Tronchin était l'un des fils de Théodore Tronchin, premier médecin du duc d'Orléans, demeurant au Palais-Royal, né à Genève en 1709, mort à Paris le 30 novembre 1781. Le docteur Tronchin, élève de Boerhaave, fut l'un des plus actifs propagateurs de la vaccine. Deux autres de ses fils furent fermiers-généraux de 1768 à 1772. L'un d'eux, qui se faisait appeler Tronchin de Witt, demeurait avec son père au Palais-Royal.

Une des curiosités de cette maison, ou plutôt de la maison plus vaste qui l'a remplacée à l'encoignure de la rue de la Bourse, c'est la raison sociale que j'ai relevée sur les almanachs du commerce de 1806 à 1808 : « *Cherubini, Méhul* « *et Cⁱᵉ, marchands de musique* ». On imagine difficilement que les deux plus illustres et les plus graves compositeurs de ce temps-là aient ouvert un magasin dans la rue Richelieu. Ce fait, que Fétis et M. Arthur Pougin paraissent avoir ignoré, semble d'autant plus singulier qu'à cette époque Méhul et Cherubini, le premier membre de l'Institut, étaient tous deux inspecteurs de l'enseignement et professeurs de composition au Conservatoire impérial de musique. En 1828, M. Frey, marchand de musique place des Victoires, no 8, prenait le titre de « successeur de Méhul, Cherubini et Cie » en même temps que celui d' « artiste de la Chambre du roi et de l'Aca- « démie royale de musique ». Il tenait en effet la partie d'alto dans l'orchestre dirigé par Habeneck.

Un hôtel garni occupa la maison de 1815 à 1830, sous les noms d'hôtel des Américains et d'hôtel Richelieu.

Le magasin de droite était occupé vers 1850 par le libraire Hetzel, tandis que le magasin du *Persan* étalait à gauche les merveilles de ses dentelles et de ses cachemires. La statuette du *Persan,* barbouillée de couleur sombre, n'a pas cessé d'orner l'encoignure de la rue de la Bourse ; seule- ment les cachemires ont été remplacés par les produits esti- mables mais moins luxueux d'une draperie en gros.

L'ancienne maison Langelerye s'appliquait exactement dans sa partie nord à la porte Richelieu, qui avait été con- struite en même temps que les nouveaux remparts de 1636, par les entrepreneurs Charles Froger et Louis Le Barbier ; elle se composait d'un pavillon carré orné de quatre petites tourelles, une à chaque angle ; elle présentait, par le travers de la rue Richelieu, une façade de six toises, ce qui nous donne la largeur de la rue elle-même, sur une profondeur de quatre toises et demie et une hauteur de cinq toises. Elle était construite en pierres de taille et moellons. Elle renfermait, outre le logement du portier, une salle au rez- de-chaussée de chaque côté du passage public, un premier étage et un grenier couvert en ardoises [1] ; le tout se louait par baux sur adjudication, moyennant un loyer de trois cents livres, qui finit par tomber à deux cents [2]. Un arrêt

---

1. Procès-verbal de visite par Jean Beausire, architecte de la Ville, du 7 avril 1693 (Arch. Nat. Q¹ 1161-2).

2. Baux du 28 mars 1681, 15 juin 1688, 4 août 1692 (*Arch. Nat.* Ibid.). La location des logements de la porte Richelieu avait été précédemment adjugée, le

du Conseil d'État du 24 février 1693 ordonna la démolition de la porte Richelieu, ce qui s'effectua par adjudication.

A raison de l'extension que le nº 78 actuel a prise vers
le nord aux dépens du 78 ancien, aujourd'hui compris
dans le sol de la rue de la Bourse, il faut tracer l'emplacement de la porte Richelieu non pas à l'alignement exact
du nº 78 et du côté sud de la rue de la Bourse, mais un
peu en dedans, s'appuyant de l'autre côté sur la plus grande
partie du nº 81, et s'alignant exactement au sud avec l'encoignure nord de la rue de Menars.

Nº 78 *ancien* (RUE DE LA BOURSE). — Entre le nº 78
actuel et le débouché méridional de la rue Feydeau, le plan
du Terrier royal signale, sous la cote 37, le rempart et le
fossé de la Ville, présentant une épaisseur d'environ vingt-
six mètres. C'est précisément la largeur de la rue de la
Bourse (16 mètres) et de la maison nº 80 qui sépare celle-ci
de la rue Feydeau (10 mètres).

Lorsqu'on se décida à supprimer officiellement de ce côté
le rempart et le fossé de 1629-35, il y avait longtemps que
ces défenses n'existaient plus que de nom. Des empiéte-
ments audacieux, qui se faisaient absoudre et légitimer par
faveur et par argent, avaient mis les riverains en possession des fossés, transformés ordinairement en jardins d'a-
grément. C'est ainsi que le Terrier royal nous montre la
partie du fossé attenante à la porte Richelieu et à la maison
de François Briçonnet et du procureur Langelerye, occupée
par le jardin du président Croiset, qui s'interposait ainsi
entre la maison Langelerye et la rue Feydeau, dont ce jardin formait l'encoignure. C'est ce qu'indique positivement
le Terrier, donnant au jardin une épaisseur de 10 à 12 toises,
qui représentent avec une grande précision les 25 à 26 mètres
de largeur que mes vérifications personnelles attribuent au

27 janvier 1678, à un sieur Pierre Penon, sa vie durant, moyennant 3,800 livres (*Arch. Nat.* Q¹ 1158-9). Dans ce document, la largeur de l'édicule est
indiquée à 8 toises et la longueur à 5 toises 1/2. J'ai lieu de supposer que ce
Penon avait possédé la maison nº 78 avant le procureur Langelerye, mais je
ne puis l'établir.

16

rempart et au fossé, c'est-à-dire à la rue de la Bourse et
à la maison n° 80.

En tenant compte de la direction oblique des terrains de
la rue des Filles-Saint-Thomas par rapport à la rue Richelieu, que j'ai signalée plus haut (p. 220), on comprend que
le président Croiset, en poussant sa conquê e du rempart et
du fossé au droit de son héritage, ait atteint la ligue de la
rue Richelieu, transversale quant à lui, de manière à s'inter-
poser entre la maison Langelerye (n° 78 ci-dessus) et la rue
Feydeau, ce qui lui donna sur la rue Richelieu une façade
égale à l'épaisseur totale du rempart et du fossé, soit environ 26 mètres. Cette usurpation d'une place réputée vaine et
vague, qui arrondissait le président Croiset de 623 toises
superficielles, fut régularisée sous forme d'une adjudication
à lui consentie par le domaine royal le 30 juin 1678, confirmée par contrat du 18 avril suivant, ès mains de M. Du
May, garde du Trésor royal, et par arrêt du Conseil d'État
du 20 janvier 1687.

Sur les vingt-six mètres de façade ainsi acquises, s'élevèrent ultérieurement deux maisons qui portaient au commencement du présent siècle les n°s 78 (ancien) et 80, et
qui occupaient, sauf quelques variations que je préciserai
tout à l'heure, le terrain compris entre l'angle sud de la rue
de la Bourse avec la rue Richelieu et l'angle sud de la rue
Richelieu avec la rue Feydeau. Ces deux maisons formèrent,
après la mort du marquis de Verneuil, successeur des Croiset, le troisième lot du morcellement, et ce lot fut divisé en
deux parties qui trouvèrent chacune un acquéreur distinct.

N° 78 ancien (*remplacé par la rue de la Bourse*). — Ce lot
fut acquis par Philippe-Ferdinand comte Villain XIIII, qui
le revendit par acte devant Alleaume, notaire, le 27 juillet
1793, à Joseph-Antoine-Gautier Genevois et à Anne-Mar-
guerite-Madeleine Delepart, de qui elle passa, par contrat
devant Me Thion de La Chaume, le 25 germinal an VII
(14 avril 1799), à Louis-François Gillet et à Marie-Fran-
çoise-Sophie Rousseau, sa femme; ceux-ci la revendirent le
8 frimaire an IX (29 novembre 1800) à Henri-Guillaume
Planet. Ainsi, cette portion de l'hôtel Croiset, après avoir

été possédée plus de quarante ans par le marquis et la marquise de Verneuil, fut, par une singulière compensation, revendue quatre fois en huit ans.

Elle avait passé de la succession de M. Planet entre les mains des héritiers Cherrier, lorsque le percement de la rue de la Bourse, décidé platoniquement par une ordonnance royale du 16 juin 1824, s'effectua enfin en vertu d'une autre ordonnance royale du 17 janvier 1830. La construction du Théâtre Feydeau, de la rue des Colonnes et de la place de la Bourse avait réduit à peu de chose l'ancien fonds des hôtels Croiset et Rossignol. La rue de la Bourse en acheva la disparition. Frappée d'expropriation par jugement du 9 juin 1832, l'ancienne maison nº 78 fut vendue à M. Perier, concessionnaire du percement (pardevant Mes Bonnardet et Alphonse Noël, le 29 avril 1833), qui la démolit entièrement pour laisser passage à la rue nouvelle. Il resta libre sur la droite une étroite lisière de terrain qui fut réunie à celui sur lequel M. le vicomte de Sancy construisit la maison nº 76, aujourd'hui 78.

La rue de la Bourse ne fut nommée qu'après la démolition de l'ancien 78, en vertu d'une ordonnance royale du 8 juillet 1833, contresignée Thiers. Dans le dessein de l'ordonnance de 1824, elle devait être prolongée jusqu'à la rue de Grammont, à travers le nº 83 de la rue Richelieu.

L'expropriation chassa l'un des principaux joailliers de Paris, M. Fossin, qui habitait là depuis au moins dix ans; élève et successeur du célèbre Nitot, joaillier de Napoléon Ier, il avait dirigé l'exécution, comme chef d'atelier, de morceaux célèbres, tels que la tiare du pape, la couronne du premier roi de Bavière, etc., etc.

Nº 80. — Cette deuxième portion du troisième lot de la licitation du 9 juin 1792 fut acquise par un sieur Bullot; elle passa ensuite aux héritiers Chabrier et de ceux-ci, en 1866, à la famille Verdé Delisle, qui la possède encore.

Les divers actes qui constatent la transmission de cette propriété renferment une énonciation curieuse et intéressante pour l'histoire de la ville de Paris. Les acquéreurs les plus récents se préoccupaient, non sans quelque raison, de l'origine domaniale du terrain ; mais un avis du Préfet de la Seine, représentant l'État et la Ville, les rassura en leur déclarant qu'il ne se reconnaissait aucun droit de suite sur les terrains des anciens fossé et rempart joignant la rue Feydeau, l'aliénation de cette portion du domaine contenant 623 toises, à la date du 18 avril 1678, au profit d'un sieur André Vanelle, qui était sans doute le fondé de pouvoirs du président Croiset, n'ayant jamais été attaquée dans le cours des deux derniers siècles.

No 82. — Cette maison à petite porte, formant l'encoignure de la rue Richelieu et de la rue Feydeau alors que celle-ci n'avait qu'une rangée de maisons en face du rempart et des fossés de la Ville, appartenait en 1672 à François Garangeau ou Garingeau et à Marie Dubois, sa femme, qui possédaient également la maison suivante. Le sieur Remy, indiqué comme propriétaire par le Terrier royal en 1705, était l'un des petits-fils des époux Garangeau, et possédait seulement une partie de la maison, en vertu d'un partage reçu Fortier, notaire, le 23 avril 1698. J'ignore à quelle époque elle sortit de la descendance des Garangeau. Elle fut occupée de 1808 à 1832 par la maison de lingerie de M. Crochard, et depuis 1827 elle est le siège de la grande maison de châles de MM. Brousse, Rosset, Normand et Cie, établie d'abord rue Feydeau, no 32. MM. Rosset, Normand et Cie occupent aussi la maison suivante no 84, et les nos 82-84 n'ont plus qu'une entrée commune sur la rue Richelieu, à gauche des magasins.

No 84. — Cette maison, comme la précédente, appartenait en 1672 à François Garingeau ou Garangeau, et à Marie Dubois, sa femme. Elle fut recueillie dans leur héritage par ses petits-enfants, aux termes de l'acte de partage reçu Fortier, le 23 avril 1698. Une portion de la maison appartenait encore, au moment de la Révolution, à une arrière-petite-fille de M. et Mme Garangeau, Mlle Louise-Françoise-Maxime La Houde de Chemery, morte le 23 fructidor an II (9 septembre 1794). La propriété tout entière se trouva réunie plus tard dans les mains de Marie-Claude

Parent, autre arrière-petite-fille des Garangeau et femme de Pierre-Alexandre-Charles Fimbergue ou Timbergue. Elle fut licitée entre les héritiers de celle-ci et adjugée le 9 floréal an IX (29 avril 1801) à Marie-François Vergez, médecin en chef des armées, chevalier de la Légion d'honneur, et à Marie-Madeleine Faissier, son épouse. M. et Mme Vergez la revendirent pardevant Lamy, notaire, le 22 avril 1811, à Jean-Charles Jacquet, orfèvre-bijoutier, et à Julie Forcadelle, son épouse. Le rez-de-chaussée était déjà occupé par un bijoutier connu de ce temps-là, M. Dubief.

La totalité de la maison, réunie à la précédente, est occupée aujourd'hui par MM. Rosset, Normand et Cie, marchands de châles. M. Normand est le frère de M. Jacques Normand, élève de l'École des Chartes, archiviste paléographe, aussi connu du monde savant par sa belle publication du roman d'*Aïol,* que du monde littéraire et dramatique par plusieurs ouvrages applaudis à l'Odéon, au Gymnase et au Vaudeville, et par le célèbre monologue des *Écrevisses,* le triomphe des deux Coquelins.

No 86. — Le rôle de 1672 indique ici une maison à porte cochère et boutique appartenant à un M. de La Borde, et qui fut ensuite possédée de 1684 à 1784 par le sieur Megret ou Mesgret et ses héritiers. Marie-Thérèse Daujon, veuve de Jacques Megret, la vendit le 1er février 1784 à M. Baudray et à Marguerite Warnier, devant Clairet, notaire, le 22 octobre 1791. La suite des transmissions qui l'amenèrent de nos jours aux héritiers Chevremont est dénuée d'intérêt.

Ce fut, dès 1788, un hôtel meublé appelé l'hôtel royal des Mines; hôtel du Nord en 1843; hôtel du Nord et de Russie en 1850.

No 88. — C'était, au rôle de 1672, une maison à petite porte carrée et boutique au sieur Jean Pierret. Une des filles ou petites-filles de celui-ci, veuve de Jacques Huberdeau, la délaissa par acte devant Pierret, notaire, le 10 février 1730, à Marie-Catherine Huberdeau, sa fille, morte le 10 mai 1770, femme de Jean Loiseau. Elle fut acquise le

1er mai 1799 devant Me Péan de Saint-Gilles, par Catherine Beudant, veuve de Louis-Charles Charpentier. J'abrège une nomenclature fastidieuse. Je note seulement, pour la singularité du nom, que la maison appartint de 1820 à 1849 à Pierre-François Desfontaines, époux de Jeanne-Françoise Plantagenet.

Cette maison, d'apparence modeste et sombre aujourd'hui, était égayée sous le règne de Charles X par la devanture élégante et printanière (elle a été gravée) de John Walker, « breveté de Louis XVI pour l'introduction en France des « bretelles, ceintures et jarretières élastiques, fournisseur de « S. A. R. Monseigneur le duc d'Orléans, de LL. MM. les « Empereurs d'Autriche et de Russie, etc., admis à l'Exposition de 1819. » Ce rénovateur de la bretelle vendait aussi des cravates et des gants.

No 90. — Le terrain sur lequel s'élève cette étroite maison, dont la façade n'est que de 7 mètres, a été prélevé sur la grande place à bâtir qui appartenait à Mlle Surin en 1672. La maison actuelle fut vendue le 22 juin 1781, aux termes d'un contrat reçu Laroche, notaire, par demoiselle Edmée Couppé du Manoir à M. Thoynet, alors propriétaire de l'hôtel de Caumont, auquel elle fut de nouveau réunie (voyez ci-après no 92). Elle se trouva dans la succession de Mme Thoynet (inventaire du 5 juillet 1783), et en 1825 passa des héritiers de cette dame à M. Jean-Louis Archangé, architecte, après la mort duquel elle fut vendue en 1834 pour être affectée, selon la volonté du défunt, à la fondation d'un hospice de charité à Orsay (Seine-et-Oise).

Le restaurateur Letter en occupait le rez-de-chaussée en l'an VIII. Il y fut remplacé par John Walker, dont j'ai parlé plus haut, et qui recula d'un numéro vers 1825, pour s'installer un peu plus au large au no 88, qui lui-même n'est pas très vaste.

No 92. — Hôtel de Caumont. — L'emplacement de cette propriété est indiqué dans le rôle de 1672 (Arch. Nat. Q1 1120-1) comme appartenant à une demoiselle Su-

rin qui fut taxée à 6,500 livres pour avoir bâti hors des
limites; cette taxe suppose une contenance d'environ
650 toises superficielles. En 1684, c'est encore la demoiselle Surin. En 1705, le plan du Terrier indique le sieur de
L'Espine comme propriétaire d'une maison à porte cochère
élevée sur cette parcelle qui formait équerre sur la rue Saint-
Marc, enclavant ainsi la petite maison d'encoignure avec la
rue Saint-Marc qui porte aujourd'hui le n° 94.

La maison devint ensuite l'hôtel d'Armand Nompar de
Caumont (d'une autre branche que les comtes et ducs de
Lauzun), fils puîné de Jacques Nompar de Caumont duc de
la Force, mort le 19 avril 1699, et frère cadet de Henri-
Jacques Nompar duc de Caumont puis de la Force, qui fut
l'un des quarante de l'Académie française, mort sans postérité le 20 juillet 1726. Leur aïeul avait épousé une demoiselle d'Escodeca dame de Boesse; je note ce fait, parce que
j'ai connu dans le journalisme un excellent homme appelé
M. d'Escodeca de Boisse, qui fut secrétaire-général de l'Imprimerie impériale après 1852.

Armand de Caumont, dont il s'agit ici, né le 7 mai 1679,
fut duc de la Force après la mort de son frère aîné; il avait
épousé le 17 juillet 1713 Anne-Élisabeth de Gruel de la
Frette, reçue à Saint-Cyr en 1687, veuve en premières
noces de Jean-François-Michel de la Brosse, receveur-général des domaines et bois de Blois. Le duc et la duchesse de
la Force donnèrent entre-vifs l'hôtel de la rue Richelieu à
leur fille Olympe de Caumont, née le 21 août 1718, mariée
le 15 janvier 1739 à Anne-Hilarion de Gallard de Brassac,
appelé le comte de Béarn, né à Bourges le 23 novembre
1715.

La comtesse de Béarn fit donation de son hôtel à ses enfants : Alexandre-Guillaume, dit le marquis de Béarn, né
le 26 janvier 1741, et Adélaïde-Luce-Jacqueline-Madeleine,
née le 22 juillet 1745, femme de Bertrand Nompar de Caumont marquis de la Force, comte de Mussidan.

Le marquis de Béarn et le marquis de la Force vendirent
l'hôtel de Caumont par contrat devant Me Boulard, le 3 septembre 1778, à François Thoynet, trésorier-général ancien
et triennal depuis 1771 des ponts et chaussées de France,

turcies, levées et pavé de Paris, demeurant rue Vivienne, et
à Marie-Françoise Regnault, son épouse. Toutefois, le trésorier-général Thoynet ne vint s'installer avec ses bureaux
à l'hôtel Caumont qu'en 1781, en même temps qu'il achetait la petite maison qui précède et qui se trouva de nouveau
réunie à la propriété originaire de la demoiselle Surin et du
sieur de L'Espine, dont elle avait été détachée précédemment.
Nous avons vu que M. Thoynet avait été pourvu en 1771
de la charge de trésorier « ancien et triennal ». C'est le lieu
d'expliquer la valeur de ces titres. Avant 1789 comme aujourd'hui, on admettait qu'un exercice financier se répartissait
sur trois années : la première, celle de l'exercice proprement
dit ; la seconde, celle de l'apuration des comptes par l'achèvement des recettes et des dépenses ; la troisième, celle de
la vérification et de la clôture ; en vertu de ce principe,
chaque trésorerie était divisée entre trois titulaires : celui
de la première année, appelé l'ancien ; celui de la seconde,
qualifié d'alternatif ; celui de la troisième, qualifié de triennal. Chacun d'eux avait ainsi deux années de liberté pour
clore chaque exercice. M. Thoynet réunissait en sa personne, dès 1771, la double qualité d'ancien et de triennal,
ce qui impliquait déjà la suppression d'une des trois charges ;
en 1783 il devint seul titulaire par suppression de la seconde.
Il n'en restait plus qu'une à faire disparaître : ce fut l'œuvre de
M. Necker, qui, en revenant aux affaires en 1789, supprima
la trésorerie générale des ponts et chaussées, qui fut réunie
au Trésor public, aux soins de M. Randon de La Tour, l'un
des administrateurs du Trésor royal. Néanmoins, M. Thoynet figure à l'almanach royal jusqu'en 1791, en qualité
d'ancien trésorier-général finissant ses exercices. Après cette
date, je n'en ai plus de nouvelles.

   Il avait eu de son mariage avec Marie-Françoise Regnault
une fille appelée Joséphine-Françoise-Marie, épouse de
Jean-Louis Gouget de Lurieu. Après l'inventaire de la succession de Mme Thoynet, dressé le 15 juillet 1783, l'hôtel
de Caumont passa en partie aux diverses familles Lurieu, de
Curnieu, Tourolle, Friès et Devilliers. Rien d'intéressant
dans ces transmissions, à travers lesquelles je relève seulement, vers 1825, le nom de Jean-Georges Devilliers,

peintre d'histoire aujourd'hui bien oublié, à supposer qu'il ait jamais été connu.

Par adjudication du 1er mai 1825, devant Me Perret, notaire, les héritiers Devilliers vendirent la maison no 92, encore désignée sous le nom d'hôtel Caumont, au célèbre tailleur Jean-Jacques Staub, d'origine suisse, non naturalisé, mort à Paris le 29 janvier 1852.

La succession Staub vendit le 5 mai 1855 à la Compagnie d'assurances *l'Impériale* l'ensemble de la propriété qui, amputée du no 90, comprenait cependant encore, comme au temps du sieur de L'Espine, une dépendance en forme de hache, sur laquelle on avait édifié une petite maison numérotée sur la rue Saint-Marc 27 ancien et 23 nouveau.

L'ancien hôtel de Caumont, entièrement reconstruit par M. Staub, appartient aujourd'hui à la compagnie d'assurances le *Crédit Viager*.

C'est dans la seconde cour de l'hôtel Caumont que se trouvait l'imprimerie du journal le *Temps,* lorsque la police vint saisir et briser ses presses, le 26 juillet 1830. On retrouve l'ancien aspect des bâtiments sur une lithographie connue de Victor Adam.

Cette même arrière-cour, encore aujourd'hui privée d'air et de soleil, fut le théâtre d'un crime épouvantable. Le 24 avril 1835, un ouvrier tapissier nommé Lhuissier attira dans un petit logement qu'il avait loué tout exprès à l'entresol une malheureuse femme à laquelle il avait promis le mariage pour s'approprier ses petites économies; il l'égorgea et la coupa en morceaux. Le cadavre fut découvert dans la Seine près du pont de la Concorde. Lhuissier fut guillotiné le 1er mars 1836.

No 94. — Cette maison, enclavée dans l'ancienne propriété Surin et de L'Espine, a son entrée par la rue Saint-Marc no 27. Elle existait en 1672 sous la forme d'une maison à deux petites portes, boutique, trois étages et grenier, appartenant à Pierre Groubois ou Grosbois, marchand de vins, qui fut taxé à 1,600 livres et qui la possédait encore en 1705. Le Terrier appelle le propriétaire de cette maison Resbois ou Rosbois. La comtesse de Chabannois y demeurait en 1783; elle était en son nom Marie-Jeanne David, fille de Pierre-Félix-Barthélemy David, gouverneur de l'île Bourbon, seconde femme, le 7 janvier 1771, de Louis-Henri-François Colbert comte de Chabannois, lieutenant-général, mort le 8 février 1792 à cinquante-six ans, de qui elle eut cinq enfants, nés de 1771 à 1777 sur la paroisse Saint-Eustache.

No 96. — A l'encoignure nord de la rue Saint-Marc, un sieur Pierre Bouret possédait une maison d'un seul étage, à petite porte, pour laquelle il fut taxé de 600 livres au rôle de 1672. Ce Bouret est appelé Bonnet par l'État de 1684 et Pourché par le Terrier royal de 1705.

No 98. — Nicolas Bourbier fut taxé de 1,800 livres au rôle de 1672, pour une petite maison à petite porte carrée, élevée de trois étages, aux deux ailes de laquelle étaient deux boutiques. L'État de 1684 nous donne comme propriétaire un sieur Boisseau, mais le nom de Bourbier se retrouve au Terrier de 1705, avec l'indication d'une enseigne à l'Image Saint François.

La renommée lointaine du restaurateur italien Biffi, petite boutique éclairée par des quinquets et qui ferma plutôt que de se résigner au gaz, évoque les figures originales de la colonie italienne de Paris : Rossini, Carafa, Lablache, Bordogni, et tant d'autres gourmets de macaroni et de *stuffato*, qui goûtèrent et vantèrent la cuisine de leur compatriote. Biffi, malgré sa réputation spéciale, ne fit pas, je crois, fortune. Il eut pour successeur Thomas Broggi, frère ou cousin du célèbre Paul Broggi, qui régna si longtemps dans la grande maison numérotée 24 sur la rue Laffitte et 19 sur la rue Lepelletier, dont la principale entrée s'ouvrait devant le péristyle de l'Opéra. Au Broggi de la rue Lepelletier se rattachent les noms de Fiorentino, de Scudo, et de quelques-uns de mes contemporains encore vivants, qui voyaient dans Broggi le premier homme du monde pour apprêter le macaroni à la milanaise. Dans la belle saison, que de rires sous les arbres, car il y avait des arbres, rue Lepelletier, en plein Opéra!

Et l'on y dînait honnêtement pour moins de quatre francs par tête. O âge d'or !

No 100. — Sur un terrain, ayant appartenu de 1672 à 1684 au sieur Mulbe, s'élevait en 1705 une maison à porte cochère construite par le sieur Lemoyne; en 1771, aux héritiers Vieille; en 1775, à Charles-Jean-Baptiste-Robert de Vismes; avant 1793, à Julien-Marie-Antoine Jeval, habitant au Cap français; puis acquis devant Hua, notaire, le 20 juin 1793, par M de La Fresnaye, de qui elle passa en 1833 à la famille Hardy qui la possède encore.

Elle était habitée, en 1778 et années suivantes, par Mme de Saint-Julien, femme bien née, intelligente, savante et influente, l'une des correspondantes assidues de Voltaire, qui l'appelait Papillon philosophe.

Mme de Saint-Julien était en son nom Anne-Madeleine-Louise-Charlotte-Auguste de La Tour du Pin, fille de Jacques-Philippe-Auguste de La Tour du Pin marquis de La Charce, chevalier de Saint-Louis, mestre de camp de dragons, gouverneur de Nyons en Dauphiné, marié le 6 novembre 1721 à Antoinette-Gabrielle de Choiseul de Lanques. Elle était sœur de Philippe-Antoine-Charles-Gabriel-Victor de La Tour du Pin marquis de la Charce, comte de Montmorin puis marquis de Gouvernet, mari de Jeanne-Madeleine Bertin comtesse de Merinville, chevalier de Saint-Louis à vingt-quatre ans, qui se couvrit de gloire à la bataille de Lawfeldt et à Clostercamp; maréchal de camp en 1761, commandant en chef de la Bourgogne, lieutenant-général, membre de l'Assemblée des notables, guillotiné le 28 avril 1794, en même temps que son cousin Jean-Frédéric comte de La Tour du Pin Gouvernet de Paulin, ministre de la guerre du 5 août 1789 au 8 octobre 1790.

Mlle de La Tour du Pin épousa, par contrat du 18 décembre 1748, François-David Bollioud[1], écuyer, seigneur de Saint-Julien, de Bourg-Argental, de Fontaine-Française, Chareuil, etc., né le 12 juillet 1713, fils de Christophe

---

1. La famille Bollioud était ancienne; d'Hozier (Arm. gén. reg. IV) cite un titre du 1er décembre 1472.

Bollioud des Granges, écuyer, seigneur de Saint-Julien, lieutenant-général d'épée au bailliage de Bourg-Argental et de Saint-Ferriol (né le 3 mai 1674, mort le 6 janvier 1736), et de Françoise Ollivier, sœur de François Ollivier de Senozan. M. de Saint-Julien succéda en 1739 à M de Senozan, son oncle (voir ci-après le n° 69, hôtel de Jars et de Senozan) dans la charge de receveur-général du clergé qu'il exerça jusqu'à sa mort, survenue le 20 septembre 1788.

De ce mariage naquit le 7 septembre 1749 un fils, Jean-François-Victor-Auguste, qui eut en 1765 la survivance de son père comme receveur-général du clergé, et qui exerçait en outre la charge de lieutenant-général du bailliage et de la capitainerie royale de la varenne des Tuileries, dont le capitaine et bailli était le maréchal prince de Soubise.

M. de Saint-Julien le père avait trois frères et sœurs, dont la quatrième était Suzanne Bollioud de Saint-Julien, née le 11 décembre 1718, qui épousa par contrat, le 15 mai 1737, Louis-Claude du Pin de Francueil, receveur-général des finances de Metz et d'Alsace. J'ignore la date de sa mort; je rappelle seulement que quarante ans après ce premier mariage, M. du Pin de Francueil, devenu veuf, épousa Marie-Aurore de Saxe (fille naturelle du maréchal comte de Saxe et de Marie Rinteau, dame de l'Opéra, dite Mlle Verrière), née le 19 octobre 1748, laquelle fut la grand'mère d'Aurore Dupin, baronne du Devant. Mme de Saint-Julien fut donc la belle-sœur de la première Mme de Francueil: singulière rencontre du hasard que cette alliance, lointaine mais réelle, entre le Papillon philosophe de Voltaire et George Sand.

Née du mariage d'un La Tour du Pin avec une Choiseul, nièce et cousine des Senozan, belle-sœur d'une Bertin, cousine des Curzay et des Monconseil par le mariage de son cousin Jean-Frédéric de Gouvernet de Paulin avec la fille aînée du marquis de Monconseil, Mme de Saint-Julien jouissait d'une influence étendue; Voltaire la mit à profit pour le développement de sa colonie de Ferney, que Mme de Saint-Julien honora même de sa visite.

On verra, sous le n° 102 qui suit, la part que Mme de Saint-Julien prit aux derniers arrangements du grand homme en 1778.

Mme de Saint-Julien ne possédait pas l'hôtel qu'elle habitait rue Richelieu. Les bureaux de MM. de Saint-Julien pour les affaires du clergé furent à l'hôtel Saint-Pouange depuis 1739 jusqu'à l'époque du percement de la rue Chabannois ; je les trouve en 1778 rue d'Artois (n° 17 d'aujourd'hui), dans le bel hôtel que plus tard décora Prud'hon, qu'acheta au commencement de l'Empire la reine de Hollande, et où naquit l'empereur Napoléon III le 20 août 1808. Mais M. de Saint-Julien le père mourut très certainement dans l'hôtel de la rue Richelieu, puisqu'il fut inhumé à Saint-Eustache. Mme de Saint-Julien ne mourut qu'en 1820, âgée de quatre-vingt-dix ans.

En 1800, un marchand de dessins et de tableaux nommé Durand occupait une partie de la maison n° 100. Le célèbre restaurateur Lemardelay y apparaît en 1827 et ne l'a plus quittée ; sa veuve, née Meunier, la tient par bail à long terme des propriétaires actuels, MM. Hardy, qui portent, eux aussi, un nom célèbre dans les fastes culinaires.

N°s 102 à 112. — On ne connaît pas exactement l'âge de la rue Saint-Marc, ainsi nommée d'une des seigneuries des Viviens, seigneurs du fief de la Grange-Batelière. Elle ne figure pas, même à titre de chemin rural, au plan de Gomboust (1653) ; cependant je la trouve en partie bâtie avant 1672. Elle eut pour utilité de créer une communication entre la rue Richelieu prolongée et la rue Montmartre, à travers les champs et les marais de la famille Bourgoin, copropriétaire du fief de la Grange-Batelière, lesquels se trouvèrent former un parallélogramme compris entre les rues Richelieu, Saint-Marc, Montmartre et le nouveau cours, autrement dit le boulevard Montmartre d'aujourd'hui. Cette portion du sol de la ville de Paris s'élevait graduellement de l'ouest à l'est, en forme de monticule nettement dessiné sur les plans anciens, et dont la rampe est encore très sensible lorsqu'on gravit le boulevard Montmartre en partant de la rue Richelieu.

Le marais Bourgoin fut morcelé par son propriétaire, à partir de 1660, en parcelles de contenances très diverses dont les propriétaires, dénommés au rôle de taxe du 20 septembre 1672 (Arch. Nat. Q¹ 1120-21), étaient, après les sieurs Bouret, Bourbier et Mulbe, détenteurs des parcelles correspondantes aux n°s 96 à 100 actuels : 1° le sieur Boisseau pour 334 toises, taxées 3,335 livres à titre de permission de bâtir; 2° le sieur Pierre Soulas à raison d'une petite maison à trois étages à laquelle attenait un terrain de 200 toises, le tout taxé 2,800 livres; 3° M. Louis Bourgoin, pour un terrain à bâtir de 200 toises, taxé 1,600 livres; 4° Le sieur Robert Couvreur, pour une petite maison taxée 2,500 livres; 5° Jean Regnaudin, pour une autre maison à petite porte, taxée 2,000 livres, accostée d'un terrain à bâtir de 130 toises, taxé 1,040 livres; 6° Louis Bourgoin, pour une place à bâtir contenant 1,804 toises, taxée 13,755 livres.

Cet ancien lotissement, sur lequel il n'y aurait aucun intérêt à s'appesantir, disparut à la fin du XVIIe siècle par la réunion de tous les lots entre les mains d'un seul groupe de propriétaires, qui opéra sur ces terrains une division toute nouvelle. Mais ici la chose devient intéressante.

Les nouveaux acquéreurs étaient la famille Mailly, la famille Des Chiens et la famille Moricet de la Cour, qui n'en formaient pour ainsi dire qu'une, à raison de l'entrecroisement et de l'étroite solidarité de leurs intérêts d'argent.

La famille de Mailly, originaire de Champagne (portant d'azur à trois maillets d'or posés deux et un), était représentée, vers 1700, par deux frères occupant simultanément les deux charges de receveurs-généraux des finances pour la généralité de Tours. Les deux frères, qui avaient habité ensemble « près la porte Montmartre » jusqu'à l'année 1704, prirent domicile en cette dernière année « rue et près de la porte Richelieu », ce qui indique à la fois la date de la construction de l'hôtel et celle de l'acte d'association avec M. Moricet de la Cour, ci-après indiqué.

En 1713, les deux frères Mailly se séparèrent de domicile comme de nom. Le cadet, Nicolas de Mailly, écuyer, seigneur de Franconville, mari d'Anne Boutet, s'installa, sous le nom de M. Mailly de Charmeuil, rue Sainte-Anne à la butte Saint-Roch. Il eut une fille, Anne de Mailly de Charmeuil, qui épousa le 14 avril 1713 Christophe-Alexandre Pajot marquis de Villiers, directeur-général des postes; devenue veuve le 6 septembre 1739, elle se remaria avec Antoine Bernardin comte du Châtelet, mestre de camp de cavalerie, petit-cousin de la belle Émilie, l'amie de Voltaire.

L'ainé, André de Mailly seigneur du Breuil, conserva seul son domicile et ses bureaux à l'hôtel de la rue Richelieu. Il avait épousé Françoise Des Chiens, fille de Pierre Des Chiens, seigneur de Valcourt et de Guny, vicomte de Verneuil, secrétaire du Roi (lettres de *committimus* du 1er août 1699), contrôleur ordinaire des guerres.

Pierre Des Chiens, d'une ancienne famille noble de Bourgogne, qui faisait ses preuves jusqu'à Louis Des Chiens sieur de la Maison-Rouge, écuyer, vivant à Bar-sur-Seine en 1521, avait épousé Marie Moricet, Morizet, Mauricet ou Maurisset, sœur de François Moricet sieur de la Cour, trésorier-général des Invalides de la Marine. Ce Moricet de la Cour est connu dans l'histoire des dernières années de Louis XIV sous le nom de La Cour des Chiens. J'ai lu l'autre jour dans le *Journal des Débats* qu'on le nommait ainsi parce qu'il avait beaucoup de chiens. Voilà de l'érudition à bon marché. Cherchons une raison plus sérieuse. Piganiol de la Force, voulant expliquer cette association singulière de noms propres, dit que François de la Cour avait épousé Françoise des Chiens. Ceci est une confusion de personnes. Françoise des Chiens, fille de Pierre des Chiens et femme de Mailly du Breuil, fut la nièce et non la femme du trésorier des Invalides de la Marine, lequel mourut garçon, bien malgré lui d'ailleurs. Divers *factums* judiciaires, produits devant les tribunaux et imprimés, nous font connaître l'aventure singulière de ce financier sexagénaire et richissime, qui, après avoir signé le 20 mai 1708 le contrat de mariage par lequel il reconnaissait une dot de 75,000 livres à une aventurière nommée Marie Joret-Dubreuil, la vit disparaître dès le lendemain avant la célébration du mariage, la donzelle s'étant enfuie avec un certain M. de Saint-Victor, qu'elle épousa en province. M. Moricet de la Cour des Chiens mourut à Paris, moins de deux ans après sa déconvenue, le 7 février 1710, laissant pour unique héritière sa sœur Marie Moricet veuve de Pierre Deschiens, qui était mort le 27 avril 1704 dans son hôtel de la rue du Mail (le n° 27 de la rue du Mail marque le centre du petit et du grand hôtel Des

Chiens qui s'étendaient par derrière jusqu'à la rue Saint-
Pierre-Montmartre, avec façade d'une égale largeur sur les
deux rues; ces indications me sont fournies par une affiche
d'adjudication du 7 février 1784, faisant partie de mon
cabinet.)

Le nom de Des Chiens pris par Moricet de la Cour s'explique
donc autrement que par une alliance, car on ne prend pas le
nom de son beau-frère. Pour moi, la chose est assez simple.
Il résulte de nombreuses pièces originales conservées au Cabinet des titres que M. Moricet de la Cour était le chef
d'un grand nombre d'entreprises financières auxquelles il as-
sociait son beau-frère : La Cour des Chiens devait donc être,
dans le monde des affaires, la raison sociale de cette société
en participation.

La Cour des Chiens, car il faut lui laisser ce nom historique, avait fait une fortune énorme, qu'on évaluait de vingt
à trente millions. Il l'avait gagnée par diverses entreprises,
surtout dans la fourniture des vivres, que lui avait accordée
M. de Chamillart, contrôleur-général des finances. Saint-
Simon donne à ce sujet des renseignements curieux (t. VII,
p. 119, éd. Chéruel). Il avait acquis de M. Colbert de
Saint-Pouanges, le 1er juin 1703, la charge d'intendant de
l'ordre du Saint-Esprit, qui lui conférait le cordon bleu. Il
s'était fait construire, en 1707, à l'extrémité de la rue Neuve-
Saint-Augustin, un vaste hôtel dont l'architecte fut Pierre
Levé, et qui devint en 1712 l'hôtel de Toulouse, en 1713
l'hôtel d'Antin, et en 1757 l'hôtel Richelieu (au coin de la
rue Neuve-Saint-Augustin et de la rue Louis-le-Grand, avec
terrasse sur le boulevard, sur laquelle le maréchal de Richelieu édifia plus tard le pavillon de Hanovre).

« La Cour des Chiens, » dit Saint-Simon, « étoit habile,
« intelligent, plein de ressources; d'ailleurs bonhomme,
« obligeant, éloigné de l'insolence si ordinaire à ces sortes
« de gens. » Saint-Simon a oublié de dire qu'il connaissait
si bien La Cour des Chiens qu'il lui devait, lorsque celui-ci
mourut, une somme de 46,689 livres; cette créance tomba
dans la succession de Mme veuve Pierre des Chiens, et les
curateurs de cette succession devenue vacante en donnèrent
quittance au duc de Saint-Simon, devant Mahault, notaire,

le 28 janvier 1720. La Cour des Chiens tenait à ferme, sous
le nom du sieur Pagne qu'il cautionnait, les revenus du
duc à Blaye, la Rochelle et dépendances (Cabinet des titres,
pièces originales, v° Des Chiens). C'est en cette qualité qu'il
avait eu la bonne fortune d'obliger le noble duc, qui ne
s'en vante pas, et qui prit son temps pour payer, puisqu'il
ne s'acquitta que dix ans après la mort de son créancier.

Le principal associé de Moricet de la Cour, Pierre Des
Chiens, son beau-frère, avait laissé quatre enfants de son
mariage avec Marie Moricet de La Cour : 1° Françoise des
Chiens, Mme Mailly du Breuil; 2° Charles des Chiens, président au parlement de Béarn; 3° Antoine-Artus des Chiens,
seigneur de Luzy, trésorier de France; 4° Marie-Anne des
Chiens, femme de Jean-Pierre de Cormis, chevalier, comte
de Saint-Georges, cornette de la première compagnie des
mousquetaires, puis mestre de camp de cavalerie, chevalier
de Saint-Louis, morte le 3 novembre 1755, à quatre-vingt-
quatorze ans.

Ce fut en 1698 que M. de Mailly du Breuil et son oncle La
Cour des Chiens commencèrent l'achat des terrains qui portent
aujourd'hui les n°s 102 à 112 sur la rue Richelieu, lesquels,
bornés au midi par une ligne de maisons déjà bâties en
bordure sur la face nord de la rue Saint-Marc, et au nord
par le nouveau cours ou boulevard, eurent pour limite orientale l'immense propriété du ministre Nicolas Desmaretz,
marquis de Maillebois, laquelle occupait le sommet de la
butte. Sur cette partie orientale du domaine des Bourgoin,
limitée à l'ouest par le côté gauche ou impair de la rue
Vivienne depuis la rue Saint-Marc jusqu'au boulevard,
s'éleva l'hôtel Desmaretz, puis Luxembourg, puis Montmorency, qui subsista jusqu'en 1830, et sur l'emplacement
duquel on a successivement construit le théâtre des Variétés
et le passage des Panoramas, et ouvert le prolongement de la
rue Vivienne depuis la rue Saint-Marc jusqu'au boulevard.
Cet hôtel avait été bâti en 1704 pour M. Rivié, secrétaire
du roi, qui vint l'habiter en 1706, et qui le céda à M. et
Mme Desmaretz en 1711. L'entrée principale de l'hôtel Desmaretz était rue Saint-Marc à peu près en face de la petite rue
de Montmorency, ainsi nommée en souvenir des ducs de

17

Luxembourg et de Montmorency qui occupèrent l'hôtel
Desmaretz depuis 1723 jusqu'à 1789. Les jardins de l'hôtel
de Luxembourg-Montmorency, avec leurs bosquets, leurs
kiosques, leurs pièces d'eau et leur admirable terrasse
dominant le boulevard (il appartenait presque intact à
Mme veuve Thayer sous le premier Empire), formèrent
ainsi le fonds commun et mitoyen de toutes les maisons qui
s'élevèrent en bordure sur le côté droit de la rue Richelieu,
depuis la rue Saint-Marc jusqu'au boulevard.

Les parcelles représentées aujourd'hui par les nos 102 et
104, entre l'hôtel Desmaretz et la rue Richelieu, furent
cédées par M. Louis Bourgoin, l'une à Pierre Boisseau, procureur au Parlement, et Élisabeth Lemoine, sa femme, par
contrat devant Gigault, notaire, le 30 août 1664; l'autre, à
M. Moricet de la Cour, par contrat devant Thouvenot,
notaire, le 15 mars 1698.

M. et Mme Boisseau recédèrent leur acquisition à M. Mailly
du Breuil, par contrat devant Sainfray, notaire, le 21 août
1699, sous le nom de Pierre Levé, architecte, qui en passa
déclaration de command le même jour.

M. et Mme du Breuil et M. François Moricet de La Cour
des Chiens, leur oncle, associèrent leurs parcelles chacun
pour moitié (énonciation contenue dans un acte reçu Touvenot, notaire, le 15 mars 1706) et y firent élever en commun
un hôtel que construisit pour eux leur représentant au contrat d'acquisition, Pierre Levé, architecte des bâtiments du
Roi, l'un des soixante experts jurés du Roi pour les ville,
prévôté et vicomté de Paris. Il demeurait rue des Vieilles-
Étuves, quartier de la Croix du Tiroir, c'est-à-dire dans la
rue où naquit Moliere.

Ce nom de Levé se rattache intimement à l'histoire de
Moliere; Eudore Soulié a publié l'acte du 31 mars 1645 par
lequel Jeanne Levé, marchande publique, prêta 291 livres
tournois à Moliere, qui lui donna en nantissement deux ru-
bans en broderie or et argent, l'un de satin et l'autre de
drap vert; et la quittance de cette somme, donnée sous la date
du 13 mai 1659 par Jeanne Levé, devenue la femme de
Michel Le Comte, maître paumier, rue Tireboudin. Le premier de ces deux actes n'indique pas le domicile de Jeanne

Levé; mais comme Moliere était alors logé rue des Jardins, proche Saint-Paul, il est probable que l'obligeante marchande habitait dans le voisinage. Or, le grand-père de l'architecte Pierre Levé, architecte comme toute sa descendance, avait son domicile en 1656 rue de Jouy, précisément sur la paroisse Saint-Paul; Jeanne Levé, mariée entre 1645 et 1659, pouvait donc être sa fille, sœur du Pierre Levé qui mourut le 12 juillet 1656 chez son père, qualifié architecte du Roi et contrôleur-général de la ville et fauxbourgs de Paris. Il y avait eu et il y eut toujours des marchands dans cette famille, puisque le frère de l'architecte Pierre Levé prit, en se mariant avec Anne-Geneviève Desprez, fille de Guillaume Desprez, imprimeur et libraire ordinaire du Roi, le 10 juillet 1696, la qualité de marchand et bourgeois de Paris (recueil de M. Herluison).

L'hôtel bâti par Pierre Levé pour MM. Mailly du Breuil et Moricet de la Cour, d'abord connu sous le nom d'hôtel de la Cour des Chiens (voir au plan de Bullet, 1707), et dont les façades ont été gravées par Mariette, occupait l'emplacement du n° 104 actuel, avec extension au n° 102, réservé pour une basse-cour. Derrière l'hôtel et la basse-cour se trouvait le jardin qui s'étendait jusqu'à la rencontre de celui de l'hôtel Desmaretz, comme cela se voit sur le plan du quartier Montmartre, dans l'ouvrage de Piganiol de la Force. Des servitudes convenues avec M. et Mme Desmaretz, que je déterminerai à propos des n°s 106 à 112, défendaient de bâtir dans les fonds. Il était achevé en 1707, époque où le prévôt des marchands concéda à M. Mailly du Breuil un quart de pouce d'eau à prendre au regard de la fontaine Colbert (4 juillet 1707).

La mort de La Cour des Chiens, en 1710, troubla profondément les intérêts de sa famille et de ses alliés. L'envie excitée par ses grandes richesses, le désir peu dissimulé de compromettre Chamillart, son protecteur, à qui, prétendait-on, le magnifique hôtel de la rue Neuve-Saint-Augustin (hôtel d'Antin puis Richelieu) était destiné, tout se réunit pour accabler la succession de La Cour des Chiens sous les coups dont il avait su se préserver pendant sa vie. On affirma qu'il était mort comptable de sommes considérables envers

le Roi ; on crut, ou l'on voulut croire, sur la dénonciation
de cette misérable Saint-Victor, dont il avait voulu faire sa
femme, que ses héritiers avaient diverti le plus clair de sa
succession. En conséquence, les scellés furent apposés partout, et le contrôleur-général des finances s'empara, au nom
du Roi, de tous ses biens immeubles, y compris l'hôtel de la
rue Neuve-Saint-Augustin et l'hôtel de la rue Richelieu.

Les intérêts des Des Chiens, des Moricet de La Cour et des
Mailly du Breuil étaient solidaires. Ils les défendirent avec
succès. La Cour des Chiens, qui avait eu sans doute le pres-
sentiment de sa fin prochaine, s'était défait de sa charge
d'intendant du Saint-Esprit, la résignant le 30 octobre 1709
à son neveu, frère de Mme Mailly du Breuil, Charles des
Chiens, seigneur de la Neuville, qui fut président à mortier
au parlement de Béarn, maître des requêtes, intendant de
Béarn et de Franche-Comté, membre libre de l'Académie
des sciences, mort le 7 mars 1737 à soixante-dix ans, veuf
de Jeanne des Bordes.

Les propriétés de M. de la Cour des Chiens avaient été
adjugées au Roi par arrêt du Conseil d'État le 10 juillet 1711,
sous le nom de René Menet, contrôleur-général des restes
de la Chambre des comptes et bons d'état du Conseil.
M. Mailly du Breuil racheta devant Lefebvre, notaire, le
13 mai 1712, la part de son oncle dans l'hôtel de la rue Richelieu, dont il devint ainsi l'unique propriétaire. Le Roi
avait gardé l'hôtel de la rue Neuve-Saint-Augustin, qu'il
céda le 30 avril 1712 au comte de Toulouse. Après quoi, un
arrêt du Conseil du 15 octobre 1712 déchargea la succession
La Cour des Chiens de toute répétition ultérieure au profit
de l'État, moyennant le paiement à forfait d'une somme de
650,000 francs, qui fut effectué par sa sœur Mme veuve
Pierre Des Chiens, son unique héritière ; ce qui n'empêcha
pas une nouvelle condamnation à 1,901,038 livres prononcée
par le Conseil d'État le 23 juillet 1715 et par les commissaires députés à la révision des comptes des vivres du 21 février 1716. Cette affaire ne se termina définitivement que
par un dernier arrêt du 14 juin 1720 qui ordonne la restitution d'une somme trop perçue à Mme Des Chiens, ou plutôt à
ses héritiers, car elle était morte dans les premiers mois de

1718 ; son testament devant Billeheu, notaire, est daté du 23 février 1718, et l'inventaire de ses biens devant Mahault, notaire, commença le 2 mai suivant pour ne finir que le 12 juin 1722.

De leur côté, M. et Mme de Mailly furent taxés par la Chambre de justice de 1716 à la somme d'un million de livres qu'ils payèrent galamment (rôle du 19 décembre, n° 460). Cela ne tirait pas à conséquence.

M. et Mme de Mailly du Breuil moururent avant 1744, ayant eu trois enfants de leur mariage, savoir :

1° Marie-Françoise, mariée le 18 mars 1712 à Gabriel-Charles-François marquis d'Angennes, morte le 27 janvier 1746, à cinquante et un ans ;

2° Élisabeth, mariée à Charles-Gaspard de Saulx vicomte de Tavannes, morte le 12 février 1728, à vingt-six ans ;

3° Emilie, mariée à Jean-François marquis de Creil, chevalier, seigneur de Soisy, lieutenant-général en 1738, grand-croix de Saint-Louis, commandant la place de Maubeuge et celle de Thionville, mort le 24 juillet 1758, à soixante-dix-huit ans.

C'est probablement à cette époque qu'il fut question d'affecter l'hôtel Mailly du Breuil aux écuries de la Dauphine. On trouve, en effet, dans les *Recherches* de Jaillot, servilement copiées par Heurtaut et Magny, l'indication suivante qui demande à être interprétée : « On en trouve un autre (hôtel) « sous son nom (La Cour des Chiens) au bout de la rue Ri- « chelieu, que nous avons vu destiné pour les écuries de « feue Madame la Dauphine. » Ceci est daté de 1772, et ne peut s'appliquer qu'à Marie-Josèphe de Saxe, seconde femme de Louis, fils de Louis XV, morte en 1767. Si l'on admet qu'elle ait eu la pensée d'acheter l'hôtel Mailly du Breuil, qui se trouvait à vendre en 1758 après la mort du marquis de Creil, les dates coïncideraient exactement.

Mais les choses ne s'arrangèrent pas ainsi. L'hôtel des n°s 102 et 104 d'aujourd'hui, toujours d'un seul tenant, fut vendu par les créanciers du marquis de Creil et par la succession de la marquise d'Angennes à Charles de Bussy, marquis de Bussy et de Castello, maréchal de camp, aux termes d'un contrat reçu Boulard le 16 juin 1763. Le marquis de Bussy, époux de cette Mme de Bussy dont Mme du Deffant raconte à mots couverts les déceptions conjugales, revendit l'hôtel devant Me Prevost, notaire, le 9 mars 1775, à Barthélemy-Louis Rolland de Villarseaux, chevalier, seigneur d'Argenvilliers, receveur-général des finances de Riom et d'Auvergne depuis 1762, époux de Jeanne-Julie Vassal. Une remarque, pour éviter toute confusion. Nous rencontrerons, au côté gauche de la rue Richelieu, deux autres familles titrées de Villarceaux ou Villarseaux : les Mornay et les Tocquiny. Cette homonymie de terres seigneuriales n'implique aucune parenté entre les trois familles Rolland, Mornay et Tocquiny. L'acte de 1775 énonce une rente foncière constituée par le marquis de Bussy sur son hôtel de la rue Richelieu, à Antoine-Jean-Baptiste Auger de Montyon, baron de Montyon ; l'illustre fondateur des prix de vertu, abolis par la Convention, vécut assez longtemps pour présider à leur rétablissement en 1816.

Au moment de cette vente de 1775, la propriété ne comportait encore que l'hôtel édifié par Mailly du Breuil (n° 104) et la basse-cour (n° 102), celle-ci considérée comme terrain à bâtir. Le nouvel acquéreur fit remanier considérablement l'ancien hôtel, qu'on appela dès lors la grande maison, et construire sur l'emplacement de la basse-cour un nouvel hôtel qui fut appelé la petite maison. L'architecte Charles de Wailly fut chargé de tout le travail.

A partir de ce moment, les deux parcelles prennent chacune une existence distincte, quoiqu'elles demeurent encore aux mains du même propriétaire.

A. N° 102. — HOTEL DE VOLTAIRE. — Charles de Wailly, architecte, construisit pour M. Rolland de Villarseaux, sur le terrain de la basse-cour (n° 102 actuel), un élégant hôtel de deux étages avec comble, dont les plans, signés DW 1774, ont été acquis par M. Cousin pour la bibliothèque municipale de l'hôtel Carnavalet, à la vente du vénérable et regretté baron Taylor. L'édifice construit par Wailly contenait un escalier à trois rampes dont le modèle fut exposé au Salon de 1785. Le livret explique, sous le n° 185, que M. de Wailly « en a déjà déjà fait exécuter deux, l'un au

« château des Ormes, l'autre dans la maison de Voltaire
« rue Richelieu ». Une note écrite au dos de l'un des plans
contient ces mots : « construit par M. de Villarseaux pour
« Voltaire. »

Comme tout le monde sait que Voltaire, revenu à Paris
le 10 février 1778 après un exil de quarante années, y mourut le 30 mai suivant dans l'appartement de son neveu
M. de Villette, rue de Beaune, n° 1, au coin du quai des
Théatins, aujourd'hui quai Voltaire, il n'habita certainement pas l'hôtel de la rue Richelieu. L'avait-il commandé,
acheté ou loué? telle est la question intéressante à laquelle je
réponds d'après des documents authentiques.

Voltaire, dans son extrême vieillesse, soupirait après la
fin de son exil. « Je me meurs entre mes montagnes »,
écrivait-il à d'Argental le 30 avril 1774. Dix jours plus tard,
en apprenant la mort de Louis XV, qui semblait devoir lui
rendre la liberté, sa première pensée fut de revenir dans sa
ville natale. « Quelque chose qui soit arrivée ou qui arrive,
« je ne veux pas mourir sans avoir la consolation d'avoir
« revu mes anges (M. et Mme d'Argental). Il n'y a que ma
« malheureuse santé qui puisse m'empêcher de faire un
« petit tour à Paris... Il y avait une petite tracasserie entre
« le défunt et moi, tracasserie ignorée de la plus grande
« partie du public, tracasserie verbale, tracasserie qui ne
« laisse aucune trace après elle. Il me paraît que je suis un
« malade qui peut prendre l'air partout sans ordonnance
« des médecins. » Voltaire nourrissait sans doute quelque
illusion sur les dispositions du nouveau gouvernement envers
lui. Le fait est que ses hésitations à revenir durèrent quatre
longues années; on peut supposer qu'elles avaient une autre
cause que l'état de sa santé et son grand âge, puis que l'un
et l'autre s'étaient naturellement aggravés lorsqu'il prit enfin
le parti de revenir au gîte pour y mourir. On chercherait
inutilement dans sa correspondance depuis le mois de mai
1774 jusqu'au mois de février 1778, date de son retour à
Paris, la plus légère trace d'une pensée arrêtée sur le domicile qu'il s'y choisirait. Instruit par ses disgrâces passées, il
voulait tâter le terrain et prendre, comme on dit, l'air du
bureau. Cet air ne lui était pas favorable; on commença

par chercher dans les archives des ministères s'il n'existait
pas quelque ordre d'exil ou quelque lettre de cachet contre
lui; on ne trouva rien; « la tracasserie », comme il l'affir-
mait lui-même, avait été « verbale ». Pour mieux savoir à
quoi s'en tenir, il fit pressentir le Roi sur la convenance
d'une respectueuse visite à Versailles. Louis XVI répondit
sèchement qu'il n'aimait ni n'estimait Voltaire[1], et que tout
ce qu'on pouvait faire était de fermer les yeux sur son séjour
à Paris. Voltaire ne sut d'abord s'il devait se fier à cette
tolérance; il parlait de retourner à Ferney; mais l'accueil
enthousiaste du public fixa ses irrésolutions. Il voulut d'a-
bord louer l'hôtel du comte d'Hérouville, situé au faubourg
Saint-Honoré (*Mém. secrets,* 11 mars); mais il y rencontra
des difficultés, et tourna les yeux vers l'hôtel récemment
bâti par Wailly pour M. Rolland de Villarseaux, qui lui fut
certainement indiqué par son amie Mme de Saint-Julien, qui
demeurait justement porte à porte avec les Villarseaux
(voyez ci-dessus n° 100). Ici nouvel obstacle. Deux nobles
dames, la comtesse d'Ennery et la comtesse de Blot, pa-
rentes ou alliées de M. de Schonberg, étaient en pourpar-
lers avec M. de Villarseaux pour ce même hôtel; elles lui
offrirent la préférence, qu'il n'accepta pas; mais laissons-le
parler lui-même, en homme d'affaires consommé qu'il était
autant qu'homme d'esprit :

A Madame de Saint-Julien.

6 avril 1778, 6 heures et demie, soir.

Mme d'Ennery et madame sa sœur sortent de chez moi,
Madame. Je leur ai répété ce que j'avais dit et dû dire à M. de
Schomberg et à M. de Villarceaux, et que, si elles pensaient à cette
maison, j'avais trop de respect pour elles pour aller sur leur marché.
Elles m'ont répondu qu'elles étaient prêtes à me vendre cette
maison, qui était à elles. Je leur ai dit : Mesdames, il faut que

---

1. C'était l'impression générale de ses contemporains. « Le caractère de
« Voltaire dégoûtera toujours de ses talents, » écrivait M. des Alleurs à
Mme du Deffant.

vous en soyez maîtresses par un contrat pour être en droit de la vendre. — Monsieur, nous avons une parole de Mᵐᵉ de Villarceaux. — Mesdames, une parole d'honnêteté n'a jamais mis personne en possession d'un bien. — Monsieur, on nous a promis de nous la vendre à vie, et nous vous la vendons à vie si vous voulez. — Mesdames, si vous l'aviez pour votre vie, vous ne pourriez pas me la vendre pour la mienne.

Ces dames n'entendent pas parfaitement les affaires; elles disent qu'elles ont parole de trouver de l'argent, et ne l'ont point encore. Elles disent qu'elles feraient les achèvements nécessaires en un an. Je les ferais en deux mois. Je paierais sur-le-champ M. et Mᵐᵉ de Villarceaux; il ne s'agirait que d'engager Mᵐᵉ d'Ennery à me donner un billet par lequel elle permettrait que je fisse marché avec M. de Villarceaux. Vous savez, Madame, que je meurs d'envie d'être votre voisin et de finir mes jours près de l'hôtel de Choiseul et près du vôtre.

J'ai dit ce qu'était Mᵐᵉ de Saint-Julien; mais qu'étaient Mᵐᵉˢ de Blot et d'Ennery? On croit le savoir, et cependant il y a quelque chose à rectifier et à compléter sur ce sujet.

M. d'Argenson, au tome IV, p. 28 de ses mémoires, écrit les lignes suivantes, sous la date du 4 juin 1751 : « Mᵐᵉ de « Blot, petite-fille de Mᵐᵉ de Curzay et fille de Mᵐᵉ de Mon- « conseil, commence à jouer un rôle à la cour. Elle est « jeune et jolie, et d'une famille célèbre dans le métier « d'intrigantes. On prétend que le roi l'a lorgnée et fêtée, « et que c'est pour lui-même ou pour faire plaisir à M. le « duc de Chartres, qui en est amoureux. »

Je laisse de côté l'anecdote, et je m'en prends à la généra- logie qui est fausse, du moins sur un point. Ce serait chose grave que d'en remonter à M. d'Argenson sur les alliances de ses contemporains, si l'on ne devait croire à une simple erreur de copie ou d'impression.

Mᵐᵉ la comtesse de Blot, dame de compagnie de Mᵐᵉ la duchesse d'Orléans et de Mᵐᵉ la duchesse de Chartres, n'était pas une demoiselle Guinot de Monconseil. Elle s'ap- pelait Marie-Cécile-Pauline Charpentier d'Ennery; elle était fille de messire Thomas-François Charpentier, chevalier, seigneur d'Ennery, colonel du régiment de cavalerie Royal- Étranger, né en 1700, mort le 17 janvier 1739 en son château d'Ennery près Pontoise; qui avait épousé le 13 février 1730

Magdeleine-Angélique-Rosalie Rioult demoiselle de Curzay, fille de Séraphin Rioult marquis de ¡Curzay¡, lieutenant de roi en Haut-Poitou, et de Thérèse-Élisabeth Blondot.

Ici se place naturellement la généalogie rectifiée de la famille Rioult, qui s'enchevêtre avec celle des d'Ennery. Elle est assez intéressante.

L'auteur des Rioult est un Pierre Rioult sieur d'Ouilly, Estouy et Curzay, fermier-général et receveur-général des finances du Poitou, qui mourut en 1685, laissant une veuve Marie Mestayer, remariée en 1686 à François comte de L'Hôpital de Cordoue, et quatre enfants, savoir :

1º Séraphin marquis de Curzay, qui continua la lignée;

2º Agnès, née en 1680, femme en 1696 d'Étienne Berthelot sieur de Pleneuf et de Baye, veuve en 1726; c'est cette Mme de Pleneuf, non moins célèbre par ses galanteries que par celles de sa fille la marquise de Prie;

3º Gabrielle, femme de Michel Larcher sieur de Baye, président en la Chambre des comptes;

4º N..., femme de Jean Moreau sieur de Séchelles, qui devint ministre d'État, contrôleur-général des finances de 1754 à 1756, et mourut le 31 décembre 1760 à soixante et onze ans.

L'aîné de ces quatre enfants, Séraphin Rioult d'Ouilly, seigneur puis marquis de Curzay, né en 1677, fut colonel d'infanterie, lieutenant de roi et gouverneur de Lusignan en Haut-Poitou, et mourut en 1738 à soixante et un ans. Sa belle et galante femme, Thérèse-Élisabeth Blondot, qu'il avait épousée en 1704, était fille de François-Ameline Blondot, commissaire de la marine, et de Cécile de Varet. C'est la marquise de Curzay des mémoires de M. d'Argenson.

Il naquit de ce mariage six enfants, savoir :

1º Nicolas-Marie-Séraphin Rioult comte de Curzay, seigneur de la Gontois, né en 1700, mort le 27 mai 1766; maréchal de camp le 25 août 1749; lieutenant-général le 25 juillet 1762; mort le 27 mai 1766. C'est ce comte, ensuite marquis de Curzay qui, commandant en Corse, fut rappelé en 1752 comme soupçonné de vouloir s'y faire proclamer roi, parce qu'il essayait de se concilier les habitants. Ramené « les fers aux pieds », emprisonné dans le

fort d'Antibes (singulier rapprochement que cet oncle des
d'Ennery de 1752, prisonnier à Antibes), puis tout à coup
justifié et pourvu d'un commandement en Bretagne.
Mᵐᵉ de Curzay mourut de chagrin de l'emprisonnement de
son fils, et c'est ce que d'Argenson n'a pas pris la peine de
dire.

2º N. Rioult d'Estouy, abbé de Miremont en 1725; mort
en 1731 grand vicaire de Châlons-sur-Marne.

3º Cécile-Thérèse Rioult demoiselle de Curzay, née en 1707,
dame du palais de Catherine Opalinski reine de Pologne,
mariée en 1725 à Étienne-Louis-Antoine Guinot marquis
de Monconseil, comte de Colchos, introducteur des ambassadeurs, mestre de camp du régiment Infanterie, puis lieutenant-général des armées, mort en 1782; elle mourut le
24 janvier 1787; elle avait eu deux filles qui furent
Mᵐᵉ de La Tour du Pin Gouvernet et Mᵐᵉ la princesse d'Hénin. C'est la Mᵐᵉ de Monconseil que d'Argenson qualifie à
tout bout de champ d'intrigante, par ce qu'elle était une
créature de son frère, le ministre de la guerre.

4º Magdeleine-Angélique-Rosalie Rioult demoiselle de
Curzay, Mᵐᵉ d'Ennery prénommée, née vers 1710, mère
de la comtesse de Blot;

5º Marie Rioult demoiselle de Curzay, née vers 1712,
morte le 26 août 1784, veuve de François marquis de Poli-
gnac, dame d'honneur de la duchesse d'Orléans et de la
duchesse de Chartres;

6º Cécile-Élisabeth Rioult demoiselle de Curzay, née vers
1713, morte le 10 février 1780, mariée en 1740 à son cousin germain François Berthelot baron de Baye, colonel de
cavalerie.

Le marquis d'Ennery avait épousé en 1768 Rose-Béné-
dicte d'Alesso d'Éragny, qui est évidemment cette « sœur »
de Mᵐᵉ de Blot dont parle Voltaire; Mᵐᵉ de Blot étant la fille
de la comtesse d'Ennery douairière et la belle-sœur de
Mᵐᵉ d'Ennery la jeune.

Les d'Alesso étaient d'une origine très illustre; c'était la
propre famille de saint François de Paule. Le vénérable fondateur de l'ordre des Minimes était fils de Jacques Martotillo,
de Paule en Calabre, et de damoiselle Vienne de Fuscalvo.

Il avait une sœur Brigitte Martotillo, qui épousa Alesso
d'Alexio, d'où un fils, qui accompagna son oncle François
de Paule en France, où il devint valet de chambre, four-
rier et échanson du roi Louis XI. De cet André Alesso
sieur de Lezeau, mort en 1530, époux de Jacquette Molan-
dine, sortirent en ligne directe les Alesso de Lezeau et
d'Éragny, maîtres et correcteurs des comptes à Paris, d'où
François Alesso sieur d'Éragny, gouverneur général des îles
d'Amérique, qui eut pour fils Alexandre-François, officier
de marine, père de la marquise d'Ennery.

La mémoire de ce frère de Mme de Blot, Victor-Thérèse Charpentier d'Ennery, mérite d'être conservée. Né à
Paris le 24 mars 1732, il fut enseigne aux gardes françaises à treize ans le 11 novembre 1746; maréchal-général
des logis le 13 juillet 1756; mestre de camp de cavalerie en
1757; sa belle conduite à la bataille de Clostercamp lui
valut le grade de brigadier le 20 février 1761; gouverneur
général des îles de la Martinique et de Sainte-Lucie de 1764
à 1767, il devint lieutenant-général le 18 mai 1776. Chargé
de la lieutenance générale de toutes les possessions françaises dans les Antilles, il les éleva au plus haut degré de
prospérité, mais il ne put résister aux atteintes du climat et
il mourut à Port-au-Prince le 13 décembre 1776, à l'âge de
quarante-cinq ans. La date de sa mort n'ayant été donnée
jusqu'ici qu'approximativement ou inexactement par les biographes, je transcris ici son acte de décès; je dois la communication de ce document inédit à M. Didier Neuville, archiviste du ministère de la marine :

*EXTRAIT des registres de l'église paroissiale de Notre-Dame-de-
l'Assomption, en la ville de Port-au-Prince, Isle de Saint-
Domingue.*

Le treize décembre mil sept cent soixante et seize, a été inhumé
dans le cimetière de cette paroisse devant la croix, le corps de haut
et puissant seigneur Victor-Thérèse Charpentier d'Ennery, comte
du Saint-Empire, marquis d'Ennery, lieutenant-général des armées
du roi, grand croix de l'ordre royal et militaire de Saint-Louis, inspecteur général d'infanterie, directeur général des troupes, fortifica-

tions, artillerie et milices de toutes les colonies, gouverneur, lieutenant-général des îles françaises de l'Amérique sous le vent et
dépendances, décédé le même jour, âgé de quarante-cinq ans. Signé
à l'original : De Vaivre, le baron de Lenglentier. L'Hermite de
Chambertrand. Le Sassier et Moreau, curé.

Nous soussigné, curé de ladite Paroisse, certifions le présent
extrait conforme à l'original. Au Port-au-Prince, le dix-sept
décembre mil sept cent soixante et seize.

Signé : Moreau, curé.

Des enfants nés du mariage du marquis d'Ennery avec
Mlle d'Alesso, il ne survécut qu'une fille, Pauline-Louise-
Françoise-de-Paule, mariée à Gaston-Pierre-Marc vicomte
puis duc de Lévis, d'où Augustine-Adèle-Charlotte de Lévis,
née le 11 décembre 1788. Mme d'Ennery, devenue veuve,
quitta l'hôtel d'Ennery, situé rue d'Aguesseau, au faubourg
Saint-Honoré; nous la retrouvons en 1788, habitant avec
sa fille et son gendre un hôtel du faubourg Montmartre
(n°s 9-37 de Watin), qui devait être situé au-dessus de la rue
Grange-Batelière avant le passage Verdeau.

Voltaire a écrit que la mort du marquis d'Ennery était une
calamité publique; il n'exagérait pas. En 1756, les Caraïbes
de l'île Saint-Thomas s'étant révoltés contre les Anglais,
il fut question de les exterminer. Une discussion violente
s'éleva dans le Parlement anglais. Les orateurs s'accordèrent
pour s'en rapporter à la décision d'un juge, et ce juge, ce fut
le marquis d'Ennery. Je ne sache pas que plus bel hommage
ait été jamais rendu à un Français par la nation anglaise. On
me pardonnera cette digression sur ce glorieux soldat, sur
cet homme de bien, qui avait pris pour devise : *A tout par
guerre et loyauté*, dont l'éloge fut publiquement prononcé le
2 avril 1788 dans le conseil général de Port-au-Prince, par
l'ordre exprès du roi Louis XVI, à ce Parisien qui n'a pas
sa statue sur l'Hôtel-de-Ville reconstruit.

M. de Schonberg avait préparé une notice sur le gouverneur des Antilles françaises; Voltaire, lui écrivant le 15 novembre 1777, s'extasiait à l'avance sur « le monument atten-
« drissant que vous élevez à la mémoire de votre ami ». Ce
travail n'a pas été publié.

Quant à M. de Schonberg, l'un des correspondants les plus assidus de Voltaire dans les dernières années de sa vie, j'ai eu plus de peine à établir son identité qu'à recueillir ses états de services.

Gottlieb-Louis de Schonberg était né le 7 décembre 1726 à Ratisbonne; fils de Jean-Frédéric de Schonberg, seigneur de Berthelsdorf, chambellan et conseiller d'appellation du roi de Pologne électeur de Saxe, son plénipotentiaire à la Diète de Ratisbonne et ambassadeur du Directoire protestant, et de Sophie-Madeleine de Kalitsch, le jeune Schonberg entra au service de France en 1747 comme capitaine au régiment de la Dauphine; il fut promu mestre de camp de cavalerie le 28 novembre 1752; brigadier le 20 février 1761; maréchal de camp le 25 juillet 1762; lieutenant-général le 5 décembre 1781. Il figure encore avec son grade à l'Almanach national de 1792, après quoi je le perds de vue.

J'ignore quel lien de parenté ou quel degré d'alliance l'unissait à Mmes de Blot et d'Ennery.

Mme de Genlis, qui le connut à la cour du Palais-Royal, dit qu'il savait des millions de vers qu'il déclamait ridiculement.

Après cette digression sur ce groupe spécial des amis de Voltaire, j'en reviens à ma démonstration, contre l'autorité du marquis d'Argenson, que Mme de Blot était la nièce et non la fille de Mme de Monconseil; ce qui, à défaut des documents authentiques que j'ai consultés et confrontés, se prouverait encore par d'autres remarques, car Mme de Monconseil, née vers 1707, eut trois enfants qui sont parfaitement connus : un fils Armand-Charles-Catherine, né le 26 septembre 1728; Cécile-Marguerite-Séraphine, née le 20 mars 1737 (Mme de La Tour de Pin Gouvernet), et Cécile-Adélaïde Pauline, née le 10 septembre 1738 (Mme la princesse d'Hénin). Ni l'une ni l'autre de ces deux demoiselles de Monconseil n'eût été en âge de se marier en 1749.

Ce fut en cette dernière année, le 17 janvier, que Mlle d'Ennery, petite-fille de la marquise de Curzay et nièce de Mme la marquise de Monconseil, épousa Gilbert de Chauvigny, d'une très noble famille d'Auvergne, alliée aux sires de Bourbon. Gilbert de Chauvigny, chevalier, comte de Blot (ancienne baronnie près de Riom ayant appartenu aux Bourbons), né le 17 juin 1720; successivement guidon de gendarmerie, capitaine des gardes du duc d'Orléans (1752), colonel du régiment de Chartres-Infanterie (1756); du régiment d'Orléans (1758); brigadier le 7 juillet 1758; maréchal de camp le 20 février 1761; lieutenant-général le 1er mars 1780; mourut au Palais-Royal le 10 avril 1785 à soixante-cinq ans. « C'était, » dit Mme de Genlis qui le connut à la cour du Palais-Royal, « l'homme le plus borné qu'on ait « jamais vu dans le monde. »

Mais revenons à la maison de la rue Richelieu.

Les choses s'arrangèrent selon les vues de Voltaire, si pratiques et si sensées. Mmes de Blot et d'Ennery s'effacèrent, et Voltaire traita directement avec M. et Mme Rolland de Villarseaux.

Le contrat authentique qui mit Voltaire en possession du petit hôtel Villarseaux figure parmi les minutes de Me Prudhomme, notaire à Paris, successeur médiat de Me Dutertre, le notaire de Voltaire. (Il se trouve cité par extrait dans le curieux ouvrage de M. Gustave Desnoiresterres, t. VIII, p. 315.) M. Prudhomme a bien voulu me communiquer, par surcroît d'obligeance, le testament autographe de Voltaire, daté de Ferney le 30 septembre 1776, et déposé par ses héritiers aux minutes de Me Dutertre. Cette pièce précieuse est rédigée avec la plus grande simplicité; elle se termine par une aumône de quinze cents livres aux pauvres de Ferney « s'il s'en trouve », et par la prière à M. le curé de Ferney d'accepter un diamant de cinq cents livres.

Par acte ·passé devant Me Dutertre le 27 avril 1778 [1], M. et Mme Rolland de Villarseaux cèdent la petite maison nouvellement construite par eux à messire François-Marie Arouet de Voltaire, chevalier, gentilhomme ordinaire de la Chambre du Roi, historiographe de France, l'un des quarante de l'Académie française, et à Marie-Louise Mignot, veuve

---

1. Les *Mémoires secrets* annoncent la conclusion de l'affaire sous la date du 17 avril.

de Charles-Nicolas Denis, ancien capitaine au régiment de Champagne, commissaire ordinaire des guerres, conseiller correcteur en la Chambre des comptes[1], chevalier de Saint-Louis, viagèrement sur leur tête et au survivant d'entre eux, moyennant la somme de quarante mille livres, dont moitié payée comptant. Les acheteurs viagers se chargent des travaux d'achèvement nécessaires pour mettre la maison en état d'être habitée, d'y placer les cheminées, trumeaux, boiseries, etc. M. et Mme R. de Villarseaux leur abandonnent à cet effet des glaces déjà commandées ou placées, estimées 2940 livres, à condition de les rendre à la fin de leur jouissance. Ils s'obligent de plus à placer des barrières de bois d'une hauteur de cinq pieds et demi, terminées par des piquets de fer, dans toute la longueur du jardin devant les croisées du cabinet de toilette de Mme de Villarseaux et autres pièces sur le même alignement, en observant quatre pieds de distance.

Voltaire mourut le 30 mai, un mois et trois jours après la signature du contrat dont Mme Denis profita seule. Je dis seule, sans que l'expression soit tout à fait exacte, car l'excellente dame, âgée de soixante-huit ans, ne tarda pas à convoler en secondes noces.

J'ai eu la curiosité de rechercher, plus exactement qu'on ne l'a fait jusqu'ici, les antécédents et l'identité des deux époux de Mme Denis, devenue Mme Duvivier.

Voici d'abord les états de services de M. Denis, tels que je les ai obtenus du ministère de la guerre, par les soins obligeants de M. Hennet, chef du bureau des archives :

« Denis, fils d'un huissier des conseils du roi, né à Paris;
« lieutenant réformé au régiment de Champagne en 1720;
« lieutenant en pied en 1724; commissaire ordinaire des
« guerres employé à Embrun en 1731; employé à l'armée
« d'Italie en 1733; à Landau en 1736, à Lille en 1739, à
« l'armée de la Meuse en 1741; chevalier de Saint-Louis
« vers 1741; employé à l'armée du Bas-Rhin en 1742;

---

1. Cette qualité se trouve répétée dans l'acte de mariage de Mme veuve Denis relaté ci-après. On trouve, en effet, aux almanachs jusqu'en 1744 un correcteur des comptes nommé Denis, reçu en 1740, demeurant rue Payenne au Marais.

« rentré à Lille en 1743 ; retourné à l'armée du Bas-Rhin en
« avril 1743 ; rentré à Lille en novembre 1743 ; décédé dans
« cette ville le 12 avril 1744. »

Marie-Louise Mignot, fille de Pierre-François Mignot,
correcteur en la Chambre des comptes (fils lui-même de
François Mignot et d'Anne Sellière), et de Catherine Arouet,
sœur de Voltaire, était âgée de vingt-six ans lorsqu'elle
épousa à Saint-Germain-l'Auxerrois, le mardi 25 février
1738, Nicolas-Charles Denis, écuyer, fils de feu Nicolas Denis,
écuyer, doyen honoraire des huissiers du Conseil d'État et
ancien échevin de la Ville de Paris. Il avait quarante-quatre
à quarante-cinq ans lorsqu'il mourut à Lille ; sa veuve en
avait alors trente-deux.

Ce fut un grand étonnement, que la raillerie publique fit
tourner en scandale, lorsque Mme Denis se remaria en 1780,
après trente-six ans de veuvage ; soixante-huit hivers avaient
neigé sur sa tête rougeaude.

« De tous les actes de courage que nos fastes présentent
« depuis quelque temps, » dit la *Correspondance secrète*, « celui-ci
« n'est pas le moins curieux. M. Duvivier, commissaire des
« guerres, vient d'épouser Mme Denis, nièce de Voltaire. Je
« ne la garantis pas nubile, mais je peux assurer qu'elle a
« pour le moins soixante-huit bonnes années. » Les *Mémoires secrets* enchérissent encore : « On ne sauroit, » disent-ils,
« rendre l'indignation qu'excite le mariage de Mme Denis
« avec Nicolas Toupet, sobriquet resté au sieur Duvivier
« depuis qu'il est parvenu, parce qu'il étoit frater de son
« métier et que c'est lui qui accomodoit, étant soldat, ceux
« de la chambrée. Comme il est fort insolent, on n'a pas
« oublié cette dénomination. Il avoit été envoyé à Saint-
« Domingue commissaire des guerres, du temps que M. de
« Clugny y étoit intendant ; il s'étoit lié avec lui, et il passe
« pour avoir porté souvent le caducée, ce qui l'a fait par-
« venir, et lui a valu les bienfaits de ce ministre pendant le
« peu de temps qu'il a été contrôleur-général. Tel est l'homme
« dont Mme Denis s'est engouée. »

Quelques dates et quelques faits atténuent sensiblement la
portée de ces commérages malveillants.

Je ne me suis pas contenté des indications fournies par

18

l'Almanach royal; j'ai demandé au ministère de la guerre
les états de service de M. Duvivier, et je transcris purement
et simplement le relevé qu'a bien voulu me communiquer le
bureau des Archives :

« FRANÇOIS dit DUVIVIER (François), fils de FRANÇOIS et
de Charlotte-Françoise ROY DU VIVIER, né le 27 février 1725,
à Paris.

« Commissaire des guerres, sans charge ni titre, employé
« à l'armée de Piémont en 1745 ; secrétaire du comte de
« Maillebois.

« Employé à l'armée de Flandre en 1747 ; réformé en
« 1748 ; employé à Montreuil en 1749 ; pourvu d'une charge
« de commissaire des guerres à la nomination du maréchal
« de Langeron, le 12 décembre 1749 ; employé à Chartres
« en 1751 ; à Aix en 1756 ; détaché à Minorque, d'avril à
« août 1756 ; employé à l'armée d'Allemagne en 1757 ;
« employé sur les côtes de Flandres en 1758 ; à Orléans en
« 1758 ; détaché au camp de Dunkerque, d'avril à septembre
« 1762 ; ordonnateur à Saint-Domingue en 1763 ; employé
« à Paris en 1765 ;

« Reçu chevalier de Saint-Louis par le marquis de Mail-
« lebois en 1763 ;

« Retiré en 1771, avec une pension de 5,000 livres. »

L'acte du mariage, célébré à Saint-Eustache le 18 janvier
1780, le nomme « François François, sieur Duvivier, écuyer, »
et lui donne la rue de Grammont pour domicile. Le témoin
fut Nicolas-J.-B. Denis, chevalier, conseiller du roi en ses
conseils, premier président du bureau des finances, auditeur
honoraire en la Chambre des comptes, neveu.

J'ajoute que M. Duvivier, quoique retraité de 1771, continua à figurer sur l'Almanach royal sous ses titres de commissaire des guerres et de chevalier de Saint-Louis jusqu'à
1788 inclus, parce que les commissions délivrées par les
maréchaux de France, et c'était le cas de M. Duvivier, ne
pouvaient être cédées que pendant la vie de celui qui les
avait délivrées ; et le maréchal de Langeron (J.-B.-Louis,
comte de Maulevrier) était mort le 22 mars 1754.

Il résulte de ces renseignements authentiques que M. Duvivier, lorsqu'il épousa Mme Denis, avait cinquante-cinq ans

et non quarante-cinq. C'était, à ce qu'il semble, un enfant naturel, qui portait le nom de sa mère.

Commissaire des guerres en 1745 et secrétaire du maréchal de Maillebois (il demeurait en 1754 à l'hôtel de Maillebois, rue de Bourbon, aujourd'hui rue de Lille, au coin de la rue de Poitiers), on ne voit pas comment cet officier de vingt ans aurait pu être soldat, ni où ce prétendu garçon perruquier aurait pris le temps d'étudier pour devenir commissaire des guerres et secrétaire d'un maréchal de France. Constamment employé aux camps ou à l'armée, il fit la campagne de Mahon sous le maréchal duc de Richelieu; enfin il fut envoyé comme ordonnateur à Saint-Domingue en 1763-4, c'est-à-dire précisément au moment où M. de Clugny était relevé de son intendance [1]. Voilà pour l'ignoble accusation « d'avoir souvent porté le caducée » pour le compte du futur contrôleur-général. M. Duvivier, rentré en France, ne reçut d'autre avancement que d'être employé à Paris, et il était retraité depuis cinq ans lorsque M. de Clugny se vit appelé à exercer passagèrement le contrôle général des finances (mai-octobre 1776).

Je me soucie très peu de Mme Denis et de ses ardeurs sexagénaires, mais j'estime que c'est un devoir d'éclairer le public, toutes les fois que l'occasion s'en présente, sur les procédés employés par les pamphlétaires de tous les temps, pour travestir et déshonorer l'histoire publique et particulière. Les *Mémoires secrets,* a dit, avec une juste sévérité, M. de Loménie, sont « le grand égout du XVIIIe siècle ».

La veuve du commissaire Denis, chevalier de Saint-Louis, en se remariant avec M. Duvivier, dut considérer cette union comme un mariage de convenance, puisqu'elle retrouvait dans son second mari la situation sociale du premier, y compris cette croix de Saint-Louis qui jouissait d'un prestige glorieux et mérité. Voltaire écrivait un jour à Thiériot que toute son ambition pour l'aînée de ses nièces était de la marier à quelque bon gentilhomme de campagne ayant un modeste revenu de 7 à 8,000 livres. Il semble que le cheva-

---

1. M. de Clugny avait succédé en 1760 dans l'intendance de Saint-Domingue à M. de la Porte-Lalanne et y fut remplacé en 1764 par M. Magon.

lier Duvivier, avec ses 5,000 livres de pension et sa croix, répondait assez bien au désir de Voltaire.

Mme Denis mourut en son hôtel de la rue Richelieu, le vendredi 21 août 1790, à l'âge de soixante-dix-neuf ans environ, et fut inhumée le lendemain à Saint-Eustache, en présence de Jean-Pierre Claris de Florian, lieutenant-colonel de dragons, chevalier de Saint-Louis, membre de l'Académie française, allié de la défunte; de Nicolas-J.-B. Denis, son neveu, et de J.-B.-François Dutertre, avocat au Parlement, conseiller du Roi, ancien notaire à Paris, exécuteur testamentaire.

Je dois la communication des actes de remariage et de décès de Mme Denis-Duvivier, l'un et l'autre inédits, à l'obligeance de M. Nicolardot, l'un des historiens de Voltaire.

Il paraît que M. Duvivier n'était plus en France lorsque sa femme mourut; autrement il aurait signé l'acte d'inhumation. D'ailleurs, Mme Vigée-Lebrun fit avec lui, vers le mois d'octobre 1790, le voyage de Rome à Naples; elle le représente comme un gros homme de bon sens vulgaire. Il vivait encore en 1795.

L'hôtel construit par Wailly dut subsister au moins jusqu'en 1820, époque où le grand hôtel du n° 104 fut transformé par les soins de l'architecte Visconti. On trouvera plus loin quelques détails à ce sujet.

B. N° 104. — Les origines de cette maison lui sont communes avec le n° 102. Un acte notarié du 28 juillet 1784, dont je vais parler tout à l'heure, constate que le grand hôtel a subi des changements en même temps que le petit se construisait. Ces changements n'ont dû consister qu'en surélevations et développements latéraux, car je retrouve dans le premier étage du bâtiment principal au fond de la cour, longtemps occupé par les bureaux du *Moniteur des tirages financiers* et du Crédit général français, la distribution exacte attribuée par les plans autographes de Wailly au rez-de-chaussée du petit hôtel, qui eux-mêmes semblent calqués sur les plans primitifs de Pierre Levé, gravés et publiés par Mariette. Il y a plus : je retrouve, dans la disposition de l'escalier d'honneur qui conduit à droite au grand appartement du premier étage, la copie du fameux escalier à trois rampes exposé au Salon de 1785, et que le Guide de Thiéry pour 1787 signalait comme l'objet remarquable de l'hôtel habité par M. et Mme Duvivier.

En 1820, M. Visconti construisit au-devant du grand hôtel, et en bordure sur la rue Richelieu, une maison de produit dont les plans ont été gravés par Charles de Castres ; mais il me paraît qu'il respecta, dans le corps de logis du fond, au moins pour le premier étage, les dispositions créées par Pierre Levé et conservées par Wailly au siècle précédent.

Observons que, dans les plans de 1820, la portion de terrain, au fond, à droite, touchant au mur septentrional du no 102, était occupée par des écuries. Plus tard, il y a environ cinquante ans, on y édifia un vaste corps de logis de cinq étages de hauteur, en forme d'aile sur le jardin, d'où il tire tout son jour. Le troisième étage fut occupé pendant trente ans par le célèbre dentiste Lefoulon, et le quatrième abritait, en 1843, une remarquable famille de musiciens, parmi lesquels je citerai Mlle Hélène Stœpel, aujourd'hui veuve du célébre compositeur anglais William Wallace, et son frère, mon ami Robert-Auguste Stœpel, compositeur de haut mérite, successivement chef d'orchestre de l'Opéra à la Havane et à New-York, puis au Lyceum-Theatre de Londres sous la direction du grand tragédien Irving.

C'est là que nous composâmes, Théodore Barrière et moi, un opéra-comique d'après la traduction que j'avais faite d'une pièce de Kotzebuë, l'Épreuve du feu (die Feuerprobe), dont Robert Stœpel écrivit la musique. Notre opéra-comique n'a pas été représenté, mais nous nous donnâmes le luxe d'une audition complète dans le grand salon de M. Stœpel le pére. Les exécutants étaient Mlle Emma Stœpel (morte baronne de Saint-Jamme), Mlle Hélène Stœpel (Mme veuve Wallace), le ténor M. Sapin, de l'Opéra, et le baryton M. Dabadie fils, l'excellent professeur de chant.

Le restaurateur Lointier vint occuper en 1828 le rez-de-chaussée du corps de logis du fond, avec jouissance du jardin ou de ce qui restait du jardin de l'ancien hôtel Mailly du Breuil et Villarseaux. Le même local est occupé depuis près de quarante ans par la Taverne britannique.

Je reprends maintenant l'histoire collective des deux hôtels nᵒˢ 102 et 104.

M. Rolland de Villarseaux, avant d'acheter l'hôtel Mailly du Breuil en 1775, demeurait rue de Cléry près la rue du Gros-Chenet; mais il ne vint habiter la rue Richelieu qu'en 1779. Ce ne fut pas pour longtemps. M. Necker, en prenant le contrôle général en 1780, supprima les receveurs-généraux; il est vrai que son successeur M. Joly de Fleury les rétablit l'année suivante; mais M. Rolland de Villarseaux ne reprit pas sa charge; il eut pour successeur un M. Vassal, demeurant rue Blanche près la barrière, lequel, d'après son nom, me paraît être un frère ou un neveu de Mᵐᵉ de Villarseaux.

L'ancien receveur-général[1] abandonna, dès 1780, le grand hôtel de la rue Richelieu, et le loua à un riche banquier, M. Cotin, l'ami de Beaumarchais.

Enfin, en 1784, le 28 juillet, par acte devant Mᵉ Duclos-Dufresnoy, il céda les deux hôtels, le grand et le petit, à M. Joseph Duruey, écuyer, receveur-général de Poitiers, banquier de la Cour pour les affaires étrangères, qui fut chargé, dans la réorganisation du Trésor royal par l'édit de mars 1788, du département de la caisse générale pour toutes les recettes et les dépenses, avec le titre de conseiller d'État; et à Jeanne Morin, son épouse. Cet acte, conservé parmi les minutes de Mᵉ Dufour, résume l'exécution du bail du grand hôtel loué à la famille Cotin, et du bail à vie passé au profit de Mᵐᵉ Duvivier, ci-devant veuve Denis, devant Mᵉ Dutertre, le 27 avril 1778. Une particularité curieuse et triste, c'est que les deux notaires qui reçurent les actes de 1778 et de 1774, M. Duclos-Dufresnoy et M. Dutertre, furent guillotinés l'un et l'autre. C'est à croire que la Terreur guillotinait les notaires par ordre alphabétique.

Les deux hôtels furent achetés le 29 ventôse an VII (19 mars 1799) par M. Jean Perrin l'aîné, sur licitation entre les héritiers de Joseph Duruey, qui étaient Angélique-Joséphine ou Catherine Duruey, femme d'Antoine-Pierre de

1. Il laissa postérité; je trouve en 1814 le baron Rolland de Villarseaux préfet du Gard.

Chaumont, chevalier, et Anne-Jeanne-Joséphine-Antoinette Duruey, femme de Clément-François-Philippe de Laage, baron de Bellefaye.

Jean Perrin l'aîné, dont je vais parler plus amplement sous le n° 106, mourut le 3 mars 1831. Sur licitation entre sa fille Fanny-Louise Perrin, femme de Louis-Jean baron Desaix, et Marie-Anne-Françoise Arson, sa veuve, la maison n° 102 fut adjugée aux criées le 16 décembre 1832, à M. Louis-Félix baron de Beaujour, député des Bouches-du-Rhône, auteur d'un *Aperçu des États-Unis au commencement du XIXᵉ siècle.* Paris, 1811, in-8.

Le n° 104 fut acheté aux criées, sur la licitation Perrin, le 30 mars 1833, par M. Farina, et elle passa de la succession de celui-ci, le 7 avril 1852, à M. le marquis de Colbert de Gallard et ensuite à sa fille, Mᵐᵉ la duchesse de Doudeauville.

Nᵒˢ 106 à 112. — Cette surface, occupée aujourd'hui par quatre grandes maisons, a subi des phases nombreuses que je vais décrire. On a vu que le terrain du n° 104 avait été acheté par François Moricet de La Cour des Chiens devant le notaire Touvenot le 15 mars 1698. Ce terrain était compris dans un emplacement plus vaste dont le surplus devint la partie méridionale des nᵒˢ 106 à 112; ce surplus, d'une superficie de 1361 toises, supporte aujourd'hui les maisons nᵒˢ 106, 108, 110 et 8 à 9 mètres du n° 112, et, dans le fond, qui en a été séparé, les parties méridionales des maisons nᵒˢ 21, 19, 17, 15 du boulevard Montmartre, 53, 51, 49, 47 de la rue Vivienne. Il s'y trouvait en 1711 deux petites maisons et bâtiments, qui me paraissent correspondre aux maisons de Jean Regnaudin et de Robert Couvreur portées aux rôles de 1672. Cette place de 1,361 toises, qui avait passé en 1710 à Marie Moricet veuve Des Chiens, seule héritière de La Cour des Chiens son frère, fut saisie sur elle et adjugée le 10 juillet 1711 à la requête de René Mesnet, déjà nommé, lequel en passe déclaration au profit du Roi, le 15 du même mois. Elle fut revendue, aux termes d'un contrat devant Lefebvre, le 25 février 1712, par les commissaires députés par arrêt du Conseil pour la vente des immeubles provenant de la succession de La Cour des Chiens, à Nicolas Desmaretz, chevalier, marquis de Maillebois, conseiller ordinaire du roi en tous ses conseils et au Conseil royal, ministre d'État, contrôleur-général des finances, et à sa femme Magdeleine Béchameil, fille de Louis de Béchameil marquis de Nointel, secrétaire du Conseil d'État et surintendant des finances et affaires de Monsieur duc d'Orléans, frère du Roi.

Un autre portion de terrain, faisant suite à la précédente et correspondant à peu près aux deux tiers septentrionaux du n° 112 actuel, avait été vendue par Denis Bourgoin, seigneur de la Grange-Batelière, devant Touvenot, le 13 juin 1699, à M. de Cornis, comte de Saint-Georges et à sa femme Marie-Anne Deschiens, neveu et nièce de La Cour des Chiens, beau-frère et sœur de Mme Mailly du Breuil, prête-nom de La Cour des Chiens. Le plan du Terrier de 1705 indique sur ce terrain d'encoignure un chantier qui s'aperçoit encore avec ses piles de bois sur le plan de Turgot. M. Lefeuve a cru que ce chantier avait été ultérieurement possédé par Crozat qui en aurait fait une annexe de son hôtel au moyen d'un passage souterrain. C'est une erreur qui se trouve rectifiée plus loin à l'article de l'hôtel Choiseul (nos 89 à 95).

Le terrain et chantier dont il s'agit fut acheté de M. et Mme de Saint-Georges devant Lefebvre, le 29 octobre 1711, par M. et Mme Desmaretz, qui réunirent ainsi dans leurs mains la totalité des surfaces conquises en façade sur la rue Richelieu, à partir du mur septentrional du n° 104 jusqu'à l'encoignure du boulevard, et atteignant par le fond la limite occidentale de leur hôtel de la rue Saint-Marc, selon la ligne approximativement indiquée par le côté ouest de la rue Vivienne, entre la rue Saint-Marc et le boulevard Montmartre.

Il semble, au premier abord, que cette acquisition fût pour M. et Mme Desmaretz une affaire sinon de spéculation, au moins de convenance, comme propriétaires de l'hôtel de la rue Saint-Marc. Mais il y avait chez eux une autre pensée que me révèle la suite des actes ultérieurs, et qui complète d'une façon assez intéressante les renseignements laissés par Saint-Simon sur les relations de Chamillart avec

La Cour des Chiens et de Desmaretz avec Chamillart.

A peine mis en possession des deux terrains par eux acquis aux termes des contrats des 29 octobre 1711 et 25 février 1712, M. et Mme Desmaretz les revendirent tout d'un tenant, comprenant 1,546 toises de superficie, à Claude Pâris de La Montagne, secrétaire du Roi, l'aîné des quatre frères Pâris si célèbres sous la Régence et sous le règne de Louis XV. L'acte, reçu Lefevre le 14 mai 1712, ne nomme que Pâris La Montagne; mais une déclaration du même jour, remplacée ultérieurement par une sentence contradictoire des requêtes du Palais du 19 janvier 1722, fait connaître que Claude Pâris agissait pour son frère Jean Pâris de Montmartel « et autres intéressés dans la société des vivres pour « les armées de Flandres et d'Allemagne en 1711 et 1712 ». Cette transmission rapide, qui, en moins d'un an, ramena la propriété immobilière provenant de la succession La Cour des Chiens entre les mains des munitionnaires dont il avait été l'associé, prouve jusqu'à l'évidence que M. et Mme Desmaretz ne furent en cette occurrence que de bienveillants intermédiaires. Le ministre en crédit venait en aide, d'une manière indirecte mais efficace, à son prédécesseur disgracié, car tout le monde savait qu'on ne recherchait La Cour des Chiens jusque dans sa succession que pour atteindre Chamillart. Le seul avantage personnel que M. et Mme Desmaretz se réservèrent pour prix de leur complaisante intervention fut l'interdiction par eux imposée à Pâris La Montagne et ses successeurs d'élever aucune construction sur les terrains cédés, autrement que du côté de la rue Richelieu, ni d'avancer les corps de logis du côté du jardin en saillie sur la maison voisine déjà construite par M. Mailly du Breuil (n°s 102 et 104); de ne pouvoir bâtir ni sur le rempart (boulevard Montmartre), ni du côté du jardin Desmaretz (côté impair de la rue Vivienne); de ne pouvoir planter d'arbres qui interceptassent la vue, ni enfin de ne pouvoir surélever le terrain au-dessus de celui de M. Mailly du Breuil. Ces prescriptions s'expliquent par la situation de l'hôtel Desmaretz au point culminant de la butte, qui lui donnait une vue admirable au nord et au couchant. Le terrain total, évalué à 1,546 toises, fut vendu 92,000 livres par l'acte du 14 mai 1712, ce qui équivaut à 59 livres et demie la toise, ou à peu près 15 livres le mètre carré. Ces servitudes, devenues en partie caduques par l'effet du prolongement de la rue Vivienne, qui sépara les fonds jusqu'alors contigus de l'hôtel Desmaretz et Luxembourg et des maisons en bordure sur la rue Richelieu, subsistèrent jusque dans ces dernières années en ce qui concerne la situation respective des maisons du côté droit de la rue Richelieu et de celles du côté gauche de la rue Vivienne qui leur sont adossées.

J'allais oublier une clause intéressante pour l'archéologie parisienne. L'alignement actuel du côté droit du boulevard Montmartre, entre la rue Vivienne et la rue Richelieu, date de l'acte de vente du 14 mai 1712, qui imposa à Pâris de La Montagne et ses coacquéreurs l'obligation d'abandonner à la Ville 43 toises de terrain nécessaires pour redresser et élargir la contre-allée jusqu'à la rencontre du mur mitoyen de l'hôtel Desmaretz, et de reconstruire la nouvelle clôture tout le long du rempart, conformément à l'alignement donné par le maître-général des bâtiments de la Ville. Un plan fort précieux annexé à cet acte (aux minutes de Mᵉ Schelcher) montre qu'en effet, à l'époque où il fut passé, les anciens terrains de M. Bourgoin formaient, sur l'alignement actuel, un empiétement triangulaire qui, partant de l'axe de la rue Vivienne, s'élargissait de manière à produire une saillie d'un peu plus d'une toise en avant de l'encoignure droite actuelle de la rue Richelieu.

Malgré son admirable situation, le vaste terrain d'angle qui occupe aujourd'hui le point le plus animé et le plus brillant de Paris demeura nu et improductif pendant plus d'un demi-siècle encore. Jean Pâris de Montmartel et ses cointéressés le vendirent, par acte reçu Perret, le 12 septembre 1751, à Gabriel Michel et Anne Bernier, sa femme. Gabriel Michel de Tharon, directeur de la Compagnies des Indes à Nantes d'abord, puis à Paris, obtint en 1756 la charge de trésorier-général de l'artillerie et du génie. Il habita, de 1754 à 1764, un hôtel du faubourg Saint-Honoré, en face de la rue d'Anjou, aujourd'hui l'hôtel d'Albuféra, qui avait appartenu à Mᵐᵉ de Feuquières (voir ci-après les nᵒˢ 23 et 23 bis). Il y mourut en 1765, laissant les terrains de la rue Richelieu, par son testament reçu Lambert les 17, 20 et 24 décembre 1765, à Anne Bernier sa femme et à ses deux filles, Henriette-Françoise Michel, femme d'Ange-Jacques de Marbeuf, maréchal de camp, et Gabrielle-Augustine Michel (guillotinée à cinquante ans, le 21 messidor an II, n° 2070 de la liste générale), femme de François-Gaston marquis puis duc de Lévis, lieutenant-général de la province d'Artois, puis maréchal de France en 1783 ; l'un des fils du maréchal, Gaston-Pierre-Marc, vicomte puis duc de Lévis, fut le mari de Mlle d'Ennery (voyez plus haut le n° 102). Mme veuve Michel, Mme de Marbeuf et Mme de Lévis vendirent le terrain, toujours nu, par contrat du 19 février 1770 devant Me Boullard, et décret volontaire du 12 janvier 1771, à Jean-Baptiste-Marie-Adéodat Taillepied seigneur de Bondy, receveur-général de la généralité d'Auch. M. de Bondy divisa le terrain en deux parties égales, de chacune 30 mètres de façade sur la rue Richelieu, et il en vendit une (n°s 106-108-110 d'aujourd'hui) à son frère cadet, M. Taillepied de la Garenne. Je vais suivre maintenant ces dernières maisons du côté droit de la rue Richelieu dans leur histoire moderne.

N° 106 ancien (106-108-110 d'aujourd'hui). — Ce fut par contrat du 29 avril 1773, devant Boullard, que M. de La Garenne devint cessionnaire de la moitié du terrain acquis par son frère aîné de la succession Michel.

Charles-Claude-Alexandre Taillepied de La Garenne, secrétaire des commandements de Monsieur comte de Provence depuis 1775, pour les années impaires, et introducteur des ambassadeurs depuis 1788 pour le semestre de juillet, habita dès 1774 un élégant hôtel bâti, à ce que je suppose, par Brongniart, entouré de jardins et communiquant avec la propriété suivante appartenant à son frère aîné (ancien n° 108, aujourd'hui n° 112).

Fils cadet de Robert-Jean-Baptiste Taillepied, seigneur de Bondi et de La Garenne, receveur-général d'Auch, le secrétaire des commandements du comte de Provence fut le père d'Alexandre-Charles-Claude Taillepied de la Garenne, officier de la Légion d'honneur et des Deux-

Siciles, ancien chef d'escadron au corps royal d'état-major, mort en 1848, et d'Amédée vicomte de la Garenne, ancien mousquetaire, ex-introducteur survivancier des ambassadeurs en France.

M. Taillepied de la Garenne, nouvellement installé rue Basse-du-Rempart, nᵒ 3, vendit sa maison de la rue Richelieu le 28 janvier 1792, devant Mᵉ Maine, à Jacques-Louis Pourtalès-Boive, négociant à Neufchâtel, pour la maison de commerce Pourtalès et Cⁱᵉ.

M. Ferdinand Petitpierre, mandataire de la maison Pourtalès, revendit l'hôtel de la Garenne le 8 fructidor an VIII (26 avril 1800), pardevant Mᵉ Batardy, à Jean-Michel Sœhnée, banquier, censeur de la Banque de France en 1805, et Élisabeth Stahl, son épouse.

Mᵐᵉ Sœhnée, légataire universelle de son mari et propriétaire de la maison par partage du 24 juin 1815, la céda le 25 juillet 1839 à MM. Boilleau, Guiffrey, Sœhnée et Terme. L'ancien fonds, détaché de la parcelle originaire par un mur mitoyen, était alors occupé par le Concert Vivienne.

Les arrangements intervenus entre les acquéreurs consommèrent la division de la propriété, qui jusqu'alors avait porté l'unique nᵒ 106 sur la rue Richelieu, en trois lots, aujourd'hui désignés par les nᵒˢ 106, 108 et 110 ; et l'on construisit les trois corps de logis actuels, deux sur la rue et un troisième au fond de la cour, la porte du milieu (nᵒ 108) étant frappée d'une servitude conventionnelle qui défend d'y prendre des jours.

L'adresse de M. Sœhnée et Cⁱᵉ, négociants, nous est donnée à cette même place par les almanachs depuis 1797 jusqu'à 1806. Il l'habitait donc avant de l'avoir achetée, mais il cessa bientôt de l'habiter lorsqu'elle lui appartint. Perrin l'aîné, fermier des jeux, propriétaire depuis 1799 des deux hôtels bâtis ou reconstruits par M. Rolland de Villarseaux (nᵒˢ 102 et 104), dirigeait le Cercle des Étrangers établi rue Grange-Batelière, nᵒ 6, dans l'ancien hôtel d'Ogny et Aguado (aujourd'hui mairie du VIIIᵉ arrondissement, rue Drouot, nᵒ 6).

Ce cercle, composé de gens riches et connus, et d'étrangers

notables[1], et où l'on ne jouait que le trente et un et le kreps, n'avait de rival à Paris pour le luxe et la tenue que le Grand Salon du boulevard Poissonnière et la maison des Arcades da Palais-Royal.

Lorsque Perrin l'aîné devint fermier-général des jeux, il transporta le Cercle des Ètrangers dans l'hôtel Sœhnée, qu'il prit sans doute à bail. Une porte de communication, qui ne s'ouvrait que pour les membres du Cercle, leur permettait d'entrer de plain pied et à toute heure dans le salon de Frascati, c'est-à-dire de l'ancien hôtel Taillepied de La Garenne à l'ancien hôtel Taillepied de Bondi. Le Cercle des Étrangers de la rue Grange-Batelière (Drouot) prit alors le nom de Salon de la Paix. Mais lorsque Perrin l'aîné cessa d'être fermier des jeux, il retourna à la rue Grange-Batelière et le Salon de la Paix redevint le Cercle des Étrangers. Tel il était encore en 1826; lorsqu'il fut chassé du splendide hôtel qui avait abrité, après les d'Ogny, le comte de Mercy-Argenteau, ambassadeur d'Allemagne, et qu'acheta le fameux banquier Aguado marquis de Las Marismas.

La retraite de Perrin ne me paraît pas avoir changé la destination du nᵒ 106, car, alors que le dernier bail de la ferme des jeux réduisait à sept le nombre des établissements tolérés à Paris, nous voyons figurer en tête de ces établissements, énumérés par l'article 2 du cahier de charges, la maison dite du Cercle des Étrangers, rue Richelieu, nᵒ 106, avec interdiction d'y jouer aucun autre jeu que le trente et un; on n'y pouvait jouer moins de vingt francs en or, et la banque n'ouvrait que la nuit.

Depuis leur reconstruction en 1839 par les acquéreurs de Mᵐᵉ veuve Sœhnée, les maisons nᵒˢ 106, 108 et 110 qui remplacent l'ancien 106 n'ont pas fait parler d'elles.

Nᵒ 112 (ancien 108). — M. Taillepied de Bondy avait gardé pour lui la partie nord de son acquisition du 19 février 1770. Jean-Baptiste-Marie-Adéodat Taillepied seigneur

---

1. Les trois commissaires de cercle chargés de maintenir l'ordre et le décorum étaient, sous l'Empire; le marquis de Livry, le marquis de Rueil et M. de Cussy, le célèbre gourmet.

de Bondy, receveur-général de la généralité d'Auch, frère aîné de M. Taillepied de La Garenne, avait épousé Marie-Catherine de Foissy, dont il eut Pierre-Marie Taillepied de Bondy (époux d'Anne-Sophie Hamelin, laquelle était sœur d'Antoine-Marie-Romain Hamelin, marié à Jeanne-Geneviève Lormier-Lagrave, fille et fils de Marie-Romain Hamelin), qui fut préfet, chambellan de Napoléon Ier, comte de l'Empire, conseiller d'État, membre de la Chambre des représentants de 1815, préfet de la Seine à la même époque, l'un des négociateurs de la capitulation de Paris, député jusqu'en 1831, pair de France et intendant de la liste civile du roi Louis-Philippe, mort en 1847. Le frère cadet du comte de Bondy, Charles-Claude Taillepied de Bondy, chevalier de Malte, prit une part active au soulèvement royaliste du 13 vendémiaire an IV (5 octobre 1795); il commandait la section des Piques (place Vendôme), et il enleva deux canons aux soldats de la Convention; condamné à mort, puis émigré, il trouva facilement grâce devant son vainqueur. L'Empereur lui confia en 1807 la recette générale de Maine-et-Loire, qu'il échangea en 1816 contre celle du Doubs, dans laquelle il fut remplacé en 1821 par M. de Valory, son parent.

Revenons à M. de Bondy de la rue Richelieu. Le receveur-général d'Auch fit bâtir sur le terrain du nº 112 actuel un joli hôtel que lui dessina Brongniart, et dont on trouve les plans reproduits dans le recueil de Kraft. Il consistait principalement en un corps de logis composé d'un rez-de-chaussée élevé sur un soubassement et seulement d'un étage carré sous un toit à l'italienne. Il occupait, du nord au sud, c'est-à-dire parallèlement à la rue Richelieu, l'emplacement du corps de logis moderne qui ferme la cour du nº 112 actuel. L'axe de la principale entrée n'a pas été modifié; la cour était encadrée par des communs et des dégagements, et l'escalier d'honneur, situé dans l'angle à droite en entrant, conduisait aux appartements du premier étage par une longue galerie formant aile droite.

Derrière le corps principal s'étendait un jardin anglais, dominant le boulevad Montmartre par une superbe terrasse qui rejoignait celle de l'hôtel Montmorency et dans le soubassement de laquelle s'ouvraient dix-neuf boutiques, plus une entrée souterraine en plein cintre. L'hôtel communiquait avec le jardin, du côté de l'est, par un gracieux perron très élevé et orné de statues de marche en marche.

Le jardin de M. Taillepied de Bondy communiquait avec celui de son frère, et l'on passait de l'un à l'autre hôtel par une petite porte, qui servit plus tard, comme je l'ai dit à l'article précédent, aux membres du Cercle des Étrangers lorsqu'il leur prenait fantaisie de visiter les salons de Frascati.

M. de Bondy n'assista pas à la transformation de sa demeure en un lieu public. Le 2 octobre 1789, le jour même où le banquet des gardes du corps à Versailles allait devenir le prétexte d'une attaque à main armée contre la famille royale, M. Taillepied de Bondy vendit son hôtel à M. Le Couteulx de Moley.

Jean-Jacques Le Couteulx seigneur de Moley, époux de sa cousine germaine Geneviève-Sophie Le Couteulx, était le chef d'une très ancienne et très estimée maison de banque établie rue Montorgueil. Magistrats consulaires à Paris et à Rouen, d'où ils étaient venus, les Le Couteulx se vantaient de trois siècles d'honneur commercial autant que d'un anoblissement qui remontait à 1505, et qui fut renouvelé par Louis XV en 1756 en faveur de Jean-Élias Le Couteulx, père de M. Le Couteulx de Molay.

Celui-ci était en 1783 administrateur de la Banque d'escompte et inspecteur des bailliage et capitainerie royale des chasses de la Varenne de Louvre, qui avait Beaumarchais pour lieutenant-général sous le duc de Coigny.

De récents historiens l'ont confondu avec son frère et associé Barthelémy-Louis Le Couteulx de la Noraye, seigneur de la Noraye, Hacqueville et Richeville, époux de Marie-Madeleine-Jeanne Le Bouche, administrateur de la Caisse d'escompte en même temps que son frère aîné, et qui fut en 1790 lieutenant du maire de Paris au département du domaine.

M. Le Couteulx de Moley possédait dès 1783 le domaine de la Malmaison; le salon de Mme de Moley était fort recherché des gens de lettres; c'est chez elle que La Harpe lut sa tragédie des *Barmécides*. Grimm cite un portrait littéraire de l'abbé Delille dû à la plume de Mme de Moley.

La révolution de 1789 compta M. de Moley parmi ses partisans exaltés; il accepta le commandement d'un bataillon dans la quatrième division de la garde nationale. Mme Vigée-Lebrun raconte que, l'étant allé voir à la Malmaison, elle l'y trouva, en compagnie de Siéyès, hurlant contre la noblesse. Il continua ses spéculations de terrains et fit bâtir en 1790 la voie publique connue d'abord sous le nom de cour Mandar, du nom de l'architecte qui dirigea les travaux, aujourd'hui rue Mandar. Cette exaltation dura peu; il se laissa faire baron de l'Empire, et son fils, baron comme lui, mourut en 1812 auditeur au Conseil d'État et préfet de la Côte-d'Or. Son cousin, M. Le Couteulx de Canteleu, fils d'un président de la Chambre des comptes de Rouen, député à la Constituante et au Conseil des Anciens, fut comte de l'Empire, sénateur, et mourut pair de France en 1818.

On sait que M. Le Couteulx de Moley vendit la terre de la Malmaison à Joséphine de Beauharnais, qui y mourut impératrice et répudiée. Plusieurs ouvrages attribuent la propriété de la Malmaison à M. Le Couteulx de Canteleu, mais le témoignage de Mme Vigée-Lebrun, qui l'appelle le comte de Moley, me paraît décisif.

M. Le Couteulx de Moley revendit l'hôtel de Bondy le 22 brumaire an V (12 novembre 1796), par acte reçu Foucault, au glacier Garchi (voyez ci-dessus le n° 26), qui installa ses tables de marbre dans les salons de l'hôtel et donna des fêtes publiques avec illuminations en verres de couleur et feux d'artifice dans les jardins, qu'il baptisa de Jardins Frascati. Les communs devinrent ensuite un hôtel garni qui fut tenu par la femme du successeur de Garchi, appelé Vaulon, laquelle était en même temps marchande de modes.

Garchi mourut insolvable; il n'avait pas payé le prix de son acquisition; la propriété, saisie immobilièrement sur ses héritiers à la requête de M. Le Couteulx de Moley, fut adjugée le 3 janvier 1811 à M. Claude-Xavier Caroillon des Tillières, qui fut père de la marquise d'Osmond.

Le prolongement de la rue Vivienne entre la rue Feydeau et le boulevard, exécuté après 1830 par l'entreprise Achille Pène, en séparant les fonds de la rue Richelieu de ceux qui dépendaient de l'ancien hôtel Montmorency, détermina le défrichement et le lotissement des jardins Frascati, sur lesquels s'élevèrent les maisons nᵒˢ 15, 17 et 19 du boulevard Montmartre. Le surplus, formant la maison dite de Frascati, portant le nᵒ 112 sur la rue Richelieu et le nᵒ 21 sur le boulevard Montmartre, fut vendu par les héritiers Osmond devant Halphen, le 15 mars 1855, à M. Moïse Millaud. C'est là que fut fondé *le Petit Journal*. Elle appartient aujourd'hui à la Compagnie nationale d'assurances sur la vie.

La renommée de Frascati comme maison de jeu subsiste ; mais il est bien difficile d'écrire l'histoire des jeux publics dont elle fut le palais privilégié. Voici, toutefois, un aperçu général que je regrette de ne pouvoir rendre plus complet ; cependant, tel qu'il est, je le garantis absolument neuf.

Avant 1789, on jouait dans quelques maisons privilégiées, dans d'aristocratiques hôtels, avec la complicité plus ou moins tolérante, plus ou moins intéressée, administrativement et financièrement, du lieutenant de police. Les chroniques ont conservé les noms d'anciennes « académies » telles que l'hôtel d'Angleterre, le jeu de paume de Charrier, la maison de Mᵐᵉ de La Cour, l'hôtel de Venise, l'hôtel Massiac, etc. Après la révolution, la liberté du jeu comme la liberté de la chasse devint un des droits de l'homme et du citoyen. Gorsas, en 1790, évalue à plus de cinq cents le nombre des tripots ouverts dans Paris (*Courrier de Paris*, numéro du 4 mai). On y jouait surtout le biribi, père de la roulette ; au biribi le numéro gagnant se tirait d'un sac comme au loto ; il y avait soixante-dix cases numérotées et seulement soixante-quatre boules dans le sac. L'avantage de la banque était donc de quatre numéros. La différence avec la roulette à zéro et à double zéro est déjà sensible. Au biribi, le joueur risquait 1 contre 0, 91, 40 ; à la roulette il risque 1 contre 0, 94, 68. Mais le tirage dans le sac rendait la fraude trop facile ; c'est pourquoi les écrivains du temps l'appellent « l'infâme biribi ». Les districts, loin de réprimer le jeu, s'en firent un revenu, d'abord bien modeste, s'il est vrai, comme l'affirme Gorsas (*Courrier* du 2 mai 1790), que le district des Feuillants se contentât de prélever cent francs par mois sur chaque maison de jeu, tandis que les commissaires des sections se faisaient allouer chacun deux livres par

19

jour (*Liste des maisons de jeux*, etc, 1791, in-8). On prétendit
que M. Bailly, maire de Paris, fermait volontairement les
yeux sur ces désordres, et qu'il considérait les tripots comme
« nécessaires pour retenir le numéraire des étrangers ».
Bailly démentit le propos; il déclara qu'il refusait toutes les
permissions, mais qu'on s'en passait, et il s'excusait de son
inertie sur l'insuffisance de son autorité. Cependant, le tribunal de police de l'Hôtel-de-Ville condamna, le 28 avril
1790, à 3,000 livres d'amende et à l'affichage de trois cents
exemplaires du jugement les nommés Favre et Frisard,
maîtres d'un tripot de la rue Chabannais, qui avaient résisté
à main armée aux agents de police. Détail typique : l'entrée
du tripot de la rue Chabannais avait pour portiers deux
gardes nationaux en uniforme.

Cet exemple de sévérité demeura tout à fait isolé.

Le tribunal de police ordonna le 7 juillet 1790, sur la ré-
quisition de M. Mitouflet de Beauvois, procureur-syndic-
adjoint de la Commune, que la déclaration du 1ᵉʳ mars
1781 et l'arrêt de règlement du Parlement du Paris du
9 janvier 1789 contre les jeux de hasard seraient exécutés
dans toutes leurs dispositions. Mais le tribunal de police ne
disposait par lui-même d'aucune force active, et l'opinion ne
le secondait pas. Peuchet, en relatant dans le *Moniteur* l'ordonnance du tribunal, la critiquait indirectement par des
considérations sur l'inviolabilité du domicile.

L'impuissance du tribunal étant clairement démontrée, le
Conseil général de la Commune décida, le 7 février 1791,
l'envoi d'une adresse à l'Assemblée nationale pour solliciter
une loi répressive. L'adresse fut présentée le jeudi 17 par
l'abbé Mulot; le président Duport le reçut poliment et l'in-
vita aux honneurs de la séance, mais l'adresse fut renvoyée
aux comités de constitution et de jurisprudence criminelle.
Elle y resta ensevelie. Le lundi 5 décembre on demanda le
rapport du comité de législation, et l'Assemblée ordonna
qu'il fût présenté dans la séance du 15 décembre; le comité
ne déféra pas à cette injonction. Une dernière tentative fut
faite auprès de l'Assemblée législative le 19 février 1792, à
propos de l'assassinat d'un particulier coupé en morceaux
par un domestique voleur et joueur; sous l'impression d'hor-

reur que lui causa le récit de ce crime, l'Assemblée mit la
loi sur les jeux à la suite de l'ordre du jour; mais il n'en fut
plus question.

Les jeux publics ne se ralentirent pas sous la Terreur; la
Commune eut l'air de s'en émouvoir, ainsi que le témoigne
le curieux arrêté du 19 février 1793, dont voici le texte :
« Le Conseil arrête comme mesure générale de police que
« les noms de tous les joueurs saisis depuis le 10 août dans
« les maisons de jeux et de ceux qui le seront par la suite
« seront imprimés, affichés et envoyés aux quarante-huit
« sections; la liste des joueurs sera lue tous les jours au
« Conseil général. »

Il paraît que cette lecture récréative ne corrigea ni les
dupes, ni les fripons, car le même Conseil général la corro-
bora le 6 août suivant par des mesures de surveillance contre
« les fripons qui prennent le masque du républicanisme et
« de la plus douce fraternité afin de dépouiller plus aisément
« leurs frères... » (*Moniteur* du 8 août 1793.)

Et ce fut tout. La république terroriste, épuisée par tant
d'éloquence, laissa les choses suivre leur cours. Le Directoire, en établissant un gouvernement à formes régulières,
s'occupa des jeux au point de vue particulier de sa police,
qui sut tirer parti des maisons de jeu dans l'intérêt de ses
informations et aussi de son budget. Cette espèce d'association entre le gouvernement et les tripots fit naître chez les
honnêtes gens des scrupules que Boissy d'Anglas exprima
dans le Conseil des Cinq-Cents le 9 novembre 1796; il n'y
rencontra qu'un seul opposant : ce fut l'ancien conventionnel
Le Cointe, l'un des fauteurs de l'attentat des 5 et 6 octobre
1789, l'un des anciens complices de Robespierre. La campagne entreprise par Boissy d'Anglas, soutenu par les députés Pérez (du Gers) et Richard (des Vosges), demeura sans
résultat.

Mais l'année suivante vit s'accomplir dans le régime des jeux
un changement qui préludait et concourut à une révolution politique. La loi du 8 thermidor an V (26 juillet 1797) accordait
au Directoire exécutif une somme d'un peu plus de 5 millions
pour subvenir aux dépenses de la police générale; le même
jour, le titulaire de ce portefeuille, Lenoir Laroche, était

obligé de le résigner après l'avoir gardé vingt jours. Le Directoire, qui comptait sur son dévouement, se défiait de son
énergie. On lui donna pour successeur un homme capable de
frapper contre les royalistes, contre les Chambres, contre la
presse et contre les électeurs, le coup d'État qui s'accomplit
en effet le 18 fructidor suivant (4 septembre 1797). Ce successeur s'appelait Pierre-Jean-Marie Sotin de la Coindière.
C'était un avocat de Rennes, qui s'était porté l'un des accusa-
teurs de l'odieux Carrier, et qui passait à ce titre pour un
« homme à poigne »; Il ne justifia que trop cette opinion
par ses actes; c'est lui qui disait tranquillement aux représentants Bourdon de l'Oise et Rovère en les envoyant à
Cayenne : « Messieurs, je vous souhaite un bon voyage;
« voilà ce que c'est que la révolution. »

Sotin estimait que les cinq millions alloués par les deux
Chambres pouvaient suffire aux dépenses ordinaires, mais
qu'on y puiserait difficilement les ressources nécessaires pour
les frais généraux du coup d'État républicain en préparation.
Cette préoccupation le disposait naturellement à écouter les
propositions qui lui furent soumises par un simple employé,
le caissier du ministère, qui n'était pas, paraît-il, le premier
venu : c'était « un homme tombé dans le demi-jour », pour
répéter l'expression singulière du mémoire inédit où je puise
ces renseignements (mémoire de M. Davelouis à l'empereur
Napoléon Ier, 12 novembre 1811. Arch. Nat. Secrétairerie
d'État AF IV 1306). Sotin adopta le plan qui lui était sou-
mis d'une ferme générale des jeux à raison de 75,000 francs
par mois[1], et il accepta de la même main deux fermiers-généraux associés qui furent MM. Perrin l'aîné et Bazouin. Les
fermiers donnèrent quinze mille louis de pot-de-vin, dont
10,000 pour... (le mémoire laisse le nom en blanc), et 5,000
pour le caissier, que M. Davelouis compare assez ingénieusement au soldat suisse qui vendit pour un écu le diamant de
Charles le Téméraire. Telle fut l'obscure origine du système

---

1. On trouve quelques détails et quelques chiffres différents de ceux de
M. Davelouis dans *les Soirées de Frascati* (1824, in-12), curieux petit ouvrage
où des renseignements positifs et d'apparence exacte se mêlent au récit romanesque des aventures attribuées à l'imaginaire chevalier de Saint-Fulcrand;
mais le récit de M. Davelouis mérite plus de confiance.

qu'on a justement défini « le vice en régie » et qui dura quarante ans. On en attribue communément la création au génie
administratif de Fouché, qui n'en fut que l'héritier, et qui
porta successivement la redevance des fermiers à 1,200,000
et à 1,500,000 francs par an. Cet état de choses dura jusqu'au 15 septembre 1802, date de la suppression du ministère
de la police générale. Le préfet de police Dubois, qui reçut
la ferme des jeux dans ses attributions, la concéda sur-le-
champ à un rival de M. Perrin, M. Jacques Davelouis, qui
en donna quatre millions par an, tout en réduisant à dix les
trente-cinq maisons de jeu ouvertes dans Paris. Mais le crédit de M. Perrin l'aîné, éclipsé momentanément avec la
puissance de Fouché, reparut avec elle. Le ministère de la
police fut rétabli le 10 juillet 1804 ; dès le lendemain, à
six heures du matin, un envoyé de Fouché se présentait
chez M. Davelouis, lui signifiait la cassation de son bail
et lui en faisait consentir un autre, dans lequel il prenait
pour cointéressés MM. Maurin et Bazouin, anciens associés
de ses prédécesseurs. En même temps, Perrin l'aîné recevait,
à titre de compensation, la ferme générale des jeux dans toute
la France, Paris excepté, moyennant un million par an.
Cette dernière création de Fouché ne tint pas contre les ré-
clamations de l'opinion publique. L'Empereur, par un décret du 24 juin 1806, prohiba les jeux de hasard dans tout
l'Empire, moins Paris et les villes d'eaux minérales ; c'est à
celles-ci que se trouva réduit le privilège de Perrin.

Mais Jacques Davelouis ne tarda pas à commettre une
grave imprudence. La campagne d'Ulm et d'Austerlitz venait
de commencer ; Davelouis s'avisa d'invoquer la clause de son
traité qui réduisait son fermage de 600,000 francs en cas de
guerre. Fouché le prit au mot, en cassant définitivement le
bail des jeux. M. Maurin était mort ; Perrin l'aîné le remplaça comme seul fermier en titre avec un bail de six années,
un intérêt de 25 pour 100 étant seulement conservé à
MM. Bazouin et Davelouis. Ce dernier, dans un de ses nombreux mémoires, dont les plus intéressants sont encore inédits, se plaint de ne plus toucher que 86,000 francs par an
pour sa part. Le pauvre homme !

Le 3 juin 1810, Fouché fut renversé pour la seconde fois

et exilé dans son duché d'Otrante. Il semblait que ce fût au tour de Davelouis de remonter avec le bon côté de la bascule ; cela ne marcha pas tout seul. L'excellent duc de Rovigo, bon homme mais tant soit peu brutal, commença par coffrer Davelouis avant de lui donner sa confiance. Mais enfin Perrin avait fait une fortune énorme ; sa faveur auprès de Fouché devenait une cause de disgrâce auprès du duc de Rovigo. Develouis, mis en liberté par l'intervention du comte Daru, s'assura le concours d'un fort capitaliste, M. Jean Collet, offrant ainsi, selon sa remarque assez fine, « cette garantie de fortune si peu nécessaire et dont on n'avait « jamais parlé que depuis que le sieur Perrin était devenu « riche ». Malgré tout, la combinaison Davelouis échoua ou dura peu. Il eut des associés imposés qui naturellement l'évincèrent ; c'est ainsi qu'il fut remplacé dès 1813 par M. Bernard, puis par M. Roger comte de Chalabre, ancien officier au régiment de Savoie-Carignan, chevalier de Saint-Louis, fils de ce marquis de Chalabre qui, avant 1789, tenait le jeu chez la Reine, avec le titre officiel de « banquier de société « suivant la Cour [1] ». M. de Chalabre fut le dernier fermier qui ait tenu son bail de la police.

A la suite du rapport de M. le comte Beugnot sur le budget de 1818, on décida que la ferme des jeux serait abandonnée à la Ville de Paris, sous la double condition que la Ville la mettrait en adjudication publique et qu'elle verserait au Trésor une somme annuelle de 5,500,000 francs, applicable aux dépenses de l'Opéra, des hôpitaux, des colons, etc. (*Moniteur* du 14 octobre 1818). La première adjudication publique eut lieu le 10 octobre ; il y avait dix concurrents ; celui qui l'emporta, moyennant 6,826,500 francs de fermage annuel, fut Boursault-Malherbe, ancien comédien, ancien directeur du théâtre du Marais, ancien député à la Conven-

---

1. Jean-Pierre Roger de Chalabre mourut le 23 juillet 1783, à quatre-vingt-un ans. Il fut sans doute l'ami de Greuze, car j'ai trouvé une dédicace manuscrite à Mme la comtesse de Chalabre sur le papier qui garnit par derrière deux pastels où Greuze a répété les deux plus jolies têtes de son tableau *l'Accordée de village*. C'est à la générosité de son fils que le Musée du Louvre doit les deux sarcophages égyptiens qui avaient appartenu au surintendant Fouquet et que M. de Chalabre fils avait retrouvés dans sa propriété de Longchamps, où ils avaient été enfouis on ne sait comment ni à quelle époque.

tion, mort le 25 avril 1842, à quatre-vingt-dix ans, laissant
à deux rues de Paris son nom et celui de sa fille Léonie.
Il eut pour successeur dès 1820 M. Jacques Benazet, son
associé, qui fit renouveler son bail jusqu'au 31 décembre
1836, époque de la suppression définitive des jeux publics.
M. Jacques Benazet, né en 1778, est mort le 13 mars 1848.

Le second étage de la maison Frascati fut occupé, de 1845
à 1852, par un cercle avec table d'hôte, tenu par Mlle Constant, connue sous le nom de Delphine Humbert, qui avait
appartenu, dans les premières années de la Restauration, au
second Théâtre-Français. C'est Mlle Humbert qui créa le
27 mars 1821, dans la tragédie de *Frédégonde et Brunehaut*
de Népomucène Lemercier, le rôle de Frédégonde, repris le
5 novembre 1842 par Mlle Rachel à la Comédie-Française.
Mlle Humbert est morte en 1857. La distribution primitive
de cette œuvre tragique était bien remarquable : les premiers
rôles d'hommes étaient tenus par MM. Joanny, Victor, La-
fargue et Auguste, tandis que deux bouts de rôle avaient
pour interprètes Provost et Frédérick Lemaître.

Une des célébrités de la maison Frascati, ce fut le coiffeur
L.-N. Plaisir, qui portait en 1827 le titre de coiffeur ordinaire de S. A. R. Mgr le duc d'Angoulême. Écoutons-le
parler de lui-même : « Il n'est pas de mois qui ne voie
« éclore quelque invention de lui ; la poudre à teindre les
« cheveux, son nœud qu'on nomme *nœud à la Plaisir*, ses
« postiches dont les effets sont si connus ; enfin ses coiffures,
« toujours nouvelles et originales, ont répandu son nom...
« Il a composé des coiffures en rosaces qui ont joui d'un
« grand succès ; il possède le talent d'introduire avec goût
« des étoffes dans les cheveux. » De L.-N. Plaisir à Edmond
Lespès, coiffeur de la littérature et des arts, la transition est
facile, et il m'est doux de consigner ici le témoignage de ma
sympathie pour cet homme d'esprit, qui, rapidement enrichi
par son travail, se borne aujourd'hui à entretenir ses clients
et ne les rase plus qu'en paroles.

Mais si l'emplacement est le même, le logis a bien
changé. Après la suppression des jeux, la famille d'Osmond
avait morcelé le domaine ; avec les jardins Frascati disparut
le délicieux hôtel construit par Brongniart pour le receveur-

général Taillepied de Bondy. Et puisque ce dernier nom
revient sous ma plume, on me permettra de compléter ici
par un détail biographique qui n'est pas sans intérêt ce que
j'ai déjà dit de cette famille à la page 286. On a vu que le
comte de Bondy, le chambellan de l'Empereur, avait épousé
Mlle Sophie Hamelin, et qu'il avait un beau-frère A.-M.-R.
Hamelin, mari de Mlle Lormier Lagrave. Cette Mme Hamelin était la charmante créole qui brilla sous le Directoire et
qui, toujours belle, spirituelle et charmante, mourut septuagénaire dans les dernières années du second Empire. Des
actes authentiques, faisant partie de mon cabinet, donnent
à Mme Hamelin les seuls prénoms de Jeanne-Geneviève; cependant elle se faisait nommer Sophie comme sa belle-
sœur la comtesse de Bondy, née Hamelin, ce qui pourrait
amener des confusions de personnes, si l'on n'était prévenu.

Un tailleur appelé Buisson vint occuper les appartements
du premier étage de la maison reconstruite et surélevée
après la suppression des jeux. Il eut l'honneur d'habiller
Honoré de Balzac, et, qui plus est, de lui plaire et de
devenir son ami. Lorsque le grand remancier, fuyant les
importuns et les créanciers, voulait se soustraire à tous les
regards, le tailleur lui donnait asile dans une des chambres du dernier étage, alignées comme des cellules sur
un long corridor, et qui, vers l'encoignure du boulevard,
étaient occupées ordinairement par les ouvriers de Buisson.
Balzac a récompensé son ami le tailleur en lui décernant
l'immortalité : il l'a nommé plusieurs fois dans ses œuvres.

L'année 1846 vit apparaître, à l'angle du boulevard et de
la rue Richelieu, le café Frascati, que sa décoration artistique et le prestige d'une très belle personne installée au
comptoir ne préservèrent pas d'une décrépitude rapide. A
de certains moments, la foule était si grande devant le café
Frascati que le mari de la belle limonadière dut requérir un
jour une escouade de gardes municipaux pour maintenir
l'ordre et la décence. Mais le lendemain ces honnêtes serviteurs de l'État refusèrent d'accomplir un service qui leur
paraissait incompatible avec la dignité de leur uniforme; et le
préfet de police leur donna pleinement raison. Peu de temps
après, la belle limonadière disparut mystérieusement, et

avec elle la vogue du café Frascati, qui fut obligé de fermer ses portes.

Cette même encoignure fut occupée plus tard par la librairie du *Petit Journal;* c'est aujourd'hui l'office d'un changeur.

Au-dessus, dans le trumeau gauche de la première fenêtre de l'entresol, près de l'angle du boulevard, se trouve une stèle de pierre dure, encastrée dans la muraille et contenant l'inscription suivante :

ILLUSTRATIONS FRANÇAISES

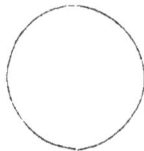

(Ce médaillon creux renferme le portrait en demi-bosse du cardinal de Richelieu sur fond d'or.)

CARDINAL DE RICHELIEU

NÉ A PARIS 1585

Iᵉʳ MINISTRE DE LOUIS XIII

FONDATEUR

DE L'ACADÉMIE FRANÇAISE ET

DU JARDIN DES PLANTES, ETC.

MORT A PARIS EN 1642

Érigé par A. Elwart de paris en 1858
Sculpté par A. Husson.

I. S. D. UI.

Tout Paris a connu Antoine Elwart, professeur de composition au Conservatoire, et auteur d'une partition des *Catalans,* qui, représentée non sans succès au Théâtre des Arts de Rouen, ne put jamais obtenir l'honneur d'une reprise sur une scène parisienne. Critique instruit, théoricien distingué,

Elwart aimait à discourir en public, dans les banquets orphéo-
niques, dans les réunions de toute sorte, et à faire l'oraison
funèbre des artistes illustres. On se moquait un peu de lui,
un peu trop. Berlioz malade disait un jour : « Si Elwart
« doit parler sur ma tombe, j'aime mieux ne pas mourir. » Je
n'insisterai pas sur les mérites de cet excellent homme, à qui
Fétis, dont il fut l'élève après Reicha et avant Lesueur, a
consacré une notice étendue dans son Dictionnaire des musiciens.

L'idée de ce monument peut paraître singulière; mais,
dans un temps où l'on déboulonne de gaieté de cœur les
gloires du passé, n'y a-t-il pas quelque chose de touchant
dans cet hommage rendu par un humble artiste à ce grand
cardinal, qui aima et protégea tous les arts, et qui ne voya-
geait pas sans emmener avec lui sa bande de musiciens? Je
ne chicanerai pas Elwart sur l'erreur qu'il a commise en faisant naître le cardinal à Paris, puisqu'elle était couverte
à ses yeux par l'autorité du Père Anselme. Je prouverai, dans
mon *Molière au Palais-Royal*, que le cardinal naquit au château de Richelieu. Mais quel est le curieux qui ait jamais
aperçu la plaque commémorative érigée au cardinal par les
soins patriotiques de l'ancien enfant de chœur de Saint-Eustache? J'espère qu'après avoir lu le présent livre on lèvera quelquefois la tête en passant devant l'encoignure de la rue Richelieu, et que ce petit ex-voto de pierre réhabilitera chez le
Parisien moqueur la mémoire du bon « petit père Elwart ».

III

COTÉ GAUCHE (Numéros impairs).

(Les numéros qui commencent chaque note sont ceux des maisons de la rue de Richelieu en 1882.)

Nos 5, 7 et 9. — En 1863, pendant la reconstruction des bâtiments de la Comédie-Française, dont mon excellent maître et ami M. Édouard Thierry était alors l'administrateur-général, on loua les maisons nos 5, 7 et 9, on racheta les fins de baux des locataires qui les occupaient, et on y installa l'administration du Théâtre. Une galerie de bois couverte, en forme de pont, jetée au-dessus de la rue Richelieu, à la hauteur du premier étage, assurait la communication entre les deux côtés de la rue.

Entre le nº 5 et le nº 7, que séparait la petite rue du Rempart, le numérotage de Watin, qui arrive du boulevard, saute du 181 au 170. La raison de cette bizarrerie, c'est que Watin a fait entrer dans son numérotage les six maisons qui composaient le côté gauche de la rue du Rempart et les sept maisons qui composaient l'îlot triangulaire compris entre celle-ci, la rue Saint-Honoré et la rue Richelieu. La rue Richelieu, n'ayant que trois maisons en façade entre la rue du Rempart et la rue Saint-Honoré, aurait dû finir sur le nº 173 (170 + 3), mais en y ajoutant les dix maisons que je viens de spécifier, on retrouve le nombre de 183 donné par Watin comme celui des maisons de la rue Richelieu.

Au delà du nº 13 de la rue Richelieu, entre les nos 19 et 19 *bis* de la rue des Boucheries, devenue Jeannisson en 1830, s'ouvrait la cour Saint-Guillaume, composée de maisons hautes, noires et sordides, construite vers 1780 par M. Bellan-

ger, et qui, barrée par les derrières de la maison n⁰ 20 de la
rue Traversière, se frayait vers la gauche un chemin anguleux
et s'ouvrait enfin au n⁰ 16 de la rue Traversière. Cette cour
comprenait à droite trois hautes maisons numérotées 10, 12,
14 sur le plan Vasserot et Bellanger, et à gauche deux maisons seulement : la première, celle qui se numérotait 19
sur la rue des Boucheries, était comptée pour le 4 et le 6 de
la cour Saint-Guillaume; la suivante, numérotée 8, formait
l'angle de la cour et d'une ancienne impasse, contempo-
raine de la construction de la rue Traversière et nommée
cul-de-sac de la Traverse ou impasse de la Brasserie, qui
allait aboutir, en retour d'équerre, entre les n⁰ˢ 4 et 6 de la
rue Traversière. Au n⁰ 12 de l'impasse de la Brasserie,
j'ai connu un pensionnaire de la Comédie-Française, un
comédien de talent nommé Riché, premier prix de comédie
du Conservatoire, mort tout jeune du choléra en 1849.

Les noms de Saint-Guillaume et de la Brasserie proviennent de vieilles enseignes.

Le n⁰ 19 *bis* de la rue des Boucheries était classé comme
maison sans numéro sur la rue Richelieu, lorsque le décret
impérial du 3 mai 1854 ordonna la suppression de la cour
et de l'impasse; ce travail s'est effectué en même temps que
la construction de la place du Théâtre-Français et la
reconstruction de la Comédie, achevées seulement en 1863.

Le numérotage de Watin pénètre dans la cour Saint-Guillaume avec les n⁰ˢ 163 à 166. Le n⁰ 163, qui désignait probablement la première maison en entrant dans la cour,
indiquait en 1786 la demeure de la comtesse de Josiens;
en 1788, celle de Mᶜ Havard, notaire, et de Mᵐᵉ Guyard,
peintre du Roi : Adélaïde Labille des Vertus, née en 1749,
élève de François-Élie Vincent, puis de Latour, membre de
l'Académie de Saint-Luc et de l'Académie française de
peinture, où elle fut agréée le 31 mai 1783. Le cabinet du
directeur de l'Odéon renferme un beau portrait de Brizard
dans le rôle du roi Lear, peint au pastel par Mᵐᵉ Guyard,
et qui fut donné en 1862 à M. Charles de la Rounat par
Charles Maurice (Descombes), le terrible critique du *Courrier des Théâtres*. Veuve en premières noces de M. Guyard,
elle s'était remariée au peintre François-André Vincent, fils

de son premier professeur, et mourut le 24 avril 1803. Toute la famille Vincent demeurait dans cette maison de la cour Saint-Guillaume, et c'est là qu'était mort François-Élie Vincent le 28 mars 1790, à l'âge de quatre-vingt-trois ans, veuf de Marie Blosse.

Nº 13. — Cette maison est indiquée à l'État et partition comme appartenant au sieur des Bournets. Il s'agit de messire François Seneschal sieur des Bournets, premier valet de chambre du cardinal de Richelieu, puis de Monsieur frère unique du roi Louis XIV. Il avait épousé Jeanne Laugeois, qui, devenue veuve et demeurant rue Neuve-Saint-Honoré, passa le 23 avril 1671 un contrat avec les Filles Saint-Thomas pour se faire bâtir une maison dans la première cour de leur couvent, rue Saint-Augustin (Arch. Nat. S. 4760).

L'armurier Lepage, ancien armurier de l'empereur Napoléon Ier, exhibait avant 1830, au rez-de-chaussée de cette maison, le dévouement architectural d'une façade aux armes royales des Bourbons, qui nous a été conservée par une gravure curieuse, et qui succédait à une façade non moins dévouée, non moins architecturale, mais tout à fait impériale. C'est par le pillage des armes de Lepage que commença la révolution de Juillet 1830.

Nº 15. — Étienne-Joseph Cherré sieur de Lessart, conseiller au nouveau Châtelet de Paris, puis maître des comptes en 1681, était le petit-fils du secrétaire du cardinal de Richelieu, dont parle Tallemant des Réaux (t. II, pp. 55, 56 et 106). Son fils Jean-B.-Louis Cherré fut également maître des comptes, reçu le 31 mars 1724, et demeura en exercice jusqu'en 1761. Beaucoup de personnages connus et d'artistes dramatiques ont habité cette maison située juste en face de la Comédie-Française. Le seul survivant de ces anciens locataires est M. Grévy, aujourd'hui président de la République.

Nº 17. — Cette maison est occupée depuis 1805 par un hôtel meublé d'abord hôtel de Valois, aujourd'hui d'Orléans.

No 19. — Le terrain de cette maison, comprenant
137 toises et demie de superficie, fait partie de ceux qui
appartinrent à Louis le Barbier, maître d'hôtel du Roi, substitué à Charles Froger pour l'entreprise de la nouvelle
enceinte et qui firent retour au Roi le 23 novembre 1633
(voyez ci-dessus p. 24). Il appartint ensuite par don royal
de janvier 1634 à messire François Sublet seigneur de
Noiers, surintendant et ordonnateur-général des bâtiments,
qui le vendit, par contrat du 14 juillet 1639, devant Le
Roux et Mouffle, à Nicolas Messier, entrepreneur des bâtiments du Roi et juré ès œuvres de maçonnerie. Les héritiers de celui-ci, à savoir Henry Le Picard, écuyer, sieur
d'Ascourt et de Novillières, pour Claude Messier, sa femme;
Raphaël Messier, écuyer, exempt des gardes du corps du Roi,
et Marguerite Messier vendirent la maison bâtie par leur père
à Me Claude Vouët, procureur, le 30 septembre 1683, devant N... et son collègue, notaires à Paris. Claude Vouët
était certainement un frère des peintres Simon et Aubin
Vouët; car il résulte des pièces qui composent le dossier de
sa maison aux archives de l'Hôtel-Dieu (Inv. nos 1376-80)
qu'il était l'oncle d'Isaac-François Vouët; or, Isaac-François était incontestablement le fils d'Aubin, comme le
prouve son acte de baptême du 3 février 1642. Aussi Claude
Vouet avait-il comme procureur la clientèle de Pierre Mignard, le plus célèbre des élèves de Simon Vouet (v. ci-
après no 23 bis). Claude Vouet légua par son testament
sa maison à l'Hôtel-Dieu, qui la posséda jusqu'à l'époque
de la révolution française. Elle était louée au moins depuis
1693 à des baigneurs étuvistes à l'enseigne du Bain-Royal.
En 1785, le sieur Villermont, titulaire du Bain de Bourbon,
forcé de déménager à cause de la reconstruction de la maison des Pères de l'Oratoire Saint-Magloire (v. ci-après
no 31), vint se réfugier à l'enseigne du Bain-Royal qui
devint ensuite l'Hôtel des Bains jusqu'en 1850.

Cette maison communique aujourd'hui par un passage
public avec la rue Moliere sur laquelle il porte le no 6
(ancien 24).

Les cinq sixièmes de cette maison appartenaient à la
censive de l'Archevêché; au dernier sixième, confinant au

n° 21 qui suit, commençait le domaine du fief Popin, ce qui était constaté par les bornes 13 et 14.

N° 21. — Cette maison, portée comme double au Terrier royal, ne forme réellement qu'une seule propriété, composée d'un corps de logis sur la rue Richelieu et d'un autre corps de logis plus important entre la cour et la rue Moliere (n° 10, ancien 28), le tout relié par deux ailes de bâtiments. Elle appartenait en 1639 à Pierre Resneau, juré du roi ès œuvre de charpenterie, et à sa femme Poncette Maillard, sœur de Jeanne Maillard qui avait épousé l'illustre architecte et ingénieur Clément Metezeau (Mme Metezeau était morte le 21 avril 1634). Mme Resneau, devenue veuve, légua la maison construite par son mari, aux termes d'un testament reçu Mouffle et Gigault le 4 juin 1669, à ses nièces Anne et Marie Metezeau, filles de Clément Metezeau, mort en 1652 intendant-général des bâtiments du Roi, l'un des fameux architectes de son temps, dont le nom reste attaché à la construction du Louvre et à la digue de La Rochelle. La succession de Mme Resneau fut partagée pardevant Lenormant et Gigault, le 2 août 1669, entre les deux sœurs, dont la première, Anne Metezeau, était alors veuve d'Étienne Baudouin, contrôleur de la maison du Roi, et la seconde, Marie, était la femme de Joseph Foucault, secrétaire du Conseil d'État. La maison échut à Mme Foucault.

Le « tout Paris » de Louis XIV connaissait le vieux conseiller Foucault, bourru, chagrin, intègre et travailleur, qui donnait ses audiences en robe de chambre et en bonnet, et ne quittait ces vêtements familiers que les jours de sortie obligée. J'ai rappelé (p. 44 du présent volume) l'anecdote de Jean-Remi Henault, prêtant à Moliere la robe de chambre et le bonnet du conseiller Foucault pour la première représentation du *Malade imaginaire*. La maison de M. Foucault était à deux pas du Palais-Royal et à quatre pas de la maison de Moliere, qui habitait le n° 40 de la même rue; le voisinage rend facile et par conséquent vraisemblable l'espièglerie attribuée au collaborateur de Subligny.

Après la mort de Marie Metezeau, la maison de la rue Ri-

chelieu fut délaissée à Joseph Foucault, devant Me Normand,
le 15 décembre 1684, par transaction avec ses enfants qui
étaient : Joseph-Nicolas Faucault; Marie-Anne épouse de
François Petit de Villeneuve, conseiller à la Cour des aides;
et Catherine-Angélique qui avait épousé, le 6 novembre
1691, Claude-Théophile de Béziade, chevalier, marquis
d'Avaray, né le 2 mai 1655, lieutenant-général, chevalier
des ordres, ambassadeur en Suisse en 1715, mort le 6 avril
1745. La duchesse d'Avaray mourut le 28 avril 1728.

M. Foucault le père, nouvellement et assez scandaleuse-
ment, vu son grand âge, remarié à Mlle Bossuet, sœur de
l'évêque de Meaux, mourut à soixante-dix-neuf ans le
6 juillet 1691, dans sa maison de la rue Richelieu. On n'en
peut douter, car M. Baudry a publié une lettre que son fils
Joseph-Nicolas adressait le 24 juillet 1690 « à M. Foucault,
« rue de Richelieu, derrière le Palais-Royal ». Joseph-
Nicolas hérita de la maison paternelle; il écrivait de son
intendance de Caen, le 12 avril 1700 : « Il y a à travailler
« au grand escalier de ma maison de la rue Richelieu;
« menez-y M. Le Bourg et faites-y travailler. »

Nicolas-Joseph Foucault, considéré comme l'un des
grands hommes de son temps malgré la rigueur dont il
usa contre les religionnaires, exerça successivement les
charges de procureur-général aux requêtes de l'hôtel,
d'avocat-général au Grand Conseil, de maître des requêtes,
de chef du conseil de Madame duchesse d'Orléans, de
procureur-général pour la recherche de la noblesse, d'intendant de Montauban, de Caen et de Pau. Il mourut conseiller d'État ordinaire le 7 février 1721, dans son hôtel de
la rue Neuve-Saint-Paul, âgé de soixante-dix-huit ans. Il était
membre de l'Académie des Inscriptions et Belles-Lettres;
outre son éloge par Boze, inséré aux mémoires de cette
académie (t. V, p. 395), on peut consulter deux articles de
Sainte-Beuve (*Nouveaux lundis*, t. III) sur les mémoires de
Foucault, publiés par M. Baudry dans la Collection des
documents inédits sur l'histoire de France (Paris, 1862).
Sainte-Beuve a fait ressortir le contraste singulier chez cet
honnête homme d'une sorte d'inexorabilité dans l'accom-
plissement des ordres supérieurs qu'il recevait et d'une

exquise douceur de mœurs dans le commerce habituel de la vie, surtout avec les savants et les artistes, qui reconnaissaient en lui une entière compétence. Encore nous semble-t-il que Sainte-Beuve, extrêmement préoccupé des questions religieuses, dans lesquelles il apportait un certain fanatisme à rebours, a-t-il un peu trop généralisé. On ne saurait nier que Foucault n'ait déployé contre les religionnaires le zèle d'un fonctionnaire qui voulait plaire au maître. Mais, en dehors de cette question spéciale, Foucault fut un intendant juste, humain, progressif, dévoué aux intérêts des pays qu'il administra. S'il est vrai qu'il chassa les religionnaires du Béarn, il ne faut pas oublier non plus qu'il mit sa gloire à triompher des résistances du parlement de Pau, en l'obligeant à reconnaître l'ordonnance de 1667, ce qui [équivaut à quelque chose comme l'introduction du Code civil dans un pays livré à l'arbitraire d'une cour souveraine. Boze dit de lui, avec une certaine hardiesse d'expression, qu'il fut « l'homme du Roi et le tribun du peuple ».

Quoi qu'il en soit, le mérite de Foucault n'est plus discutable lorsqu'il s'agit des lettres et des arts; il découvrit dans l'abbaye de Mériac l'ouvrage *de Mortibus persecutorum* attribué à Lactance et qu'on ne connaissait que par une citation de saint Jérôme. Ses collections de livres et de médailles étaient célèbres. Seulement, on s'est trompé en lui attribuant un traité des origines de la langue française, inséré en tête du Dictionnaire étymologique de Ménage. Ce petit traité est d'un savant toulousain appelé M. de Caseneuve; Foucault ne prit d'autre part à cette publication que d'avoir autorisé Simon de Val-Hébert à publier le manuscrit de Caseneuve, qu'il avait acquis pendant son intendance de Montauban, ainsi que cela est expliqué dans l'épître dédicatoire de Val-Hébert à Foucault, en tête du Dictionnaire de Ménage.

Sainte-Beuve, qui attachait tant d'importance à l'influence physiologique des origines, aurait pu expliquer assez naturellement les aptitudes de Foucault pour les beaux-arts, s'il avait remarqué le nom de sa mère Marie Metezeau, qui avait de qui tenir.

Au mois de septembre 1708, M. Foucault et sa femme Marie de Jassaud achetèrent de leur frère et beau-frère

20

M. de Jassaud de la Lande une grande maison rue Neuve-Saint-Paul, où il transféra ses collections et sa bibliothèque. Il y mourut le 7 février 1721, retiré du monde, accablé par les chagrins que lui donnaient les étourderies et les fautes de son fils le marquis de Magny, disgracié pour avoir manqué de respect à la duchesse de Berry, fille du Régent, et finalement compromis dans la conjuration de Cellamare.

En même temps qu'il achetait la maison de la rue Neuve-Saint-Paul, M. Foucault louait la maison de la rue Richelieu à M. Pierre Dodun, receveur-général des finances de la généralité de La Rochelle, qui, après l'avoir habitée depuis 1708, l'acheta par contrat devant Dutartre, notaire à Paris, le 15 février 1715.

Pierre Dodun, qui avait logé jusqu'à cette époque rue Neuve-des-Petits-Champs, n'eut pas plus tôt pris possession de son nouveau logis qu'il fut pourvu de la recette générale de Bordeaux; il la conserva jusqu'à la suppression des recettes générales par la Banque de Law en 1720. Il était le frère de Charles-Gaspard Dodun marquis d'Herbault, qui, de conseiller et de président de la quatrième chambre des enquêtes du Parlement, devint contrôleur-général des finances et grand trésorier des ordres du roi (mort en 1751); d'André-Gaspard Dodun, commissaire de la marine, qui mourut chez son frère rue Richelieu, le 21 avril 1747, à l'âge de soixante-cinq ans, et de Catherine-Geneviève, qui mourut le 30 septembre 1759, à l'âge de quatre-vingt-cinq ans, veuve de Moïse-Augustin de Fontanieu.

Les trois Dodun et Mme de Fontanieu étaient les enfants de Charles-Gaspard Dodun sieur du Boulay, conseiller à la cinquième chambre des enquêtes, reçu en 1676, et d'Anne-Marie Gayardon, fille de J.-B. Gayardon, receveur-général des finances à Soissons; et M. Dodun du Boulay était né du mariage de Gaspard Dodun, secrétaire du roi, mort en 1701, avec Marguerite Le Riche.

Cette incontestable généalogie, que j'extrais du Cabinet des titres, prouve que le grand-père des Dodun n'était pas un laquais, comme l'insinuent de méchants couplets, qui, au dire de l'avocat Barbier, se chantaient dans les rues pendant que le marquis d'Herbault occupait le ministère des finances.

Je remarque cependant qu'un oncle de leur grand-père, nommé François Dodun, mort en 1668 à soixante-cinq ans, avait épousé demoiselle Geneviève Le Febvre, fille de Jean Le Febvre, désigné à l'acte de mariage comme valet de chambre de Mgr le duc de Guise. Cet officier domestique d'un prince de maison souveraine était donc l'arrière-grand-oncle par alliance du contrôleur-général, et non son grand-père. Est-ce là qu'il faut voir l'origine des couplets en question? Leur auteur connaissait-il seulement cette particularité? Je ne le crois même pas; il chansonnait au hasard. Il est absolument indifférent pour l'historien que les Dodun, qui descendaient d'un bon bourgeois de Tonnerre et qui n'ont pas laissé de postérité, comptassent ou non un laquais parmi leurs ancêtres. Cette petite discussion n'est cependant pas sans portée; elle montre qu'il ne faut user qu'avec circonspection des renseignements fournis par les couplets et pièces satiriques, auxquels l'érudition moderne accorde peut-être un peu plus de crédit qu'ils n'en méritent.

Autre « cancan », celui-ci absolument inédit. Une note du Cabinet des titres qualifie crûment Anne-Marie Gayardon, femme de Charles-Gaspard Dodun du Boulay, de « femme « galante qui a été la maîtresse du cardinal Fleury, alors « évêque de Fréjus ». Cette note, de la main du président Bertin de Rocheret, appartient au dossier Fontanieu, qui ne contient guère autre chose, et m'amène à compléter la généalogie sommaire de cette intéressante famille. Je néglige, sans les discuter, les obscurités et les confusions de La Chesnaye des Bois sur ce même sujet.

Charles de Fontanieu, d'une ancienne famille du Languedoc, eut, à ce que je crois, au moins deux fils. L'aîné, Moïse-Augustin de Fontanieu, secrétaire du roi, trésorier-général de la marine (1702-1712), intendant et contrôleur-général des meubles de la Couronne, taxé à 500,000 livres par la Chambre de justice de 1716, mort le 3 février 1725 à soixante-trois ans, épousa, comme on l'a vu plus haut, Catherine-Geneviève Dodun.

Ils eurent un fils, Gaspard-Moïse de Fontanieu, seigneur de Saint-Aubin-sur-Mer, conseiller au Parlement et maître des requêtes (1719), intendant et contrôleur-général des meubles de la Couronne (1727), intendant en Dauphiné (1724), intendant de l'armée d'Italie (1733-35), conseiller d'État (1740), mort en 1767. La même note du Cabinet des titres ajoute qu'il était « cru fils du cardinal Fleury ». D'où il suivrait que ce prélat aurait été du dernier bien avec Mme Dodun née Gayardon et avec Mme de Fontanieu née Dodun, c'est-à-dire avec la mère et avec la fille. On ne le savait pas si galant. Tranchons le mot, c'est absurde. L'affection et la protection du cardinal pour les Fontanieu s'explique d'une manière plus naturelle. Moïse-Augustin avait un frère cadet, Charles-Jean de Fontanieu, capitaine d'infanterie, qui avait épousé à Montpellier Élisabeth Fleury, sœur aînée du cardinal (née en 1651), d'où Élisabeth de Fontanieu, mariée à M. Du Vau (voyez ci-après n° 41). Gaspard-Moïse de Fontanieu était donc le neveu et non pas le fils du cardinal Fleury[1].

Gaspard-Moïse épousa Marie-Anne Pollart de Villequoy, dont il eut : Gabriel-Moïse, né le 4 mars 1727; Bonaventure-Moïse, né le 13 novembre 1728; et Pierre-Élisabeth dit le chevalier de Fontanieu, capitaine au régiment d'Egmont, contrôleur-général et intendant des meubles de la Couronne en survivance (1758), membre de l'Académie des Sciences (1778), et de l'Académie d'Architecture (1776), mort le 29 mai 1784, à cinquante-trois ans, sans avoir contracté d'alliance. Gaspard-Moïse est le savant à qui la Bibliothèque nationale doit les huit cent quarante et un portefeuilles contenant des titres relatifs à l'histoire de France connus sous le nom de Recueil Fontanieu.

Les Dodun eurent leur part des taxes établies par les Chambres de justice. Le rôle du 5 décembre 1716 ne prélève qu'une somme de 8,000 livres sur la veuve de Gaspard Dodun, grand'mère du contrôleur-général; mais notre Pierre Dodun,

---

1. Cette parenté se trouve affirmée plutôt que contredite par un couplet satirique qui courut en ce temps-là :

> Les beaux neveux, les petits-fils,
> Rocozel, Narbonne et Fleury,
> Fontanieu, Belle-Isle et Mouy,
> Oh! les grands hommes que voilà !
> Ils font honneur à leur papa!...

celui de la rue Richelieu, est porté pour 500,000 livres au rôle du 2 juillet 1717. Une curieuse correspondance, conservée parmi les pièces originales du Cabinet des titres, nous montre, au sujet de Pierre Dodun, comment s'établissaient et se discutaient ces taxes, dont le caractère était purement fiscal et non pénal, comme on le croit vulgairement. C'était, pour l'appeler du nom qu'on lui donnerait aujourd'hui, un emprunt forcé sur les riches, fâcheux et injuste expédient qui coûta cher aux finances de la monarchie.

Pierre Dodun avait épousé le 9 septembre 1705 Suzanne-Claude Jacques de Vitry, fille de Jacques de Vitry, conseiller au Parlement, et de Suzanne Ticquet; il mourut en 1750 sans laisser d'enfants de sa femme, qui le survécut dix-huit ans et mourut le 23 janvier 1768 à soixante-seize ans. Il avait constitué pour légataire universel Gaspard-Moïse de Fontanieu. M. et Mme de Fontanieu se hâtèrent de réaliser cette portion de l'héritage; ils vendirent l'hôtel Dodun par contrat devant Roger, notaire, le 11 mars 1751, à François-Noël Gillet de Champlay, secrétaire du Roi, né en 1692, mort le 21 décembre 1769 à soixante-dix-sept ans, et Élisabeth Peyrard, sa femme, morte le 16 février 1767. Les lettres d'invitation aux obsèques du mari et de la femme sont conservées au Cabinet des titres.

Le principal corps de logis, qui occupe le fond de la cour en entrant par la rue Richelieu, et qui s'éclaire postérieurement sur la rue Moliere (n° 10, ancien 28), fut reconstruit au XVIIIe siècle dans les formes les plus charmantes, les plus fines et les plus brillantes du style Louis XV.

La cage de l'escalier est un poème de pierre, écrit pour de jeunes époux. Elle s'annonçait, au bas de la rampe, par un joli dauphin de métail qui rappelait le triomphe d'Amphitrite. La porte du rez-de-chaussée, en face du perron, est surmontée du portrait en demi-bosse d'une jeune femme vue de profil, encadré dans un médaillon formé d'une guirlande de roses sculptées.

La porte correspondante, qui ouvre le grand appartement du premier étage, offre dans l'imposte un bas-relief représentant deux Amours qui disposent de pareilles guirlandes autour d'une urne.

En montant au second étage, on aperçoit à droite une niche occupée par une délicieuse statue de nymphe jouant de la flûte, dans la manière de Coustou; la niche, ornée d'un mascaron femelle, se couronne, à la hauteur du second, par une rosace ajourée d'un dessin élégamment capricieux.

Du plafond qui termine la cage se détache un bas-relief représentant l'Hyménée, qui tient son flambeau de la main gauche, et supporte de la main droite la lanterne qui éclaire de nuit l'escalier. Les quatre coins du plafond sont occupés par des médaillons ovales représentant des instruments de musique.

L'appartement du premier étage conservait encore, il y a peu d'années, des boiseries et des trumeaux d'une haute valeur; ils ont été arrachés, en même temps qu'on sciait brutalement le bas de la rampe pour enlever le joli dauphin, modelé peut-être par Bouchardon, qui retenait longtemps le regard du visiteur. Cet acte d'inepte vandalisme, froidement accompli, n'a pour excuse ni le besoin ni l'intérêt; car les quelques billets de banque, moyennant lesquels les propriétaires actuels ont livré à l'un des barons de Rothschild les dépouilles de l'hôtel Dodun, enlèvent à cette noble demeure une valeur marchande d'au moins cent mille francs.

Les habitants du quartier attribuent l'origine de ces richesses artistiques à un Richelieu, à un duc de Fronsac, qui, disait-on, aurait habité l'hôtel. Il est possible que cette légende repose sur une confusion avec l'hôtel garni de Richelieu qui subsista quelque temps dans la maison voisine, nº 23. Une méprise analogue s'est produite de l'autre côté de la rue à propos de l'hôtel Ménars (nº 76).

Ce que je puis affirmer, d'après l'étude des actes de propriété qui font partie de mon cabinet, c'est que la maison Foucault et Dodun n'a jamais abrité un membre quelconque de la famille Richelieu. Qui l'a bâtie et décorée? C'est ce que je vais éclaircir.

Il est dit dans l'acte de vente du 11 mars 1751 que les deux maisons (c'est-à-dire les deux corps de logis, l'un sur la rue Richelieu, l'autre sur la rue Traversière) appartenaient au défunt sieur Dodun « comme les ayant fait reconstruire « à neuf sur l'emplacement de deux autres maisons sises rue

« de Richelieu, qu'il avait acquises par contrat devant Me Du-
« tartre, le 15 février 1715 ». La vente comprend, outre la
concession de six lignes d'eau à prendre à la fontaine Richelieu, « les glaces, ornements d'icelles, tous tableaux, bronzes
« et autres ornements de quelques espèces que ce soit, étant
« dans les susdites deux maisons détaillées et énoncées dans
« l'état dont il est cy-devant parlé, et de tous autres orne-
« ments qui peuvent estre dans lesdites deux maisons ».

D'après la première impression que fait naître la lecture
de ces clauses inédites, on serait disposé à penser que Pierre
Dodun se serait hâté de faire reconstruire et orner telle
qu'elle subsiste la maison qu'il venait d'acquérir.

Il y a cependant quelques difficultés. Si Pierre Dodun
reconstruisit la vieille maison des Maillard et des Foucault
sitôt qu'il l'eut achetée, comme cela semblerait le plus probable, l'édifice daterait de 1715; l'ordonnance en paraît
cependant moins ancienne. Il serait d'ailleurs surprenant
qu'une maison si galamment décorée n'eût pas tout d'abord
attiré l'attention. Cependant la première mention que je
connaisse de l'hôtel Dodun reconstruit se trouve dans la
dernière édition de Germain Brice, datée de 1752, t. Ier,
p. 360 : « Un peu plus avant (dans la rue Richelieu), Do-
« dun, frère de celui qui a possédé la charge de contrôleur-
« général des finances, a fait bâtir depuis peu d'années,
« sous la conduite de Champlain, une maison qui perce
« dans la rue Traversière et dont les dedans sont décorés
« avec magnificence. » Les lambris, trumeaux, dessus de
portes et autres ornements du grand antichambre et du
grand cabinet de la maison de M. Dodun, aujourd'hui remplacés par de belles armoires de chêne tout uni dans l'appartement d'honneur loué au tailleur Blain, se trouvent
dessinés et gravés par Mariette en six planches, parmi celles
qu'il avait préparées pour la continuation du livre de Blondel, c'est-à-dire postérieurement à l'année 1756, date que
porte le dernier volume paru du *Traité de l'Architecture
française*. Mariette donne ces belles choses comme ayant
été exécutées sur les dessins de M. de Chamblain. Ce
Chamblain est évidemment le même que le Champlain de
Germain Brice.

Mais peu d'années avant 1752, Pierre Dodun étant mort
en 1750, cela reviendrait à dire qu'il avait entrepris cette
bâtisse dans les derniers jours de sa vie. Remarquez que
Pierre Dodun, receveur-général au moins depuis l'année
1700, ne pouvait être âgé de moins de soixante-quinze ans
en 1750; il était marié depuis quarante-cinq ans, et n'avait
pas d'enfants. Quelle mouche l'aurait donc piqué de com-
mander sur ses vieux jours cette maison galante?

Une heureuse rencontre me permet d'éclaircir une partie
du problème. Les administrateurs de l'Hôtel-Dieu, propriétaire, comme on l'a vu, de la maison nº 19 mitoyenne
avec l'hôtel Dodun, crurent s'apercevoir que leur riche voisin avait empiété sur l'épaisseur du mur; de là, commencement de procès, échange de papier marqué, et petit dossier
de procédure que j'ai découvert dans la grosse liasse conservée
aux archives de l'Hôtel-Dieu (nºs 1376-80 de l'inventaire).
J'apprends ainsi que la reconstruction de la maison des Foucault fut commencée pour Pierre Dodun dans les derniers
mois de l'année 1726, et poursuivie, je ne saurais dire achevée,
pendant les années 1727 et 1728. Cela résulte d'abord d'une
sommation adressée par Pierre Dodun le 20 août 1726 aux
administrateurs de l'Hôtel-Dieu, pour leur signifier qu'il en-
tend procéder à la démolition du bâtiment joignant leur maison du Bain-Royal; de la réponse faite par les administrateurs
de l'Hôtel-Dieu le 14 septembre suivant, qu'ils ne s'y oppo-
sent pas; d'une expertise du 24 juin 1727 concernant le mur
séparatif; et enfin d'une transaction du 6 avril 1728 devant
Me Baudoin, notaire, entre les administrateurs de l'Hôtel-Dieu,
au nombre desquels je retrouve Jean-Remi Henault, alors octogénaire, et M. Dodun, celui-ci s'engageant à reconstruire à
ses frais la totalité du mur mitoyen, qui menaçait ruine.

Ainsi, M. Dodun avait attendu dix ans pour reconstruire
sa maison, qui existait déjà depuis vingt-quatre ans à l'époque où les éditeurs de Germain Brice la signalent comme
nouvelle.

Reste à savoir quel était ce Chamblain ou Champlain,
qui, d'après Germain Brice, aurait conduit les travaux de
l'hôtel Dodun, et qui, d'après Mariette, en aurait dessiné les
lambris, trumeaux et dessus de portes.

Ici le doute ne paraît pas permis, et nous n'avons pas le choix des Chamblain. Je sais bien que Marivaux s'appelait Pierre Carlet de Chamblain, et il ne me déplairait pas d'imaginer l'auteur des *Surprises de l'Amour* tortillant d'un crayon léger et capricieux les fines arabesques d'un logis fait à point pour recevoir dignement Araminte ou Silvia. Mais personne n'a dit que Marivaux maniât d'autre instrument que la plume, ni qu'on l'eût jamais appelé M. de Chamblain. Reste donc l'unique et le seul Chamblain connu des architectes, à savoir Jean-Baptiste Bullet seigneur de Chamblain, reçu membre de l'Académie d'architecture le 5 mai 1699, fils de Pierre Bullet, architecte, académicien, constructeur de la porte Saint-Denis et de la porte Saint-Martin, élève de François Blondel. On ne sait rien de la vie de Bullet de Chamblain, et l'on ne cite parmi ses ouvrages que le château de Champs en Brie, qu'il construisit au commencement du XVIII⁰ siècle pour le fameux traitant Poisson de Bourvalais, et qui devint, après le désastre de Bourvalais, la propriété de la princesse de Conti, plus tard du duc de La Vallière, et enfin du duc de Lévis après la révolution. L'obscurité dans laquelle s'efface la personnalité artistique de Bullet de Chamblain est demeurée impénétrable jusqu'ici.

Mais je trouve, au rôle de la Chambre de justice du 12 décembre 1716, sous le n⁰ 375, cette mention révélatrice : « Bullette de Chamblain 10,000 livres ». Bullet fils était devenu homme d'affaires, sans doute comme intéressé dans les traités de Bourvalais, dont il suivit le sort. Il n'apparaît plus sur les listes de l'Académie. En avait-il été exclu ? Avait-il donné sa démission ? Je ne sais. Brice assure que M. de Chamblain conduisit les travaux de reconstruction de l'hôtel Dodun. Vivait-il donc encore de 1725 à 1728 ? Cela est probable, mais il ne se montrait pas.

Dans les actes de la procédure que je citais tout à l'heure, M. Dodun se fait représenter à l'expertise de 1727 par l'entrepreneur qui construit la maison et qui se nomme M. Breget. Il n'est pas question de l'architecte. M. Breget en remplissait-il l'emploi sans en prendre le titre ? Pas du tout. A deux ou trois reprises M. Breget explique qu'il tra-

vaille « sur les plans qu'*on* lui a donnés ». Qui *on?* L'invi-
sible Chamblain, qui se dérobe pour des raisons à lui
connues, et qui travaille dans l'ombre pour son riche
client M. Dodun, frappé comme lui par la Chambre de
justice.

Il n'en demeure pas moins établi que le charmant logis
dont nous admirons encore les restes mutilés a été construit
de 1725 à 1728 par Bullet de Chamblain pour M. Dodun,
receveur-général. Les Richelieu et les Fronsac n'ont rien à
voir là-dedans.

L'acquéreur de 1751, François-Noël Gillet de Champlay,
touchait à la soixantaine lorsqu'il acheta l'hôtel Dodun,
quatre ans après s'être fait recevoir secrétaire du Roi.
En 1759, sa fille Élisabeth-Charlotte Gillet de Champlay
épousa Joseph de Joussineau, chevalier, seigneur de Fressinet, marquis de Tourdonnet.

La famille Joussineau était connue en Limousin depuis les temps les plus reculés sous le nom de Fressinet ; elle ne prit le nom de Joussineau qu'au milieu du
XIIIe siècle.

Joseph de Joussineau, qui épousa Mlle Gillet, était né
vers 1722 de François-Aimé de Joussineau, chevalier, seigneur de Fressinet, marquis de Tourdonnet, époux en 1719
de Marie-Anne de Maulmont de Saint-Cricq.

Le marquis Joseph de Tourdonnet, qui possédait la charge
de premier maître de la garde-robe de Monseigneur comte
d'Artois, mourut dans son hôtel de la rue Richelieu le 16 novembre 1787, à soixante-cinq ans. Sa veuve recueillit l'hôtel
dans la succession de ses père et mère, dont elle était l'héritière unique. A sa mort, survenue entre 1788 et 1790, la
maison se trouva possédée indivisément par ses enfants,
Jacques-Augustin marquis de Tourdonnet; Élisabeth-Au-
gustine-Françoise femme d'Amédée de Grégoire marquis
de Saint-Sauveur; Marie-Françoise femme de Philippe-
Mathieu de Leus, et Élisabeth-Charlotte Amable de Ballain-
villiers, représentant sa mère Marie-Françoise de Tourdonnet, décédée femme de Charles Bernard de Ballainvil-
liers. Il y avait eu un fils aîné Joseph-François, qui
succéda à son père auprès du comte d'Artois, mais il

dut mourir avant 1790, car il ne figure plus aux actes subséquents.

Le marquis de Tourdonnet avait un frère puîné nommé
Jean, qui se faisait appeler le comte de Tourdonnet ; capitaine de carabiniers, puis colonel de cavalerie à la suite. Il
fut arrêté en 1793 « pour avoir tenu en 1790 des propos
« offensants contre l'Assemblée constituante ». Traduit au
tribunal révolutionnaire le 11 prairial an II (30 mai 1794),
il fut condamné à mort et exécuté le jour même, à l'âge de
soixante-quatre ans. J'ai lu son procès aux Archives nationales (W 376 no 849) ; l'accusation était ridicule ; la
défense fut pitoyable. Le comte Jean dénonça ses neveux
comme émigrés, et il poussa la lâcheté jusqu'à signaler aux
bourreaux de Fouquier-Tinville le lieu où se trouvait dépo-
sée la fortune de sa famille. C'est dans cette partie de ses
déclarations que l'hôtel de la rue Richelieu se trouve désigné
sous le nom de « Maison des États généraux », appellation
qui se place entre l'hôtel de Valois et l'hôtel de l'Univers.

Le fief Popin avait fait poser sa borne no 9 au-dessus de
l'imposte du pied-droit de la porte cochère.

Sur licitation entre les héritiers de la marquise de Tourdonnet, la maison fut adjugée en audience des criées du
département de la Seine, le 9 avril 1791, au sieur Jean-
Charles Soldato et à Marguerite Jacquot sa seconde femme,
moyennant deux cent vingt-deux mille cent francs, dont
seize mille francs pour les objets mobiliers, tels que glaces,
boiseries, etc. Qu'en 1791, en pleine révolution, on payât
seize mille francs une ornementation qui n'était plus de
mode et que le goût nouveau, propagé par l'école de David,
réprouvait comme méprisable, cela prouve que je n'en exa-
gère pas la valeur intrinsèque avant qu'elle ne fût déshono-
rée par de récentes mutilations.

C'est ce même Soldato, aubergiste, marchand de comestibles, traiteur, liquoriste et ami des arts, de qui j'ai déjà
parlé aux nos 14 et 24, de l'autre côté de la rue. Il mourut
en 1797 ; la maison se trouva possédée par sa veuve pour
trois quarts, et, pour l'autre quart, par Jeanne-Claudine
Soldato, femme d'Antoine Lambert, fille de Soldato et de
sa première femme.

Des arrangements de famille firent passer la propriété entière entre les mains de Mme Lambert, qui la vendit le 13 ventôse an XIII (4 mars 1805) à M. et Mme Gauguier. Les héritiers de ceux-ci la vendirent à M. Desprez, notaire (1822), dont les héritiers la possèdent encore.

Jusqu'en 1788, elle avait été habitée noblement par les Foucault, les Champlay et les Tourdonnet. Mais à partir de cette époque l'industrie et le commerce y élurent domicile. En 1788, le corps de logis qui donne sur la rue Richelieu et l'aile sur la cour sont occupés par l'hôtel de Valois, qui en 1789 devient l'hôtel des États généraux, puis en 1794 l'hôtel de l'Univers. Cette dernière appellation subsiste en lettres d'or sur une plaque de marbre noir au-dessus de la porte cochère; j'en reproduis ici la figure :

> H OTEL DE ^{N° 897} L 'UNIVERS

Le n° 897 est celui que portait la maison dans le numérotage sectionnaire de 1794. A ce titre, la plaque de marbre constitue un monument précieux, qu'on peut considérer comme unique dans cette région de Paris.

L'hôtel de l'Univers paraît s'être trouvé dans les mêmes mains que le restaurant Lambert, qui eut son heure de célébrité. Jusqu'en 1827 la totalité de la maison fut louée par bail principal à Marie-Catherine Closset, épouse non commune en biens du sieur Mathieu Lambert, restaurateur.

Le grand appartement du premier étage au fond de la cour a été occupé par le café de la Régence en 1863, pendant la construction de la place du Théâtre-Français, puis par le Cercle de la Presse scientifique; la Société des gens de lettres y tint, il y a une vingtaine d'années, deux ou trois assemblées générales; les boiseries et les glaces excitèrent l'admiration des assistants, et c'est pourquoi j'en parle en connaissance de cause.

Au-dessus s'étendent les magasins du costumier Babin, qui s'est établi là vers 1825, en venant de l'ancien n° 78, menacé par le premier projet de percement de la rue de la Bourse.

N° 23. — Le terrain de cette maison et de la suivante appartenait originairement, comme celui de la précédente, à Pierre Resneau et à Poncette Maillard, qui le cédèrent par contrat reçu Gigault et Daubenton, le 17 novembre 1660, à Jean Chebron de Bonnegarde et à Marie de l'Espine, sa femme (voyez ci-dessus n° 48), qui y construisirent deux maisons, tant sur la rue Richelieu que sur la rue Traversante ou Traversine. Celle dont nous parlons, la plus petite des deux, occupait et occupe encore en façade sur la rue Richelieu tout le côté gauche de la maison suivante (n° 23 *bis*) dans laquelle elle est enclavée à droite et par derrière. Elle était louée en 1662 à un médecin nommé Moreau. Elle fut vendue le 27 septembre 1667, devant Murray et Monnier, notaires, par M. et Mme Chebron de Bonnegarde, à Pierre Mignard, peintre du Roi, et Anna Avolara, son épouse. Elle est estimée 17,000 livres dans le partage de la succession de Pierre Mignard, qui la louait à un sieur Dupuis. Devenue plus tard la propriété de Catherine Mignard, elle suivit le sort de la grande maison qui suit.

L'une des héritières de Catherine Mignard comtesse de Feuquières, Gabrielle-Adélaïde Mignard, femme de Jacques-François Pelage de Seure Graintheville (voyez ci-après n° 23 *bis*), la vendit par acte devant Gibert, notaire, le 15 octobre 1784, à Charles Portier et Élisabeth Dubrulle, sa femme ; c'était dès lors un hôtel meublé appelé l'hôtel Richelieu. M. et Mme Portier la revendirent par acte reçu Chavet le 23 nivôse an II (12 janvier 1794) à Blaise Santot et Françoise Jolivet, sa femme (lettres de ratification sur parchemin du 11 floréal an II (30 avril 1794), faisant partie de mon cabinet). M. et Mme Santot s'en défirent le 28 ventôse an III (18 mars 1795). Parmi les propriétaires subséquents, je ne trouve à citer que Charles Meysenberg, pianiste et compositeur, né à Paris en 1785, élève d'Adam père et de Méhul, premier prix de piano au Conservatoire

en 1805; fils d'un facteur de pianos à Paris, Charles Meysenberg établit dans la petite maison de Mignard un commerce d'instruments et de musique. Il y mourut vers 1828,
à quarante-trois ans.

L'hôtel meublé s'appela successivement Richelieu, d'Espagne, des Négociants et de New-York (1778-1830).

Du voisinage de cet hôtel, mitoyen avec la maison des
Foucault (no 21), est née sans doute, par une confusion
facile à comprendre, la tradition qui mêle le nom de Richelieu aux origines de la maison précédente. Un almanach
de Paris de 1778 indique la demeure de M. Mesnager et de
M. et Mme Le Bailly « rue et à côté de l'hôtel de Richelieu »,
au no 154 de Lesclapart, c'est-à-dire dans la maison qui
porte aujourd'hui le no 23 bis; ainsi l'hôtel (meublé) de
Richelieu occupait le no 23, tandis que le marquis et la
marquise de Tourdonnet habitaient le 21, ancienne maison
Foucault et Dodun.

No 23 bis (ancien 25). — Cette maison s'ouvre sur la rue
Richelieu par une porte cochère et un passage qui conduisent
à une cour entourée de bâtiments, dont le principal forme un
corps de logis assez important s'éclairant postérieurement
sur la rue Traversière, où elle porte le no 12 ancien 30,
offrant de ce côté la largeur entière des deux maisons
nos 23 et 23 bis de la rue Richelieu.

Bâtie en même temps que la précédente par M. Chebron
de Bonnegarde, qui la louait en 1662 au comte d'Albon et en
1664 à M. de Buzanval, elle devint ensuite l'hôtel de Pierre
Mignard, l'un des plus grands peintres de l'École française
et l'ami de Molière, dont il fit deux portraits connus par
la gravure, mais dont les originaux sont perdus ou ignorés.

Pierre Mignard et sa femme achetèrent cette maison en
même temps que la précédente (no 23) par contrat du
27 septembre 1667, devant Murray et Monnier, de M. et
Mme Chebron de Bonnegarde, et en firent faire le décret
volontaire devant le Châtelet de Paris le 24 mars 1668.

C'est là que Pierre Mignard mourut le 30 mai 1695, à
l'âge de quatre-vingt-cinq ans, laissant une grande fortune
à sa veuve Anna Avolara et à ses quatre enfants, Catherine,

Rodolphe, Charles et Pierre. Celui-ci, s'étant fait religieux mathurin, ne figure pas au partage de la succession réglé par acte des 19 mai-22 septembre 1696 (Arch. Nat. Y 15557, publié par M. Guiffrey dans les *Nouvelles archives de l'art français*, 1874-5). Les experts furent, pour les tableaux, Michel-Ange Corneille, peintre du roi (voir plus haut au n° 36), et Jacques Mazière, juré expert (voir ci-après au n° 55), et le procureur était Claude Vouet (voir ci-dessus au n° 19), tous trois habitant la rue Richelieu. La grande maison fut estimée 30,000 livres.

Mignard laissait, par son testament du 15 mai 1695, la moitié de sa fortune à sa veuve commune en biens, la moitié du surplus à sa fille Catherine, et un quart à deux de ses fils, Charles et Rodolphe. La grande maison fut attribuée à la veuve, qui en fit donation entre-vifs à sa fille Catherine, par acte du 31 janvier 1697, avec jouissance du 1er courant, sous reserve d'un logement au premier étage sur la rue Richelieu. Anna Avolara y mourut le 12 avril 1698, à l'âge de soixante-dix ans. Née à Rome, elle avait été la maîtresse de Mignard, qui la ramena et l'épousa en France par contrat du 2 août 1660 suivi de célébration religieuse dix jours plus tard, le 12 août.

Catherine Mignard touchait à la quarantaine lorsqu'elle épousa le 16 avril 1696, un an après la mort de son père et non du vivant de celui-ci, comme l'a cru Édouard Fournier, Jules du Pas comte de Feuquières, colonel du régiment d'infanterie de son nom, lieutenant-général du gouvernement de Toul, qui n'avait que trente-cinq ans. Il était le cinquième fils du marquis de Feuquières, lieutenant-général des armées, et de Catherine de Grammont, fille d'Antoine duc de Grammont et de Claude de Montmorency-Boutteville; et le frère de François du Pas de Feuquières comte de Rebenac, dont la fille Catherine-Charlotte épousa en 1698 le marquis de Souvré, deuxième fils de Louvois. C'étaient là de bien grandes alliances pour la fille d'un artiste que l'étiquette de la cour rangeait dédaigneusement parmi les « gens de métier » (*État de la France*, M DC LXIX, maison de la reine, p. 175).

Saint-Simon dit du mari de Catherine qu' « il n'avoit

« jamais fait grand'chose » et de la femme qu'elle « étoit
« depuis longtemps et publiquement entretenue par Blouïn,
« premier valet de chambre du Roi », et Dangeau remarque
laconiquement que « ce mariage n'est pas approuvé par tout
« le monde ». Saint-Simon et Dangeau parlaient pour eux
et pour les honnêtes gens que le scandale touchait encore;
mais le Roi, le Dauphin, le duc d'Anjou, le duc d'Orléans et
les principaux de la cour signèrent sans scrupule au contrat.
La disproportion d'âge entre le cadet des Pas de Feuquières
et la riche héritière de Mignard n'était cependant pas faite
pour colorer les côtés scabreux d'une pareille union. La
seule défense que pouvait présenter le comte de Feuquières,
c'est qu'il se mariait sous le régime de la séparation de
biens, en acceptant cependant quelque six mille livres de
rentes en cas de prédécès de sa femme.

Saint-Simon n'a pas calomnié Catherine Mignard.
Édouard Fournier remarque, d'après un acte de baptême du
28 mars 1655, découvert par Jal, que Hierosme Blouïn
demeurait alors rue Traversière, peut-être dans la maison
qui fut celle des Mignard. Mais, d'abord, la maison n'existait
pas en 1655, et ensuite il s'agissait là de M. Blouïn le père.
Mignard habitait Rome en 1655 et sa fille Catherine n'é-
tait pas née. L'argument est donc sans portée, mais on n'en
possède de mieux fondés.

D'abord un mot sur les Blouïn. Ne pas croire un mot de
la fable ridicule qui les concerne dans les prétendus mémoires
de Maurepas.

Hierosme Blouïn, mari d'Armande Sénéchal, était, dès
avant 1655, « conseiller du Roi et premier valet de chambre
« de Sa Majesté»; il fut plus tard intendant pour le Roi, du
parc, terres et seigneurie de Versailles. Cette dernière charge
lui fut enlevée et transférée à M. Alexandre Bontemps, autre
premier valet de chambre (ils étaient quatre, un pour chaque
quartier de l'année). Mais Louis Blouïn ayant succédé à son
père et Bontemps étant mort vers 1701, Louis Blouïn re-
couvra l'intendance de Versailles, à laquelle on ajouta celle
de Marly, et il prit le titre de gouverneur non seulement de
ces deux résidences royales, mais aussi de la ville de Coutances, autre gouvernement qu'il avait sans doute acheté.

C'etait donc un personnage. Ses collègues en 1708 étaient M. de Nyert marquis de la Neuville, gouverneur de Limoges, gentilhomme ordinaire de la maison du Roi; M. Quentin sieur de la Vienne, marquis de Champcenetz (dont les descendants furent gouverneurs du Louvre et des Tuileries, et dont l'arrière-petit-fils, le chevalier de Champ-cenetz, collaborateur de Rivarol et rédacteur des *Actes des Apôtres*, fut guillotiné en 1794), et Louis Bontemps, fils d'Alexandre, chevalier de Saint-Lazare. Louis Blouïn avait pour survivancier, dans sa charge de gouverneur de Versailles et Marly, le duc de Noailles et son fils le duc de Mouchy. Le monde des lettres connaît sa belle résidence de Marly, si magnifiquement restaurée par M. Victorien Sardou.

Saint-Simon dit de lui : « Blouïn, autre premier valet « de chambre, eut l'intendance de Versailles et de Marly, « au père de qui pour cet emploi Bontemps avoit succédé; « il eut aussi la confiance des paquets secrets et des « audiences inconnues. C'étoit un homme de beaucoup « d'esprit, qui étoit galant et particulier, qui choisissoit sa « compagnie dans la meilleure de la cour, qui régnoit chez « lui dans l'exquise chère, parmi un petit nombre de « commensaux grands seigneurs, ou de gens qui suppléoient « d'ailleurs aux titres. »

Outre la charge de premier valet de chambre qui rappor-tait environ deux mille écus de revenus, et les gages de ses gouvernements, Blouïn était fort riche. La preuve en est que par acte notarié du 26 février 1688, insinué le 20 mars suivant (Arch. Nat. Y 252, f⁰ 300 v⁰, cité par M. Guiffrey), il fit donation à Catherine Mignard, devenue depuis moins de deux ans comtesse de Feuquières, d'une somme de cent mille livres « pour lui donner des marques de l'amitié qu'il « lui porte et de l'estime qu'il fait de ses vertus et de son « mérite ».

L'amitié, l'estime, les vertus et le mérite peuvent passer ici pour un de ces hommages que la galanterie, je ne veux pas dire le vice, rendent au respect humain. Le fait est que Blouïn avait eu de Catherine Mignard, avant son mariage, une fille qu'il avait fait bien élever, qu'il appelait sa nièce,

21

et qui était à marier en 1712 (note ms. citée dans les *Archives de l'art français,* t. V, p. 384).

Que pensait de tout cela le comte de Feuquières ? On ne sait ; mais il s'en accommodait le plus doucement du monde, et lorsqu'il allait à Versailles avec Catherine, c'est dans l'appartement de Blouïn que le mari et la femme étaient logés.

Il y a plus, et ceci est de l'histoire notariée : par un acte du 3 septembre 1717, insinué le 22 décembre suivant, Mme de Feuquières et Blouïn se firent donation mutuelle au premier mourant d'un terrain au faubourg Saint-Honoré qu'ils avaient acquis conjointement de Guillaume David de La Faultrerie, maître des comptes, moyennant 20,000 livres, suivant contrat reçu Lefebvre le 29 mai précédent, ainsi que de la maison qu'ils y faisaient édifier à frais communs ; et, pour qu'on ne puisse pas se méprendre sur le véritable caractère de l'acte, il est stipulé qu'au cas où Blouïn viendrait à mourir le premier, ce qui se réalisa, sa succession serait tenue de fournir à Mme de Feuquières les sommes nécessaires pour achever la construction. L'acte mentionne expressément que Mme de Feuquières est « autorisée par le « sieur son mari ».

Ce dernier trait achève le portrait de M. de Feuquières si dédaigneusement esquissé par Saint-Simon.

Enfin, il existe un contrat reçu Perret, le 21 juillet 1735, insinué le 16 juillet 1743 (Arch. Nat. Y 356, f° 50), par lequel Mme de Feuquières assure deux services religieux ou *obits* à célébrer, l'un le 13 mai [1], jour du décès de feu Pierre Mignard, son père ; l'autre le 11 novembre, « jour du « décès de feu M. Blouïn, gouverneur de Versailles, par « donation duquel ladite dame tient la moitié de la maison « où elle demeure ». Louis Blouïn était mort à Versailles le 11 novembre 1729, à soixante-douze ans.

L'hôtel du faubourg Saint-Honoré, bâti par l'architecte Jacques Gabriel, fut vendu, après la mort de M. et Mme de

[1]. C'est la date donnée dans l'acte du 21 juillet 1735 et qu'avait adoptée M. Frédéric Villot pour le catalogue du musée du Louvre, mais l'acte d'inhumation dressé le 31 mai 1695 à Saint-Roch affirme sans contestation possible la date du 30 mai.

Feuquières, en 1743, à Jean-Hyacinthe, écuyer, sieur de Saint-Amarand, receveur-général des finances de la généralité d'Orléans, époux de Marie-Louise-Charlotte Lallemant de Lévignen, qui prit sa retraite dès l'année suivante. M. de Saint-Amarand n'habitait plus le faubourg Saint-Honoré lorsqu'il mourut le 20 mai 1770, à l'âge de soixante-dix-sept ans. Il y fut remplacé par M. Michel, directeur de la Compagnie des Indes de 1754 à 1764 (voyez ci-dessus les nos 106 à 112). La fille de M. Michel, Henriette-Françoise, avait épousé le marquis Jacques-Ange de Marbeuf, et l'hôtel Blouïn et de Feuquières devint ainsi l'hôtel Marbeuf. Joseph Bonaparte l'habita sous le Consulat ; enfin l'Empereur en fit don au maréchal Suchet duc d'Albufera, dans la famille duquel il est encore. Il porte le no 31 sur la rue du Faubourg-Saint-Honoré.

Catherine Mignard, qui le posséda près d'un demi-siècle après la mort de son père, mourut sans postérité le 3 février 1742 (la *Gazette de France* dit le 10), cinq mois après son mari, décédé le 10 octobre 1741.

A quel âge moururent les deux époux ? Question indiscrète de leur vivant, presque insoluble après leur mort. Au mariage, célébré en 1696, le comte de Feuquières se donnait trente-cinq ans ; ce qui le ferait simplement octogénaire au jour de sa mort ; cependant l'acte de son décès, copié par M. de Chastellux sur le registre de Sainte-Marie de la Ville-l'Évêque, lui donne quatre-vingt-six ans, ce que corrobore le chiffre de quatre-vingt-sept-ans donné par le Cabinet des titres (dossier Pas) et par la *Gazette de France*.

Quant à Catherine Mignard, l'affaire est encore plus bizarrement compliquée ; elle s'était donné trente ans dans son acte de mariage le 1er mai 1696 ; elle serait donc morte à soixante-seize ans ; cependant l'acte de décès lui donne quatre-vingt-huit ans, et le *Mercure de France* quatre-vingt-dix ans ; cette dernière indication est adoptée par le livret du Musée du Louvre. La vérité, produite par Jal, c'est que Catherine Mignard, fille naturelle de Pierre Mignard et d'Anna Avolara, légitimée par l'acte de mariage du 12 août 1660, y est indiquée comme âgée de trois ans et quatre mois ; Mignard, dans son testament du 29 octobre 1663, la

dit encore âgée de six ans ou environ; elle était donc née
en 1657, la même année que Blouïn; elle avait trente-neuf
ans et non trente ans lorsqu'elle se maria, et elle mourut à
quatre-vingt-cinq ans, non à quatre-vingt-huit ni à quatre-
vingt-dix. Elle se rajeunissait pendant sa vie et on l'a vieillie
après sa mort. Le jour même de son trépas, elle dicta au
notaire Perret un testament par lequel elle instituait pour
légataires universels les quatre enfants de Rodolphe Mignard, le seul survivant de ses frères, Charles étant mort
sans postérité et Pierre s'étant fait religieux mathurin (voir
sur ce point la notice de Lépicié, lue en 1743 à l'Académie
de peinture).

Le legs universel grevait la maison de la rue Richelieu
d'une substitution qui s'éteignit le 23 décembre 1789 en la
personne et par le décès de Gabrielle-Adélaïde Mignard,
épouse de François-Pelage-Alexandre de la Feure de Graint-
zeville ou Graintheville.

Les héritiers survivants qui recueillirent alors l'immeuble
dégrevé par l'extinction de la substitution se trouvèrent être
Pierre-François Mignard, qui vivait encore en 1801, et les
ayants cause de Marie-Marguerite du Pas de Feuquières, fille
majeure, demeurant à Poitiers. Je ne sais comment une
Feuquières put se trouver héritière de Catherine Mignard; je
constate le fait tel que je le trouve dans le jugement d'adjudication du 29 vendémiaire an X (21 octobre 1801). Cette
Marie-Marguerite du Pas de Feuquières n'est pas connue des
généalogistes; elle avait cependant épousé messire Henry
du Maitz, chevalier, seigneur de Grimpry, dont elle fut veuve
de bonne heure; elle possédait en 1759 la grande maison du
café de la Régence, place du Palais-Royal, à l'encoignure
de la rue Saint-Thomas-du-Louvre (Arch. Nat. P 1310).
Les cessionnaires de ces deux héritiers licitèrent la maison,
qui fut adjugée le 21 octobre 1801, aux criées du département de la Seine, à M. Jean Guillaume, moyennant
64,050 francs.

On n'aura pas lu, je crois, sans intérêt, ces détails inédits
qui complètent la notice de Jal sur les Mignard et les
Feuquières.

La grande maison de la rue Richelieu, qui développe sa

façade postérieure sur la rue Traversière, abrite depuis l'année 1784 l'hôtel de Bretagne, qui s'appela un instant l'hôtel Necker, appellation aussi éphémère que la puissance et la popularité de l'idole.

No 25. — Dès 1666, cette maison était possédée par Étienne Baudouin, contrôleur de la maison du Roi, époux d'Anne Metezeau et beau-frère de Joseph Foucault, mort avant 1669. Son fils, Étienne Baudouin, conseiller au Parlement, fut le tuteur de Catherine-Angélique Foucault, sa nièce, qui devint marquise d'Avaray (1684).

M. Barjavel de Saint-Louis, secrétaire du Roi, en fut propriétaire vers 1715 avec la maison de la rue Traversière qui s'y adossait (ancien 32, aujourd'hui 14).

No 27. — Cette propriété comportait originairement deux maisons construites comme celles de Mignard, c'est-à-dire une petite maison sur le devant, enclavée totalement dans la grande, celle-ci s'étendant et se développant sur la rue Traversière (ancien 34, aujourd'hui 16).

Le premier propriétaire de cette maison double paraît avoir été M. Avisse en 1657; puis vint Mlle de Bertigny en 1684, et M. de Rassan en 1691. Nicolas de Rassan avait été maître des comptes, reçu en 1686; il se retira avant 1694. M. du Fort (voyez ce nom aux nos 16 et 18) l'acquit vers 1739.

M. Gossart, notaire, y tint son étude de 1841 à 1860.

No 29. — Cette maison neuve remplace deux anciennes maisons numérotées 31 et 33 avant 1830, qui se trouvaient déjà réunies en 1684 entre les mains d'une demoiselle Aigues (État et partition), et en 1705 d'une Mme de la Fonds (Terrier royal), veuve ou belle-fille de Claude de la Fonds sieur de la Beuvrière, conseiller au Grand Conseil, puis maître des requêtes et intendant de Bourgogne (1676-92). Le plan du fief Popin indique d'autres propriétaires que je relate sans pouvoir les faire cadrer exactement avec les documents précités. La plus grande maison (ancien 31) aurait appartenu en 1698 à M. Loiseau, puis en 1713 à

M. Baranion. La plus petite (ancien 33) en 1676 à
M. Roche; avant 1702 à M. Rouillé de Meslay, conseiller
d'État; en 1719 à M. Gaillet, avec la maison de la rue
Traversine (ancien 36 aujourd'hui 18); puis en 1720 à
M. Rouillé de Meslay par retrait ; en 1721 à M. Baudin de la
Chenaye; en 1730 à M. Coustou.

La famille des Rouillé, seigneurs puis comtes de Meslay,
n'avait aucun lien de parenté avec les Rouillé seigneurs et
comtes de Jouy, dont était Antoine-Louis Rouillé qui fut
successivement ministre de la marine et ministre des affaires
étrangères de 1749 à 1757.

Les Rouillé de Meslay étaient issus de Jean Rouillé dit
l'aîné, marchand bourgeois de Paris, et de sa femme Marie-
Charlotte Lescorché, lesquels vivaient au XVIᵉ siècle. Le
petit-fils de ce premier Rouillé, nommé Jean comme son
grand-père, porta le titre de comte de Meslay le Vidame,
fut conseiller d'État ordinaire et mourut le 30 janvier 1698.
Il avait eu de sa femme Marie de Comans d'Astries un fils,
Jean-Baptiste Rouillé comte de Meslay, qui fut reçu conseiller au Parlement le 28 juillet 1692 et mourut à Meslay
le 13 mai 1715, veuf d'Anne-Catherine de la Briffe, morte
le 22 février 1701. Il eut trois sœurs : l'une, Marie-Anne,
qui épousa le marquis de Bullion-Gallardon; la seconde,
Marguerite-Thérèse, qui épousa Jean-Baptiste-François marquis de Noailles, maréchal de camp; la troisième, Élisabeth,
qui épousa Jean-Étienne Bouchu marquis de Saucergues,
et en secondes noces Paul-Sigismond de Montmorency-
Luxembourg.

Marguerite-Thérèse Rouillé, veuve à trente-six ans du
marquis de Noailles, qui mourut au camp de Grossellier en
Flandres, le 23 juin 1696, en avait eu quatre filles, dont
deux seulement survécurent à leur père. La marquise de
Noailles devint le 20 mars 1702 la troisième femme d'Ar-
mand-Jean de Vignerod du Plessis duc de Richelieu, pair
de France.

La seconde fille de la nouvelle duchesse de Richelieu,
Anne-Marie de Noailles, née le 10 janvier 1691, avait été
accordée toute enfant à Louis-François-Armand duc de
Fronsac, fils du duc de Richelieu; mais cette jeune fille

mourut le 17 juillet 1703, à l'âge de douze ans et demi; on s'empressa de renouer avec sa sœur puînée les liens prématurément brisés par la mort; le 12 février 1711, le duc et la duchesse de Richelieu marièrent leur belle-fille et fille Anne-Catherine de Noailles, âgée d'un peu plus de seize ans, étant née le 28 septembre 1694, avec leur fils et beau-fils le duc de Fronsac, âgé de quinze ans, puisqu'il était né le 13 mars 1696. Les deux mariages, celui de la marquise de Noailles, devenue deux fois la belle-mère de son gendre, et celui du duc de Fronsac, devenu le gendre de sa belle-mère, tournèrent singulièrement; le vieux duc se brouilla avec sa femme, alla loger chez le marquis et la marquise de Cavoye qui prirent soin de lui, et mourut chez eux le 10 mai 1715, à quatre-vingt-six ans. Quant au duc de Fronsac, on sait qu'il avait pris sa jeune femme en horreur, et l'anecdote est trop connue pour que je la répète ici. Elle mourut sans enfants, le 7 novembre 1716, à vingt ans. Sa mère lui survécut jusqu'au 27 octobre 1729; elle avait alors soixante-neuf ans.

Marie-Cécile Rouillé, fille de Jean-Pierre Rouillé, intendant-général, et de Marie-Françoise Guillot, était de l'autre famille Rouillé, celle des comtes de Jouy, seigneurs d'Orfeuil, de la Fontaine-Guérin, etc. Elle épousa le 15 janvier 1771 Louis-Jean-Baptiste Chapelle vicomte de Jumilhac, et elle mourut le 3 mars 1781 à trente ans. La famille de Jumilhac ayant été substituée au nom et aux armes de Richelieu, se trouve ainsi alliée aux deux familles Rouillé, qui n'avaient cependant aucun lien de parenté entre elles.

Le Rouillé comte de Meslay qui retira la maison n° 29 en 1720 était Anne-Jean comte de Meslay, frère de la marquise de Noailles duchesse de Richelieu, né le 22 avril 1696, conseiller au Parlement de Paris le 22 juillet 1716, introducteur des ambassadeurs, mort sans alliance en 1725. Les autres branches des Rouillé se sont éteintes le 26 septembre 1866 dans la personne d'Hilaire-Étienne-Octave Rouillé, pair de France et sénateur, plus connu sous le nom de marquis de Boissy, époux de la comtesse Guiccioli.

Je suis dans l'impossibilité de discerner la personnalité du Coustou qui posséda cette maison en 1730. Je crois qu'il y faut placer l'Académie d'architecture dirigée à la même époque par Hardouin Mansart, de 1735 à 1744, rue Richelieu près la fontaine.

Je retrouve, probablement à cette même place, de 1767 à 1785, M. de la Porte de Meslay, maître des requêtes, intendant en Roussillon puis en Lorraine, fils de M. de la Porte, conseiller d'État, intendant de la marine puis de la liste civile, guillotiné le 28 avril 1792 place du Carrousel.

No 31. — Cette parcelle, contenant 63 toises et demie de superficie, faisait partie de 120 toises cédées le 17 novembre 1638, devant Destrechy et Roussel, notaires, par messire Anthoine Le Menestrel, conseiller du Roi, receveur ordinaire du domaine de Paris, et Élisabeth Metezeau, sa femme, à Pierre Resneau, juré du Roi ès œuvres de charpenterie. On a vu sous le no 21 que ce Pierre Resneau avait épousé Poncette Maillard, sœur de Jeanne Maillard, femme de Clément Metezeau. Élisabeth Metezeau, femme d'Antoine Le Menestrel, était une sœur, jusqu'ici demeurée inconnue, des architectes Louis et Clément Metezeau.

Par contrat du 5 mars 1639, devant Le Semelier et Destrechy, Pierre Resneau vendit les 63 toises et demie de la présente parcelle à Pierre Le Mercier, commissaire ordinaire de l'artillerie de France et architecte ordinaire des bâtiments du Roi. Pierre Le Mercier n'est pas moins inédit qu'Élisabeth Metezeau ; son nom ne se trouve ni dans le Dictionnaire critique de Jal, ni dans les mémoires de l'Académie de peinture, ni dans les Archives de l'art français, ni dans le recueil de M. Herluison, ni dans le Dictionnaire d'architecture de Lance. Mais voici le plus curieux. Dans la grosse de l'acte notarié que j'ai sous les yeux (Arch. Nat. Saint-Magloire, S. 6818), Pierre Le Mercier est qualifié « conduisant les edif- « fices du chasteau et bastiment de Richelieu pour mon- « seigneur le cardinal de Richelieu, où il fait pour ce subject « sa demeure ordinaire ; de present logé rue de l'Arbre-Sec ». La rue de l'Arbre-Sec était la demeure de Jacques Le Mercier, l'architecte du Palais-Cardinal, de Saint-Roch et du Val-de-Grâce, à qui l'on avait attribué jusqu'ici la conduite exclusive des travaux du château de Richelieu en Poitou. Qui était

· l'architecte Pierre Le Mercier? Très vraisemblablement le frère et le collaborateur de Jacques; ce ne pouvait être son fils en 1639, l'un des enfants de Jacques étant né en 1648. Il n'y a pas non plus à les confondre. Jacques avait épousé Anne Marigny, qui mourut veuve le 5 juin 1654; tandis que Pierre était le mari de Véronique Tabourier qui lui survécut et devint en secondes noces la femme de Mᵉ Nicolas Couverchel, avocat en Parlement (Arch. Nat. *loc. cit.*).

Pierre Le Mercier avait construit, sur la parcelle à lui cédée par Pierre Resneau, une maison composée de deux corps de logis, l'un sur l'aile et l'autre au fond, s'ouvrant par une porte cochère sur la rue Richelieu et par une petite porte sur la rue Traversante (troisième variante ou plutôt origine des noms de Traversine et Traversière). Après le décès de Pierre Le Mercier, elle appartint par moitié à sa veuve et à son fils Jacques Le Mercier (probablement filleul de son oncle), prêtre, prieur et curé de Bouffay au diocèse de Chartres. Mᵐᵉ veuve Pierre Le Mercier vendit sa moitié aux Pères de l'Oratoire de Saint-Magloire, dont les Le Mercier étaient les architectes ordinaires, par acte du 23 mars 1669, et le prieur Le Mercier leur céda la sienne par contrat devant Galloys et Simonnet, le 14 octobre 1669 (Arch. Nat. *loc. cit.*), à titre d'échange contre des rentes foncières.

On appelait Pères de l'Oratoire de Saint-Magloire ceux des Pères de l'Oratoire qui dirigeaient le séminaire de leur institut, établi le 7 mars 1620 à l'église des Hospitaliers de Saint-Jacques du Haut-Pas, en remplacement des Bénédictins de Saint-Magloire, qui eux-mêmes y avaient été transférés lorsque la reine Catherine de Médicis, voulant construire le palais qui fut l'hôtel de Soissons sur l'emplacement occupé par la communauté des Filles pénitentes, procura à celles-ci, par voie d'échange, le monastère de Saint-Magloire que les Bénédictins occupaient dans la rue Saint-Denis : ce qui fut résolu en 1572, puis ratifié par le pape Grégoire XIII aux termes d'une bulle datée du 12 mars 1580.

La maison construite rue Richelieu par Pierre Le Mercier n'était pour les Pères de l'Oratoire qu'une maison de produit; ils la louèrent dès 1669 à Claude Roger, valet de chambre ordinaire de Monsieur frère unique du Roi, qui eut pour successeurs divers perruquiers-barbiers-étuvistes, à l'enseigne des Bains de Bourbon. Le dernier de ces locataires fut, en vertu d'un bail du 3 juin 1776 pour neuf ans, Jean-François Champagne de Villermont, mari d'Élisabeth-Françoise Patot.

Le P. Merault, supérieur de l'Oratoire, fit reconstruire la maison telle que nous la voyons aujourd'hui, en 1786 et 1787, par Normand, architecte expert juré du Roi. Le sieur Villermont descendit alors au nº 19, dans la vieille maison du Bain-Royal.

Nᵒˢ 33 et 35. — Rien d'intéressant.

Nº 37. — LA FONTAINE MOLIERE. Elle remplace la maison qui portait l'ancien nº 41. La fontaine Richelieu, construite en vertu d'un édit de 1671, était plaquée entre la rue Richelieu et la rue Traversière sur le flanc nord de la maison qui portait l'ancien numéro 43, démolie vers 1830. J'ai dit à la page 7 du présent volume que je n'étais pas bien sûr que la fontaine Richelieu fût construite lorsque Moliere mourut; j'ai eu tort de n'en être pas sûr. Le distique de Santeul que je cite à la même page portait le millésime de 1674, qui m'avait échappé.

Je ne puis quitter la fontaine Richelieu sans relever la singulière erreur commise par le poète Regnard dans quelques vers, souvent cités, de son épitre VI. La citation ne paraîtra pas trop longue, car elle est charmante :

> Peut-être ignores-tu dans quel coin reculé
> J'habite dans Paris, citoyen exilé,
> Et me cache aux regards du profane vulgaire ?
> Si tu veux le savoir, je vais te satisfaire.
> Au bout de cette rue où ce grand cardinal,
> Ce prêtre conquérant, ce prélat amiral,
> Laissa pour monument une triste fontaine,
> Qui fait dire au passant que cet homme, en sa haine,
> Qui du trône ébranlé soutint tout le fardeau,
> Sut répandre le sang plus largement que l'eau,
> S'élève une maison modeste et retirée,
> Dont le chagrin surtout ne connoît point l'entrée ;

L'œil voit d'abord ce mont dont les antres profonds
Fournissent à Paris l'honneur de ses plafonds,
Où de trente moulins les ailes étendues
M'apprennent chaque jour quel vent chasse les nues ;
Le jardin est étroit, mais les yeux satisfaits
S'y promènent au loin sur de vastes marais.
C'est là qu'en mille endroits laissant errer ma vue,
Je vois naître à plaisir l'oseille et la laitue ;
C'est là que, dans son temps, des moissons d'artichauts
Du jardinier actif secondent les travaux,
Et que de champignons une couche voisine
Ne fait, quand il me plaît, qu'un saut dans ma cuisine ;
Là, de Vertumne enfin les trésors précieux
Charment également et le goût et les yeux...

Regnard désigne assez clairement le cardinal de Richelieu, ainsi que la rue et la fontaine qui retinrent ce nom. Mais comment un écrivain si instruit et si délicat a-t-il pu attribuer au cardinal la construction d'une fontaine édifiée trente-deux ans après sa mort? Cela ne s'explique que par l'occasion de placer une antithèse aussi injuste qu'inexacte. Quant à la maison de Regnard, qui paraît avoir été située au bord des marais Bourgoin, soit aux abords de l'ancienne porte Richelieu, soit peut-être à la Grange-Batelière, en vue de la butte Montmartre, je ne l'ai pas trouvée. Ce que je sais des demeures de Regnard se réduit à ceci : c'est qu'en 1684 (État et partition, ms. 8603, f° 606 v°), il habitait rue du Mail une maison appartenant aux Pères de la Doctrine chrétienne, et que remplace aujourd'hui la salle Érard. C'est de l'autre côté de l'eau, au bureau de la rue de Tournon, que l'auteur du *Légataire* fit sa déclaration de noblesse le 20 décembre 1697 (il portait de gueules à un regnard rampant d'argent) ; mais cela ne signifie rien quant au domicile, parce qu'il s'agit ici d'une déclaration collective faite par le bureau des finances de la généralité de Paris, auquel Regnard appartenait avec le titre de trésorier de France.

No 39. — Cette maison, l'une des premières construites sur les terrains mis en valeur vers 1669 par Nicolas de L'Espine et Michel Villedo, fut bâtie en 1670 par M. Antoine

Le Menestrel de Hauguel, écuyer, secrétaire du Roi, contrôleur des bâtiments du roi (1668), puis trésorier-général des
bâtiments et grand audiencier de France en la Chancellerie.
La décoration en fut faite par Louis Boulogne, qui peignit :
1º le plafond du grand cabinet représentant, dit la notice de
Guillet de Saint-Georges (Mém. de l'Ac. de peinture), « à la
« gloire des arts libéranx, une élite d'habiles gens qui excel-
« lent chacun dans un art particulier et qui y travaillent avec
« soin, tandis que Jupiter ordonne à Minerve d'envoyer Mer-
« cure pour les combler de libéralités et récompenser leurs
« chefs-d'œuvre; » 2º le petit plafond de la chambre de
Mᵐᵉ Le Menestrel, représentant Vénus et Adonis. Ce fut le
dernier ouvrage de Louis Boulogne qui mourut peu après
l'avoir achevé, le 13 juin 1674, à soixante-cinq ans. Toutes
ces peintures ont disparu depuis longtemps.

La maison, qui fait le coin de la rue du Hasard et qui paraît avoir été reconstruite sous Louis XV, conserve une certaine élégance architecturale ; elle s'ouvrait grandement sur
la rue du Hasard et s'adjoignait une autre maison de même
origine; ensuite venait, toujours sur le côté droit de la rue
du Hasard, la maison des Maussion (voir le nº 10); puis encore
une maison appartenant à un M. Le Menestrel de Saint-
Germain; les Menestrel possédaient en plus une maison rue
du Clos-Georgeau qu'ils vendirent à la duchesse de Grammont, et deux maisons rue Saint-Anne, dont l'une devint
l'hôtel du fermier-général Helvétius.

Dans les dernières années du XVIIᵉ siècle et le commencement du XVIIIᵉ, la maison de la rue Richelieu (appartenant
alorsà la rue Traversière) fut habitée par M. Antoine Le Menestrel et ses enfants, issus de son mariage avec Marguerite
Berbier du Metz, fille de Gédéon Berbier sieur du Metz,
garde des meubles de la Couronne (qui fut le 3 juillet 1664
parrain d'Henriette-Suzanne Silvestre, fille du célèbre Israël;
Mᵐᵉ Le Menestrel fut marraine le 3 avril 1668 de Marguerite
Silvestre avec Charles Perrault), qui étaient : M. Le Menestrel
de Marcilly, conseiller au Grand Conseil, Marie-Louise Le
Menestrel de Hauguel, mariée à Léon Le Cirier marquis de
Neufchelles, maréchal de camp, morte le 15 janvier 1761 à
quatre-vingt-quatre ans, et Marie-Marguerite Le Menestrel

de Hauguel. Celle-ci épousa en 1694 Jacques Bazin comte de Bezons, qui devint maréchal de France le 5 mai 1709, et mourut le 22 mai 1733, à quatre-vingts ans; elle mourut le 21 août 1751, et fut inhumée à Saint-Sulpice.

La postérité de M. et Mme de Bezons fut nombreuse. Sept enfants dont quatre filles, qui furent la marquise de la Tour-Maubourg, la marquise de Saint-Jal vicomtesse de Beaumont, la vicomtesse d'Aubusson comtesse de la Feuillade, et Jeanne-Louise, religieuse de Bon-Secours, mortes toutes les quatre dans leur première jeunesse; des trois fils du maréchal, le second, Armand, devint évêque de Carcassonne; le dernier, appelé le chevalier de Bezons, mourut à trente-deux ans colonel du régiment de Beaujolais; l'aîné, Louis-Gabriel Bazin marquis de Bezons, né le 1er janvier 1700, mourut à quarante et un ans le 22 juillet 1740, maréchal de camp; il avait épousé Marie-Anne Besnard de Maisons.

Je ne vois pas que le maréchal de Bezons ait jamais habité son hôtel de la rue Richelieu. Il logeait rue des Saints-Pères en 1721; je le trouve ensuite rue Sainte-Anne, probablement dans une des maisons qu'y possédait son beau-père; enfin, dans les dernières années de sa vie, rue Vivienne, à l'hôtel Torcy, bâti par Pierre Le Muet pour Jacques Tubeuf (n° 16 actuel). Mais il est probable que cette maison, à la mort de M. Le Menestrel de Hauguel, fut attribuée, au moins en partie, à M. et Mme de Bezons, car on la désigne dès 1721 et peut-être plus anciennement sous le nom d'hôtel de Bezons. C'est à l'hôtel de Bezons que siégeaient en 1738 les bureaux des sous-fermes des domaines du Roi. Le contrat de vente de l'hôtel de Crussol (n° 41 ci-après) du 7 septembre 1742 le désigne comme tenant à l'hôtel de Mme la maréchale de Bezons et à son frère M. Le Menestrel de Lutteaux, ancien brigadier mestre de camp du régiment de Beaujolais, chevalier de Saint-Louis, lieutenant-général du 1er mars 1738.

L'hôtel passa, je ne sais pas exactement à quelle époque, aux mains de Jean Rouillé, époux d'Anne-Marguerite Pinaud. La lecture attentive des volumineux dossiers Rouillé et Pinaud, au Cabinet des titres, ne m'a pas fait découvrir l'identité de ces nouveaux propriétaires. Aucun Rouillé, des diverses familles connues de ce nom, n'a épousé une Pi-

naud ; aucune Pinaud n'a épousé un Rouillé. Je me borne à
constater que cette Mme Rouillé née Pinaud, devenue
veuve, vendit l'ancien hôtel de Bezons, le 14 décembre 1756,
à Alexandre-Claude Couvret et Marie-Jeanne Hervé sa
femme, qui le revendirent le 1er août 1774, à André Eyraud
et Marie-Élisabeth Fauveau. Le partage de la succession
de M. et Mme Eyraud, les 3 avril et 4 mai 1784 entre divers cohéritiers, où je relève le nom de René-Balthazar Alissan de Chazet, en attribua la propriété à André-François
Fauveau, payeur des rentes sur l'Hôtel-de-Ville, receveur-
général des domaines et bois, qui avait son bureau en 1788
au n° 48 de la rue Richelieu. M. Alissan de Chazet, payeur
des rentes de l'Hôtel-de-Ville, fonctions dans lesquelles il avait
entre autres collègues à cette époque M. Marsollier des Vi-
vetieres, l'infatigable collaborateur de Dalayrac, donna le
jour en 1772 à René Alissan de Chazet, vaudevilliste et
chansonnier fécond, que l'abbé Geoffroy surnommait *l'iné-
vitable*, et à qui la versatilité de sa muse valut une large place
dans le *Dictionnaire des girouettes*.

La maison fut vendue par M. Fauveau devant Me Raguideau, notaire, le 17 floréal an III (6 mai 1795), à M. Gauldrée Boilleau, le descendant direct de l'associé de MM. de
Flacourt et de L'Espine pour la mise en valeur des terrains
du Palais-Royal. De M. Gauldrée Boilleau elle passa le 22
mai 1842, par acte devant Me Roquebert, à Marie-Maurice
Goujon marquis de Gasville.

La généalogie des Goujon de Gasville commence ainsi
dans le dossier bleu du Cabinet des titres :

« Un paysan
« Mort de plaisir de voir son fils dans la finance. »

Ce début m'avait saisi. Mais j'ai retrouvé plus tard, en tête
du dossier des Thevenin de Tanlay :

« Un paysan
« Mort de plaisir de voir son fils fermier-général. »

Et j'ai cessé de prendre au pied de la lettre les anecdotes

si laborieusement recueillies par le facétieux président Bertin de Rocheret.

La Chesnaye des Bois, au contraire, qualifie les Goujon « famille noble de Normandie », issue de Jean seigneur du Guay, mari en 1658 de demoiselle Jeanne Quentin. Quant au parricide sans le vouloir du Cabinet des titres, nommé Jean Goujon comme son père, et de plus baron de Châteauneuf, il fut secrétaire du Roi le 26 novembre 1689, devint receveur-général des finances de la généralité de Metz, puis secrétaire du Conseil d'État en 1693, et mourut en 1730. Il avait épousé en 1683 Henriette-Claude Donneau de Vizé, née le 16 mars 1659, cousine germaine de Jean Donneau de Vizé, le fondateur du *Mercure galant,* qui tient une place si curieuse et si importante dans les entourages de Moliere. Ces Donneau de Vizé faisaient à la cour assez bonne figure. Voici comment s'établit la parenté entre le Vizé du *Mercure* et Mme Goujon. Deux frères : 1° Antoine D. de V., maréchal des logis de Monsieur frère du Roi, gentilhomme servant de la Reine mère, exempt de la compagnie des gardes du corps de Gaston d'Orléans, mort le 10 septembre 1676 à soixante-dix-sept ans, eut de son mariage avec Claude Gabory un fils qui fut Jean Donneau de Vizé, né le 23 septembre 1638; 2° messire Henri Donneau de Vizé, écuyer, l'un des trente-six gentilhommes servants du Roi, mort avant 1660, laissa de son mariage avec Madeleine de la Rivière un fils Henri Jean-Baptiste, né le 7 septembre 1660, et une fille baptisée le 16 mars 1659, qui fut Henriette-Claude et devint Mme Goujon, tige des Goujon de Gasville.

Claude Gaboury, mère de Jean Donneau de Vizé, était fille de « noble homme Jean Gaboury, valet de chambre or-« dinaire du Roi et garde-meuble de Sa Majesté ». C'est le même Jean Gaboury qui figure, conjointement avec Jean Pocquelin, père de Moliere, dans l'arrêt du Conseil des dépêches du 15 mai 1647 (Arch. Nat. E 1692 n° 199), que j'ai communiqué au *Molieriste* du 1er octobre 1880. Jean Donneau de Vizé succèda en l'office de garde-meuble de son grand-père, qui était aussi son parrain, sous le titre de garde-meuble des meubles meublants (État de la France, 1669, t. I, p. 107). On remarquera que Jean Gaboury avait été le collègue de Jean Pocquelin comme valet de chambre tapissier du roi, et l'on peut entrevoir dans cette particularité, les origines de la liaison qui s'établit plus tard, malgré la différence d'âge, entre le petit-fils de l'un et le fils de l'autre.

Revenons aux Goujon. Du mariage de Jean II avec Mlle Donneau de Vizé, qui mourut le 29 août 1737 à soixante-dix-huit ans, naquirent deux enfants : Louise-Henriette, mariée en 1713 à Alphonse Jubert marquis de Bouville; et Jean-Prosper Goujon, né à Paris le 31 juillet 1684, conseiller et avocat-général aux requêtes de l'hôtel en 1706, maître des requêtes le 25 décembre 1709, intendant de Rouen de 1715 à 1732, mort à Paris le 24 septembre 1755 à soixante et onze ans. Il avait épousé le 22 juin 1713 Anne de Faucon de Ris et d'Orangis, fille du marquis de Charleval comte de Bacqueville, premier maître de la garderobe de Monsieur frère de Louis XIV, morte le 3 février 1763 à soixante-sept ans.

De ce mariage naquirent sept enfants, dont quatre filles. L'un des fils, appelé M. de Gasville, capitaine au régiment de Penthièvre-Infanterie, puis aux gardes françaises, fut chassé, dit une note du Cabinet des titres, pour avoir maltraité son père, et enfermé à raison de ce fait au château de Pierre-Encise.

La lignée fut continuée par le fils aîné Charles-Jean-Louis-Claude Goujon de Gasville, appelé aussi le marquis d'Iville, « capitaine - sous - lieutenant de la colonnelle du colonel « général de la cavalerie », retiré avec la croix de Saint-Louis en 1752, marié à Antoinette-Rosalie Babeau de La Chaussade; d'où Pierre-Charles-Auguste marquis de Gasville, né le 14 novembre 1753, maréchal de camp, commandeur de l'ordre de Saint-Louis, marié le 9 mai 1785 à Charlotte-Marie de Malartic.

L'aîné de leurs deux fils fut précisément l'acquéreur en 1842 de l'ancien hôtel de Bezons.

Né le 8 septembre 1789, Marie-Jean-Maurice Goujon marquis de Gasville épousa le 15 juin 1812 Mlle Antoinette-Pélagie-Céleste Dambray, fille de Charles-Henri Dambray, ancien avocat-général à la Cour des aides et au Parlem en de Paris. Après avoir soustrait sa vie à l'échafaud qui avait dévoré presque tous les anciens parlementaires, M. Dambray se contentait, sous l'Empire, d'un modeste siège au conseil général de la Seine-Inférieure. Sa signature se trouve, paraît-il, au bas d'adresses flatteuses à l'Empereur victorieux. Son gendre M. de Gasville venait à peine d'atteindre sa majorité lorsque l'Empereur, en 1811, le nomma auditeur au Conseil d'État et sous-préfet de l'arrondissement de Rouen. Ce n'était que le prélude d'une plus haute fortune. La Restauration vint trouver M. Dambray dans sa retraite et le créa coup sur coup pair de France, baron, vicomte, grand officier de la Légion d'honneur, commandeur des ordres du Roi, chancelier et garde des sceaux de France, en même temps qu'elle nommait chancelier honoraire M. de Barentin, l'ancien ministre de Louis XVI, beau-père de M. Dambray. Le gendre de celui-ci ne fut pas oublié : le marquis de Gasville devint à vingt-cinq ans maître des requêtes, chevalier de la Légion d'honneur et préfet de l'Eure; en 1817 il fut appelé à la préfecture de l'Yonne, et le *Moniteur* constate le grand succès de ses mesures pour la destruction des loups. C'était d'ailleurs un administrateur intègre et conciliant qui n'a laissé que de bons souvenirs. Gentilhomme ordinaire de la Chambre du Roi (1824), commandeur de la Légion d'honneur le 19 mai 1825, conseiller d'État en 1829, M. le marquis de Gasville quitta la préfecture de l'Yonne et la vie politique à la révolution de Juillet. Il est mort le 27 mars 1855 au château de Bois-Thibault. La marquise sa veuve a vendu l'hôtel de Bezons le 10 juillet 1858 à M. Bricard, qui en est le possesseur actuel.

M. le marquis de Gasville avait un frère puîné, Joseph-François-Eugène Goujon de Gasville, né le 1er mars 1794, qui fut sous-préfet des Andelys.

No 41. — Cette maison, que Michel de Villedo, conseiller du Roi, général des bâtiments de Sa Majesté et des ponts et chaussées de France, construisit sur une parcelle des immenses terrains qu'il possédait à la Butte des Moulins, fut cédée par lui et par Marie Rainelle sa femme, aux termes d'un contrat d'échange reçu par Cousinet et Ogier, notaires,

22

le 28 novembre 1660, à Louis marquis de Crussol et à Charlotte de Vernou sa femme. Louis de Crussol, troisième
enfant d'Emmanuel Ier de Crussol duc d'Uzès, et de Claude
d'Ébrard dame de Saint-Sulpice, fut d'abord abbé de Figeac
et de Conques ; mais bientôt il quitta l'état ecclésiastique et
prit le titre de marquis de Crussol. Né en 1610, mort en
1674, le marquis de Crussol épousa en 1654 Charlotte de
Vernou, veuve en premières noces de François Fumée seigneur des Roches de Saint-Quentin, mestre de camp, tué devant Saint-Omer en 1638, dont elle avait un fils Jean-Armand
de Fumée, chevalier, seigneur des Roches, abbé des abbayes
de Conques, Figeac et Saint-Genou. Du second mariage de
Charlotte de Vernou avec le marquis de Crussol naquit un
fils Emmanuel-Charles marquis de Crussol, mestre de
camp du régiment colonel, fait prisonnier près de Saverne,
et tué le 30 octobre 1694, à vingt-deux ans, par des cava-
liers allemands qui se disputaient le prix de sa rançon.

La marquise de Crussol mourut nonagénaire le 28 janvier
1699.

L'hôtel de Crussol eut alors pour possesseurs : 1º Jacques
Christophe de Crussol marquis de Saint-Sulpice, marié en
1637 à Louise d'Amboise, fille de François d'Amboise comte
d'Aubijoux, baron de Casaubon, colonel des légionnaires du
Languedoc, et de Louise de Levis. Jacques-Chistophe était
l'héritier de Louis marquis de Crussol, son frère puîné ;
2º Charles de Vernou, chevalier, seigneur de Bonneuil, légataire universel de la marquise de Crussol sa grand tante,
et en outre donataire et concessionnaire de l'abbé des Roches, fils du premier mariage de la marquise de Crussol, son
légataire universel et créancier de sa succession.

Jacques de Crussol, mort en juillet 1680, et son fils
Charles-Emmanuel, mort en 1694, se trouvaient représentés, au décès de la marquise de Crussol en 1699, par leur
petit-fils et fils Philippe-Emmanuel de Crussol de Saint-Sulpice d'Amboise, marquis de Saint-Sulpice, qui, conjointement
avec Charles de Vernou, seigneur de Bonneuil, vendit l'hôtel
Crussol par contrat devant Me Dutartre, le 28 février 1713,
à Jean Du Vau, ci-après dénommé. Cette vente fut faite en
conséquence d'une sentence des requêtes du Palais du

26 janvier 1713 et par subrogation du contrat de vente que
MM. de Saint-Sulpice et de Bonneuil avaient passé précédemment devant Delambon, notaire, le 4 novembre 1711,
à Benjamin Frottier marquis de La Coste, lieutenant de roi
au gouvernement de Poitou.

Emmanuel Ier de Crussol duc d'Uzez, né le 21 juillet
1587, mort le 19 juillet 1657, fut le grand-père d'Emmanuel II qui épousa Marie-Julie de Sainte-Maure, fille du duc
et de la duchesse de Montausier. Les propriétaires de l'hôtel
Crussol de la rue Richelieu appartenaient à la branche cadette des Crussol, dite de Saint-Sulpice-en-Albigeois ; ils
étaient les oncles, cousins et petits-cousins du gendre de
M. de Montausier, devenu propriétaire de l'hôtel Rambouillet rue Saint-Thomas-du-Louvre. Il faut rectifier en ce
sens la note placée au bas de la page 12, et que j'avais écrite
avant d'avoir découvert les actes notariés relatifs à l'hôtel
Crussol de la rue Richelieu.

Les éléments tout faits me manquent pour établir avec
certitude la généalogie de Jean Du Vau, acquéreur de l'hôtel Crussol. Je lui connais cependant deux sœurs et un frère
existants en 1742 : Marie-Madeleine Du Vau, fille majeure rési-
dant en la communauté de Sainte-Agnès ; Jeanne Du Vau,
fille majeure ; et François Du Vau, président-trésorier de
France au bureau des finances de la généralité de Tours.
Mais ce dernier personnage me met sur la trace. Il était évidemment le fils et le successeur d'un autre François Du
Vau, conseiller du Roi en ses Conseils d'État et privé (État
de la France 1669), receveur-général des finances en Touraine et trésorier-général des maisons et finances de la reine
Marie-Thérèse, femme de Louis XIV, mort le 25 avril 1700;
mari de Louise Marchois, morte le 2 avril 1720. Il avait une
sœur, Louise Du Vau, morte le 22 avril 1720 femme de
Florent d'Argouges, seigneur de Grèses, maître des requêtes
ordinaire de l'hôtel, mort le 9 janvier 1719 à soixante-quinze
ans, père et mère de Florent d'Argouges, né le 7 octobre 1680, et de Suzanne d'Argouges, femme de Louis de
La Rochefoucault marquis de Montendre; et un frère, le
P. Du Vau, abbé de Landève, chanoine régulier de Sainte-
Geneviève, chancelier de l'Université de Paris. Le Cabinet

des titres donne à François Ier Du Vau un autre fils que le
receveur-général François II, et il le nomme Louis-François
Du Vau de Soucarrière, chevalier de Saint-Louis, mestre de
camp du régiment de cavalerie de son nom, mort à Paris le
29 juillet 1735. Je puis donc esquisser comme suit l'arbre
généalogique des Du Vau :

I. François Ier, sa sœur Mme d'Argouges, et son frère le
P. Duvau mort en 1700 ;

II. Louis-François Du Vau de Soucarrière, né 1688,
mort 1735 ; Jean Du Vau, bourgeois de Paris, né 1670,
mort 1731 ; François Du Vau, trésorier de France à Tours ;
Marie-Madeleine et Jeanne Du Vau, tous cinq enfants de
François Ier Du Vau.

Jean Du Vau, l'acquéreur de l'hôtel Crussol, était, au dire
de La Chesnaye des Bois (art. Fontanieu), le neveu de
M. Fagon ; je ne sais comment, puisque Mme Du Vau la
mère s'appelait Marchois et que Mme Fagon se nommait No-
zereau. Ce qu'il y a de certain, c'est que Jean Du Vau épousa
Élisabeth ou Isabeau de Fontanieu, née en 1670, fille de
Charles-Jean de Fontanieu et d'Élise-Geneviève Fleury,
sœur du cardinal. Élisabeth de Fontanieu était la nièce de
Mme Moïse-Augustin de Fontanieu, née Dodun, et la cousine germaine de Gaspard-Moïse de Fontanieu qui posséda
la maison des Foucault (voir ci-dessus n° 21). Devenue
veuve le 10 décembre 1731, Mme Jean Du Vau mourut le
26 avril 1751 à quatre-vingt-un ans.

Copropriétaire de l'ancien hôtel Crussol, tant à cause de
la communauté qui avait existé entre elle et son mari que
comme donataire mutuelle de celui-ci par acte reçu Dutartre
le 14 avril 1725, elle le vendit, conjointement avec le frère
et les deux sœurs de M. Du Vau, par contrat reçu Bellanger
jeune, le 7 septembre 1742, à Benoit Du Mas, écuyer, seigneur de Stains, chevalier de Saint-Michel, ancien gouverneur de Pondichéry, directeur de la Compagnie des Indes,
et à Marie-Gertrude Vanzille, sa femme.

M. Du Mas mourut le 29 octobre 1746 à cinquante ans. Sa
veuve, remariée à Philippe-Charles Jolly, laissa pour héritière, en 1769, sa nièce Marie-Madeleine Engelbert, femme
de François-Vincent Guyot de Chenizot.

Le Cabinet des titres, inépuisable en renseignements bien autrement piquants que ceux des anecdotiers de profession, fournit une note curieuse sur l'origine des Chenizot. Je copie textuellement :

« Jean Guyot, ancien avocat au Parlement, ancien marguil-
« lier de la paroisse Saint-Nicolas-du-Chardonneret, demeu-
« rant au Cloître des Bernardins; mort le 4 avril 1684.
« Mari de Geneviève Guynet morte le 30 décembre 1678,
« fille de Nicolas Guynet, conseiller au Grand Conseil, et de
« Marguerite Toullé. On dit qu'il avoit été precepteur des
« enfants du sieur Guynet, pere de sa femme, à laquelle il
« fit l'amour, et luy fit un enfant, ce qui fut cáuse qu'on la
« luy donna en mariage. » De cette union sortirent six enfants; les deux premiers nés, Nicolas Guyot sieur du Chesne, et Léonard sieur de Monchongny, furent de célèbres avocats comme leur père. Le troisième, nommé Jean-François, qui fut sieur de Chenizot, naquit le 26 novembre 1673, et parcourut une brillante carrière. Receveur-général des finances de la généralité de Rouen de 1708 à 1731, secrétaire du Roi en 1712, la Chambre de justice en 1716 le taxa de 835,000 livres, ce qui ne l'empêcha pas de devenir maître des requêtes honoraire et secrétaire des finances (titre des secrétaires et greffiers du Conseil d'État) en 1727; il mourut le 11 juin 1731 à cinquante-huit ans, laissant, du mariage qu'il avait contracté en mai 1705 avec Jeanne-Julie Berger, fille d'un secrétaire du Roi, payeur de rentes de l'Hôtel-de-Ville de Paris, deux enfants : 1º Marie-Thérèse-Julie, née en 1705, morte le 11 octobre 1772, qui épousa André Jubert comte de Bouville; 2º Léonard-Jean-François Guyot de Chenizot, baptisé à Saint-Gervais le 15 mai 1708, reçu conseiller à la deuxième chambre des requêtes du Parlement de Paris le 19 juillet 1730; secrétaire du Roi et secrétaire des finances au lieu de son père en 1731; donna alors sa démission de conseiller au Parlement; mort le 25 avril 1743, à trente-cinq ans.

Léonard-Jean François avait épousé en 1733 Félicité Jubert de Bouville, sœur de son beau-frère le comte de Bouville, née en 1711, morte au commencement de 1735. Il se re-maria le 17 avril 1736 avec Françoise-Claire de Beausergent, âgée d'environ vingt ans, sur laquelle le Cabinet des titres me fournit la note suivante : « La belle Beausergent qu'il « entretenoit du vivant de sa femme. Son père Beausergent, « trésorier des gardes françoises, eut trois femmes, dont la « mère de Mme de Chenizot, Madeleine Jolivet, dont on lit « l'histoire scandaleuse dans le *Recueil des Causes célèbres* « (M. Germon les a) [c'étoit des Castelmafion, dit le « marquis de Simiane]; fameuse dans les *Causes célèbres* de « Guyot de Pitaval. Son mari l'amena dans nos vendan- « geries de Mareuil et du Pierry; elle y fut attaquée de la « petite vérole en novembre 1737 chez la dame Prevost, « qui la fit partir dès qu'elle s'en aperçut; arrivée à Villers- « sur-Châtillon, elle y mourut le lendemain, âgée de vingt- « deux ans. » Cette note est de la main de Bertin de Roche- ret, président de l'élection d'Épernay, dont les papiers, acquis par la Bibliothèque Nationale, forment pour ainsi dire le fonds des « dossiers bleus » du Cabinet des titres. Le président de Rocheret, homme d'esprit et de talent, l'un des correspondants de Voltaire, prit une part considérale aux États de Vitry-le- Français tenus en 1744, et dont il a rédigé un curieux jour- nal, publié seulement en 1862 par M. Auguste Nicaise. Villers-sur-Châtillon était une terre de M. de Chenizot (elle fut affichée à vendre en 1751, pour la liquidation des affaires de son premier mariage). Le président, en racontant la mort de la jeune Mme de Chenizot née Beausergent, parle donc de choses advenues à deux pas de lui, presque sous ses yeux; et cependant la note que je viens de transcrire est er- ronée sur bien des points. Je ne m'arrête pas à l'incohérence de la forme, ni à cette incompréhensible incidence sur les Castelmafion, que je ne connais pas, et sur le marquis de Simiane, qui n'a, que je sache, rien à voir ici. Il me suffit de rétablir à peu près la vérité sur les Beausergent.

Vincent de Beausergent, écuyer, secrétaire du Roi, baptisé le 10 août 1654 à Nogent-le-Roi, est indiqué à l'État de la France de 1694 comme trésorier-général des gardes fran- çaises, et figure en cette même qualité aux almanachs royaux jusqu'en 1717, époque où sa charge fut supprimée. Il fit sa déclaration de noblesse au bureau de la rue Saint-Antoine le 3 mai 1697; sa femme s'appelait le 16 juillet 1700, jour de sa déclaration de noblesse au bureau de la rue Sainte-Apolline, Catherine Marlot. Enfin, une autre note du Cabinet de titres donne pour mère à Françoise-Claire de Beausergent, non pas Magdeleine Jollivet, mais Magdeleine de la Fontaine. Cette dernière version doit être la vraie. Le président, qui allègue les *Causes célèbres* de Guyot de Pitaval, aurait bien dû les emprunter à son ami Germon pour les lire. Il y aurait vu, à travers mille anecdotes suspectes, que Magdeleine Jollivet, prétendant, sans le prouver, avoir été la femme de Vincent de Beausergent, s'opposa à l'union que celui-ci devait contracter avec Catherine Marlot, et qui fut néanmoins célébrée le 16 août 1698. Après de longues procédures, la Jollivet fut déboutée par arrêt du 3 août 1701; mais Beausergent fut condamné à lui payer 20,000 livres de dommages-intérêts, et tous deux durent, en outre, aumôner de 100 livres chacun au profit des prisonniers de la Conciergerie. Il n'est pas question d'enfants dans ce procès. D'ailleurs, Mme de Chenizot, morte à vingt-deux ans en 1737, était née par conséquent en 1715, c'est-à-dire dix-sept ans après le mariage de Beausergent avec Catherine Marlot. Il est donc certain que Mme de Chenizot n'était pas la fille de Madeleine Jollivet et très probable qu'elle naquit du troisième mariage de son père.

Quoi qu'il en soit, Françoise-Claire de Beausergent, devenue Mme Guyot de Chenizot, morte à vingt-deux ans, avait donné le jour, avant son mariage, mais pendant le veuvage de M. de Chenizot, à un fils né le 12 juin 1735, reconnu le 13 par ses père et mère et baptisé le 17.

Cet enfant d'une mère morte à vingt-deux ans et d'un père mort à trente-cinq ans présenta, par un double contraste vraiment surprenant, l'exemple d'une vie extraordinairement longue, en même temps que pure, utile et respectée. Il entra dans le monde sous les noms de François-Vincent Guyot de Chenizot, à l'âge de vingt-trois ans, en qualité de conseiller au Parlement de Paris, où il fut reçu à la seconde chambre des requêtes du Palais le 5 septembre 1758. Il habitait alors l'hôtel paternel, rue Saint-Louis-en-l'Ile, qu'il quitta en 1762 pour l'hôtel de la rue Richelieu, où il séjourna jusqu'en 1787; conseiller du Roi en l'Hôtel-de-Ville de 1764 à 1789, il devint maître des requêtes en 1766, et se trouvait, au moment de la révolution, doyen de ses collègues du quartier d'avril, ce qui lui conférait le titre de conseiller d'État. Sa qualité de parlementaire, son attachement à la cause royaliste et particulièrement à la personne de Mesdames filles de Louis XV, qui l'honoraient d'une particulière estime, l'exposaient à d'imminents périls; il en fut quitte pour un séjour prolongé dans les prisons de Moulins, où on l'oublia.

M. de Chenizot, vivant dans la retraite, était déjà septuagénaire au moment de la proclamation de l'Empire. Les regards de Napoléon Ier se portèrent néanmoins sur lui; et je laisse la parole au document irrécusable qui nous a conservé sur ce point un intéressant et remarquable souvenir :

« Au retour de l'ordre en France, lorsque Napoléon
« cherchait à s'entourer de toutes les notabilités anciennes
« et nouvelles, il désira voir M. Guyot de Chenizot, et,
« avec cette vivacité qui lui était habituelle, il lui demanda
« quels pouvaient être ses titres à la faveur du nouveau
« gouvernement. « Quarante années de services rendus
« à nos anciens maîtres », répondit avec non moins de
« vivacité le vénérable magistrat. Cette réponse que l'on a
« citée souvent, et qui montre dans celui qui la fit au-
« tant de fermeté d'âme que de noblesse de caractère, honore
« d'autant plus M. de Chenizot que c'était à une époque
« où l'homme extraordinaire qui présidait aux desti-
« nées de l'Europe était dans toute sa puissance. M. de
« Chenizot ne reprit pas de fonctions, mais la dignité de sa
« conduite fut approuvée de Napoléon, qui le nomma
« chevalier de la Légion d'honneur. »

Cette anecdote, qui honore infiniment M. de Chenizot, et qui montre en même temps la grandeur d'âme de l'Empereur, tire une valeur particulière de la source qui me la fournit et qui n'est autre que le *Moniteur* du 5 avril 1829, organe officiel du gouvernement de Charles X.

M. de Chenizot occupait sa verte vieillesse au développement des institutions scientifiques et charitables; membre de la Société royale académique des sciences, il fut l'un des fondateurs de la Société pour l'amélioration des prisons. Il mourut au mois d'août 1829, dans sa quatre-vingt-quinzième année.

M. de Chenizot avait hérité de sa femme Marie-Catherine Engelbert le 24 frimaire an XII (16 décembre 1803), ayant perdu la fille unique issue de ce mariage, Charlotte-Marie-Françoise, née le 21 janvier 1762.

Il laissa pour héritiers, aux termes de son testament du 25 juin 1825 (envoi en possession du 2 octobre 1829), un assez grand nombre de collatéraux, parmi lesquels le baron Séguier, premier président de la Cour royale de Paris, le baron de Coulanges, le marquis Le Charron (celui-ci représentait sans doute Anne Guyot, qui avait épousé noble homme messire Jean Le Charron, seigneur d'Évry et du Plessis-en-Brie, président en la Cour des aides), le comte de Tryon Montalembert, le marquis de Cromieres, etc. Ces héritiers vendirent l'ancien hôtel Crussol le 22 avril 1830, par acte devant Mes Agasse et Dentend, à M. Agasse, notaire, ayant pour mandataire M. Agasse, écuyer, « secrétaire des « commandements de S. A. R. Mg^r le duc de Bourbon et « son caissier au Trésor Royal ».

Une série de particularités bien singulières mérite d'être relevée. On a vu que le grand-père de M. de Chenizot occupa la recette générale de Rouen sous Louis XIV et Louis XV, en même temps que M. de Gasville était l'intendant de cette généralité. Or la sœur de ce même M. de Gasville avait épousé en 1713 le marquis de Bouville. Presque en même temps, la grand tante de M. Vincent de Chenizot épousait le comte de Bouville, et vingt ans plus tard ce fut une Bouville que le père de M. de Chenizot épousa en premières noces. Enfin, il y avait vingt-trois ans que M. de Chenizot était mort propriétaire de l'ancien hôtel Crussol, n° 41 de la rue Richelieu, lorsque le descendant des Gasville vint s'installer dans l'ancien hôtel Bezons, c'est-à-dire dans la maison immédiatement voisine.

L'ancien hôtel Crussol n'offre depuis le siècle dernier, aucune particularité intéressant l'histoire parisienne. Une des ailes en fut longtemps affectée à un hôtel garni qui s'appela l'hôtel de la Loi de 1797 à 1810, plus tard le

grand hôtel de Hollande. L'hôtelier s'appela Billiard pendant
un demi-siècle. Ce nom m'a servi de fil conducteur à travers
les variations du numérotage de cette maison, qui appartint
successivement et quelquefois simultanément aux rues
Traversière et Richelieu. La preuve que l'hôtel Crussol est
identique aux hôtels garnis que je viens de nommer, c'est
que l'acte de vente de la maison en 1830 énonce un bail
sous seing privé, consenti le 21 février 1821 par M. Guyot
de Chenizot à Louis Billiard, marchand boucher et maître
d'hôtel garni, pour six années finissant le 1er juillet 1832;
bail qui fut ensuite cédé à Herbretzmann, maître d'hôtel
garni, pour six autres années expirant le 1er juillet 1838.

No 43. — Cette maison, qui occupait le coin droit de la
rue Villedo à l'ancien alignement, était possédée dès 1669
par un sieur Mestivier, que je crois pouvoir identifier à Jacques Mestivier seigneur de la Grange, allié à la famille Feydeau, fermier-général du comte de Toulouse en 1699. Le
Mestivier dont il s'agit avait deux filles, Marie Mestivier, qui
épousa Martin Ricordeau, conseiller à la Cour des aides de
Paris (1668-92), et Hélène, femme de Germain Billard,
avocat au Parlement de Paris, seigneur et marquis de Mon-
tataire-sur-Oise, fils d'un avocat d'Auxerre et petit-fils d'un
sergent de ville du même lieu. M. Billard de Montataire
mourut à Paris le 28 avril 1695, laissant pour héritières,
après un fils nommé Jean Billard, reçu conseiller au Parlement de Paris le 23 mai 1678, prédécédé le 16 mars 1682,
deux filles, Marguerite et Françoise-Marthe. Celle-ci épousa
le 26 septembre 1685 Jérôme Bignon, petit-fils de l'avocat-
général de ce nom, prévôt des marchands de 1708 à 1716,
mort le 5 décembre 1725, à soixante-huit ans; Mme veuve
Bignon vécut jusqu'en 1746. L'aînée, Marguerite, avait
épousé le 11 juin 1682 M. de Chauvelin, maître des
requêtes.

Après la mort de M. Billard de Montataire, la maison
devint l'hôtel Chauvelin.

Louis III Chauvelin, chevalier, seigneur de Crisenoy,
d'abord conseiller au Châtelet, puis conseiller au Parlement
de Paris le 6 septembre 1669, intendant de Bourgogne et de

Franche-Comté en 1674, conseiller d'État le 12 septembre 1679, maître des requêtes le 12 juin 1681, conseiller d'État ordinaire le 2 avril 1704, mourut le 31 juillet 1719 à soixante-dix-huit ans, dans sa maison de la rue Richelieu, et fut inhumé à Saint-Roch. Les Chauvelins, intimement alliés aux Le Tellier, descendaient de François Chauvelin, avocat au Parlement de Paris en 1562, chargé d'affaires en France de la reine d'Écosse Marie Stuart, maître des requêtes de la reine Catherine de Médicis et procureur-général de la reine Marie de Médicis. Mme de Chauvelin mourut en 1729.

Les deux fils de M. de Chauvelin demeuraient avec lui rue de Richelieu : l'aîné, Louis IV Chauvelin, avocat-général au Parlement de Paris, qui mourut à cette même place le 2 août 1715, et le cadet, Germain-Louis, avocat-général puis président au Parlement de Paris le 5 décembre 1718, mari d'Anne Cahouet de Beauvais.

M. Pierre Pougin de Novion, secrétaire du Roi reçu en 1729, qui acheta la maison en 1719 après la mort du président Chauvelin, fut receveur-général de la généralité de Bourges de 1730 à 1750, et occupait rue Neuve-des-Petits-Champs un hôtel situé en face du Palais Mazarin ; c'était la maison qui porte aujourd'hui le 11 sur la rue Neuve-des-Petits-Champs et le n° 9 sur la rue Beaujolais, formant le côté oriental de la portion de la rue Vivienne qui descend au passage du Perron (Arch. Nat. 1156-7).

Avant d'habiter son hôtel au coin du boulevard (v. ci-dessus n° 112), M. Taillepied de Bondy donnait son adresse rue Richelieu près de la fontaine, où dès 1727 l'avait précédé son père, alors régisseur des droits de confirmation. J'ai lieu de croire que les Taillepied occupaient alors l'hôtel Chauvelin, comme locataires de M. Pougin de Novion.

En 1777, M. de Gribeauval, qui avait habité jusqu'alors la rue Bergère, succéda aux Taillepied de Bondy dans l'ancien hôtel Chauvelin. Jean-Baptiste Vacquette de Gribeauval, né à Amiens le 15 septembre 1705, mourut le 9 mai 1789, à l'âge de soixante-quatorze ans, « en son hôtel de la rue Richelieu », dit expressément le *Journal de Paris* (15 mai 1789). Il était grand'croix de l'ordre de Saint-Louis et de

l'ordre de Marie-Thérèse d'Autriche, lieutenant-général et
général de bataille, premier inspecteur du corps royal de
l'artillerie, commandant en chef l'artillerie, le génie et les
mineurs.

N° 45. — Encore une maison construite par M. de Villedo
dès l'année 1661. En 1663 elle passa à son gendre Antoine-
Hercule Picon, chevalier, seigneur d'Arembe, premier commis de Colbert, époux de Marguerite de Villedo. Je trouve
citée dans les actes authentiques relatifs à cette maison une
sentence rendue par le Châtelet de Paris le 12 janvier 1700,
à la requête de Jean-Baptiste-Louis Picon d'Andrezel, contre
Nicolas Charpentier, curateur à la succession vacante d'An-
toine-Hercule Picon.

Jean-Baptiste-Louis Picon sieur d'Andrezel fut d'abord
secrétaire du Cabinet du Roi et, en cette qualité, conseiller
d'État par brevet, secrétaire des commandements du Dauphin, puis intendant du Roussillon, et enfin ambassadeur
extraordinaire près la Porte Ottomane de 1725 à 1727. Pendant ses absences comme intendant et comme ambassadeur,
M. Picon louait son hôtel à Mme veuve Polastre, citée à tort
par le Terrier royal comme propriétaire en 1705. Le plan
de La Grive, daté de 1728, indique la maison qui nous
occupe comme l'hôtel d'Andrezel, et la figure comme un
édifice d'importance, s'étendant par derrière jusqu'à la rencontre d'un hôtel s'ouvrant sur la rue Sainte-Anne et qualifié de bureau des offices municipaux. M. Picon d'Andrezel
le fils était en 1727 lieutenant de roi en Roussillon sous le
gouvernement du duc de Noailles. Ce fut un autre Picon,
Jean-François, chevalier, seigneur de la Motte-Saint-Méry,
qui, par acte devant Me Boivin, notaire, le 19 août 1738,
vendit la maison à Louis Oré, entrepreneur des bâtiments du
Roi; elle ne sortait pas, comme on le voit, de la corpora-
tion à laquelle avait appartenu son constructeur originaire.

Julien Oré, fils du précédent, fut père d'Alexandrine-
Marie-Catherine Oré, qui épousa Alexandre-Joseph-Félicien
Baroncelly marquis de Javon. De ce mariage naquirent deux
enfants : Marie-Alexandrine-Pauline, le 17 janvier 1783, et
Alexandrine-Marie-Joséphine, née le 28 février 1789.

Cette famille, originaire du Comtat, n'est pas éteinte. M. H.-Ph. Baroncelli de Javon, nommé chancelier du consulat de France à Palma (juin 1881), a épousé le 20 février dernier Mlle Durup de Balaine.

En même temps que la famille Javon demeurait dans cet hôtel, en 1782, le comte Claude-Marie-Alexandre de Vassy et la comtesse sa femme, née Sophie-Victoire-Alexandrine de Girardin.

On y trouvait aussi en 1788 les bureaux de M. Douzant, banquier, et ceux de M. de Cimeri, trésorier-payeur des charges assignées sur les domaines.

N° 47. — Cette maison remplace deux maisons anciennes qui appartenaient : la première à M. Senechal en 1684, à M. Lecamus en 1705, à M. Lemaître en 1720; la seconde à M. Senechal en 1684, à M. La Salle en 1705, au président Henault en 1710. La librairie Curmer en occupe une partie depuis plus de quarante ans.

N° 49. — Cette maison remplace deux maisons anciennes qui appartenaient : la première à M. Jourdan en 1684, à M. Le Jay en 1702, à M. Girault en 1719; la seconde à M. de Flacourt en 1684, à M. Girault en 1701. M. de Flacourt était l'associé de MM. de L'Espine et Gauldrée Boilleau, pour la mise en valeur des terrains du Palais-Cardinal. Il possédait, comme ses associés, de nombreuses maisons dans ces quartiers neufs.

N° 51. — Je ne me trompais pas lorsque je posais en fait (p. 14) que les noms de Dausse et de Villoyson appartenaient à la même famille; mais les documents manuscrits écrivent à tort Dausse au lieu de Dansse. Nous avons affaire ici non pas aux Dausse de Villexon ou Villezon, mais à la très intéressante famille issue de l'illustre apothicaire Miguel de Ansso, qui suivit en France l'an 1615 la jeune reine Anne d'Autriche, et qui en 1619 épousa Marie Lambert, femme de chambre de la Reine. Tallemant des Réaux l'appelle Mme Hansse; mais on leur donnait le *de*, ce qui fit Dansse. Le dévouement de M. et Mme Dansse à leur maîtresse les fit éloigner en 1637 par le cardinal; ils ne revinrent qu'à la mort de celui-ci. Miguel de Ansso, qui avait obtenu des lettres de naturalisation et de confirmation de noblesse, mourut le 25 septembre 1649, laissant plusieurs enfants. L'aîné Jean, adjoint de son père, lui succéda comme apothicaire de la Reine; il acheta la terre de Villoyson près Corbeil. On prétend qu'un autre de leurs fils, l'abbé Dansse, oratorien et chanoine de la Sainte-Chapelle de Paris, posa sans le savoir, étant l'ami de Boileau, pour le personnage du chanoine Évrard, l'un des héros du *Lutrin*.

Une autre identification, beaucoup plus étrange, rentre directement dans mon sujet; il s'agit de la sœur de Jean Dansse de Villoyson et de l'abbé Dansse. Louise-Angélique, mariée le 8 août 1643 à François Patrocle, écuyer ordinaire de la Reine, joue un rôle peu équivoque dans l'historiette consacrée par Tallemant des Reaux à Charpy sieur de Sainte-Croix. C'était un assez méchant avocat de Lyon, que Saint-Mars chargea de le défendre devant ses juges. Ce Charpy, jouant la dévotion comme Tartufe, s'était impatronisé chez les Dansse et finit par devenir l'amant de Mme Patrocle, en même temps que l'ami du mari, malgré les avertissements prodigués à celui-ci par sa belle-mère. Un illustre académicien, le même qui a pris l'Agrippine veuve de Germanicus pour la mère de Néron, a découvert dans le personnage de Louise-Angélique Dansse femme Patrocle, devenue, en dépit de sa bellle-mère, la maîtresse de Charpy : « le type de l'Elmire du *Tartufe* ». C'est en effet cela, excepté que c'est absolument le contraire. Qu'on parle des pièces de théâtre sans les lire, cela sent son grand seigneur; qu'on ne connaisse pas l'*Agrippine* de Cyrano, passe encore; mais démontrer qu'on ignore *Tartufe* en l'alléguant à faux, c'est simplement prodigieux.

La descendance de Michel de Ansso se montra reconnaissante envers son pays d'adoption, auquel elle rendit de grands services : le fils de Jean Dansse de Villoyson, capitaine de dragons, fut tué à la bataille de Hochstedt, laissant un fils, officier et chevalier de Saint-Louis, qui fut père de l'illustre helléniste Jean-Baptiste-Gaspard Dansse de Villoison. Celui-ci fut membre des principales compagnies savantes

de l'Europe, entre autres de la Société royale de Londres et
de l'ancienne Académie des Inscriptions et Belles-Lettres.
Le Premier Consul le fit entrer à l'Institut en l'an XI. Mais
Dansse de Villoyson était épuisé de travail; il mourut le
26 avril 1805, rue de Bièvre nᵉ 22, dans la maison qu'il
habitait avant la révolution. Né à Corbeil le 5 mars 1750,
il venait d'accomplir seulement sa cinquante-cinquième
année.

Nᵒ 53. — Cette maison, qui forme l'angle sud-ouest de la
rue Neuve-des-Petits-Champs, appartenait en 1669 à
M. Paviot, de qui elle passa à M. Clair Adam, écuyer,
secrétaire du Roi, premier commis (l'équivalent d'un directeur-général d'aujourd'hui) de M. le marquis de Torcy, alors
secrétaire d'État des affaires étrangères (1689-1715), trésorier-général des ambassadeurs (1712), époux de Michelle du
Rozoir.

Une étude de notaire en occupa une partie pendant quatre-vingt-sept ans; elle y fut fondée par Mᵉ Romain Fortier,
le 2 décembre 1691, lequel la transmit le 24 novembre 1728
à son neveu Alexandre Fortier, fils de Jean Fortier, bourgeois de Paris, et mari de Pierrette Le Roy (v. ci-dessus
nᵒ 52). Alexandre Fortier se retira le 26 janvier 1770, et
son successeur M. Laroche resta au même lieu jusqu'en
1778; en cette dernière année il transporta ses pannonceaux
rue Neuve-des-Petits-Champs, au nᵒ 13 actuel, en face de
l'hôtel Mazarin, alors occupé par la Compagnie des Indes.

Une autre notabilité tint compagnie à MM. Fortier de
1726 à 1742 dans la maison de la rue Richelieu; ce fut
M. Azevedo, docteur-régent de la Faculté de médecine de
Paris.

Nᵒ 55. — Nous voici au coin nord-ouest de la rue Neuve-
des-Petits-Champs; c'est là que le fief Popin avait posé sa
borne nᵒ 3, à 3 toises de l'encoignure sur la rue Richelieu,
et à la première assise en pierre de taille sur la rue Neuve-
des-Petits-Champs. La maison fut bâtie par André Mazieres,
entrepreneur des bâtiments du Roi, marguillier de Saint-
Roch.

Né en 1614 de Claude, maître menuisier, André Mazieres était veuf de Madeleine Crocoyson lorsqu'il épousa à
Saint-Roch, le 27 juillet 1648, Madeleine Richard, fille de
Pierre Richard, maître organiste; il était le cousin germain
de Simon et Philippe Mazieres, sculpteurs du Roi, à qui
Louis XIV donna un logement au Louvre avant 1689; il
existe des ouvrages de leur main dans les jardins de Versailles. André Mazieres mourut le 28 février 1676, laissant la
maison à son fils Jacques Mazieres, secrétaire du Roi, architecte et entrepreneur des bâtiments royaux, expert bourgeois
des bâtiments de la ville de Paris, mari d'Élisabeth-Gene-
viève Flacourt. Il mourut à soixante-quatorze ans le 16 mars
1713, dans cette maison de la rue Richelieu qui avait alors
comme aujourd'hui son entrée principale par la rue Neuve-
des-Petits-Champs. Il laissait deux fils : Jacques, capitaine de
cavalerie, et Gille-Nicolas, capitaine de dragons.

La maison appartint après eux à M. Vezou et à Mlle Ga-
rost; elle portait à la date de 1705 l'enseigne de la
Belle Étoile. Le plan du Cabinet des estampes la donne à
M. de la Voyepierre, dans la seconde moitié du XVIIIe siècle.

Le véritable nom est Delavoiepierre, qui fut porté par
deux épiciers en gros; le père, dont le magasin s'ouvrait devant le grand portail de Saint-Eustache, fut consul ou juge
de commerce en 1764 et 1765; et le fils obtint le même
honneur en 1779; il demeurait alors rue de la Grande-
Truanderie; mais je le retrouve en 1794 installé dans l'ancienne maison Mazieres, au coin de la rue Neuve-des-Petits-
Champs, et investi des fonctions d'assesseur de la section
Lepelletier.

Un rapport de police du 16 floréal an VII (5 mai 1799)
signalait au second étage de cette maison un tripot clan-
destin et nomade tenu par la citoyenne Buquet (Arch. Nat.
F⁷ 6179, liasse 2112). Ce que cette liasse contient de plus
curieux, c'est à coup sûr le rapport d'un agent qui, en parlant des changements prévus dans le personnel du Directoire,
prête au citoyen Barras ce propos héroïque : « Quand on
« est parvenu où je suis, il faut y rester ou savoir mourir. »
Ceci est daté du 28 pluviôse an VII (8 février 1799), neuf
mois avant la journée du 18 brumaire an VIII (9 no-

vembre 1799), dans laquelle le citoyen Barras, loin de songer à mourir, sortit de Paris sous l'escorte militaire qu'il avait sollicitée de son ancien ami le général Bonaparte.

No 57. — Cette maison appartenait en 1669 à un architecte entrepreneur nommé Bergeron, qui demeurait à la butte Saint-Roch, rue Royale, aujourd'hui des Moulins. Elle fut acquise en 1672 par Jacques Tarade, écuyer, major de Dol, inspecteur général directeur des travaux de fortifications de Strasbourg et des places d'Alsace, qui fit sa déclaration de noblesse au bureau de la rue Saint-Marc le 28 juin 1697; il fut chevalier de Saint-Lazare en 1716 et gentilhomme ordinaire de la Chambre du Roi. Veuf en 1701 de Marie Lanier, il en eut deux fils : Antoine, auditeur à la Chambre des comptes, qui fit sa déclaration de noblesse au bureau de la rue des Deux-Écus le 5 février 1700, et mourut jeune; et Jacques Tarade, qui fut, comme son père, gentilhomme de la Chambre du Roi, puis chevalier du Mont-Carmel et de Saint-Lazare (brevet de nomination du 23 juin 1742, signature autographe de Louis, duc d'Orléans, au Cabinet des titres).

Les titres d'inspecteur général directeur des travaux des fortifications, portés par le major Tarade, dont le nom se rattache aux fortifications de Strasbourg construites en 1684 par Vauban, correspondent aux plus hauts grades du corps actuel du génie; mais il ne paraît pas qu'il fît partie de l'armée; c'était avant tout un constructeur; son père, l'architecte entrepreneur Tarade, est cité dans le *Livre commode* qui donne son adresse rue des Orties. Il eut une sœur, Marguerite Tarade, qui épousa Jean Hanicle, architecte des bâtiments du Roi, dont elle fut veuve en 1701, et un frère, Odile Tarade, qui fit sa déclaration de noblesse au bureau de la rue des Deux-Écus le 9 juillet 1699, prenant le titre d'architecte des bâtiments du Roi. D'Odile Tarade naquit Jean-Odile, reçu le 29 décembre 1695, conseiller au Châtelet de Paris, dont il mourut doyen en 1760, après soixante-cinq ans d'exercice. Il paraît que la mort oubliait volontiers ces vénérables membres de notre ancien tribunal de première instance; car Jean-Odile Tarade attendit jusqu'à sa cin-

23

quante-troisième année de judicature le décanat qui appartenait à son collègue Bruant des Carrières, mort en 1746, après avoir siégé cinquante-quatre ans. Le conseiller Bruant des Carrières était fils de Louis Bruant des Carrières, maître ordinaire de la Chambre des comptes, parent du célèbre architecte Libéral Bruant, général des bâtiments du Roi, dont il tint un fils sur les fonts de baptême le 3 août 1683.

Une petite fille ou une nièce d'Odile Tarade, nommée Marie-Catherine de Tarade, épousa Germain du Bois de Crancé, écuyer, seigneur de Loisy; elle en eut deux enfants, dont l'aîné, né le 24 avril 1752, reçut au baptême les noms de Germain Odile Sébastien.

J'ignore le lien de parenté de mes Tarade avec François-Gabriel Tarade, chevalier, comte de Corbeilles, seigneur du Mesnel, lieutenant-colonel de cavalerie, qui mourut le 23 février, 1787, à soixante-quatorze ans, sur la paroisse Saint-Eustache.

Revenons aux Tarade de la rue Richelieu.

Le chevalier Jacques II Tarade avait épousé Marie Dupont du Vivier, dont il eut Anne-Marguerite-Andrée, née le 28 juillet 1741, Marie-Anne-Odile (évidemment filleule du conseiller au Châtelet, son oncle à la mode de Bretagne), et Louis-Marie, né le 10 juin 1747, baptisés tous trois à Saint-Roch.

Je sais, par l'acte de naissance de Louis-Marie Tarade, que Jacques II Tarade, son père, vivait encore le 18 juin 1747, et par un autre acte, que je citerai tout à l'heure, qu'il était mort avant le 28 novembre 1748. La maison se trouva probablement vide après son décès, ce qui permit à un certain Berger de s'en assurer la location. Qui était ce Berger? Voilà ce qu'on ne saura jamais; mais il n'en profita pas moins de sa location pour accomplir un ouvrage dont le souvenir n'est pas perdu pour la postérité. C'est lui qui fit poser, entre le second étage de la maison Tarade et le second étage de la maison suivante (nº 59), appartenant à M. de La Poupelinière, cette fameuse plaque tournante qui va nous occuper encore après avoir si longtemps défrayé la chronique scandaleuse du XVIIIᵉ siècle.

Le 3 décembre 1748, M. André-Dominique Martin de

Moncelot, ancien capitaine au régiment de Piémont, représentant Mme veuve Tarade et ses enfants mineurs, se rencontra avec M. de La Poupelinière, en présence du commissaire Charles-Élisabeth de La Vergée, pour assister à la clôture du trou pratiqué par le prétendu sieur Berger dans le mur mitoyen des deux maisons (Arch. Nat. Y 13753, pièce publiée par M. Émile Campardon).

La maison appartint ensuite à M. L'Enfant (plan du Cabinet des estampes).

N° 59. — Cette maison fut bâtie par Villedo en 1662.

J'ai dit (p. 44) que, au moment où Jean-Remi Henault, fermier-général, père du président, acheta la maison située rue Richelieu (n°s 42-44 actuels), mitoyenne avec celle où mourut Molière, ils demeuraient, le fermier général rue du Bouloi, et le président rue Neuve-des-Petits-Champs. Le père et le fils déménagèrent l'un et l'autre en 1719; celui-ci s'en alla à la place Louis-le-Grand (place Vendôme); le père acheta la maison de M. de Villedo rue Richelieu, devant la Banque royale. Retiré des affaires, l'ancien fermier-général n'avait qu'à se mettre à la fenêtre pour voir passer « monsieur Law ». Il prenait tantôt le titre de secrétaire du Roi, quoiqu'il fût démissionnaire, tantôt celui d'écuyer; mais il garda jusqu'à son dernier jour sa charge bienfaisante d'administrateur de l'Hôtel-Dieu et des Incurables. C'est en cette maison de la rue Richelieu que ce brave homme, qui était un homme d'esprit, que ce dernier des contemporains et des amis de Molière, mourut le 4 septembre 1737 à quatre-vingt-dix ans.

Après lui, la maison fut vendue et passa en 1739 à M. de La Poupelinière. Les documents que je possède me permettent d'en établir l'identité qui n'avait été jusqu'ici ni indiquée ni même recherchée par les historiens anecdotiques de la Ville de Paris.

Je vais reprendre, dans les limites naturelles de mon travail, la biographie de M. de La Poupelinière, en m'aidant des

---

1. Il avait été remplacé comme fermier-général par un de ses neveux, M. Henault de Cantobre.

pièces publiées par M. Campardon (*La Cheminée de Mᵐᵉ de La Poupelinière,* Paris, Charavay, 1880, in-16), mais en discutant et en complétant, d'après d'autres documents et d'après mon interprétation personnelle, cette très piquante et très intéressante étude.

Jean-Joseph-Alexandre Le Riche, né à Paris vers 1692, était l'unique fils du premier mariage d'Alexandre Le Riche de Courgain, né en 1663, secrétaire du Roi, qui fut receveur-général des finances de la généralité de Montauban de 1716 à 1719, et intéressé au bail des fermes pour l'année 1716-17 (du 1ᵉʳ octobre au 31 décembre), quatrième année du bail de Paul Manis. Il demeurait alors au cloître Saint-Merry. Une note du Cabinet des titres dit qu'il fut taxé à 522,000 livres par la Chambre de justice; cependant son nom ne se trouve pas sur les états publiés par Mouffle d'Angerville.

La famille Le Riche était originaire de Loches. Le Roi accorda des lettres d'anoblissement datées de Versailles, août 1700, à Alexandre Le Riche, qui demeurait alors à Tours et se disait seigneur de Bretignolle.

Le nom de sa première femme m'est inconnu; il épousa en secondes noces Magdeleine-Thérèse Chevalier, de laquelle il eut six enfants: 1° Alexandre-Edme Le Riche, seigneur de Cheveigné, conseiller à la première chambre des requêtes du Parlement de Paris, reçu le 19 janvier 1720, mort le 12 décembre 1768 à soixante-onze ans, marié le 29 septembre 1719 à Claire-Élisabeth Le Pelletier, demoiselle de La Houssaye, née le 22 août 1701, morte le 31 janvier 1785 à quatre-vingt-trois ans, fille de Félix-Claude Le Pelletier de La Houssaye, conseiller d'État et intendant des finances; 2° Hyacinte-Julien Le Riche, docteur en Sorbonne, archidiacre, grand-vicaire de l'archevêché de Tours, abbé de Noyers en 1736, de Saint-Prix en 1746, doyen du chapitre de Saint-Marcel de Paris, mort le 12 décembre 1768 à soixante-onze ans; 3° Pierre Le Riche, chevalier, seigneur de Vandy en Champagne, marié en 1729 à Jeanne-Charlotte Ycard, morte à Paris en 1753, fille de Charles Ycard, secrétaire du Roi et avocat ès conseils; 4° Jeanne-Alexandre Le Riche de Vandy; 5° Augustin-Alexandre Le Riche de Sancour, ancien officier dans les troupes du Roi, ancien gentil-homme ordinaire de la Chambre du Roi; 6º Marie-Thérèse Le Riche, femme d'Adrien de Saffray, baron d'Angranville.

M. Alexandre Le Riche de Courgain mourut à Paris le 10 avril 1735, âgé de soixante-douze ans.

Son fils aîné, Jean-Joseph-Alexandre, était entré de bonne heure dans les affaires. Mouffle d'Angerville, dans sa *Vie privée de Louis XV*, généralement bien informé des choses de finances, dit que Le Riche fils fut nommé l'un des fermiers-généraux du bail de 1718, mais c'est une erreur. Ni le père ni le fils ne participèrent aux baux qui commen-cèrent le 1er octobre 1717, finirent le 30 septembre 1719 et ne furent pas renouvelés. La Compagnie des Indes avait absorbé à cette époque le service des cinq grosses fermes et des recettes générales, qui furent supprimées.

C'est en 1722, après la déconfiture de Law, que Jean-Joseph-Alexandre entra dans les fermes générales comme participant au bail Cordier, et il n'en sortit qu'en 1762, après quarante ans d'exercice. De 1722 à 1726, il habita avec son frère le conseiller la rue Saint-Honoré, près les Capucins; nous le trouvons logé rue Neuve-des-Petits-Champs de 1727 à 1738; il portait depuis deux ans seule-ment (du moins d'après l'Almanach royal) le nom de La Poupelinière, lorsqu'il s'installa en 1739 dans la maison qu'il venait d'acheter du président Henault et qu'il fit reconstruire.

M. de La Poupelinière avait épousé en 1737 Thérèse Boulinon des Hayes, née vers 1713, fille de Samuel Bouli-non des Hayes et de Marie-Anne Carton Dancourt, actrice de la Comédie-Française, connue sous le nom de Mimi Dancourt. La mariée, âgée de vingt-quatre ans, avait été, disait-on, sa maîtresse; mais qu'elle le fût depuis douze ans déjà, comme l'assure Mouffle d'Angerville, il en faut, je l'espère, rabattre quelque chose. Le ménage vécut pendant dix ans dans une tranquillité relative, qui ne fut troublée que par les infidélités publiques du mari. Mme de La Poupe-linière essaya-t-elle de se venger? Ici j'abandonne complète-ment les vagues commérages, pour m'en tenir aux faits constatés. Les premières pièces authentiques publiées par

M. Campardon sont les procès-verbaux du commissaire de
police Pierre Glou, lequel reçut d'abord le 24 avril 1746, dans
la maison de la rue Richelieu, la plainte portée par Mme de La
Poupelinière contre son mari, qui, dans la soirée du vendredi
22 avril, l'avait frappée de coups de poing et de coups de
pieds avec une telle violence que le sang avait coulé de toutes
parts, et que le médecin Vernage (il demeurait rue Richelieu, au n° 76 d'aujourd'hui) avait dû la saigner trois fois.
Les constatations requises par la malade avaient pour but de
poursuivre sa séparation en justice. Les sévices dont se
plaignait la malheureuse Thérèse n'étaient que trop réels,
car elle mourut, dans les premiers mois de 1752, d'un
cancer au sein déterminé par les coups qu'elle y avait reçus
lorsqu'elle gisait à terre.

Trois jours après, Mme de La Poupelinière, toujours alitée,
fait revenir le commissaire Glou et lui réitère sa plainte,
fondée sur ce que « son mari tient les mêmes discours inju-
« rieux, méprisans et offensans, et ne cesse de la menacer,
« et... a dit publiquement... qu'il traiteroit la plaignante
« avec la plus grande ignominie, et que si, après qu'elle se-
« roit guérie, elle étoit assez osée de se représenter pour se
« mettre à sa table et que ses gens missent son couvert, il
« jetteroit son couvert et la chasseroit de table devant tout
« le monde ». La pauvre femme ajoute qu' « elle se réserve
« de nous déclarer tout ce qu'elle a eu le malheur d'essuyer
« depuis son mariage d'insultes et de mauvais traitemens et
« de réconciliations feintes par la médiation de diverses per-
« sonnes, ne pouvant le faire quant à présent par son état
« de foiblesse et le danger dans lequel elle nous a dit être
« vû la violence de son dit mari, s'il savoit que nous com-
« missaire sommes dans la maison ».

Depuis cette ignoble scène du 22 avril 1746, des personnes
de qualité s'entremirent, pendant la convalescence de Mme de
La Poupelinière, qui céda à leurs sollicitations et aux promesses
de son mari. Mais celles-ci furent bientôt oubliées. Il la tint
prisonnière dans sa maison pendant une partie de l'hiver;
puis le printemps de 1747 arrivé, M. de La Poupelinière, ayant
acheté à vie le château de Passy qui appartenait au président
de Rieux, y emmena toute sa maison, abandonnant sa femme

malade au lit, récemment saignée du bras et du pied, sans aucun secours, et ne lui laissant rien pour vivre, ni à elle, ni à sa mère, ni à la comtesse d'Igny leur parente, qui étaient restées dans la maison pour la soigner. Elle n'avait pas même de linge, et fut obligée, pendant ses accès de fièvre, d'emprunter des draps dans le voisinage pour changer son lit, et du bouillon pour se soutenir.

Une année se passe, et M. de La Poupelinière semble s'être adouci; ce n'était qu'un piège.

Nous arrivons à la scène capitale du 28 novembre 1748.

Ce jour-là, M. et Mme de La Poupelinière, en apparence réconciliés, avaient été invités par le maréchal de Saxe à aller voir la revue de son régiment de hulans ; le maréchal leur envoya son carrosse pour les mener. M. de La Poupelinière s'excusa sur une douleur qu'il dit ressentir dans l'épaule; et Mme de La Poupelinière partit sans lui dans son carrosse, avec la comtesse d'Igny.

Demeuré seul, M. de La Poupelinière fait appeler deux ouvriers, un maçon et un serrurier; alors, en présence de son secrétaire Frémin, du comte d'Igny (Louis Guillemin d'Igny, l'un des douze maîtres d'hôtel du Roi) et du notaire Cartier, il fait abattre le jambage droit de la cheminée d'un cabinet attenant à l'appartement de sa femme; cette démolition laisse apparaître une communication avec la maison voisine. Lorsqu'elle est achevée, mais seulement alors, M. de La Poupelinière envoie chercher le commissaire Charles-Élisabeth de La Vergée, qui arrive vers les deux heures de l'après-midi.

Ce magistrat reçoit de M. de La Poupelinière la déclaration que, averti « par des avis secrets » qu'il existait une communication secrète entre sa maison et la maison voisine au moyen d'une porte de fer servant de plaque de cheminée dans le cabinet de sa femme, il a envoyé chercher un maçon et un serrurier, qui ont descellé et abattu le jambage droit de la cheminée suspecte et découvert la porte de fer qu'ils ont ouverte. Pour les détails, je renvoie au livre de M. Émile Campardon, n'en retenant que ces deux points: 1o que la découverte et le travail des ouvriers ont eu lieu avant l'arrivée du commissaire de police, qui n'a pas pu constater par lui-même l'état réel du cabinet de Mme de La Poupelinière

avant la démolition ; 2° que, d'après le procès-verbal même,
les deux côtés du gros mur coupé entre les deux maisons
était « ragréé des deux côtés et plafonné en *plâtre neuf*
« *et frais* ».

Comment M. de La Poupelinière explique-t-il sa pensée
sur un fait si extraordinaire ? Accuse-t-il sa femme devant le
commissaire et les témoins ? Pas le moins du monde : « le-
« dit sieur de La Poupelinière ne peut présumer autre chose,
« sinon que l'on veut attenter à sa vie *ou de la dame son*
« *épouse* et autres personnes de chez lui et à leurs biens. »

La différence est grande entre l'attitude de Mme de La
Poupelinière en 1746 et celle de son mari en 1748. En 1746,
la femme insultée, battue, blessée, foulée aux pieds, fait appel
à la justice en vue d'une séparation. En 1748, M. de La
Poupelinière ne prononce devant le commissaire le nom de
« son épouse » que pour exprimer une crainte hypocrite sur
les dangers qu'elle peut courir, alors que la vie de Mme de
La Poupelinière n'a jamais été menacée que par les odieuses
violences de son mari.

Cependant, Mme de La Poupelinière revient de la revue
vers six heures du soir avec Mme d'Igny, dans le même carrosse qui les y avait conduites, précédée par le maréchal de
Saxe dans le sien. Les deux carrosses s'arrêtent à la porte de
la maison ; l'entrée en est refusée par le portier à Mme de
La Poupelinière comme au maréchal de Saxe lui-même ;
Mme de la Poupelinière pénètre cependant sous la voûte, et
le maréchal, la croyant rentrée chez elle, s'en retourne. Mais
le portier lui dit qu'elle le perd si elle insiste, et le marquis
de Sourdis, qui se trouve là, s'offre pour la conduire chez le
maréchal qui demeurait quai des Quatre-Nations [1]. Maurice
de Saxe, confondu d'étonnement, offre obligeamment à
Mme de La Poupelinière de la ramener chez elle. Cette fois,
la porte du fermier-général s'ouvre devant le maréchal-général des armées françaises, devant le vainqueur de Fontenoy
et de Lawfelt. Mais sa présence n'empêche pas M. de La Poupelinière de se répandre en injures atroces, et de traiter sa

---

1. C'est-à-dire quai Malaquais, au n° 5 actuel. Il y mourut en 1750, et c'est
dans cet hôtel qu'eut lieu la vente de son mobilier, le lundi 17 mai 1751
(*Petites-Affiches*).

femme de b....., de p....., si bien qu'elle se sauve dans son appartement. Mais là quel spectacle l'attend! toutes les portes enfoncées; son appartement à demi démeublé; le cabinet percé à jour, plein de plâtras et de moellons. Plusieurs amis de son mari viennent lui donner le conseil ou plutôt lui intimer l'ordre de s'en aller sous peine de la vie; que d'ailleurs son mari avait déjà disposé de l'appartement pour y loger une autre personne. Mme de La Poupelinière se trouve mal; un peu revenue, elle demande un bouillon; on le lui refuse; elle prend alors le parti de se retirer chez sa mère; mais tout d'abord elle se transporte, à dix heures passées du soir, chez Pierre Glou, pour lui faire prendre acte des faits qui la déterminent à quitter, contrainte et forcée, le domicile conjugal.

Le 3 décembre eut lieu, dans l'appartement de Mme de La Poupelinière, rue Richelieu, l'entrevue dont j'ai déjà parlé entre M. de La Poupelinière et M. de Moncelot, représentant des mineurs Tarade, propriétaires de la maison voisine, pour procéder au rétablissement immédiat du mur; étaient présents le commissaire La Vergée, qui dressa procès-verbal, Jean-Charles Quéau, et Pierre-Denis Mincier, maîtres maçons.

C'est ici le lieu de remarquer que ni le procès-verbal du 28 novembre ni celui du 3 décembre ne citent parmi les témoins le mécanicien Vaucanson et l'avocat Ballot de Sovat, auxquels les mémoires de Marmontel attribuent la découverte de la plaque.

Écoutons maintenant les explications de Mme de La Poupelinière, définitivement installée chez sa mère rue de la Chaussée-d'Antin, telles que les recueillit le commissaire Glou dans son procès-verbal du samedi 21 décembre :

« L'occasion de cette scène cruelle (du 28 novembre 1748)
« est, ou une œuvre ancienne ou une œuvre pratiquée par les
« amis ou parents dudit sieur de La Poupelinière qui ont
« occupé l'appartement dans lequel a été faite cette préten-
« due ouverture et communication dans la maison voisine,
« ou une œuvre dudit sieur de La Poupelinière lorsqu'il
« occupoit cet appartement en l'année 1746, *pendant qu'il*
« *faisoit coucher la plaignante dans une soupente;* ou enfin

« c'est un ouvrage préparé avec la préméditation la plus
« noire et la plus atroce, car la manière dont le sieur de La
« Poupelinière s'est conduit dans cette occurrence annonce
« la supposition et la calomnie; en effet, il a pris le mo-
« ment de l'absence de ladite dame plaignante pour faire
« l'éclat, afin d'être plus en état d'en imposer sur sa préten-
« due découverte. »

Et le commissaire Glou ajoute, comme en son nom personnel : « S'il a fait venir un de nos confrères, ce n'a été
« que quand tout a été disposé et qu'on ne pouvoit plus
« rien connoître à l'ouvrage. Comme le tout ayant été dé-
« fait hors de la présence de notre confrère, on a cru ne de-
« voir rien conserver des prétendus vestiges de cette préten-
« due œuvre pour ne pouvoir pas être convaincu d'imposture,
« quoique les monuments de ce prétendu percement de mur
« eussent cependant été bien importans *pour connaître l'âge*
« *et la qualité de ce travail avant sa démolition*, l'endroit par
« où l'ouverture prétendue avoit été pratiquée, le tems dans
« lequel elle l'avoit été, comment et par où elle s'ouvroit. »

Ces observations ont un caractère sérieux et incontestablement juridique. Il est inconcevable, en effet, que M. de
La Poupelinière n'ait pas attendu l'arrivée du commissaire
pour constater l'état des lieux préalablement à toute démolition, qu'il n'ait pas exigé la présence contradictoire de sa
femme, et, ce qui me frappe encore plus, la présence du
propriétaire de la maison voisine, qui, n'étant pas appelé,
se trouvait, en droit, comme Mᵐᵉ de La Poupelinière elle-
même, de contester la réalité de la découverte, et surtout
de décliner une responsabilité que M. de La Poupelinière,
par une condescendance étrange envers ses voisins, ne
songe pas même à invoquer.

Le lecteur connaît maintenant les pièces du procès, abs-
traction faite des récits ou des commérages que nous en ont
laissé des écrivains qui ont accepté la version du mari,
et qui, comme Marmontel, ne se sentaient pas précisément
libres de scruter la conduite de leur Mécène ordinaire.

Que le maréchal duc de Richelieu fût ou non l'amant
de Mᵐᵉ de La Poupelinière, alors âgée de trente-cinq ans,
malade et cancéreuse depuis plus de deux ans, cela ne prou-

verait pas qu'il eût fait construire la plaque tournante ni
que M. de La Poupelinière n'en eût pas eu l'idée pour perdre
la femme qu'il n'aimait plus, dont il voulait se débarrasser
et qui mourut de sa main. Circonstance décisive : le duc de
Richelieu était absent de Paris depuis seize mois, dont
quatorze passés à la défense de Gênes, qui lui valut le bâton
de maréchal. L'éloignement prolongé de M. de Richelieu
explique l'audacieuse combinaison de M. de La Poupelinière.

Ajoutons que M. de La Poupelinière était un grossier li-
bertin, dans l'héritage duquel on trouva des figures de cire
« représentant des nudités et postures immodestes que la
« pudeur même la moins scrupuleuse ne peut pas suppor-
« ter » (Procès-verbal de levée des scellés par le commissaire Sirébeau, cité par M. Émile Campardon).

Dénuée de tout, de linge, de vêtements et d'argent, souf-
frant cruellement de la tumeur cancéreuse au sein produite
par les brutalités de son mari, M᠎me de La Poupelinière obtint, au bout de onze mois, en novembre 1749, une rente
annuelle de vingt mille livres dont M. de La Poupelinière fut
obligé de lui assurer le principal par l'ordre exprès de M. Machault d'Arnouville, contrôleur-général des finances, sous
peine d'être exclu de la compagnie des fermiers-généraux
(Mémoires de M. d'Argenson, VI, 73). Cette attitude du
ministre prouve que l'opinion des honnêtes gens ne fut pas
favorable à M. de La Poupelinière.

M᠎me de La Poupelinière mourut dans les premiers mois
de 1752 ; M. de La Poupelinière resta sept ans veuf ; ce ne
fut qu'en 1759 et loin de Paris, qu'il put trouver une famille
assez téméraire ou assez mal instruite pour lui confier sa
fille. La nouvelle épouse, Marie-Thérèse de Mondran, lui
fut amenée de Toulouse par un de ses familiers, l'abbé La
Coste, l'un des collaborateurs de Fréron, qui se fit condamner l'année suivante pour faux et escroquerie, au carcan, à
la marque et aux galères perpétuelles. « Cette affaire, » dit
l'avocat Barbier (Journal, VII, 300) « a fait du bruit et a
« dû bien mortifier M. de La Poupelinière, qui a déjà eu plu-
« sieurs histoires désagréables sur son compte. »

M. de La Poupelinière, exclu des fermes générales à l'ex-

piration du bail de Pierre Henriet en 1762, après quarante
ans d'exercice et à soixante-dix ans d'âge, institua par testament les cinq frères et sœurs (de père seulement) qui lui
restaient, Pierre Le Riche de Vandy étant sans doute prédécédé, ainsi que la fille nommée Charlotte-Perrine, qu'il avait
eue le 28 août 1731 de son mariage avec Mlle Ycard. Ce
qui justifie cette supposition c'est qu'Alexandre Le Riche
portait alors le nom de la terre de Vandy en Champagne,
qui avait appartenu à Pierre Le Riche. Mme de Saffray, leur
autre sœur, était également prédécédée, mais elle fut représentée dans la succession par ses trois enfants : Alexandre-
Augustin de Saffray, ancien capitaine de Royal-Roussillon-
cavalerie, chevalier de Saint-Louis; Marie-Thérèse de Saffray, veuve de Pierre-Hyacinthe de Mesnildot, seigneur de
Gouberville; et Alexandrine-Marie-Thérèse de Saffray, femme
d'Étienne Larcher de La Londe.

La famille de Saffray existe encore; Mme la marquise
Blanche de Saffray a publié, il y a une vingtaine d'années,
plusieurs recueils de vers pleins d'élévation et de mélancolie.
J'ai eu le plaisir de voir dans son hôtel, rue de Clichy, un
beau portrait de son ancêtre La Poupelinière, vêtu en berger
et jouant de la flûte; car il était musicien, écrivain et poète,
ce Tircis qui battait si rudement les femmes. Le culte des
beaux-arts n'avait pas adouci ses mœurs. M. le marquis
de Saffray, fils de la marquise, était, avant 1870, attaché au
ministère du commerce.

La Poupelinière mourut en sa maison rue Richelieu le
5 décembre 1762 et fut enterré à Saint-Roch le lendemain
6 décembre (Cabinet des titres). Mme de La Poupelinière se
déclara grosse, et mit en effet au monde, le 28 mai 1763,
un enfant qui fut baptisé le lendemain à Saint-Eustache sous
les noms d'Alexandre-Louis-Gabriel Le Riche de La Poupelinière. M. Émile Campardon nous fait connaître qu'à la suite
d'un procès assez long et assez scabreux, les droits du mineur, contestés par les héritiers testamentaires, furent pleinement reconnus.

Mais ce que je puis ajouter, c'est qu'il n'en jouit pas, soit
qu'il fût mort en bas âge, soit que la sentence dont M. Campardon ne cite ni l'origine ni la date eût été infirmée, car

en 1769, la maison de la rue Richelieu appartenait encore aux héritiers testamentaires conjointement avec la veuve.

Elle fut licitée à la barre de la Grand Chambre du Parlement le 19 juillet 1769, à la requête de Mlle Jeanne-Alexandre Le Riche de Vandy, comme légataire pour un cinquième de M. Jean-Joseph Le Riche de la Poupelinière, et la veuve et autres représentants.

Elle fut adjugée à M. Honoré-Joseph Barjac de Renneville, qui fit poursuivre sur lui-même, aux requêtes du Palais, un décret volontaire adjugé le 7 juillet 1770. Recueillie dans l'héritage de Barjac de Renneville par Pierre Barjac et Marguerite de Sidery, ses père et mère, elle fut acquise, le 28 avril 1772, par contrat devant Me Baron jeune, par François-Jérôme Chaban de La Borie, qui la laissa en 1779 à son neveu, Nicolas Valleteau de la Fosse[1], de qui elle passa en 1809 à l'une des filles de ce dernier, Angélique-Marie-Sophie Valleteau de La Fosse, femme de Jacques-Jules Michau de Montblin. Mme de Montblin la vendit par contrat devant Me Péan de Saint-Gilles, le 16 mars 1812, à M. Nicolas-Remy Gillet, courtier de commerce, et Mme Louise Rivière sa femme.

Elle appartint ensuite à M. Poiret, riche filateur de laines, de la maison Poiret frères et neveu, notables commerçants de Paris; mais la présente notice arrive trop tard pour lui restituer sa valeur historique. Le bail de l'hôtel d'Espagne, qui l'occupait depuis quatre-vingt-quatorze ans, était fini; elle vient d'être démolie au mois de mai 1882; elle avait duré cent quarante-trois ans depuis sa reconstruction par M. de La Poupelinière. Je l'avais visitée sans y retrouver la moindre trace de la fameuse cheminée; mais la démolition m'a livré le secret que j'avais vainement cherché. Aujourd'hui (juin 1882) lorsqu'on regarde le mur mis à nu de l'ancienne maison Tarade (n° 57), on aperçoit au deuxième étage, tranchant sur le sillon noirci de l'ancien tuyau de cheminée, un parallélogramme de plâtre grossièrement gâché, qui, par un phénomène singulier, a gardé presque intacte

1. Il y avait, de 1735 à 1745, un conseiller au Parlement nommé Chaban de la Fosse, dont le nom semble fournir le passage de Chaban de la Borie aux Valleteau de la Fosse.

sa blancheur primitive : c'est, à n'en pas douter, l'emplacement de la porte de fer rebouchée depuis l'année 1748. Elle est en contrehaut d'environ quatre pieds sur le plancher du deuxième étage de la maison Tarade, conformément à l'indication recueillie par Collé (Mém., t. Ier, p. 28), ce qui explique l'espèce de caisson en planches dont l'existence du côté de la maison Tarade est signalée par le procès-verbal du 28 novembre 1748. Dans quelques semaines, les constructions neuves recouvriront pour jamais ce dernier souvenir des La Poupelinière.

No 61. — Cette maison fut construite et habitée d'abord par M. Gobert, qualifié architecte du Roi. Cette origine, qui a échappé même au rédacteur du petit carnet ms du fief Popin, m'est révélée par l'arrêt du Conseil que j'ai déjà cité (cabinet du comte de Magny). Il s'agit de Thomas Gobert, qu'on nomme ailleurs tout simplement maître-maçon, membre de l'Académie d'architecture en 1680, et qui fut le père d'un autre Thomas Gobert, également académicien en 1699. Aux termes d'un contrat d'échange du 29 juillet 1667, confirmé par décret du Châtelet de Paris le 8 août 1668, M. Gobert céda sa maison de la rue Richelieu contre 512 toises de terrain à bâtir situées près de la porte Gaillon, au sieur Pierre Cadeau, marchand bourgeois de Paris. En 1705, c'était un conseiller Cadeau, fils ou neveu du précédent, qui possédait la maison. Il s'agit, selon toute vraisemblance, d'Alexandre Cadeau, reçu le 28 août 1675 conseiller à la quatrième chambre des enquêtes, puis conseiller clerc à la Grand Chambre du Parlement.

La maison fut acquise vers 1714 par M. Heudelot de Chezé, Chazé ou Chazée, garde des rôles de la Chancellerie depuis 1713, qui vint l'habiter en 1716; lorsqu'il devint contrôleur-général de la Chancellerie en 1727, il avait cédé depuis trois ans sa maison de la rue Richelieu à un sieur Robert, et était allé habiter la rue Traversine.

D'après le plan du fief Popin, copie du Cabinet des estampes, elle appartint, dans la seconde moitié du XVIIe siècle, à un M. Soulas.

Expliquons, de crainte de confusion, qu'un autre conseiller Cadeau, neveu ou petit-neveu du premier, Pierre Cadeau de Montgascon, reçu à la Cour des aides le 20 juillet 1713, vint habiter la rue Richelieu vers 1733, mais « près les Quinze-Vingts », c'est-à-dire tout en bas, vers la rue Saint-Honoré.

Nos 63 à 75. — La façade sur la rue Richelieu des terrains compris entre le mur méridional du no 63 et l'angle sud-ouest de la rue Neuve-Saint-Augustin forme la limite orientale du domaine de l'abbaye de Saint-Victor, contenant 5 arpents 4 perches de superficie, soit 4,536 toises carrées. Ce domaine fut aliéné par l'abbaye de Saint-Victor, aux termes d'un contrat du 20 mai 1648, au profit de Bertrand de La Bazinière, trésorier de l'épargne, époux de Françoise de Barbezières, demoiselle de Chemerault, fille d'honneur de la reine Anne d'Autriche. M. de La Bazinière habitait alors la rue Croix-des-Petits-Champs ; il ne fit bâtir que plus tard le bel hôtel du quai Malaquais, devenu après lui l'hôtel de Bouillon, aujourd'hui hôtel de Chimay. Ce fut un des premiers admirateurs de Moliere ; La Grange a consigné sur son registre une visite faite par la troupe en 1660 chez M. de La Bazinière, qui lui donna 330 livres.

Je n'ai rien trouvé dans le fonds de Saint-Victor aux Archives nationales sur les terrains de la rue Richelieu, et ce que je sais de leur aliénation en 1648 m'est fourni par les énonciations d'un acte notarié du 23 juin 1752, que je relate ci-après au no 73.

Mais on peut suppléer cette lacune par la confrontation de trois plans authentiques : 1o le grand plan du fief Popin, déposé entre les mains de Léonard Le Pere, seigneur de ce fief, le 9 juin 1685, et dont la copie authentique, datée du 19 mai 1721, avec les noms des propriétaires à cette époque, est conservée aux Archives nationales (IIIe classe, Seine no 46); 2o le plan d'une partie du fief Saint-Victor, dressé le 23 mars 1754 par Louis Bonneffant, arpenteur royal des eaux et forêts du département de Paris (Ibid.); 3o le plan original et autographe du même fief dressé et signé par Rittmann le 4 février 1771 (Arch. Nat. N4 463).

Cette partie du fief Saint-Victor, comprenant cinq arpents,

contenait, en dedans de la façade sur la rue Richelieu, telle que je viens de la décrire, un parallélogramme irrégulier, qui se dirigeant vers la rue Chabannais actuelle, puis vers la place Louvois, atteignait de là la rue Sainte-Anne, selon le côté gauche de la rue Rameau, rentrait de la rue Sainte-Anne jusqu'aux deux ou trois dernières maisons du côté droit de la rue Louvois et de là rejoignait à angle droit la rue Neuve-Saint-Augustin.

En 1754 il avait été édifié sur ce domaine neuf maisons, dont huit en façade sur la rue Richelieu (s'étendant du no 65 au no 75 actuels inclus), et la neuvième (hôtel de Pomponne), en retour sur la rue Neuve-Saint-Augustin (no 5 d'aujourd'hui). Il n'en subsiste plus que quatre en deçà de la place Louvois. Ces quatre maisons, dont la façade totale (24 toises) n'a pas varié depuis 1754, furent construites sur une marge d'environ 13 toises de profondeur, lotie en quatre parcelles sensiblement égales entre elles, prélevées sur le jardin de l'hôtel Saint-Pouanges, qui avait été acheté et morcelé par l'entrepreneur Mazières (v. no 55).

Cet hôtel avait sa grande entrée par la rue Neuve-des-Petits-Champs, assez exactement dans l'axe de la rue Chabannois. Le jardin, placé derrière l'hôtel, au centre du massif compris entre la rue Sainte-Anne et la rue Richelieu, rejoignait celle-ci à la suite de la maison no 63 et prolongeant son mur sur la rue, un peu en deçà de la façade nord du 69 actuel, jusqu'à l'hôtel de Jars, qui le séparait de l'hôtel Louvois.

Comment Saint-Pouanges devint-il Chabannois? Simplement par alliance. La terre de Chabannois en Angoumois, qualifiée principauté, fut très anciennement possédée par la maison de Rochechouart, d'où elle passa par mariage dans celle de Thouars. Un François de Thouars, mort sans postérité en 1562, vendit Chabannois à Joachim de Montesquiou dit de Montluc, qui le transmit à Adrien de Montluc, le noble auteur de l'amusante *Comédie des Proverbes*. Adrien de Montluc, prince de Chabannois, mourut le 22 janvier 1646, laissant une fille mariée à Charles d'Escoubleau marquis de Sourdis; de cette union naquit une fille, Angélique, qui épousa le 24 mars 1702 François-Gilbert de Colbert de

Saint-Pouanges, qui se fit appeler le marquis de Chabannois et qui mourut le 19 novembre 1719. Leur fils, François-Gilbert, marquis de Chabannois, maréchal de camp, épousa Marie-Jeanne Colbert de Croissi, sa cousine, et il en eut Claude-Théophile-Gilbert Colbert, marquis de Chabannois, né en 1735, qui, par lettres patentes du 10 avril 1773, se fit autoriser à ouvrir une rue en équerre, sous le nom de rue Chabannois, de la rue Neuve-des-Petits-Champs à la rue Sainte-Anne, sur le terrain de l'hôtel Saint-Pouanges à lui appartenant, et dont le jardin était déjà rogné, depuis quatre-vingts ans, de toute sa bordure sur la rue Richelieu. Dans l'hôtel Saint-Pouanges fut établi en 1755 le bureau du clergé (voir ci-après la suite du n° 69).

N° 63. — Sur un terrain récemment acquis par eux d'un sieur Langlois, M. et Mme Chebron de Bonnegarde, déjà nommés (v. nos 23 et 23 bis), firent construire en 1662, de moitié avec leur beau-frère et frère Nicolas de L'Espine, une maison à porte cochère (acte reçu Daubanton et Coustellier le 26 décembre 1662, faisant partie de mon cabinet), qu'ils louèrent en 1664 au marquis de Louville (acte devant Meusnier et Lebeuf, du 29 mars 1664, id.). Elle appartint en 1679 à M. Charpentier, gendre de M. Chebron (v. n° 48), dans la famille duquel elle resta jusqu'à la seconde moitié du XVIIIe siècle. Elle supportait la borne n° 24 du fief Popin, posée à 32 toises 1 pied du coin de la rue Neuve-des-Petits-Champs; mais elle est attribuée au domaine de Saint-Victor dans le plan de 1754. Je ne saurais expliquer cette contradiction ou ce double emploi. C'est le premier lot du morcellement du jardin Saint-Pouanges, parcelle A du plan de 1754.

Avant d'être l'hôtel de Malte, qui l'occupe depuis 1797, et qui prit son titre, au dire des gens d'imagination, du voisinage de l'hôtel de Jars (voir ci-après la suite du n° 69), elle était habitée en 1754 par la dame du Monceau, c'est-à-dire par Marie des Acres de l'Aigle, femme ou veuve de Parfait de Prunelé, de la branche issue d'Etienne-François de Prunelé et de Marguerite du Monceau de Tignonville, né le 13 décembre 1695. La famille de Prunelé, du pays de

24

Beauce, sans être très illustre, se vantait à juste titre de
son extraordinaire ancienneté; son origine se perdait dans
la nuit des temps, et l'un de ses ancêtres les plus récents
était Guillaume de Prunelé, vivant sous Philippe-Auguste.

La maison fut occupée jusqu'à la révolution par la comtesse de Prunelé, belle-fille de Mme du Monceau. Elle était
en son nom Blanche-Adelaïde Le Moine de Bellisle, fille de
Jean-Baptiste Lemoine de Bellisle, intendant des finances et
secrétaire des commandements et du cabinet du duc d'Orléans (v. sur ce personnage, un intéressant travail au t. VIII,
p. 125 et suiv. des Mémoires de la Société de l'Histoire de
Paris) et d'Émilie-Hélène de Palerne, sa femme (née le
3 juin 1726); elle avait épousé le 8 juin 1775, dans la
chapelle du Palais-Royal, Jules-Antoine-Emmanuel de Prunelé, né le 25 mai 1748. M. et Mme de Prunelé habitaient
la rue Richelieu avec leurs beau-frère et belle-sœur, celle-ci
sœur de Mme de Prunelé, Louis-René comte des Courtils, et
sa femme Geneviève-Joséphine-Émilie Le Moine de Bellisle;
et avec leur cousin, M. de Palerne, membre de la Société
royale d'Agriculture, secrétaire de la Chambre et Cabinet
du Roi, reçu en 1783, en survivance de M. Le Couteulx de
la Noraye (v. n° 112).

N° 65. — Cette maison, construite postérieurement à 1669
sur la parcelle cotée B au plan de 1754 (deuxième lot du jardin de l'hôtel Saint-Pouanges), appartenait dès 1705 à M. le
duc de Villeroy. Je la trouve possédée en 1754 par Catherine Allen ou Allan, veuve de Jean Oursin. Fils d'un chan-
delier de Caën nommé Michel Oursin et de Thomasse
Chauvet, Jean Oursin, écuyer, seigneur d'Orry-la-Ville, né
en 1664, se fit recevoir secrétaire du Roi en 1705, devint
receveur-général des finances de la généralité de Caën de
1707 à 1742, et fut taxé en cette qualité par la Chambre
de justice, au rôle du 2 janvier 1717, à 2,600,000 livres. Il
mourut en 1746 à quatre-vingt-deux ans, et fut inhumé
le 17 à Saint-Eustache. La postérité de ce fils d'un humble
fabricant de chandelles est un document à recueillir pour
l'histoire de la bourgeoisie sous l'ancien régime. Voici le
dénombrement de ses six enfants :

1º Jean-Baptiste-Mathieu Oursin, seigneur de Soligny, maître d'hôtel ordinaire du Roi ; 2º Pierre Oursin, seigneur de Digoville, qui succéda à son père comme receveur-général de Caën, et mourut le 29 janvier 1773 à soixante-six ans, dans son hôtel de la rue d'Anjou au faubourg Saint-Honoré ; il avait épousé, le 17 janvier 1742, à Saint-Eustache, Henriette-Gabrielle Le Noir de Cindré, fille de Guillaume Le Noir de Cindré, fermier-général, receveur-général d'Alençon, et d'Anne Baugy, qui mourut le 25 novembre 1756, à trente-cinq ans ; 3º Jeanne Oursin, mariée en 1720 à Jacques-Antoine de Ricouard, comte d'Hérouville, seigneur de Claye, lieutenant-général des armées ; 4º Catherine Oursin, mariée en 1723 à Michel-Gervais-Robert de Pommereu, maître des requêtes, intendant d'Alençon ; 5º Marie-Oursin, femme en 1729 de Jacques-Bernard Chauvelin, maître des requêtes, intendant de Picardie, intendant des finances (voyez ci-après le nº 79) ; 6º Marie-Avoye Oursin, mariée en 1737 à Jacques-Étienne de Grouches, comte de Chepy, maréchal de camp.

Mme veuve Oursin, née Allen, retirée dans sa maison de la rue Richelieu, y mourut le 10 octobre 1758 à quatre-vingts ans. La maison fut habitée après elle son fils aîné J.-B. Mathieu Oursin, seigneur de Soligny, jusqu'à son décès survenu le 16 février 1782 ; il avait alors quatre-vingt-trois ans.

Un hôtel meublé s'établit à cette place de 1788 à 1815, sous le nom d'hôtel Louis XVI, puis d'hôtel de Paris. Mme Branchu, l'illustre cantatrice qui créa la Vestale de Spontini, vint y demeurer en 1819.

Nº 67. — C'est la troisième parcelle du fief de Saint-Victor, cotée D au plan de 1754, et le troisième lot du jardin de l'hôtel Saint-Pouanges. Le Terrier de 1705 l'attribue à M. de Souvré Louvois, c'est-à-dire au second fils du ministre, Louis-Nicolas Le Tellier de Louvois, né le 23 janvier 1667, marquis de Souvré, titré de la terre de Souvré, apportée à Louvois par sa femme, Anne de Souvré, en même temps que le marquisat de Courtenvaux, dont le titre fut attribué au premier-né de leur mariage.

Le marquis de Souvré fut maître de la garde-robe en
mai 1688, lieutenant-général au gouvernement de Navarre
et Béarn la même année, chevalier des ordres le 3 juin
1724. Il avait épousé le 17 février 1698 Catherine-Charlotte
du Pas de Feuquières, fille de François du Pas de Feuquières,
comte de Rebenac, lieutenant-général au gouvernement de
Navarre et de Béarn, propre frère de Jules du Pas, comte de
Feuquières, qui épousa vers le même temps Catherine
Mignard. Le marquis de Souvré, le second fils du plus
altier des ministres de Louis XIV, devint ainsi le neveu par
alliance de M\ll\e Mignard, la maîtresse avouée d'un des
valets de chambre du Roi. Les enfants du marquis de Souvré
et de M\ll\e de Feuquières furent substitués aux noms et
titres de comtes de Rebenac.

Le plan de 1754 attribue la présente maison à un sieur
Brulon; mais ce nom ne s'accorde pas avec les actes authentiques que j'ai sous les yeux. A cette même époque, la
maison aujourd'hui numérotée 67 appartenait à Marie-Anne
Gislon, veuve de François Guihon ou Guyhon, et fut attribuée, par partage devant M\e Dutartre, le 17 septembre 1756,
à M. Rousseau de Pantigny, receveur-général des finances de
la généralité de Bourges. M. Rousseau de Pantigny, qui
habitait alors la rue Neuve-des-Petits-Champs, s'installa
dans sa maison de la rue Richelieu en 1762 et y séjourna
jusqu'en 1780, époque de la suppression momentanée des
recettes générales. Lorsqu'il reprit possession de sa charge,
après la chute de Necker en 1781, il demeurait à l'hôtel
Caumont, où j'ai signalé sa présence (voyez ci-dessus
n\o 92).

En 1787, M. Brière de Mondetour, commis par le Roi pour
la recette des économats, c'est-à-dire des biens et revenus
séquestrés en vertu du droit de régale, y transféra ses
bureaux, antérieurement situés rue des Fossés-Montmartre.

La maison demeura aux héritiers Rousseau de Pantigny
jusqu'en 1795; elle fut alors acquise par la famille Lecomte.

De 1799 à 1806 les fourneaux du restaurant Guichard
s'allument dans cette maison, qui fut acquise le 5 mai 1819
par Jeanne-Marie-Antoinette-Émilie Bigottini, fille majeure,
ancien premier sujet de la danse à l'Académie royale de mu-

sique, qui la posséda jusqu'à sa mort, aux environs de 1850. Mlle Bigottini avait acheté déjà, trois ans auparavant, une autre maison du même côté de la même rue (voir ci-après au n° 89).

N° 69. — Quatrième parcelle du fief de Saint-Victor, cotée D comme la précédente, l'arpenteur Boneffaut l'attribuant au même M. Brulon. C'est le quatrième lot de jardin de l'hôtel Saint-Pouange du côté de la rue Richelieu. Le Terrier de 1705 l'indiquait comme appartenant à M. Rivière.

L'ancienne façade, qui ne mesurait que 6 toises (11^m,70), s'est élargie d'environ 8 mètres aux dépens des terrains de l'hôtel de Jars, avec lequel elle était mitoyenne. Cette emprise se reconnaît à la simple inspection, parce qu'elle est en recul de plus d'un mètre sur l'ancien alignement gardé par les maisons précédentes depuis l'encoignure nord de la rue Neuve-des-Petits-Champs. Elle fait retour sur la rue Rameau. Elle comptait autrefois pour le n° 73 (ce serait le 71 du nouveau numérotage). Mais elle a cessé, depuis 1850, de compter pour une maison sur la rue Richelieu ; de fait, elle est entièrement incorporée dans les dépendances de l'hôtel meublé de Valois. Cet hôtel, d'après son enseigne, date de 1804 ; je ne le connais, à l'emplacement actuel, qu'à partir de 1827 ; il faut donc qu'il soit la suite de l'hôtel Valois fondé d'abord au n° 17, et qui est en effet remplacé depuis 1827 par l'hôtel meublé d'Orléans ; il s'était appelé d'abord hôtel Lhéritier, puis de Ligurie, Richelieu et Languedocien (1797 à 1827).

Bouvard, médecin de la Faculté de Paris, associé de l'Académie des sciences pour l'anatomie, élu en 1743, avait acheté vers 1759 cette maison qu'il habita jusqu'à sa mort survenue en 1787.

Du coin sud de la rue Rameau au coin nord de la rue de Louvois, c'est-à-dire entre le n° 69 et le n° 71 actuel de la rue Richelieu, on mesure environ 54 mètres, qui appartiennent pour 24 mètres au terrain de l'ancien hôtel de Jars et pour 30 mètres au terrain de l'ancien hôtel Louvois.

A. *Hôtel de Jars.* — Sur la parcelle du domaine de Saint-

Victor, cotée E au plan de 1754, contenant 1,062 toises et
25 pieds de superficie et 16 toises 6 pieds de facade sur la
rue Richelieu, François de Rochechouart de Jars, chevalier de
Malte et de Saint-Jean de Jérusalem, commandeur de Lagny-
le-Sec, abbé de Saint-Satur, mort en avril 1670, avait fait bâtir par François Mansard un hôtel qui a été décrit par tous les
anciens historiens de Paris, notamment par Blondel, dans son
Architecture française. Il était alors pour ainsi dire au milieu
des champs, car dans une eau-forte d'Israël Silvestre, qui
montre l'hôtel de Jars en construction, un troupeau de mou-
tons paît à l'entour du chantier, et la vue s'étend sans obstacle
jusqu'à la butte Montmartre. La porte de cet hôtel, ouvrant
sur la rue Richelieu, etait un morceau réputé parmi les
connaisseurs. Il atteignait par derrière la rue Sainte-Anne, et
sa limite, de ce côté, est dessinée par l'épaisseur du n° 56 actuel. Cette dernière maison est adossée au 54, qui représente, lui, la marge nord de l'ancien hôtel Saint-Pouanges, et
qui réjouit l'œil par de charmantes guirlandes sculptées, contraste saisissant entre le style de 1774, époque du percement
de la rue Chérubini (anciennement Chabannois) sur l'hôtel
Saint-Pouanges, et celui de 1792 sur l'hôtel de Jars : les
fleurs de l'ancien régime et la rusticité jacobine.

Après la mort du commandeur de Jars en 1670, son hôtel
fut acheté par le cardinal de Coislin, premier aumônier du
Roi, évêque d'Orléans, abbé de Saint-Victor, grand aumônier
de France en 1700, mort à Versailles le 26 février 1706, à
soixante-dix ans; il appartint ensuite au neveu du cardinal,
Henry-Charles de Cambout, duc de Coislin, pair de France,
successeur de son oncle comme premier aumônier du Roi,
évêque de Metz en 1697, mort le 28 novembre 1732, à
soixante-neuf ans, en qui s'éteignit, avec la branche aînée,
le duché-pairie de Coislin. L'évêque de Metz possédait une
admirable bibliothèque, riche en manuscrits, qu'il légua à
l'abbaye Saint-Germain-des-Prés, et qui forme aujourd'hui
l'ancien fonds Coislin de la Bibliothèque nationale.

L'évêque de Metz avait vendu l'hôtel de Jars en 1714 à
M. Olivier de Senozan. Piganiol de la Force prétend qu'il
revint ensuite à l'évêque; c'est une de ces erreurs qui four-
millent dans les ouvrages les plus accrédités. La famille de

Senozan habitait encore l'hôtel de Jars près d'un demi-siècle après la mort de l'évêque de Metz.

Les seigneurs comtes de Senozan eurent pour premier auteur David Olivier, qui se prétendait issu de gentilhommes piémontais ou savoyards remontant au XIIIe siècle, mais qui, de fait, se trouvait réduit dans ses jeunes années à tenir les livres chez un négociant de Lyon. Intelligent, habile et laborieux, David Olivier entreprit à son tour le négoce et devint le plus riche banquier de la seconde ville du royaume. Il obtint en novembre 1710 la réunion et l'érection des terres qui composaient l'ancien comté de Briois en Mâconnais sous le titre de comté de Senozan. Il avait épousé, dès sa jeunesse, une lingère de Lyon nommée Françoise Anson. Leur fils aîné, François Olivier, seigneur du comté de Senozan et du marquisat de Rosny, fut l'acquéreur de l'hôtel de Jars. Né à Lyon le 6 février 1678, il épousa le 29 juin 1711 Jeanne-Anne-Madeleine de Groslée de Viriville, née en 1693, morte le 2 septembre 1775 à quatre-vingt-deux ans. Voici comment Saint-Simon parle de ce mariage sous la date de 1705 : « Virville mourut en ce même temps, du « nom de Groslée, illustre en Dauphiné. Il avoit été capi- « taine de gendarmerie, brave et fort bon officier... Le ma- « réchal de Tallard avoit épousé sa sœur, et lui, qui vouloit « tout laisser à son fils unique, donna pour rien sa fille à « Senozan, homme de rien, dès lors fort riche et qui le de- « vint énormément depuis. Il arriva ce qu'on voit ordinai- « rement de ces mariages ; le fils de Virville lui survécut « peu ; la veuve du même Virville hérita de son père et « de ses oncles ; il se forma du tout une succession prodi- « gieuse qui tomba à la femme de Senozan. »

Ce petit récit n'est pas fort clair ; il n'est pas non plus fort exact. Mlle Groslée de Viriville n'avait que douze ans lorsque son père, Joseph-François, marquis de Viriville, mari de Magdeleine-Sabine de La Tour du Pin Gouvernet, mourut le 26 septembre 1705, et elle n'épousa François Olivier de Senozan que le 29 juin 1711 ; son père ne fut donc pour rien dans ce mariage, qui fit d'Olivier de Senozan l'allié des Tallard, des La Tour du Pin et de vingt autres familles nobles. Ajoutons, ce que Saint-Simon ne prévoyait pas, que le ma-

riage de M. de Senozan avec Mlle de Viriville les donnèrent
pour aïeux à deux illustres familles, les Montmorency-
Luxembourg et les Talleyrand-Périgord.

François de Senozan, chevalier de Saint-Michel, reçu en
1708, occupa en 1724 les lucratives fonctions d'intendant-
général des affaires temporelles du clergé de France, dont il
se démit en 1739 au profit de son neveu, François-David Bollioud de Saint-Julien. Il mourut le 5 juillet suivant dans
l'hôtel de Jars et de Coislin qu'il avait, au dire de Piganiol,
entièrement reconstruit à l'intérieur, n'en laissant subsister
que les quatre murs. Les bureaux pour le clergé se trouvaient
auparavant rue Vivienne, à l'hôtel de Croissy, en face de
l'arcade Colbert; M. de Saint-Julien les transporta en 1755
à l'hôtel Saint-Pouanges, puis, après le percement de la rue
Chabannois, à son bel hôtel de la rue d'Artois (v. ci-dessus
n° 100).

Du mariage de François de Senozan avec Mlle de Viriville
étaient nés une fille et deux fils :

La fille, nommée Anne-Sabine Olivier de Senozan-Viri-
ville, épousa le 4 octobre 1730 Chistian-Charles-François de
Montmorency-Luxembourg, prince de Tingry, souverain de
Luxe en Basse-Navarre, lieutenant-général des armées, fils
aîné du maréchal de Luxembourg, né le 30 septembre 1713,
mort le 20 août 1787 à soixante-quatorze ans. La princesse
de Tingry mourut le 29 septembre 1742, laissant pour héritière une fille nommée Pauline-Françoise de Montmo-
rency-Luxembourg-Tingry, née le 16 janvier 1734, qui
épousa Louis-François-Joseph de Montmorency. Le prince et
la princesse de Tingry habitèrent l'hôtel de Jars jusqu'à la
Saint-Rémy (1er octobre) 1740, comme nous l'apprend une
curieuse anecdote rapportée par d'Argenson (*Mém.*, t. II,
p. 164), à propos d'une lubie du cardinal Fleury, qui accusait
le prince de Tingry, homme sérieux et appliqué, de tenir
chez lui une loge de *frimaçons*.

Le fils aîné, nommé Jean-Antoine Olivier, seigneur de
Senozan, fut légataire universel de son père en vertu d'un
testament du 21 avril 1738, exécuté le 29 mars 1741. Né en
1713, conseiller à la deuxième chambre des requêtes du Parlement de Paris le 10 juillet 1733, président à la quatrième

chambre des enquêtes le 6 avril 1737, et président honoraire
à la Grand Chambre en 1759 après la suppression de la quatrième chambre des enquêtes, il épousa en février 1735 Anne-
Nicole de Lamoignon, née le 6 juin 1718, fille de Guillaume
de Lamoignon, seigneur de Blancmesnil, et d'Élisabeth Rou-
jault. Il mourut dans l'hôtel de Jars le 30 septembre 1778, à
soixante-cinq ans, laissant un fils François-Antoine, né le
13 novembre 1736, avocat-général au Grand Conseil en
1757, mort le 26 mars 1759 à vingt-trois ans).

Moins heureuse que son mari, Anne-Nicole de Lamoignon
ne vécut jusqu'à soixante-seize ans que pour périr sur l'échafaud révolutionnaire le 21 floréal an II (10 mai 1794) :
« A.-N. Lamoignon, âgée de soixante-seize ans, veuve de Se-
« nozan, ex-marquis, « fut jugée et guillotinée en compagnie
et en qualité de « complice » de « Anne-Élisabeth Capet,
« sœur du dernier tyran ». Complice d'un ange...

Je retrouverai la suite des Senozan à leur autre hôtel du
n° 95, auquel je renvoie pour ne pas faire de double emploi.

La mort du conseiller d'État Senozan, en 1778, amena la
vente de l'hôtel de Jars, lequel fut acquis par messire Armand
Thomas Hue, marquis de Miromesnil, né en 1723, mort en
1796, qui remplaça le chancelier Maupeou avec le titre de
garde des sceaux le 24 août 1774, et fut remplacé lui-même
le 8 avril 1787 par Chrétien-François de Lamoignon, marquis de Basville. M. de Miromesnil s'y installa en 1781 ; il
y donnait le sceau lorsqu'il n'était pas à la cour.

La spéculation qui avait entrepris la démolition de l'hôtel
Louvois ci-après se compléta par l'acquisition de l'hôtel de
Jars-Coislin-Senozan-Miromesnil, sur l'emplacement duquel
M. Cottin ouvrit en 1792 une rue d'abord nommée la rue
Neuve-Lepelletier, puis ensuite rue Rameau, lorsque l'Opéra
prit possession du théâtre que la citoyenne Montansier avait
fait construire entre cette rue et la rue Louvois, sur les ter-
rains provenant des deux hôtels.

B. *Hôtel Louvois.* — L'hôtel Louvois avait été construit
par le ministre de Louis XIV sur une portion des cinq arpents de Saint-Victor vendus en 1648 à M. de La Bazinière
et formant la cote F du plan de 1754 (superficie 1495 toises

21 pieds). Ils appartinrent ensuite à M. Cousinot, qui les vendit en 1660 à l'abbé Basile Fouquet, frère du surintendant, et l'abbé les vendit à son tour en 1669 au marquis de Louvois. Ils s'étendaient en profondeur jusqu'à la rue Sainte-Anne, en face des Nouvelles-Catholiques, bâties sur la partie nord du passage Choiseul, et dont on croit voir des restes dans les nos 59, 61 et 63 de cette rue. Lorsque Bossuet, devenu vieux, s'y retira, les jardins de l'hôtel Louvois, donnant sur la rue Sainte-Anne, lui servaient de promenade habituelle.

L'hôtel Louvois présentait sur la rue Richelieu une façade de 33 toises (64 mètres et demi) percée de trois grandes portes. La description de cette demeure, qui ne paraît avoir eu de remarquable que ses dimensions, se trouve partout, notamment dans le livre de Blondel. Les écuries occupaient sur la droite un bâtiment perpendiculaire à la rue Richelieu, c'est-à-dire jusqu'à la limite du no 73, au droit du no 60.

Il en est de la famille Louvois comme de son hôtel; elle appartient à l'histoire générale et je n'en dis rien ici. Je me borne à rappeler que les principaux membres de la branche aînée, descendant de Michel-François Le Tellier de Louvois, marquis de Courtenvaux, puis de Louvois, fils aîné du ministre, et de Marie-Anne-Catherine d'Estrées, fille du maréchal duc de ce nom, habitèrent leur hôtel de la rue Richelieu jusqu'à Louis-Sophie, marquis de Louvois et de Souvré, comte de Tonnerre, brigadier de cavalerie, marié en premières noces à Hermanna-Cornelia Wriesen, veuf, puis remarié le 14 janvier 1782 à Marie-Jeanne-Henriette-Victoire de Bombelles, qui elle-même était veuve de Constantin, landgrave de Hesse-Rheinfels-Rothenbourg.

Le marquis Louis-Sophie mourut le 5 août 1785 à quarante-cinq ans, laissant de son second mariage un enfant né le 3 décembre 1783, nommé Auguste-Michel-Félicité Le Tellier de Louvois.

Moins d'un an avant sa mort, le marquis de Louvois avait obtenu, sous la date du 30 avril 1784, des lettres patentes l'autorisant à percer une rue sur les terrains de son hôtel.

Cette autorisation n'avait été sollicitée par Louis-Sophie

de Louvois que dans l'intérêt de ses créanciers. Le marquis se trouvait depuis quelque temps en cet état de déconfiture, qui est le pseudonyme de la faillite civile. Un arrêt du Conseil du 8 novembre 1783 avait institué une commission chargée de juger définitivement et en dernier ressort toutes les contestations nées et à naître entre le marquis, ses créanciers et tous autres, relativement à la vente de ses biens. Cette commission rendit le 5 février 1784 un jugement, homologué par lettres patentes du 30 avril suivant, portant, entre autres dispositions, le lotissement de l'hôtel Louvois conformément à un plan de division annexé à la minute dudit jugement. Les adjudications par lots commencèrent le 14 juillet 1785, vingt jours avant la mort du marquis.

Les terrains du corps principal de l'hôtel, c'est-à-dire la partie gauche, formant aujourd'hui la partie droite ou septentrionale de la place Louvois, devaient servir à édifier des constructions monumentales pour la Caisse d'escompte, créée par arrêts du Conseil des 24 mars et 22 septembre 1776; elle avait été établie d'abord dans les bâtiments de la Compagnie des Indes, rue Neuve-des-Petits-Champs, puis transférée en 1782 rue Vivienne (n° 28 de Watin, n°s 10 et 12 actuels), dans les bâtiments de l'ancienne Bibliothèque Royale. Les plans de la nouvelle Caisse d'escompte sont conservés en original au Cabinet des estampes de la Bibliothèque nationale.

La Caisse d'escompte n'était pas, comme l'avance inexactement le *Dictionnaire du Commerce* de Guillaumin, calquée sur la Banque d'Angleterre; elle réunissait les offices multiples des banques d'émission, d'escompte, de dépôt et de comptes courants à intérêt; ce qu'elle reproduisait ou plutôt ce qu'elle devançait d'un demi-siècle, c'était l'organisation du *joint-stock-banks* d'Angleterre; elle se chargeait, entre autres services, du service de caisse des particuliers ses clients, en payant pour leur compte tous effets domiciliés à la Caisse d'escompte. Cette institution utile et neuve avait résisté à diverses crises suscitées par des rapports qu'elle n'avait pu éviter avec le Trésor public. En 1792 et 1793 elle lutta tant qu'elle put sous le régime des assignats; mais les Jacobins trouvèrent qu'elle avait la vie trop dure.

Le citoyen Cambon monta à la tribune de la Convention le samedi 24 avril 1793 et y prononça les paroles suivantes que je tiens à citer textuellement : « Vous avez déjà porté « un grand coup à l'agiotage par le décret contre les assi- « gnats à face royale. Il a produit un excellent effet dans « les pays étrangers, et déjà, à Hambourg, notre change est « augmenté de 25 pour 100; il a suivi la même proportion « à Paris; il faut encore frapper une compagnie de finances. « Depuis le décret qui supprime la vente de l'argent, la « Caisse d'escompte n'a pas acheté un seul louis, un seul écu; « il est donc inutile de conserver un établissement qui n'est « aucunement utile à la République, mais qui au contraire « ne peut être favorable qu'aux agioteurs, dont toutes les « opérations luttent sans cesse contre l'établissement de la « République. En effet, il existe en ce moment un combat « à mort entre tous les marchands d'argent et l'établisse- « ment de la République. Il faut donc tuer toutes ces asso- « ciations destructives du crédit public, si nous voulons éta- « blir le règne de la liberté. » Sur ce rapport lumineux, qui punissait la Caisse d'escompte comme coupable d'avoir obéi à la loi qui défendait le commerce de l'or et de l'argent, la Convention nationale vota un décret qui atteignit par occasion toute espèce d'association de capitaux; en voici les deux premiers articles :

« Article 1er. — Les associations connues sous le nom de « Caisse d'escompte, de compagnies d'assurances à vie, et « généralement toutes celles dont le fonds capital repose sur « des actions au porteur ou sur des effets négociables, ou sur « des inscriptions sur un livre, transmissibles à volonté, sont « supprimées et se liquideront d'ici au 1er janvier prochain.

« Article 2. — A l'avenir, il ne pourra être établi, formé « ou conservé de pareilles associations ou compagnies sans « une autorisation du Corps législatif. »

Voilà ce que le citoyen Cambon appelait « le régime de la « liberté ». Ce n'était pas assez : sur la proposition de Thuriot, la Convention ordonna la mise sous scellés des compagnies, plus la peine de mort contre leurs administrateurs, considérés comme agioteurs et accapareurs, et, enfin, Cambon vint dire son dernier mot en faisant adopter par la Convention le 15 septembre 1794 un décret qui confisquait purement et simplement le fonds social, les caisses, le portefeuille et les réserves de toutes les sociétés financières.

Ces mesures ineptes et sauvages donnent la mesure du financier Cambon, que les hommes du jour vénèrent comme leur ancêtre et se proposent comme exemple. On comprend en effet que le nom de Cambon convienne mieux que le nom glorieux du maréchal de Luxembourg pour décorer une voie publique qui aboutit aux ruines du ministère des finances, brûlé par la Commune de 1871, cette fille et disciple du financier Cambon.

La Convention avait pu supprimer et confisquer les sociétés financières en même temps qu'elle supprimait les prix de vertu en confisquant les fonds des Académies. Mais ces énormités prirent fin avec le règne de la Terreur. Le 11 messidor an IV (21 juin 1796), on vit naître une Caisse des comptes courants, domiciliée place des Victoires, qui prit la place laissée vacante par la Caisse d'escompte; après la Caisse des comptes-courants, le Comptoir commercial installé à l'hôtel Jabach, rue Neuve-Saint-Merri (21 frimaire an IX - 12 décembre 1800), et la Caisse d'escompte et de commerce de la rue de Menars (à peu près de la même date) avaient été précédés par la Banque de France (1er ventôse an VIII- 20 février 1800), l'une des premières et des plus solides créations du gouvernement consulaire. D'où cette réflexion véridique mais peu consolante, que ce qu'il y avait de meilleur et de plus urgent à faire au lendemain de la révolution française, c'était de réédifier ce qu'elle avait abattu.

C. *Place Louvois.* — Du coin sud de la rue Rameau au coin nord de la rue Louvois, c'est-à-dire du n° 69 au n° 71 actuel de la rue Richelieu, on mesure environ 54 mètres qui sont pris, savoir : 24 mètres représentant le complément de l'ancien hôtel de Jars, dont 8 mètres sont annexés au n° 69 et 30 mètres sur l'ancien hôtel Louvois, démoli en 1784 par le marquis de Louvois pour y percer la rue de ce nom. La rue Rameau et la rue Louvois, ayant chacune 9m,70 de largeur, il reste environ 30m,60 pour la place proprement dite.

Cette place, appelée communément place Louvois, n'a pas d'autre dénomination officielle que square Louvois; elle ne comporte, en effet, aucune habitation. Sa limite orientale est la rue Richelieu; sa limite occidentale la rue Lulli; les rues Rameau et Louvois la circonscrivent au nord et au sud.

Sur l'emplacement du square, la citoyenne Montansier avait fait édifier à ses frais une salle de spectacle qui ouvrit sous le titre de Théâtre National le 15 août 1793 par *la Baguette magique*, prologue, *Adèle et Paulin*, drame de Delrieu, et une comédie de Lavallée, *la Constitution à Constantinople*, avec un ballet où figurèrent les chevaux de Franconi. La Commune confisqua le théâtre de la Montansier pour y établir l'Opéra, qui l'occupa· du 7 août 1794 au 13 février 1820. La salle fut fermée après l'assassinat du duc de Berry par Louvel. On y érigea par souscription un monument expiatoire qui ne fut jamais achevé, et qui, jusqu'à 1836, présenta l'aspect d'une ruine, les pierres y ayant été laissées comme sur un chantier autour de colonnes inachevées. Il fut rasé en vertu de la loi du 7 mai 1836.

Le duc de Berry avait été frappé au moment où il montait en voiture sous la voûte de l'Opéra, du côté de la rue Rameau, en face du n° 11. Il y avait alors, au rez-de-chaussée de la maison qui porte le n° 6 sur la rue Rameau et qui fait l'encoignure de la rue Lulli, un tapissier nommé Duriez, au magasin duquel attenait une boutique dépendant du n° 1 de la rue Lulli, et cette boutique était celle du célèbre Ange Pitou, chansonnier, pamphlétaire, condamné politique, proscrit dix-huit fois, condamné deux fois à mort, déporté à Cayenne au 18 fructidor, exilé pendant les Cent-Jours, et, pour l'heure, libraire de S. A. R. Mᵐᵉ la duchesse d'Orléans. Les docteurs Drogart et Blancheton, arrivés quelques minutes après le crime, demandèrent un lit pour le prince mourant; deux valets de pied vont réveiller le tapissier Duriez, qui jette par terre son apprenti couché sur un lit de sangle; on prend ce lit auquel Duriez ajoute des matelas, des traversins et des couvertures; c'est sur le lit de sangle de l'apprenti tapissier que le prince rendit le dernier soupir. La literie imprégnée du sang royal fut rapportée à Duriez, qui, huit

jours après le fatal événement, recevait, de la part de Monsieur frère du Roi, l'invitation de fournir sa note au cas où
il lui serait dû quelque indemnité ; mais, le même jour, une
pension de mille francs, payable par anticipation, était accordée par le ministre de la maison du roi à M. Grandsire, secrétaire de l'Opéra, pour le remercier d'avoir fourni « le
« dernier coucher » de Mgr le duc de Berry.

Ainsi, le secrétaire de l'Opéra, qui n'avait pu faire preuve
que de bonnes intentions, recevait par anticipation une pension de mille francs, reversible sur sa veuve, tandis que le
tapissier Duriez était simplement invité à faire valoir ses ré-
clamations s'il en avait à présenter. Duriez n'est pas con-
tent; il se plaint dans le voisinage; l'imagination d'Ange
Pitou s'allume, et le voilà lançant pétition sur pétition, brochure sur brochure, pour réclamer, au nom de Duriez et au
sien, la propriété exclusive du « véritable dernier coucher »
de Mgr le duc de Berry. De là des procès bizarres et sau-
grenus non moins que scandaleux, exposés par Ange Pitou
avec une faconde voisine de la folie dans un livre intitulé :
*De l'incrédulité intéressée contre la religion, les Bourbons, la
Vendée, la justice, l'indemnité, l'honneur et la Chambre de 1824*
(Paris, in-8º, janvier 1825), qui, à travers mille extravagances,
renferme un grand nombre de faits curieux et intéressants.

A l'angle nord de l'Opéra, et portant le nº 1 sur la rue de
Louvois, se trouvait le café de l'Opéra, tenu par Sprunck,
qui déposa comme témoin dans les instances suscitées par
Ange Pitou.

A l'entrée de la rue de Louvois, sur le côté nord de la
place, et portant le nº 6, on aperçoit un bâtiment à pignon
triangulaire, servant de magasins de décors au théâtre de
l'Opéra-Comique ; c'est ce qui reste du théâtre Louvois, construit sur les dessins de l'architecte Brongniart, ouvert le
16 août 1791 et fermé en 1825, après avoir exploité tous
les genres sous des titres divers : Théâtre Louvois, Théâtre
lyrique des Amis de la Patrie, Théâtre Français de la rue
de Louvois, Théâtre des Troubadours, Théâtre de l'Impératrice, Théâtre royal Italien, etc. Picard y donna quelques-unes de ses meilleures comédies et les Italiens l'occupèrent avec succès sous la Restauration. L'Opéra y donna

quelques représentations après l'attentat de Louvel et la fermeture irrévocable de l'ancienne salle de la Montansier.

No 71. — Cette parcelle, de 35 mètres de façade, provenant de l'hôtel Louvois dont elle fut séparée par l'ouverture de la rue de ce nom, fut adjugée le 14 juillet 1785 à Marie-Louise-Thérèze de Savoie-Carignan, veuve de Louis-Alexandre-Joseph-Stanislas de Bourbon prince de Lamballe. Mme de Lamballe y fit construire ses écuries, ou plus probablement elle utilisa la partie subsistant des écuries de l'hôtel Louvois. On sait comment cette princesse fut assassinée à la prison de la Force, dans les massacres de septembre 1792, ordonnés et organisés par Danton, ministre de la justice. Elle laissait un testament olographe du 11 octobre 1791, déposé chez Me Thion, notaire à Paris, qui instituait comme légataire universel son neveu le prince Charles-Emmanuel de Savoie-Carignan, prince royal de Piémont (roi de Sardaigne le 16 octobre 1796), marié en 1759 à Marie-Adélaïde-Clotilde-Xavière de France, sœur de Louis XVI. Le roi de Sardaigne vendit cette propriété par acte du 5 thermidor an VI (23 juillet 1798), devant Me Moine de la Versine (minutes de Me Péan de Saint-Gilles), à Charles-Arnould Delorme, négociant, le même qui a laissé son nom au passage Delorme. Elle y est décrite comme une maison sise rue de la Loi, no 305, comportant sept boutiques, dont trois sur la rue de Louvois, trois sur la rue de la Loi et une à l'encoignure; elle s'ouvrait en ce temps-là par une porte cochère sur la rue de la Loi et une porte bâtarde sur la rue de Louvois. Elle n'offre plus aujourd'hui d'entrée sur la rue Richelieu, et la porte bâtarde de la rue de Louvois no 2 est devenue une large porte cochère. La vente comprenait 72 lignes d'eau à prendre à la fontaine Colbert, anciennement concédées à M. de Louvois, et alimentant un établissement de bains dit Bains Louvois; le tout « faisant partie de l'ancien « hôtel Louvois, formant les 8e et 9e divisions des terrains « et bâtiments de l'hôtel Louvois cotés H et 3 sur le plan de « division annexé à la minute du jugement rendu le 5 fé- « vrier 1784 par la commission établie par arrêt du Conseil « du 8 novembre 1783 pour juger définitivement et en dernier

« ressort toutes les contestations nées et à naître entre Louis-
« Sophie Le Tellier-Souvré-Louvois, ses créanciers et tous
« autres, relativement à la vente des biens dudit Louvois,
« et homologuée par lettres patentes du 30 avril suivant;
« contenant le tout en superficie 483 mètres ou environ. »

La maison nº 71 est sortie en 1839 de la famille Delorme
et ses transmissions ultérieures n'offrent aucun intérêt pour
l'histoire de la ville de Paris.

Une enseigne fort bizarre ornait en 1820 l'encoignure de
cette maison; cela s'appelait *le Triomphe de Trajan* et représentait un moine franciscain se précipitant aux pieds de l'empereur triomphant. Elle appartenait, je crois, à une célèbre
marchande de modes, Mᵐᵉ Lejay-Meurant.

Nº 73. — Cette septième parcelle, lettre G des cinq arpents
de Saint-Victor acquis en 1648 par M. de La Bazinière, possédait déjà en 1684 une maison à porte cochère, avec façade
de 30 mètres, signalée par l'État et partition, et qui fut adjugée le 15 mars 1689 par décret aux requêtes de l'hôtel, sur le
sieur Pierre Remy, procureur, au nom et comme tuteur des
enfants nés ou à naître de dame Claude de Mousseaux marquise de Bonneval, à François-Michel Le Tellier marquis de
Louvois, ministre de la guerre, qui agrandit ainsi les dépendances de son hôtel. Louvois étant mort le 10 juillet 1691, le
partage des biens de la communauté qui avait existé entre lui
et sa femme Anne de Souvré (morte le 2 décembre 1715
à soixante-dix-neuf ans) eut lieu devant Mᵉ Caillet, notaire,
le 1ᵉʳ avril 1694. La maison qui nous occupe fut attribuée
par cet acte à sa seconde fille, l'une de ses six enfants, Marie-
Marguerite Le Tellier, qui épousa le 20 avril 1694 Louis-
Nicolas de Neuville duc de Villeroy, pair de France. Ce
Louis-Nicolas est le même que le P. Anselme et d'autres
généalogistes appellent François de Villeroy; mais les actes
notariés méritent plus de créance que les meilleures généa-
logies.

Il était fils de Nicolas-François de Neufville duc de
Villeroy, pair et maréchal de France, qui perdit la bataille
de Ramillies le 22 mai 1706.

Louis-Nicolas, né en 1663, colonel du régiment du Lyon-

25

nois, brigadier d'infanterie en 1693, lieutenant-général du
Lyonnois, du Forez et du Beaujolois, puis duc et pair en
1696 par la démission de son père, fut fait lieutenant-général
des armées en septembre 1702, lorsqu'il apporta au Roi
la nouvelle de la victoire de Luzzara remportée par le duc
de Vendôme. Il fut capitaine des gardes du corps en 1708.

Il vendit l'hôtel de la rue Richelieu, par contrat devant
Fromont, notaire, le 12 août 1718, à Nicolas Maury sieur
de Chantelais, maître des eaux et forêts de Châteaudun et
du comté de Dunois, lequel en passa déclaration le même
jour et devant le même notaire à Jean-François Foubert
de La Lande, secrétaire du Roi, directeur de la Monnaie de
Paris.

Le duc de Villeroy agit dans l'acte du 12 août 1718 en
qualité de tuteur honoraire, assisté par Philippe Blanchard
sieur de la Bouillerie, tuteur honéraire des enfants mineurs
nés de son mariage avec Marie-Marguerite Le Tellier, morte
le 23 avril 1711, savoir :

François-Louis-Anne de Neufville, d'abord marquis de
Neufville, puis duc de Retz, puis duc de Villeroy en 1722
par la démission de son père, époux le 15 avril 1716 de
Marie-Renée-Bonne de Montmorency-Luxembourg ; né le
13 octobre 1695, mort le 22 mars 1766 à soixante-dix ans ;

François-Camille de Neufville, marquis puis duc d'Alin-
court par brevet de septembre 1729, qui mourut en 1732,
marié en 1720 à Marie-Josèphe de Boufflers ; de ce mariage
naquit N. de Neufville comtesse de Sault, le 25 août 1723 ;

Et Magdeleine-Angélique de Neufville de Villeroy, née en
octobre 1707, mariée le 15 septembre 1721 à Joseph-Marie
duc de Boufflers, pair de France ; remariée à Charles-François de Montmorency duc de Luxembourg, morte le 24 janvier 1787 à quatre-vingts ans.

Ces trois enfants du duc et de la duchesse héritaient chacun pour un quart de leur mère Marie-Marguerite Le Tellier
et chacun pour un tiers du dernier quart comme héritiers
de leur sœur Marie-Marguerite-Louise-Sophie de Neufville,
qui venait de mourir à dix-sept ans, le 4 juin 1716, femme
de François duc d'Harcourt, qu'elle avait épousé le 14 janvier précédent.

M. Foubert revendit sa maison de la rue Richelieu par contrat devant Me Doyen, notaire, le 23 juin 1752 (aux minutes de Me Cabaret), et par un décret des requêtes de l'hôtel du 1er août 1755 (Arch. Nat. X³ 2903), à très haut, très puissant et très excellent prince monseigneur Louis-Philippe d'Orléans, duc d'Orléans, Valois, Chartres, Nemours et Montpensier, comte de Vermandois et de Soissons, premier prince du sang.

Elle était ainsi désignée dans ce dernier contrat : « une « grande maison consistant en deux étages de chambres et « grenier au-dessus, grande cour, écuries, remises et autres « appartenances et dépendances ».

M. Foubert prend domicile à sa maison de la rue Richelieu dans l'acte de vente; mais il l'avait louée par bail devant Me Perret, notaire, le 12 novembre 1743, à Françoise-Marie de Bourbon dite Mlle de Blois, veuve de Philippe régent de France, morte seulement en 1749, à soixante-douze ans. L'acte de vente déclare le bail résilié à dater du 1er juillet 1752, date de l'entrée en jouissance du duc d'Orléans, petit-fils de cette princesse[1]. Une partie des bâtiments avait été affectée par elle à ses écuries avec logements et bâtiments de service; on avait réservé à droite, en façade sur la rue Richelieu, un petit hôtel qui était peut-être l'ancien hôtel Villeroy, dont la forme, indiquée sur le plan ms de 1754, reproduisait en les continuant les lignes principales de l'hôtel Villarceaux qui suit (n° 73). Cette construction assez élégante fut occupée avant la révolution, alors que le duc Louis-Philippe-Joseph avait succédé à son père Louis-Philippe, par un hôtel garni appelé l'hôtel de la Chine, mentionné par Watin en 1788, et dont il existe aux Archives Nationales un plan provenant des archives particulières de la maison d'Orléans. Cet hôtel de la Chine a laissé dans les traditions locales, plus vivantes qu'on ne le croirait, des anciens quartiers de Paris, une renommée assez équivoque.

L'immeuble fut revendu aux termes d'un acte devant

---

1. « Les écuries de Mme la duchesse sont situées rue de Richelieu où étoient autrefois celles de S. A. R. Ces bâtiments contiennent environ quarante chevaux, les écuries et le logement de l'écuyer. » Blondel, t. III, 1754, p. 42.

Robin, notaire, le 3 avril 1792, par Jean-Baptiste Lemaire, l'un des administrateurs des biens de Louis-Philippe-Joseph duc d'Orléans, par suite du concordat intervenu entre le prince et ses créanciers, à un M. Benoist. Il y est désigné comme « une maison appelée l'hôtel de la Chine, où se « trouve un bâtiment contenant les écuries de la ci-devant « duchesse de Chartres ». Je retrouve l'hôtel de la Chine en 1794 parce qu'il abritait un conventionnel, Bonet fils, député de la Haute-Loire, qui n'a pas fait parler de lui. L'enseigne de l'hôtel de la Chine disparut bientôt après (je la retrouve plus tard rue Thérèse n° 5), et fit place, vers 1800, à l'hôtel et café de Suède, qui s'y maintint près de cinquante ans.

Après diverses transmissions, la maison n° 73 passa en 1823 à M. le marquis Molé de Sainte-Croix, puis en 1834 à M. Delorme, déjà nommé. Elle appartient aujourd'hui aux héritiers Talleyrand-Périgord.

N° 75. — Sur la parcelle du domaine de Saint-Victor marquée H au plan de 1754 et contenant 205 toises 22 pieds, avec façades de 21 mètres sur la rue Richelieu et de 41 mètres en retour sur la rue Neuve-Saint-Augustin, s'élevait dès 1684 un hôtel appartenant à Louis de Mornay marquis de Villarceaux, capitaine-lieutenant des chevau-légers de M. le Dauphin et du duc d'Orléans et capitaine de ses gardes, mort le 21 février 1691, âgé de soixante-douze ans. Il avait fait donation de l'hôtel à sa fille Anne de Mornay de Villarceaux, ainsi que je l'apprends par un document inédit du Cabinet des titres (pièces originales v° Croiset). C'est une pièce de la procédure en expropriation et déguerpissement dirigée contre Mlle de Villarceaux, sous la date du 13 août 1692, à la requête de Marie Damond, veuve de Charles Croiset, contrôleur-général de la Chancellerie (sur les Croiset voyez ci-dessus n°s 70, 78 et 80). L'issue de cette procédure ne m'est pas connue; je sais seulement que l'hôtel appartint, dans les années suivantes, au frère de Mlle Anne de Villarceaux, Charles de Mornay marquis de Villarceaux, chevalier des ordres du Roi, capitaine-lieutenant des chevau-légers de M. le Dauphin, tué à la bataille de

Fleurus le 1er juillet 1696. La propriété de l'hôtel revint
alors à sa veuve sans enfants, Catherine Brunet, laquelle,
par acte reçu Le Chanteur le 12 avril 1709, en fit donation
entre vifs à Marie-Jeanne-Françoise de Bragelongne, veuve
de Charles de Bragelongne, colonel des dragons de son
nom, et épouse en secondes noces de Charles Le Maistre,
chevalier, seigneur d'Armonville, lieutenant-général de l'artillerie de France. Les héritiers de Mme de Bragelongne, qui
étaient François-Charles de Bragelongne, brigadier d'infanterie, ancien capitaine des grenadiers au régiment des gardes
françaises, et Geoffroy-Dominique de Bragelongne, prêtre,
licencié en théologie de la Faculté de Paris, abbé commendataire de Notre-Dame de Longuey, vendirent l'hôtel de
Villarceaux le 28 avril 1761, devant Demay, notaire, à
messire Jean de Cabanel, écuyer, conseiller, secrétaire du Roi,
grand-maître et receveur-général des domaines et bois pour
la Touraine, l'Anjou et le Maine, et Jeanne-Louise d'Avi-
gnargues, sa femme, vente confirmée par décret des requêtes
du Palais du 16 octobre 1764 (Arch. Nat. V⁴ 1452).

Par suite de licitation entre les héritiers de Mme Cabanel
devenue veuve, l'hôtel de Villarceaux et de Bragelongne fut
adjugé le 23 octobre 1707 à M. Salomon-Louis Roger, qui,
devenu baron de l'Empire et maire de Villeron (Seine-et-
Oise), le revendit en 1813 à M. André-Joseph-Cartier, marchand d'étoffes d'ameublement, qui demeurait en ce temps-là
rue Richelieu no 89 (no 79 actuel). Les successeurs des fils
de M. Cartier (Duplan et Cie) occupent encore l'hôtel de
Villarceaux. Mme veuve Cartier possède le château et la terre
de Villarceaux, commune de Choussy (Seine-et-Oise); mais
ce n'est plus l'antique demeure qui abrita, dit-on, les amours
de M. de Villarceaux et de Françoise d'Aubigné veuve Scar-
ron. Le beau château d'aujourd'hui a été bâti pour messire
Charles-Jean-Baptiste du Tillet, maître des requêtes honoraires, et Henriette-Louise d'Illiers d'Entragues, sa femme,
de 1745 à 1759, par François Glaçon, entrepreneur, sous la
conduite de l'architecte Courtonne. Je tiens ce renseignement
de M. Cartier fils, le sportsman bien connu, et compositeur
distingué, à qui l'on doit quelques partitions élégantes, représentées avec succès sur nos scènes de genre. La rencontre

qui a fait passer la terre de Villarceaux aux mêmes mains
que l'ancien hôtel du même nom est d'autant plus singulière
qu'elle est purement fortuite; la famille Cartier ignorait
l'histoire ancienne de sa maison de la rue Richelieu.

L'hôtel de Villarceaux tient encore, en retour sur la rue
Neuve-Saint-Augustin (nos 1 et 3), la façade de 21 toises
4 pieds (42 mètres) indiquée au plan de 1754. Il joint sur
cette rue la neuvième maison construite sur les cinq arpents
de Saint-Victor (cote I et dernière du plan de 1754). A cette
dernière date, l'étendue de cette neuvième parcelle, contenant 241 toises carrées, avec façade de 23 toises sur la rue
Neuve-Saint-Augustin, était occupée par l'hôtel de Bermond
puis de Croissy et de Pomponne, dont les bâtiments étaient
mitoyens avec l'hôtel Villarceaux et comprenaient, avec une
grande cour, 13 toises de façade sur la rue, les 10 toises de
surplus appartenant au jardin de l'hôtel. Cette étendue est
représentée aujourd'hui par la grande maison à deux ailes
numérotée 5 et 7 sur la rue Neuve-Saint-Augustin.

M. de La Hante, fermier-général, demeurait en 1770 à l'hôtel de Pomponne. (Voir la curieuse étude récemment publiée par l'un de ses petits-neveux, M. Adrien de La Hante.)

A l'hôtel de Pomponne était établi, avant la révolution,
le Bureau royal de correspondance nationale et étrangère,
chargé : 1o de recevoir pour les particuliers les revenus de
toute nature; 2o de faire tous achats à commission; 3o de vendre tous effets publics ou particuliers, matières d'or ou d'argent, pierreries et bijoux; 4o de procurer toutes informations
et renseignements, extraits de baptême, de mariage, de sé-
pulture, etc.; 5o de représenter à Paris tous ceux qui ont
besoin de représentants, excepté les affaires de banque ou de
litige; le tout tant pour la France que pour l'étranger. Ces
divers objets, qui semblent ressortir uniquement à l'industrie
privée, avaient été constitués en monopole en vertu d'un
arrêt du Conseil d'État du 12 décembre 1766, renouvelé par
un autre arrêt du 26 avril 1780; et ce monopole avait été
concédé à titre onéreux par le lieutenant de police, à une
compagnie financière, sous la condition de déposer chez un
notaire un cautionnement de 500,000 livres. Le Bureau
royal était placé sous l'inspection du lieutenant-général de

police et sous le contrôle supérieur du secrétaire d'État ministre des affaires étrangères. Le caractère gouvernemental de cette agence, dont les fonctions rentrent aujourd'hui dans le libre négoce des commissionnaires en marchandises, des receveurs de rentes, des compagnies de chemins de fer, des entreprises de messageries et de roulage, et des agents d'affaires, fut affirmé, à partir de l'année 1773, par son annonce officielle à l'Almanach royal, placée entre les services administratifs de la lieutenance générale de police et l'état-major de la compagnie du guet de Paris.

Le Bureau royal fut d'abord installé rue des Deux-Portes-Saint-Sauveur, et dirigé par un sieur Canynet. En 1780 il prit domicile au vaste hôtel de Pomponne. En même temps il passa sous la direction générale de M. Benezech, l'un des intéressés de la compagnie propriétaire du privilège, remplacé en 1783 par M. Perrot de Chezelles. En 1787 les affaires du Bureau royal ayant pris une extension considérable, on institua un véritable conseil d'administration composé de MM. Benezech, Delpech et de Gombert. Mais en 1791 le Bureau royal, qui devint national l'année suivante, cessa de se prévaloir de son privilège et consigna seulement à l'Almanach royal que « une compagnie de gens honnêtes et « riches continuait à soutenir cet établissement utile, et qui « méritait la confiance publique sous tous les rapports ». L'Almanach national continua jusqu'en l'an VI exclusivement à donner au Bureau national de correspondance, dirigé par le citoyen Delpech, une sorte de consécration officielle; mais la concurrence était née en même temps que le privilège avait disparu, et elle éteignit cette bizarre création de l'ancien régime. Les almanachs des ans VII et VIII sont muets; les deux suivants signalent une sorte de résurrection sous le titre de Bureau général de correspondance et d'affaires pour Paris, les départements et l'extérieur, d'abord rue des Prouvaires nº 168, puis rue Saint-Honoré nº 1515 près la place Vendôme, sous la direction du citoyen Brière-Mondétour. En l'an XI tout est fini; toute trace du Bureau royal et national s'efface pour jamais.

Il n'en fut pas de même de ses principaux directeurs. Les noms de MM. Perrot de Chezelles, Brière de Mondétour et

de Gombert se sont honorablement inscrits dans les annales
de nos tribunaux civils et de la Cour des comptes.

Quant à son premier directeur-général, M. Benezech,
c'est une personnalité qui vaut qu'on s'y arrête. Né à Montpellier en 1745, Pierre Benezech avait trente-cinq ans lorsqu'il devint un des propriétaires privilégiés et le directeur
général du Bureau royal de correspondance. Les premières
occupations de sa vie, si je les connaissais, expliqueraient
sans doute pourquoi la Convention nationale le choisit
comme l'un des deux commissaires directeurs de la commission des armes, poudres et salpêtres, qu'elle installa dans
l'hôtel de Juigné, quai Malaquais (qui abrita plus tard le
ministère de la police générale et sur l'emplacement duquel
s'élève aujourd'hui la salle des expositions de l'École des
Beaux-Arts). Ce premier changement de position paraîtrait
singulier si le second ne le surpassait de beaucoup. Ce protégé de l'ancien régime, investi de la confiance de la Convention nationale, séduisit avec encore plus d'éclat le Directoire exécutif, qui le nomma d'emblée ministre de l'intérieur
le 3 novembre 1795. Compromis à son insu par les papiers
de Brottier et de La Villeheurnois, qui le notaient comme un
homme à conserver au cas d'une restauration royale, il donna
sa démission que le Directoire n'accepta pas. Mais enfin,
lorsque le Directoire arrêta la résolution suprême du
18 fructidor, il n'osa pas garder comme ministre un
homme soupçonné de royalisme, et il se résigna, non
sans peine, à le remplacer le 16 juillet 1797 par François de Neufchâteau. Benezech, que sa destitution rangeait
parmi les ennemis du Directoire, s'était probablement con-
cilié dans des circonstances antérieures la bienveillance du
général Bonaparte. Celui-ci, au lendemain du 18 brumaire (9 novembre 1799), appela Benezech dans son conseil
d'Etat, et, ce qui témoigne d'une intimité assez étroite, il lui
confia, sous le titre d'inspecteur du palais des Tuileries, les
fonctions qui devinrent deux ou trois ans plus tard celles
des préfets du Palais. En cette qualité, Benezech habita
l'hôtel de Brionne, qui faisait face aux Tuileries, de l'autre
côté de la place du Carrousel, le long de la rue Saint-
Nicaise.

Il paraît que la famille de madame Benezech avait possédé de grands biens à Saint-Domingue. Benezech, qui se trouvait sans fortune, demanda et obtint la faveur d'accompagner le général Leclerc, beau-frère du Premier Consul, en qualité de préfet colonial. Il mourut à Saint-Domingue, presque en arrivant (1802), laissant une veuve et deux filles que le Premier Consul sauva de la misère en leur accordant des pensions.

Plusieurs biographes attribuent à Benezech l'honneur d'avoir créé les *Petites-Affiches*. C'est une erreur; le recueil connu sous ce nom avait été commencé le jeudi 13 mai 1751 par l'abbé Aubert sous ce titre : *Annonces, Affiches et Avis divers;* imprimerie de Jacques Guérin, rue du Foin, avec un ravissant frontispice dessiné par Charles Eisen, gravé par J.-J. Le Bas, et cette devise *Pluribus unus*. Il se vendait alors « au « Bureau d'adresses et de rencontres rue Baillette, vis-à-vis « l'hôtel de la Monnoye ». En 1767, l'ancien frontispice, usé par seize années de tirage, est remplacé par un autre, qui porte la signature de L. Boucher de Villars. Le bureau avait été transféré en 1760 rue Thibotodé « vis-à-vis de la « petite porte de la Monnoye ».

En 1780 le bureau des affiches occupe un nouveau domicile rue des Bourdonnais; le 30 juin il allonge son titre qui devient *Annonces, Affiches et Avis divers ou Journal général de France*. Au 1er janvier 1781 il donne son adresse rue Neuve-Saint-Augustin près la rue Richelieu, à l'hôtel de Croissy, c'est-à-dire au Bureau royal de correspondance dont il est devenu l'annexe. En même temps le Bureau royal se fait l'éditeur d'une *Gazette et Journal d'agriculture, commerce, arts et finances,* ainsi que de la *Feuille des marchands*.

Benezech ne fut donc pas le fondateur, mais simplement l'administrateur temporaire des *Petites-Affiches*, dont l'idée première appartient à Michel de Montaigne, ainsi que l'a très justement remarqué Edouard Fournier (*Le livre commode*, Intr. xiij).

Les *Petites Affiches* aujourd'hui font remonter leur origine à l'année 1612, c'est-à-dire à la création du bureau d'adresses de Renaudot; ce qui ferait supposer qu'elles en

auraient acquis le privilège. C'est un point difficile à vérifier ;
et sans contester les titres de noblesse de ce vénérable journal, je constate seulement qu'il ne s'est pas cru toujours
aussi ancien ; car, en janvier 1797, défendant sa propriété
et sa bonne renommée contre des concurrents peu scrupu-
leux, il se vantait d'exister « depuis plus de cent ans » ce
qui ne le reporterait pas au delà de 1680 ou 1690. Le fait
est que la première feuille des *Annonces, Affiches et Avis
divers*, datée du 13 mai 1751, a l'aspect d'une publication nouvelle et ne revendique aucune généalogie antérieure.

Le sous-titre des *Petites-Affiches* les a fait parfois confondre
avec le *Journal général de France ou le Gardien de la Constitution*, de l'abbé de Fontenay, feuille royaliste qui fut supprimée au 18 fructidor et dont les rédacteurs furent déportés.
Il est facile de s'assurer que la publication des *Petites-Affiches*
ne fut pas interrompue par le coup d'état du Directoire. Le
seul contre-coup qu'elles en aient subi fut le renvoi de son
rédacteur habituel, l'honnête Ducray-Duminil, qui, suspect
de royalisme, fut remplacé le 1er brumaire an III (22 octobre 1797) par le citoyen T. Carrel. Il avait succédé à l'abbé
Aubert le 15 septembre 1790. Mais le journalisme a ses
dangers même lorsqu'il se renferme dans la sphère mercan-
tile des annonces. François-Guillaume Ducray-Duminil en
fit la dure expérience. L'auteur de *Lolotte et Fanfan*, d'*Alexis
ou la Maisonnette dans les bois*, et de ces deux chefs-d'œuvre
dont la popularité n'est pas éteinte chez les concierges et les
cuisinières de Paris, *Victor ou l'Enfant de la forêt* et *Cœlina ou
l'Enfant du mystère*, eut le malheur d'insérer par distraction,
dans le numéro des *Petites-Affiches* du duodi 12 nivôse an II
(1er janvier 1794) une demande d'achats d'assignats démo-
nétisés, dont la circulation expirait au 11 nivôse (31 décembre 1793). Ce fait si simple fut transformé en crime contre
la République ; l'austère Cambon, qui ne manquait jamais
l'occasion d'être absurde, dénonça Ducray-Duminil à la Convention ; le pauvre journaliste allégua que l'annonce criminelle avait été oubliée sur le marbre de l'imprimerie et insé-
rée tardivement par la faute d'un metteur en pages inattentif.
L'excuse fut admise, et la guillotine épargna Ducray-Du-

minil; mais on se souvint de lui au 18 fructidor en l'expulsant de sa rédaction.

Ducray-Duminil faisait suivre son nom d'une litanie de titres assez curieuse : « Membre de l'Académie des Arcades « de Rome, du Musée de Paris, du Lycée des Arts, et de « la Société chantante du Rocher de Cancale ». Né en 1761, il est mort en 1819.

En face de l'hôtel de Pomponne se trouvait en 1788 l'institution de l'abbé Gauthier.

N° 77. — Ici commence, au coin nord de la rue Neuve-Saint-Augustin, l'emplacement du grand hôtel Menars, auquel je dois consacrer une notice d'ensemble, car cet emplacement s'est étendu jusqu'au mur mitoyen du n° 85 actuel, devant la rue Feydeau. Les nos 77, 79, 81, 83 ne sont que des démembrements de ce vaste domaine, sur lequel on a percé la rue de Menars et la rue du Quatre-Septembre.

Avant 1655, une grande maison, située au coin de la rue Neuve-Saint-Augustin, et s'étendant sur la rue Richelieu dans la direction des remparts, dont elle n'était séparée que par le fameux jardin de l'oculiste Thevenin, appartenait à noble homme Pierre Le Nain, conseiller du Roi et contrôleur-général des bâtiments, et à Marie Talon, sa femme, lesquels la vendirent le 21 octobre 1655, par acte devant Pacque et Vaultier, à Jacques Paget et Anne Gelée, son épouse (voir sur les Paget les pp. 220 et sqq.).

L'année suivante, c'est-à-dire le 11 décembre 1656, M. et Mme Paget acquirent, par acte devant Pacque le jeune, de François Paget sieur de Vauxbuin, le jardin de Thevenin, qui venait de mourir, et le réunit à la maison Le Nain. Le domaine s'étendit ainsi d'un seul tenant jusqu'au rempart, à l'intrados duquel le jardin de Thévenin s'appuyait.

Par acte du 13 janvier 1662, reçu Louis Baudry et Jean Desnot, M. et Mme Jacques Paget vendirent leur propriété ainsi décrite : « Une grande maison, tenant d'une part à la « rue Neuve-Saint-Augustin, d'autre part aux murs de la « Ville, d'un bout à la maison de M. Monnerot, trésorier « des parties casuelles, et d'autre rue Richelieu », à haut et puissant seigneur messire Jacques de Rouxel comte de

Médavy et de Grancey, et haute et puissante dame Charlotte de Mornay de Villarceaux, son épouse, demeurant à l'hôtel de Montbazon, paroisse Saint-Germain-l'Auxerrois.

A cette époque du règne de Louis XIV, les fortifications de Paris commençaient à tomber en ruines, même la portion de l'enceinte reconstruite en 1634 depuis la nouvelle porte Saint-Honoré jusqu'à la porte Saint-Denis, en passant par les portes Richelieu et Montmartre. Elles gênaient la population toujours croissante, et l'on peut supposer que le pouvoir, instruit par les scènes de la Fronde, les voyait tomber sans regret. Le fait est que l'herbe et les ajoncs poussaient dans les fossés, qui se comblaient peu à peu sous la poussière des talus et sous l'effritement du rempart. Peu à peu, les riverains entreprirent d'abord de cultiver les fossés à leur profit, d'autres plus hardis s'emparèrent tout simplement du terrain, du fossé et de la courtine qui bordaient leur propriété. Les Medavy de Grancey furent de ces audacieux, et s'appliquèrent ainsi une place de 450 toises superficielles longeant le mur septentrional de leur jardin et attenant au pont dormant de la porte Richelieu; il est vrai que, plus tard, le Trésor royal leur en fit payer le prix; l'usurpation fut confirmée moyennant 6,500 livres au domaine du Roi (compte du Trésor royal de 1679, 9e vol. fo 3653. Arch. Nat. Q¹ 1158-9), qui reviennent à 14 fr. 44 la toise superficielle ou 3 fr. 80 le mètre carré. L'hôtel de Grancey se trouva donc agrandi au nord de toute l'épaisseur du rempart et du fossé, représentant environ 28 mètres. Il restait séparé des propriétés suivantes (no 85 d'aujourd'hui et sqq.) par un chemin qui, suivant la ligne extérieure de l'ancien fossé, continuait la rue Feydeau actuelle par une ligne infléchie de l'est au sud-ouest dans la direction de la porte Gaillon. Ce chemin, qui fut parfois désigné sous le nom de rue Neuve-des-Fossés, avait environ de 20 à 22 pieds de large; il passait, en traversant les marais de M. Bourgoin, seigneur de la Grange-Batelière, derrière les hôtels de Grancey, de Gramont, du président Robert, du duc de Cœuvres, de M. de Fériolle et du duc de Lorge.

L'hôtel de Grancey fut vendu le 30 août 1685 devant Mouffle et Desnot, notaires, par Léonor Rouxel de Medavy

comte de Medavy, Grancey et Murcy, colonel du régiment
de Grancey, et autres ses cohéritiers, à messire Jean-Jacques
Charron, chevalier, marquis de Menars, seigneur de Neufville, Conflans et autres lieux. Elle est dite tenir « d'une part
« à la rue Neuve-Saint-Augustin, d'autre au fossé » (auquel
on reconnaissait encore une existence officielle), « d'un bout
« par derrière à l'hôtel de Grammont (ci-devant la maison
« de M. Monnerot) et par l'autre bout rue Richelieu ».
M. de Grancey, vendeur, avait eu le soin d'obtenir, quelques jours auparavant, des lettres patentes qui confirmaient
en sa faveur les 450 toises de place qu'il possédait par droit
de conquête sur le rempart et fossé, et dont le tréfonds relevait de la censive du Roi.

Du reste, on avait renoncé à défendre le malheureux fossé
contre les emprises des riverains, et l'on se mit à en vendre
des parcelles par adjudication (Arch. Nat. Q¹ 1158-9).

La place conquise sur le fossé laissait une lacune dans la
direction de la porte Gaillon ; M. de Menars la combla, en
achetant le 20 août 1693 de M. Denis Bourgoin, seigneur
de la Grange-Batelière, 157 toises de marais qui lui appartenaient jouxtant le fossé, au moyen de quoi M. de Menars put
achever la terrasse de son jardin du côté du chemin de la
porte Gaillon. En relevant sur le plan du Terrier la ligne définitive du jardin Menars sur le chemin de la porte Gaillon,
on trouve une façade de 45 toises, laquelle, multipliée par la
largeur des fossés et remparts qui sur ce point était de
13 toises et demi, donne une superficie de 607 toises, égale
aux 450 toises provenant de la concession royale et des
157 toises vendues par Denis Bourgoin. Ces calculs minu-
tieux ne sont pas inutiles, parce qu'ils aident à déterminer
l'emplacement précis de la porte Richelieu, du rempart et
du fossé.

M. de Grancey s'était emparé du rempart et du fossé ; il
restait à M. de Menars à s'emparer de la rue du Fossé ; c'est
ce qu'il fit sans beaucoup de peine. Un arrêt du conseil
d'État du 16 mars 1688 ayant ordonné l'ouverture d'une rue
nouvelle vis-à-vis la rue Saint-Marc à travers la maison du
sieur du Houx (voyez n° 89) et les marais du sieur Bourgoin, pour communiquer avec le nouveau cours hors l'an-

cienne porte Gaillon, M. de Menars présenta requête le jour même pour que l'ancien chemin, devenant inutile, lui fût attribué à titre d'indemnité, ce qu'on lui accorda séance tenante; les propriétaires du chemin furent admis par arrêt du 24 février 1693 au même bénéfice, et le chemin se trouva dès lors supprimé et incorporé aux propriétés comprises entre l'ancienne porte Richelieu et la porte Gaillon [1].

La suppression de ce chemin, c'est-à-dire de la partie de la rue Feydeau qui se prolongeait jusqu'à la porte Gaillon, souleva les protestations les plus vives; les propriétaires des maisons situées au delà du fossé adressèrent requête sur requête au prévôt des marchands, aux trésoriers de France chargés de la grande voirie, au conseil d'État et au Roi lui-même. La question se compliquait, entre M. de Menars et ses voisins les plus immédiats les frères Marsy (n° 85 actuel), d'une prétendue servitude garantie par Jacques Paget au maréchal de Grancey contre toute prétention à vue ni élévation de murs du côté du jardin. Ce long débat, dont on trouvera l'éclaircissement au n° 85, se termina par une transaction notariée, devant Me Mouffle, le 14 septembre 1696, aux termes de laquelle le chemin, qui était devenu la nouvelle allée du bout du jardin de M. de Menars, se trouva définitivement supprimé; M. de Menars remboursant aux frères Marsy la moitié du mur mitoyen qui, seul, désormais, sépara l'hôtel de Menars du n° 85 actuel.

Il n'y a donc rien de commun entre l'ancien chemin de la porte Gaillon, incorporé au jardin de Menars en 1693, et le cul-de-sac devenu rue de Menars, ouvert à travers le même jardin, lorsque le domaine fut morcelé par la présidente après la mort de son mari.

La famille Charron était une maison noble de l'Orléanais; la seigneurie de Menars fut érigée en vicomté le 24 avril 1657 en faveur de Guillaume Charron, trésorier de l'extraordinaire des guerres, et en marquisat au mois de septembre 1676 en faveur de son fils Jean-Jacques Charron,

---

1. Cela servit plus tard (14 avril 1706) à établir un rôle qui comprend le duc de Lorge, M. de Feriolle, M. le duc de Cœuvres, le président Robert, le duc de Gramont et le président Menars.

successivement conseiller au Parlement de Paris, maître des
requêtes, intendant de la généralité d'Orléans (1674), intendant de la généralité de Paris (1688), président à mortier du
Parlement de Paris le 11 janvier 1691, démissionnaire en
1717 au profit de M. de Maupeou, mort en son château de
Menars près Blois, le 16 mars 1718. Il était le beau-frère du
grand Colbert, époux de Marie-Charlotte Charron, et par
conséquent l'oncle des duchesses de Chevreuse, de Morte-
mart, de Beauvilliers, du marquis de Seignelai, de M. de
Linières, du marquis de Blainville et de l'archevêque de
Rouen. Lui-même il avait épousé en mai 1671 Françoise de
La Grange-Trianon, de laquelle il eut quatre enfants, savoir : 1º Michel-Jean-Baptiste Charron, chevalier, marquis
de Menars, brigadier d'infanterie, mestre de camp du régiment de Santerre, capitaine du château et de la varenne de
Blois, chevalier de Saint-Louis, mort en septembre 1739,
mari d'Anne de Castera de La Rivière; interdit par sentences
du Châtelet des 12 janvier 1708 et 27 avril 1718 (Arch. Nat.
V⁷ 370); 2º Madeleine-Françoise, qui épousa M. Dugué de
Bagnols; 3º Marie-Thérèse, demoiselle de Neuville; 4º Marie-
Françoise-Thérèse, demoiselle de Nozieux.

Saint-Simon annonçant la mort du président Menars
(t. XV, p. 311) dit que « c'était une très belle figure
« d'homme et un fort bon homme aussi, peu capable, mais
« plein d'honneur, de probité, d'équité, et modeste, prodige
« chez un président à mortier ». C'était, de plus, un bibliophile éminent, qui acheta vers 1672 la célèbre bibliothèque
De Thou. « *Thuana nunc Menarsiana* » dit Santeul.

L'hôtel Menars et ses immenses dépendances appartinrent,
après la mort du président de Menars, auquel il était propre,
à la marquise sa veuve, par délaissement de ses filles Mⁱⁱᵉ de
Neuville et Mⁱⁱᵉ de Nozieux, en vertu d'un acte reçu Durant le 28 juillet 1719. La marquise s'occupa sur-le-champ
de morceler cette vaste étendue.

Dès le 2 juin 1719, elle déposait pour minute à Mᵉ Durant, notaire, le plan de la division du jardin, cour et basse-
cour de l'hôtel de Menars, dressé par Michel-Libéral Bruant,
architecte du Roi. Ce précieux document a malheureusement
disparu, à une époque indéterminée, des minutes de Mᵉ Émile

Jozon, successeur de M⁰ Durant. Le 2 juillet suivant, la marquise vendit les parcelles que je décrirai plus loin sous les nᵒˢ 81 et 83. Le 8 juillet, elle vendait à Jacques Sylvestre 344 toises carrées ayant 11 toises de façade sur la rue Neuve-Saint-Augustin « faisant partie de plusieurs places « à bâtir dans le jardin et basse-cour de l'hôtel de Menars ».

La marquise mourut le 10 février 1729; la liquidation de sa succession était une opération d'importance, car elle fut confiée à une commission de conseillers d'État nommée par arrêt du 28 septembre 1736, et ne fut close définitivement que le 19 février 1752 (Arch. Nat. V⁷ 370). Cependant il fut procédé tout d'abord à la licitation des portions subsistantes de l'hôtel Menars, lesquelles furent adjugées, par sentence des requêtes du Palais, le 22 août 1733 (*alias* 1736) à Simon Boutin, receveur-général des finances, moyennant 160,500 livres.

Cet exposé général me permet maintenant d'aborder l'histoire particulière des nᵒˢ 77, 79, 81 et 83, provenant du morcellement de l'hôtel de Menars.

Nᵒ 77. — Ce petit hôtel, dont la porte cochère est d'un assez bon style, fut bâti par Simon Boutin sur les terrains qu'il détacha de son adjudication, entre le bâtiment principal de l'hôtel Menars et la rue Neuve-Saint-Augustin. Il fut habité de 1734 à 1768 par M. Gaultier de Montdorge, trésorier triennal de la Chambre aux deniers. On a de Gaultier de Montdorge le ballet des *Talents lyriques*, dont Rameau composa la musique (1739) et *l'Acte de société*, qui réussit à la Comédie française. Devenu vieux et retiré dans un bel hôtel de la Grange-Batelière, M. Gaultier de Montdorge épouse *in extremis* une fille naturelle de M. Le Normand d'Étioles (le mari de Mᵐᵉ de Pompadour) afin de laisser sa fortune avec son nom à la fille de son ami.

Après la mort de Simon Boutin, l'hôtel nᵒ 77 devint la propriété de sa fille, Charlotte-Madeleine Boutin, veuve de Charles-Henry-Philippe de Montboissier-Beaufort-Canillac, qui le vendit le 15 mars 1776 à Jean-Louis Guillemin de Kercadou d'Igny. Il appartenait en 1880 à la famille Guillaume, et doit avoir été récemment licité.

Nº 79. — Le 79 actuel, nouvellement construit, occupe l'angle sud-ouest du terrain que couvrait l'ancien 79, renversé par le passage de la rue du Quatre-Septembre. L'ancien, qui était mitoyen avec le 77, comprenait le principal bâtiment de l'hôtel Menars, qui, profondément transformé, avait pris le titre d'hôtel Boutin. Dans le décret volontaire que fit faire M. Boutin le 1er juin 1737, il est dit que l'hôtel Menars a son entrée par une grande porte cochère sur la rue Neuve-Saint-Augustin. L'aliénation des parties septentrionales et méridionales du domaine renversa toutes les dispositions anciennes; la porte cochère s'ouvrit sur la rue Richelieu, et au lieu du vaste jardin coupé par le cul-de-sac de Menars, on planta derrière le corps d'hôtel un jardinet à l'anglaise.

Simon Boutin, acquéreur de l'hôtel Menars, appartenait à une excellente famille originaire de Touraine. Son père, René Boutin, écuyer, seigneur de Vaussigny, qui exerça au moins depuis 1697 (Armorial général ms) jusqu'à sa mort, survenue en 1725, l'office de receveur-général des finances de la généralité d'Amiens, avait épousé Élisabeth-Françoise Landrin, fille de Landrin, fermier-général et receveur-général, et de Barbe de La Vieuville. René Boutin figure au rôle dressé par la Chambre de justice le 19 décembre 1716 pour 1,188,607 livres. Il était, par Anne de La Vieuville, beau-frère de Denis Pasquier, trésorier de France. Le Cabinet des titres le signale comme amateur de peintures.

Son fils aîné, René-François, fut conseiller à la première chambre des requêtes du Parlement le 31 janvier 1720, président le 23 février 1758, et mourut vers 1767. Il avait un assez grand nombre de frères et sœurs, parmi lesquels Mme de Levignen, femme de M. Lallemant de Levignen, intendant d'Alençon, et Marie Renée, femme d'Étienne-Charles-Félix comte de Nantouillet, de Marly-la-Ville et de Puiseux, père de M. de Nantouillet, qui fut maître des cérémonies de Louis XV.

Quant à Simon Boutin, il devint receveur-général comme son père; titulaire de la recette générale de Limoges en 1722, puis de Tours en 1733. Il demeurait à cette dernière date rue Neuve-des-Petits-Champs près des Capucines, dans la maison paternelle. Adjudicataire de la plus grande portion

26

de l'hôtel Menars, il s'y fit construire une maison neuve, où il ne s'installa qu'à Pâques 1738. Il mourut en 1766, laissant de son mariage avec Marie-Madeleine Le Clerc, qui lui survécut jusqu'au 14 mars 1774 et mourut âgée de quatre-vingt-cinq ans, au moins deux fils, l'aîné Charles-Robert Boutin sieur de la Coulommière ou Columière, et Simon-Charles Boutin. Il n'y a pas de doute pour le cadet. Mais l'autre est désigné, dans les notes fort incomplètes du Cabinet des titres, comme le fils de René-François, qui n'était que son oncle. L'erreur se redresse, d'abord par les actes notariés qui ont passé sous mes yeux et dans lesquels Charles-Robert se porte comme héritier de Simon Boutin, son père, receveur-général; ensuite à la simple inspection des adresses fournies par les almanachs, et qui nous montrent, dès 1743, Charles-Robert Boutin logé à l'ancien hôtel Menars, tandis que le conseiller René-François, son oncle, l'un des plus grands déménageurs qu'on puisse imaginer, logea successivement chez son propre père rue Neuve-des-Petits-Champs, puis rue Neuve-de-Luxembourg, puis dans un autre hôtel de la rue Neuve-des-Petits-Champs, en face l'hôtel Pontchartrain (place Ventadour), puis rue Saint-Roch, rue d'Orléans-Saint-Honoré à l'hôtel d'Aligre, ensuite place Vendôme, pour aller finir rue des Deux-Boules; mais il n'habita jamais l'hôtel Menars.

Charles-Robert Boutin, seigneur de la Coulommière, vaut bien la peine qu'on établisse sa filiation, car, moins connu de la postérité que son frère cadet, il n'en demeure pas moins l'homme le plus considérable de sa famille. Conseiller à la première des requêtes du Parlement le 5 février 1743, maître des requêtes en 1750, il épousa, vers 1756, Jeanne-Gabrielle-Delphine-Victoire Chauvelin, fille de Jacques-Bernard Chauvelin, conseiller d'État et intendant des finances, et de Marie Oursin, fille et sœur des receveurs-généraux des finances de Caen. J'ai parlé de ces Oursins au n° 67. En se mariant, Charles-Robert Boutin s'installa rue Portefoin à l'hôtel de son beau-père, dont il devint le collaborateur et le successeur naturellement désigné. En attendant, il passa par divers postes importants; il succéda en 1759 à M. de Silhouette en qualité de commissaire du

Roi près la Compagnie des Indes, puis il alla passer cinq
années à Bordeaux (1761-1766) comme intendant de la généralité de Guyenne. En 1766, il fut nommé conseiller
d'État et adjoint à M. de Chauvelin; celui-ci étant mort le 14
mars 1767, M. Boutin lui succéda comme intendant titulaire
des finances. Il quitta cette fonction lorsque l'abbé Terray devint
contrôleur-général en 1770, mais il revint aux affaires avec
Turgot en 1774, et devint membre titulaire au Conseil
royal des finances au lieu de M. Trudaine en 1788. Les
changements opérés par M. Necker en 1788, et notamment
la fusion du conseil des finances avec celui du commerce,
éloignèrent M. Boutin de l'administration active; il conserva
cependant son siège au conseil d'État, auquel on adjoignit
la fonction de commissaire de la monnaie. Il les occupait
encore l'un et l'autre en 1789.

Le nom de l'intendant des finances Boutin se rattache à
la fameuse et regrettable légende du pacte de famine. Ce
fut lui qui découvrit et intercepta la correspondance de Prevost de Beaumont. Des historiens, dont la bonne foi a été
surprise, ont aperçu des monstruosités dans un acte d'administration, discutable au point de principes économiques qui
n'étaient pas bien connus et encore moins acceptés au
xviiie siècle, mais prévoyant et humain dans sa pensée première. Le bail pour l'approvisionnement de Paris a eu pour
analogue, de notre temps, la Caisse municipale de la bou-
langerie, qu'on a dû supprimer après expérience et discussion, mais dont personne du moins n'a jamais travesti ni
calomnié les moyens et le but.

Cependant, le Moniteur universel n'a pas craint d'écrire
cette phrase trop souvent reproduite par les compilateurs :
« Quatre intendants des finances, MM. Trudaine de Mon-
« tigny, Boutin, Langlois et Boullenger (il veut probable-
« ment dire M. de Boullongne), se partagèrent le royaume,
« se distribuèrent à chacun en nombre égal des provinces à
« ravager. » Heureusement pour M. Boutin, ces lignes, datées du 15 septembre 1789, époque où le Moniteur ne paraissait pas encore, ne furent réellement écrites et imprimées
que dix ans plus tard; sans quoi elles eussent certainement
conduit M. Charles-Robert Boutin sur l'échafaud qui dévora

son frère cadet. Mais l'absence de toute inculpation de ce genre contre l'un et l'autre des deux frères, celui qui survécut comme celui qui périt, prouve qu'en 1793 et 1794 la légende du pacte de famine n'était pas très répandue. De nos jours, le Dictionnaire d'économie politique de Guillaumin l'a réfutée avec une précision et un luxe de preuves qui n'en laissent rien subsister.

Cependant, M. Simon Boutin le père était mort en 1766 dans son hôtel de la rue Richelieu, et son fils cadet Simon-Charles l'avait remplacé dans la charge de receveur-général des finances de Tours, dont il avait la survivance depuis 1752. Elle fut supprimée avec les autres recettes des généralités en 1780 et remplacée par un petit nombre d'offices royaux; cette réforme fut une des moins heureuses du ministère de Necker; il fallut promptement rétablir les anciennes recettes par généralités et pays d'État; mais Simon-Charles Boutin avait été dédommagé, dès 1780, par la charge de trésorier-général des dépenses de la marine; et, lorsque cette trésorerie fut à son tour supprimée par une autre réforme du même Necker, aux termes de l'édit royal de mars 1788 qui réorganisait le Trésor royal, M. Simon-Charles Boutin devint administrateur du Trésor, chargé des services de la marine. Il tint bon jusqu'au plus fort de l'orage révolutionnaire. Homme aimable et de plaisir, célibataire à ce que je crois, « petit, boiteux, gai, spirituel, d'un caractère « affable et bon », au dire de Mᵐᵉ Vigée-Lebrun qui l'a beaucoup connu, M. Boutin ne se croyait pas ou ne se connaissait pas d'ennemis.

Au moment où la spéculation et la mode commençaient à se porter vers le quartier champêtre des Porcherons, à l'extrémité nord de la chaussée d'Antin, Boutin avait acheté d'immenses terrains d'ancienne culture maraîchère sur lesquels sourdaient des eaux thermales, et qui comprenaient, sauf quelques enclaves, une sorte de trapèze irrégulier compris entre le côté nord de la rue Saint-Lazare, le côté gauche de la rue de Clichy jusqu'aux abords de l'ancienne barrière, et à l'ouest une ruelle dont la rue d'Amsterdam représente assez exactement le tracé dans sa partie supérieure; mais, en se rapprochant de la rue Saint-Lazare, la ruelle s'infléchissait vers l'ouest de façon à rejoindre la rue du Rocher à moitié de sa hauteur. Grâce aux profusions du financier homme de goût et au concours d'artistes habiles, on vit s'élever sur cette portion des Porcherons son admirable « Folie », la Folie Boutin, dont le jardin à l'anglaise était d'autant plus curieux, dit Watin, « qu'il est un des premiers de la capi- « tale dans lequel on ait réuni l'art le plus recherché à l'ai- « mable abandon d'une promenade champêtre ».

Du côté de la rue Saint-Lazare, un pavillon carré, con- struit par l'architecte Henry, était le logis ou la maison de campagne du trésorier-général. Les Parisiens l'ont connu sous le nom d'hôtel des Eaux et des Bains Tivoli. On l'a dé- moli un peu avant 1870 pour y construire la direction cen- trale du chemin de fer de Paris à Lyon et à la Méditer- ranée. C'est le n° 88 sur la rue Saint-Lazare.

En longeant le jardin par la rue de Clichy, dont l'encoi- gnure était occupée en 1788 par les petites maisons de MM. de Meulan et Tresaguier, qui faisaient enclave dans la Folie Boutin, on arrivait à une autre construction, un pavillon d'honneur, facilement ouvert aux curieux qui désiraient vi- siter le jardin ou la magnifique collection de minéralogie du trésorier-général[1]. Ce pavillon, avec son superbe escalier et sa cour spacieuse, subsista long-temps au delà de l'encoi- gnure nord de la rue de Tivoli et portait le n° 19 (aujour- d'hui 27) sur la rue de Clichy. Il appartint à Mme de Vatry, qui vient de mourir, à qui son père M. Hainguerlot l'avait laissé en héritage. L'ambassade d'Espagne l'occupait en 1845.

La Folie Boutin, qui fut le Tivoli des fêtes du Directoire, du Consulat et de l'Empire, dont le nom a été conservé sur le lieu même par une rue (devenue depuis peu la rue d'Athènes) et par un passage, se rattache à l'un des épi- sodes les plus importants de la révolution française. S'il en faut croire un document inédit que je vais citer *in extenso*, la Reine, à la veille du départ pour Varennes, serait

1. M. Boutin était un amateur de toutes belles choses; témoin ce passage d'une lettre du peintre Natoire, datée de Rome, le 6 février 1754 : « L'arrivée « de M. de Canillac à Rome nous a mené deux curieux fameux, entre autres « M. Boutin, fils du receveur général des finances, qui nous dévorent toutes nos « antiquités et curiosités; la musique les occupe beaucoup aussi. »

allée goûter avec ses enfants dans les jardins de Boutin, à la barrière Blanche, pour détourner les soupçons qui étaient vivement excités chez le peuple de Paris. Le fait est-il réel? Je ne vois aucune raison d'en douter, quoiqu'il soit demeuré inconnu jusqu'à ce jour à tous les historiens, même à M. Eugène Bimbenet, ancien greffier en chef de la cour d'Orléans à qui l'on doit une relation spéciale et très complète de la fuite à Varennes (Paris, Didier, 1868, in-8°). On lit, aux pages 39 et 40 de cet excellent livre, que la veille du départ, 20 juin 1791, la journée du château se passa comme à l'ordinaire : « la Reine sortit en voiture à cinq heures avec ses « enfants, suivant l'ordre qu'elle en avait donné dans la ma- « tinée; elle ne rentra qu'à sept heures; en sortant de sa « toilette elle trouva au salon Monsieur frère du Roi, qui « resta avec elle jusqu'à neuf heures, c'est-à-dire jusqu'au « moment de se mettre à table pour souper. » Aucun des témoins entendus dans l'instruction ni M. Bimbenet lui-même ne se sont demandé quel avait été l'emploi de ces deux heures de promenade. C'est ici que se place naturellement la visite au jardin de Boutin avec les enfants; la Reine, qui avait dîné à une heure, goûte chez Boutin et soupe à neuf heures, rien de mieux enchaîné. Boutin demeura quelque temps sans trouble dans son hôtel de la rue Richelieu. Il ne s'en éloigna qu'à la fin d'avril ou au commencement de mai pour aller prendre les eaux de Bath en Angleterre. Mais aussitôt qu'il connut le décret rendu contre les émigrés, il se mit en devoir de rentrer. Arrêté à Calais, il y resta deux mois prisonnier; cependant, grâce à l'intercession de Roland, il put rentrer chez lui; la section Lepelletier y avait apposé les scellés qui furent levés, mais on ne lui rendit pas son argenterie qu'on avait emportée et volée, selon l'usage. On lui connaissait trop de richesses pour s'en tenir là. Après la dispersion et la mort des Girondins, on réapposa les scellés, et l'ancien trésorier-général fut gardé à vue dans sa maison. Il en sortit enfin, après avoir subi un interrogatoire dérisoire conservé aux Archives Nationales (W b, 428. 145) et qui avait été provoqué par la dénonciation suivante, que je transcris sans y changer une virgule; elle est de la même main et de la même orthographe que la dénon-

ciation contre le marquis de Talaru, que j'ai donnée précédemment sous le n° 62 :

« Bouttin anciain trozorie de la marine demeurant en sa
« maisson rue de la Loix et maintenant dans la maison da-
« rais de la section Lepelletier est pacée en Engletaîre lor-
« seque de la declaration de la guiaire avec lempreur sous le
« pretextes daler prendre lais aux en partant ille fit en fouir
« son arjeanterie dans sa cave que lon a retiré et porté à la
« monoy comme il apaire pare le procais verbal qui est aus
« departement. Aprais le decret sure lais emigré ille voutlue
« rentré en France ille fut mis en prisson a calais pendant
« environ deux mois a force de solitations aus prais du
« cellerat Rollant, ille le fit revenir dans sa maison à Paris
« et lais cellé furent levé de decu sais effect ille y a apeut
« prais six mois que le departement a voulu requaminée cette
« affaire ille a fait reapozé lait célé sure tout son mobilié.
« Ille est bien constetemp qu'il n'ait rentré quaprais le decret
« sur lais emigré en core un fait La cidevant reine la veile
« de son depart pour Vareine a étté gouté dans son beaux
« jardin a la bariaire Blanche avec sais enfant pour faire
« voire quel navoit point en vie de partir. Jait signe cette
« de claration dans mon ame et contiance

« RAFFY

« Commissaire du Comité civile de la section Lepelletier. »

Incarcéré le 28 floréal an II, Boutin fut transféré à la
Conciergerie, jugé et exécuté en même temps que le marquis de Talaru. J'ai donné sous le n° 62 le texte laconique
du mandat d'arrêt et de la sentence de mort qui les frappa
avec Lafond des Essarts et Laborde. L'arrêt nomme Boutin,
mais ne se donne même pas la peine de viser un grief distinct
contre lui.

Le *Moniteur* du 4 thermidor an II (22 juillet 1794) motive
la sentence de mort portée contre Talaru, Laborde et Boutin comme « convaincus de s'être déclarés les ennemis du
« peuple en participant aux complots formés dans la
« maison d'arrêt du Luxembourg ». C'est une erreur

comme il s'en rencontre de si nombreuses dans ce recueil trop accrédité. Il n'est pas question du Luxembourg dans le jugement rendu contre Boutin, Laborde et Talaru.

M. Boutin était âgé de soixante-quatorze ans lorsqu'il porta sa tête sur l'échafaud. Il n'avait pas été marié et ne laissait pas d'enfants.

Son frère aîné Charles-Robert, et sa sœur cadette Charlotte-Madeleine, née en 1731, veuve avant 1776 de Charles-Henry-Philippe de Montboissier de Beaufort Canillac, né le 15 mars 1719, avaient partagé avec lui, par tiers, la succession de Simon Boutin leur père; mais Mme de Canillac, morte le 21 octobre 1782 à cinquante-trois ans, se trouva représentée par son fils Charles-Philippe-Simon de Montboissier-Beaufort-Canillac. Il est probable que l'hôtel de la rue Richelieu était demeuré indivis entre les trois cohéritiers de Simon Boutin, ce qui le sauva de la confiscation.

Un procès-verbal passé au bureau des domaines, le 21 nivôse an V (10 janvier 1797), contient adjudication de l'ancien hôtel Boutin, sur la dépossession de Charles-Philippe-Simon de Canillac, au profit de M. de Combarel de Vernège et de M. Testu de Balincourt.

Ce n'était, à vrai dire, qu'une forme de licitation partielle entre les deux filles de Charles-Robert Boutin : l'aînée Marie-Magdeleine, mariée à M. de Combarel de Vernège; la cadette Charlotte-Olympiade, mariée en 1786 à Armand-Pierre-Claude-Emmanuel Testu comte de Balincourt.

M. de Vernège céda ses droits le 12 thermidor an VI (30 juillet 1798) à Denis-François Breure et Louise Lender son épouse, qui les recédèrent par acte devant Marchand, le 6 septembre 1806, à Jean Perrin l'aîné, le permissionnaire des jeux publics (voyez n°s 102 à 112).

Une dernière licitation devant le tribunal, le 3 janvier 1813, fit sortir l'hôtel Boutin de la famille qui l'avait possédé pendant quatre-vingts ans. Elle eut lieu entre Charles-Marie-Hippolyte Boutin, fils de Charles-Robert, Mme de Vernège sa fille, et les mineurs Testu de Balincourt, ses petits enfants, et fut prononcée au profit de Louis-François-de-Paule Nourtier, marchand d'étoffes, et Julie-Marie-Livine Hovyn, son épouse, pour la portion non comprise à l'acte de cession du 6 septembre 1806, que M. et Mme Perrin ne retrocédèrent aux époux Nourtier que le 25 avril 1816, par acte reçu Jalabert et Marchant. M. et Mme Nourtier avaient déjà détaché de ce qui leur appartenait un lot de 23 mètres 60 de façade sur la rue de Menars, à partir du mur mitoyen de l'ancien hôtel de Grammont; ce lot, acquis par M. Judes-Joseph Meslier, devint le n° 3 de la rue de Menars.

Enfin, le 1er avril 1824, par acte devant Trubert, notaire, M. et Mme Nourtier vendirent à la Compagnie d'assurances générales sur la vie ce qui restait de l'ancien hôtel Boutin, ainsi décrit : « Un grand hôtel connu sous le nom d'hôtel « Boutin, situé à Paris, rue Richelieu n° 89, au coin de la rue « de Menars; consistant en une entrée de porte cochère sur « ladite rue Richelieu; corps de logis principal entre deux « cours, l'une au levant et l'autre au couchant; deux ailes de « bâtiment donnant sur ladite rue Richelieu; au fond de la « cour au couchant, un bâtiment servant d'écuries et remises, « surmonté de plusieurs logements; au nord, un petit « corps de bâtiment attenant à une porte cochère ouvrant « sur la rue de Menars. »

L'ouverture de la rue du Quatre-Septembre et l'élargissement simultané de la rue de Menars emportèrent en 1869 la totalité de l'hôtel acquis en 1824 par la Compagnie, qui a fait construire, sur la portion de terrain que lui laissait l'expropriation, la maison neuve qui porte aujourd'hui le n° 79 sur la rue Richelieu, le n° 10 sur la rue du Quatre-Septembre, et le n° 1 sur la rue de Menars.

Sous le premier Empire, une partie de l'hôtel Boutin était habitée par Leroy, le célèbre marchand de modes qui fournissait l'impératrice Joséphine. Les mémoires de Mlle Avrillon et de Constant renferment de curieux détails sur ce prédécesseur des Worth et autres couturiers modernes, qui se fit mettre positivement à la porte par l'empereur Napoléon Ier.

En 1829, l'ancien hôtel Boutin avait pour hôte M. Marjolin, chirurgien par quartier du roi Charles X, chirurgien en second de l'Hôtel-Dieu, membre de l'Académie royale de médecine.

Le percement de la rue de Menars avait été décidé par les lettres patentes du 19 février 1726, qui autorisaient la maréchale duchesse de Grammont et le duc de Noailles, agissant comme exécuteurs testamentaires du maréchal de Grammont, à ouvrir deux rues sur l'emplacement de l'hôtel de ce nom; de ces deux rues, ayant chacune quatre toises de large, la première aurait mis en communication la rue Neuve-Saint-Augustin avec le cours ou boulevard; ce fut la rue de Grammont; la seconde rejoindrait la rue Richelieu, en passant par un cul-de-sac déjà formé sur les terrains de l'hôtel de Menars; mais ce fut seulement le 30 septembre 1765, c'est-à-dire au bout de quarante ans, que ce double percement reçut son exécution.

Quant au cul-de-sac créé pour faciliter le morcellement du domaine de Menars après la mort du président, je pense qu'il fut formé vers 1721, au moment de la vente que je vais rapporter sous le n° 81. Il eut pour habitants, en 1731 Jean-B. Fr. Durey de Meinières, conseiller à la deuxième des requêtes; en 1741 M. Moufle, receveur-général d'Amiens; en 1745 son successeur Bernard de Montigny, et en 1754 le successeur de celui-ci, Bernard de Marville.

N° 81. — Le terrain de cette maison formait la place cotée H sur le plan de division du jardin de l'hôtel Menars, dressé par Bruant en 1719, contenant 82 toises et un tiers en superficie, ayant neuf toises de façade sur la rue Richelieu, et huit toises et demie sur la nouvelle rue de Menars. Il fut vendu, en même temps que le terrain du n° 83 qui suit, par la présidente marquise veuve de Menars, aux termes d'un contrat reçu Dutartre, notaire, le 2 juillet 1719, à Pierre Le Maistre, architecte du Roi. Celui-ci l'abandonna, par suite de retrait lignager, en vertu d'une sentence du Châtelet rendue le 27 janvier 1720, et d'un acte reçu Dutartre le 1er mars suivant, à Jacques Johanne de La Carre de Saumery, chevalier de Saint-Jean-de-Jérusalem; et le chevalier de Saumery le rétrocéda par contrat devant Me Delaleu, le 5 septembre suivant, à messire Gache de Montblanc, lieutenant-colonel d'infanterie, chevalier de Saint-Louis.

M. de Montblanc, à son tour, le vendit par contrat du

30 octobre 1721, devant Me Gaschier (aux minutes de Me Bazin), à messire Eustache-François Le Cousturier, écuyer, marquis de Mauregard-le-Mesnil en France, trésorier-général des troupes de la maison du Roi et de l'extraordinaire des guerres, ci-devant conseiller au Grand Conseil.

M. de Mauregard construisit sur ce terrain la maison qui forme l'angle nord de la rue de Menars avec la rue Richelieu, en même temps qu'il en édifiait une plus grande sur le terrain suivant (voyez ci-après no 83).

Il vendit l'une et l'autre maison, par acte devant Doyen, le 4 février 1734, à Pierre d'Hariagues et à Geneviève du Perron, sa femme, qui les laissèrent à leur fils Dominique d'Hariagues, chevalier, seigneur et baron d'Auneau, qui les constitua en dot à sa fille Hermine-Françoise d'Hariagues, femme de Jean-Charles-Théodose de Moges marquis de Moges et de Buron, colonel de cavalerie, par contrat devant Laideguive, le 26 avril 1767.

Le marquis et la marquise de Moges vendirent séparément la petite maison du no 81, par contrat devant Lachaize, le 15 septembre 1775, à Barthélemy-Jacques Agirony de Corée, chirurgien de S. A. le duc de Bouillon. De ce dernier, elle passa le 24 septembre 1788 à M. Hubert Gautheron, et, par diverses transmissions sans intérêt, à M. Germain Delavigne, homme de lettres, auteur de l'opéra de *Charles VI,* qui la vendit à la compagnie d'assurance la *Caisse paternelle,* le 23 mai 1857.

Le terrain des nos 81 et 83, en bordure sur la rue Richelieu, tenait et tient encore tout du long, par le fond, à la parcelle du jardin Menars cotée G dans le plan de division de 1719; de là, des servitudes qui subsistent encore en partie. Sur la parcelle G s'élève un hôtel portant le no 4 rue de Menars, appartenant à la *Caisse paternelle,* qui y a établi son siège et ses bureaux. C'est l'ancien hôtel du comte de Choiseul-Stainville, frère du duc de Choiseul premier ministre de Louis XV.

No 83. — Les origines de cette maison sont établies par les mêmes actes que la précédente. Elle fut édifiée par le marquis de Mauregard sur deux parcelles réunies sous la

cote J dans le plan de division de 1719, lesquels contenaient
ensemble 240 toises et demie de superficie, dont 17 t. 2 p.
de façade sur la rue Richelieu, et provenaient, comme la
parcelle H, des contrats des 2 juillet 1719, 29 janvier 1720,
5 septembre 1720 et 30 octobre 1721.

Elle passa, comme la maison n° 81, dans la dot de la
marquise de Moges, par contrat du 26 avril 1767.

Ici le fil se rompt, et j'ai le regret de n'avoir pu le
rattacher.

L'immeuble du n° 83 actuel appartient depuis quatre-
vingt-quatre ans à une dynastie de riches négociants, dans
laquelle elle entra par une adjudication à l'audience des
criées du 13 pluviôse an V (1er février 1797), faite à
MM. Antoine Versepuy et Laboullée, à la requête des
créanciers du notaire Giroust.

Le notaire Michel-Guillaume Giroust demeurait rue Tiquetonne avant de suspendre ses pannonceaux rue de Richelieu, « vis-à-vis la rue Feydeau » comme dit l'Almanach
royal, dans la maison que Watin inscrit sous le n° 103. Il
avait été reçu notaire en 1771, et nommé conseiller de la
ville de Paris en 1773. Il conserva ces honorables fonctions
municipales jusqu'en 1789. Il exerçait encore le notariat
dans sa maison de la rue Richelieu pendant qu'elle était
adjugée aux criées, et il ne fut remplacé qu'en l'an VI par
M. Herbelin, qui transféra l'étude rue Saint-Martin près la
rue de Ponceau.

Le notaire Giroust avait acquis la maison de la rue Richelieu moyennant 195,600 livres, aux termes d'une adjudication prononcée par sentence des requêtes de l'hôtel, le 3 septembre 1783, sur licitation entre les héritiers de François
Baudon, fermier-général, lesquels étaient : Élisabeth
Baudon, femme de Jean-Baptiste-Alexandre Jullien, conseiller honoraire en la Grand Chambre, maître des requêtes
honoraire de l'hôtel, commissaire député en la généralité
d'Alençon; François-Jacques Baudon, écuyer, ancien directeur des domaines du Roi; Guillaume Baudon de Mauny,
administrateur des mêmes domaines; Rose-Joséphine-Sophie
Baudon, épouse de Jules David Cromot du Bourg, conseiller
d'État, surintendant des finances de Monsieur frère du Roi;

Jean-François-Clément Tocquiny et Gui-Paul Tocquiny de Villarseaux, Anne-Marguerite-Charlotte de Ligniville, née comtesse de Ligniville, veuve dudit François Baudon, tutrice de Jean-François-Charles Baudon et de Charles-Joseph Baudon leurs enfants mineurs, et Edme Gilbert de Courceilles, écuyer, seigneur de Gransoy, tuteur des enfants mineurs du deuxième lit de Baudon; M. et Mme Cromot du Bourg et MM. Tocquiny de Villarseaux par représentation de Rose Baudon, leur mère, décédée veuve de Laurent Tocquiny [1].

Malheureusement, la sentence dont j'ai consulté le texte original (Arch. Nat. X 3^b 2486) ne contient aucun établissement de propriété du chef des Baudon, et il m'a été jusqu'à présent impossible de relier la famille Baudon à la propriété précédente de la famille de Moges.

La sentence fournit toutefois une description intéressante de la maison, dont l'aspect extérieur a subi peu de changements. Derrière le corps de logis principal, elle décrit un « jardin d'agrément suivi de plusieurs, dépendant des mai- « sons voisines, ce qui forme un point de vue très agréable ». Le jardin existe encore, mais les points de vue sont détruits, les plantations, les massifs et les tapis de verdure des hôtels avoisinants étant depuis longtemps remplacés par des maisons à cinq étages et par des rues.

Tout ce que je sais, c'est que François Baudon, devenu fermier-général pour le bail de Pierre Fleuriet (1er octobre 1756 au 30 septembre 1757), et demeurant alors rue Sainte-Anne, prit domicile à la rue Richelieu en 1758, et qu'il y succéda aux familles de Vallière et de Tournière, qui l'occupaient à titre de locataires ou autrement depuis 1739.

Joseph Florent marquis de Vallière, né à Paris le 7 septembre 1667, lieutenant-général des armées, grand-croix de Saint-Louis, avait pris domicile rue Richelieu en 1739, lorsqu'il devint inspecteur-général des écoles d'artillerie et des manu-

---

1. 1730. Tocquiny, receveur-général et payeur de rentes de l'Hotel de Ville, près la rue Neuve-Saint-Augustin. — Tocquiny de Villarseaux, rue d'Anjou-Saint-Honoré au coin de la rue de la Ville-l'Évêque, trésorier de France (1763-1764).

factures d'armes de France, et directeur-général de toute
l'artillerie. Il y résida jusqu'à sa mort, survenue le 6 janvier
1759. Membre de l'Académie des Sciences, le marquis de
Vallière a laissé sa trace dans le recueil des mémoires de cette
Académie; on relirait encore avec fruit sa dissertation sur
les avantages des pièces d'artillerie longues et solides compa-
rées à l'artillerie légère. Il avait assisté à soixante sièges et à
dix grandes batailles. C'est lui qui, au siège du Quesnoy en
1713, démonta quatre-vingts pièces ennemies en vingt-quatre
heures. On trouve aux mémoires de l'Académie des Sciences
son éloge écrit par Granjean de Fouchy. Ainsi, la rue Richelieu a logé dans le même siècle nos deux meilleurs officiers
généraux d'artillerie, le marquis de Vallière et M. de Gribeauval (voyez ci-dessus no 45).

Le marquis de Vallière eut une fille et deux fils. Sa fille
Marguerite épousa Charles Penot de Tournière de La Cossière, écuyer, payeur des rentes de l'Hôtel-de-Ville, qui
habitait avec son beau-père rue Richelieu. Après la mort du
marquis de Vallière, M. et Mme de Tournière prirent un
hôtel à eux rue du Sentier. M. de Tournière, qui était
devenu comme son beau-père associé libre de l'Académie
des Sciences, mourut le 21 mai 1772, à cinquante-quatre
ans, et Mme de Tournière le 11 avril 1788, à soixante-dix ans.
Ils avaient eu un fils connu sous le nom de M. de La Cossière
qui, pourvu en 1743 de l'office de trésorier-général du bar-
rage et de l'entretenement du pavé de Paris, mourut jeune,
et fut remplacé dans sa charge en 1750 par son oncle Gratien Drouilhet.

M. de Tournière avait deux sœurs, l'une Charlotte-
Émilie, qui mourut le 27 mars 1746 à vingt-six ans, épouse
de Pierre Maréchal, receveur-général des domaines et bois
de la généralité de Metz, et l'autre Marie-Françoise, morte
le 3 mars 1792 à soixante-seize ans, veuve de Gratien
Drouilhet, receveur-général de La Rochelle, et en deuxièmes
noces de Léon Picot sieur de Cheneteau, mousquetaire du
Roi, puis capitaine de cavalerie.

L'aîné des deux fils du marquis de Vallière, Joseph, né le
22 juin 1717, maréchal de camp en 1747, s'illustra aux
sièges de Fribourg, de Berg-op-Zoom et de Maestricht; il

remplaça son père dans la direction générale de l'artillerie par démission du 9 mars 1747, et fut appelé en 1755 à la direction générale des deux corps de l'artillerie et du génie ; il fut associé libre de l'Académie des Sciences (en 1761) comme son père et son beau-frère, et mourut le 10 janvier 1776. La biographie Michaud lui donne par erreur le nom de son frère cadet Louis-Florent chevalier de Vallière, né le 19 juin 1721 ; mousquetaire le 18 décembre 1736, mestre de camp des volontaires corses le 29 avril 1757 ; colonel commandant de la légion royale corse le 13 avril 1760 ; brigadier le 20 février 1761 ; maréchal de camp le 25 juillet 1762.

N° 85. — Jacques Paget, chevalier, seigneur du Plessis au Bois de Villemomble, conseiller ordinaire du Roi, demeurant alors à Paris en son hôtel dépendant du monastère des religieux de Saint-Thomas, rue Neuve-Saint-Augustin (des Filles-Saint-Thomas), au bout de la rue Vivienne, avait, comme nous l'avons vu, réuni entre ses mains, par des acquisitions de 1655 et 1656, les surfaces comprises entre le coin nord de la rue Neuve-Saint-Augustin et le rempart.

Un peu plus tard, le 13 juillet 1657, il acheta de Pierre Éduin une place ou terrain à bâtir, de l'autre côté du rempart et hors de la porte, en face de l'ancien jardin de Thévenin, le fossé et le rempart entre deux, comprenant 643 toises superficielles, avec 22 toises de façade sur la rue de la Grange-Batelière (aujourd'hui rue Richelieu). Lorsque Paget vendit son hôtel d'entre la rue Neuve-Saint-Augustin et le rempart (13 janvier 1662), il prit l'engagement envers le maréchal de Grancey que les bâtiments à élever sur le terrain encore nu, qui lui appartenait de l'autre côté du fossé, ne pourraient avoir plus de neuf pieds d'élévation au-dessus du rez-de-chaussée.

Mais Jacques Paget, lorsqu'il prit cet engagement, étant sous le coup d'une action en retrait lignager intentée par Jean Feydeau de La Malmouse, l'un des petits-fils de René Vivien, ancien propriétaire du fief de la Grange-Batelière. Le procès se termina par une sentence du Châtelet du 5 février 1664, qui adjugeait à Feydeau ses conclusions, et par

une transaction conforme, passée devant Gigot et Devaux,
notaires, le 8 mars 1664. En conséquence, le sieur de La
Malmouse rendit au seigneur du Plessis au Bois de Villemomble la somme de 15,266 l. 11 sous 4 deniers, prix des
643 toises provenant de Pierre Éduin, ce qui met la toise
carrée à 23 fr. 75 et le mètre carré à 6 fr. 25.

Feydeau de La Malmouse divisa son terrain en deux parties,
l'une au nord, qu'il céda au marquis de Montbrun (voyez
ci-après n° 87), l'autre au sud, faisant le coin de la rue de la
Grange-Batelière et du chemin de la porte Richelieu à la
porte Gaillon, qu'il céda à Gaspard et Balthazar Marsy
frères, « sculteurs academistes ». Ce sont les frères Marsy
que nous connaissons déjà comme acquéreurs, de moitié avec
Baudelet, du terrain sur lequel s'éleva la maison n° 40 où
Moliere est mort. Cette cession, consignée d'abord dans un
acte sous-seing privé du 13 septembre 1664, fut réalisée authentiquement par acte reçu Gigot, notaire, le 5 mai 1665,
où le terrain cédé est décrit « une place close de murs, sise
« hors et proche la porte de Richelieu, lieu dit de la Grange-
« Batelière, à main gauche en sortant de ladite porte, l'hôtel
« et le jardin de M. le maréchal de Grancey, le fossé de la
« ville et le chemin entre deux ». La place vendue aux
frères Marsy contient 437 toises 5 pieds 5 pouces, savoir :
25 t. 3 p. le long du chemin du fossé; 15 toises 1/2 sur
la rue de la Grange-Batelière jusqu'à M. de Montbrun;
26 toises 2 pieds de profondeur, le long de M. de Montbrun jusqu'aux marais Bourgoin; 18 t. 2 p. 10 p. le long du
marais Bourgoin jusque sur le chemin du fossé.

J'enregistre ces chiffres détaillés parce qu'on peut, en les
reportant sur le plan parcellaire de Vasserot et Bellanger,
s'assurer que la maison n° 85, telle qu'elle a subsisté jusqu'en 1856, avait conservé, sauf une légère rectification dans
le fond du côté des marais Bourgoin, les dimensions portées
à l'acte du 5 mai 1665, notamment la façade, qui sur le plan
mesure 30 mètres, reproduisant rigoureusement la façade
de 1665 (15 toises 1/2 $\times$ par 1m 949 = 30m 21).

L'acte du 5 mai 1665 forme le titre original de la propriété de la maison qui porte encore le n° 85 de la rue
Richelieu, et tient par conséquent une place d'honneur dans

les importantes archives de la Compagnie d'assurances générales, qui m'ont été libéralement ouvertes.

Les frères Marsy firent élever sur cette place deux maisons,
dont la plus petite, formant l'angle du fossé et portant l'enseigne des Armes de France, était enclavée dans la plus
grande, mitoyenne avec M. de Montbrun (nº 87 actuel).

Ils s'étaient cru libres de construire à leur guise, puisque
le comte de Medavy de Grancey, par acte devant Desnots,
notaire, le 4 septembre 1666, avait renoncé à la servitude
créée en sa faveur par le contrat Jacques Paget du 14 janvier 1662.

Tout alla bien jusqu'au moment où l'hôtel de Grancey
devint l'hôtel de Menars (1685).

Un arrêt du Conseil du 16 mars 1677 avait ordonné
l'ouverture d'une rue nouvelle, qui, démolissant la maison
du sieur Du Houx en face de la rue Saint-Marc, serait allée
rejoindre la porte Gaillon, en regagnant à moitié route le
chemin déjà existant depuis la porte Richelieu, le long du
fossé. Les choses restèrent en l'état. Un autre arrêt du Conseil du 16 mars 1688 confirma celui du 16 mars 1677. On
n'exécuta pas le second plus que le premier, et enfin, un
troisième arrêt du 24 février 1693 les annula tous deux,
décidant que le prolongement de la rue Saint-Marc se ferait
en ligne droite jusqu'à la rencontre du nouveau cours, au lieu
de s'infléchir vers le sud-ouest à la rencontre de la porte Gaillon. (Remarquons en passant que le prolongement rectiligne
de la rue Saint-Marc, désiré et décidé en 1693, ne se
fit qu'en 1780, c'est-à-dire quatre-vingt-sept ans plus
tard.)

L'arrêt du 24 février 1693, supposant bénévolement que
le chemin du fossé d'entre les portes Richelieu et Gaillon
avait été ouvert par les propriétaires riverains et à leurs frais,
leur en fit donation pleine et entière, chacun d'eux pouvant
se saisir de la partie du chemin longeant son héritage. Le
rôle du 17 août 1706 nous fait connaître que M. de Menars
capta pour sa part 331 toises; M. le duc de Gramont
256 toises; le président Robert 83 toises; le duc de Cœuvres
72 toises; M. de Feriolle 58 toises; et le duc de Quintin
(M. de Lorge) 25 toises; ensemble 825 toises superficielles;

27

on en peut conclure, en divisant ce chiffre par la largeur moyenne du fossé (environ 22 pieds), que le chemin supprimé parcourait environ 225 toises, distance assez approximative de la porte Richelieu à la porte Gaillon, en suivant le fossé.

Le 11 juillet, le procureur du Roi près le bureau de la Ville assigna les propriétaires de maisons et héritages sis au faubourg Richelieu, parmi lesquels les frères Marsy et Alexandre Rahault, leur beau-frère, Marguerite Le Tellier, veuve de M. Baudouin, contrôleur de la maison du Roi, André Berreau, prêtre de l'Oratoire, et autres, au sujet de la suppression immédiate du chemin des fossés, contre laquelle ils protestèrent[1] par une requête adressée le 7 août aux trésoriers de France grands voyers en la généralité de Paris. Le 26 octobre, ce fut au Roi lui-même qu'on soumit une requête à l'appui d'une opposition, formée contre les deux arrêts du Conseil des 16 mars 1688 et 24 février 1693. On y lit que M. de Menars s'est mis sur le champ en possession de la partie à lui afférente du chemin du fossé, et qu'il l'a enclose dans son jardin. Les frères Marsy étaient les plus intéressés dans l'affaire, parce que leur maison, louée à cette époque à Mme de Soyecourt, faisait face d'un côté à la grande rue du faubourg, et de l'autre à celle des fossés, et qu'elle avait des issues, des boutiques et des vues sur l'une comme sur l'autre de ces deux voies. Les travaux exécutés par M. de Menars avaient déjà bouché les portes et les ouvertures des deux boutiques appartenant aux frères Marsy sur le chemin du fossé, en même temps que la porte cochère de Mme de Soyecourt. Dans une nouvelle requête en forme de plainte incidente, adressée au Roi et à son Conseil le 10 avril 1694, les héritiers Marsy affirment que leur héritage subit une dépréciation de plus de 25.000 livres. La suite veut être citée textuellement : « Les

---

1. Les divers actes d'après lesquels nous relatons ces incidents se trouvent soit aux archives de la Compagnie générale d'assurances, soit aux Archives Nationales dans un dossier intitulé : « Pièces relatives à des vues sur un terrain enclos par le marquis de Mesnars, et à lui concédé par arrêt ordonnant l'ouverture de plusieurs rues faubourg Richelieu, ledit terrain situé près de la porte Richelieu. » (Q1 1156-57).

« suppliants ont déclaré, par un acte du même jour 26 oc-
« tobre 1693, qu'ils remettoient leur requête entre les mains
« de M. de Pontchartrain et ont fait ensuite les sommations
« nécessaires pour obliger M. de Menars à donner sa requête
« contraire. Au lieu d'y satisfaire, il a fait dire aux sup-
« pliants par son secretaire qu'il vouloit leur rendre justice,
« et, sur des propositions d'accommodement, ayant gaigné
« un tems considerable, il a montré enfin que son dessein
« n'est que de les accabler par son credit, ce qu'il fait assez
« voir par les violences nouvelles qu'il fait aux supplians en
« menaçant leurs locataires de les envoyer dans un cul de
« basse fosse s'ils ouvroient leurs portes et leurs boutiques
« dans la rue du fossez. Il a fait casser par ses valets à
« coups de pierres les vitres et fenestres de la maison des
« supplians; en sorte que leurs locataires n'étant plus en
« seureté, ils ont été la plupart, obligés d'abandonner la
« maison qui demeure ainsi deserte et inhabitée après la
« terreur que M. de Menars leur a donné par ses menaces
« et par ses mauvais traittemens... Toutes lesquelles vio-
« lences ont contraint les supplians à porter leurs plaintes de
« ces faits à plusieurs commissaires du Chastelet pour en
« avoir acte, ce qui leur a été refusé, aucun n'ayant osé
« prêter son ministère contre un président à mortier, de peur
« d'être interdit. »

Si l'on rapproche ces accusations, portées au Roi et au
conseil d'État, du portrait bienveillant tracé par Saint-Simon,
on inclinerait à croire que le grand écrivain aurait exagéré à
la fois l'incapacité et l'équité du président de Menars.

Mais celui-ci prit à son tour l'offensive et demanda, par requête du 7 juin 1694 au prévôt des marchands et aux échevins,
que les héritiers Marsy, qui le troubloient dans sa jouissances
fussent contraints de supprimer et boucher les ouvertures de,
portes, boutiques et vues qu'ils prétendaient conserver
sur l'ancien chemin des fossés; une ordonnance du bureau
de la Ville du même jour donna raison au président de Menars.

Ceci donne à penser que le droit était du côté du président et que les griefs des frères Marsy étaient fort exagérés.
Cette conclusion découle moins encore de la décision prise

en faveur de M. de Menars par le bureau de la Ville, que des termes mêmes de la transaction conclue le 14 septembre 1696, par-devant le notaire Mouffle, entre M. de Menars et les héritiers Marsy, et qui mit enfin un terme aux débats qui duraient depuis près de vingt ans.

Aux termes de cette transaction, les héritiers Marsy se désistent de leur opposition à la clôture du chemin, qui, de leur consentement, demeure à toujours supprimé, comblé, bouché, et joint au jardin de l'hôtel Menars; et cela sans autre compensation qu'une somme totale de 532 livres 19 sous à eux remboursée par le président pour prix de la moitié du mur mitoyen, et que la permission dérisoire de donner à la maison Marsy quelques jours par ouvertures garnies de fer maillé et de verre dormant. Aucun arrêt de justice n'aurait jamais été plus décisif contre les prétentions des héritiers Marsy que cette transaction volontairement signée par eux.

Au cours de la procédure que je viens d'analyser, on a remarqué le nom de Mme de Soyecourt ou de Saucourt, pour écrire comme on prononçait. Marie-Renée (et non Marguerite comme l'appelle Paulin Pâris) de Longueil, fille de René de Longueil marquis de Maisons, ministre d'Etat, surintendant des finances le 25 mai 1650, mort le 1er septembre 1677, et de Madeleine Boulenc de Crevecœur, avait épousé le 23, 24 ou 25 février 1656 Charles-Maximilien-Antoine de Bellefourière, marquis de Soyecourt, maréchal de camp, chevalier des ordres du Roi, grand maître de la garde-robe du Roi, puis grand veneur de France.

Le marquis de Soyecourt appartient à l'histoire de Moliere, au moins par la légende, c'est-à-dire par l'invention romanesque qui obscurcit la vie de notre grand comique.

Il est sûr, puisque Moliere le raconte lui-même dans l'épitre dédicatoire de sa comédie des *Fâcheux* au Roi, que Sa Majesté lui donna l'ordre « d'y adjouster un caractere de « fascheux dont elle eut la bonté de lui ouvrir les idées elle-« mesme, et qui a esté trouvé par tout le plus beau morceau « de l'ouvrage »; et que ce nouveau caractère est celui de Dorante. Le chasseur qui assomme les gens du récit de ses exploits ou de ses déconvenues en jargon cynégétique, tel

est le caractère indiqué par le Roi. Voilà la vérité toute
simple. Elle n'a pas suffi aux amateurs des contes en l'air,
et l'on a voulu que le Roi eût livré l'un de ses courtisans
à la risée publique. « Le fascheux chasseur que M. de Mo-
« liere », dit le *Menagiona*, « introduit sur la scène, est
« M. de Soyecourt. Ce fut le Roi lui-même qui lui donna
« ce sujet, et voici comment. Au sortir de la première re-
« présentation de cette comédie qui se fit chez M. Fouquet,
« le roi dit à Moliere en lui montrant M. de Soyecourt :
« Voilà un grand original que tu n'as pas encore copié.
« C'en fut assez dit. Cette scène, où Moliere l'introduit
« sous la figure d'un chasseur, fut faite et apprise par les
« comédiens en moins de vingt-quatre heures, et le Roi
« eut le plaisir de la voir en sa place, à la représentation
« suivante de cette pièce. » Tout sonne faux dans cette
anecdote ; l'action et le langage du Roi, tutoyant le comédien
et signalant à sa verve bouffonne la personne d'un de ses
grands officiers sont à la hauteur l'un de l'autre. Ce que
nous en pouvons contrôler tout d'abord est d'ailleurs inexact.
La pièce avait été jouée à Vaux le mercredi 17 août 1661 ; la
seconde représentation ne fut donnée à Fontainebleau que
le jeudi 25, jour de la Saint-Louis, c'est-à-dire à huit jours
et non pas à vingt-quatre heures de la première.

Qu'était-ce donc que M. de Soyecourt? Les historiettes de
Tallemant des Reaux et les lettres de Mme de Sévigné nous
apprennent que le marquis de Soyecourt, après avoir été
l'un des seigneurs les plus amoureux et les plus aimés de la
cour de France, passait, en sa maturité, pour l'homme le
plus spirituel et le plus distrait du monde. Mais quel rapport
entre un homme galant, spirituel et distrait, et le type du
Fâcheux chasseur indiqué, dit-on, par Louis XIV à Moliere?
On n'a pas assez remarqué que Grimarest lui-même n'admet
pas l'anecdote : « J'ai été » dit-il « mieux informé que
« M. Ménage de la manière dont cette belle scène fut faite.
« Moliere n'y a aucune part que pour la versification ; car ne
« connaissant point la chasse, il s'excusa d'y travailler. De
« sorte qu'une personne, que j'ai des raisons de ne pas
« nommer, la lui dicta toute entière dans un jardin, et
« M. de Moliere l'ayant versifiée, en fit la plus belle scène

« de ses Fâcheux, et le Roi prit beaucoup de plaisir à la
« voir représenter. » (*Vie de M. de Moliere,* 1705, in-8°,
p. 48 à 50).

Ce pauvre Grimarest n'est vraiment pas chanceux; pour
une pauvre fois qu'il réclame en faveur de la vérité, il ne
trouve plus que sourde oreille. Les modernes ont, il est
vrai, flairé quelque chose de suspect dans le récit du *Menagiana;* mais, suivant leur méthode, au lieu de le rejeter, ils
ont tâché de le colorer par une inexactitude de plus. Où
n'avez-vous pas lu que M. de Soyecourt remplissait la charge
de grand-veneur? Voilà qui expliquerait tout. Mais l'explication ne vaut pas mieux que le reste.

M. de Soyecourt était en effet l'ancien grand-veneur de
France pour les anecdotiers de 1694; mais il ne l'était pas
pour le poète des fêtes de Vaux, n'ayant été pourvu de
cette charge qu'en 1670, neuf ans après la première représentation des *Fâcheux.* C'est de quoi le fabricateur de l'aventure ne s'est pas avisé.

Hâtons-nous d'ajouter que la responsabilité de ce canard ne
remonte pas à Menage, qui savait trop le monde et la cour
pour faire jouer à Louis XIV un rôle si peu digne de sa
naturelle majesté. L'anecdote sur M. de Soyecourt ne se
trouve ni dans la première édition du *Menagiana* (Paris 1693,
un volume in-12) ni dans la deuxième (Amsterdam 1693,
un volume in-12). Elle apparaît seulement dans la troisième,
c'est-à-dire dans la première des éditions amplifiées (Paris
1694, 2 volumes in-12), où l'abbé Faydit, l'indigeste auteur
de *la Télémacomanie,* a noyé les souvenirs authentiques de
Menage, recueillis par ses amis Galland, de Launay, Chatelain, Baudelot, Mondin, Pinsson, Boivin, Valois, Dubos et
Bouteville, sous un fatras qu'il couvre en vain des noms de
Bautru et du prince de Guéménée, car il porte à chaque ligne
la signature de son insipide auteur.

Il y a plus : la lecture du *Menagiana* original prouve la
fausseté de l'anecdote. On y trouve en effet, page 38, marquée de l'étoile *, qui est la signature de Galland, une note
dans laquelle l'ingénieux conteur des *Mille et une Nuits* fait
parler Menage, à la première personne, de la représentation
des *Fâcheux* à la fête de Vaux. Or, il n'y est pas question

de l'épisode du chasseur ni de M. de Soyecourt : pas un mot, pas une allusion. Ce silence est décisif. Qu'on ne trouvât rien sur *les Fâcheux* dans le vrai *Menagiana*, il n'y aurait eu nulle conséquence à tirer d'une absence de souvenir ou d'un manque de mémoire. Mais que Menage parle de la fête de Vaux, du prologue de Pélisson et de la pièce de Moliere, et qu'il omette précisément l'incident le plus remarquable qui se rattachât à cette représentation, c'est, à mes yeux, la preuve la plus évidente que l'anecdote est de pure invention. Ainsi Menage lui-même sort de son tombeau pour réfuter les commérages de l'abbé Faydit.

M. de Soyecourt s'était distingué au siège de Lens en 1648, et fut l'aide de camp du Roi au siège de Lille en 1667; investi du gouvernement de la ville et citadelle de Rue le 26 mai 1652, il reçut l'ordre du Saint-Esprit le 31 décembre 1661, c'est-à-dire quatre mois après la représentation des *Fâcheux*. Louis XIV prenait trop au sérieux son métier de roi pour préluder par une moquerie publique à ses plus hautes faveurs. Et s'il avait été capable de le faire, Moliere l'aurait-t-il trahi en se vantant publiquement d'avoir travaillé sur l'ordre du monarque? Grand-maître de la garde-robe du Roi le 10 septembre 1653, grand veneur de France en 1670 sur la démission du chevalier de Rohan, M. de Soyecourt mourut·à Paris le 12 juillet 1679. Il fut inhumé d'abord aux Grands-Augustins, puis transporté dans le chœur de la chapelle de Tilloloy en Picardie, où il reposait avec sa femme sous un magnifique tombeau de marbre, surmonté de leurs statues agenouillées.

Il avait eu de Renée de Longueil quatre enfants : Louis, l'aîné, mort jeune en 1674; Jean-Maximilien marquis de Soyecourt, colonel du régiment de Vermandois, tué à la bataille de Fleurus le 1er juillet 1690; le chevalier de Soyecourt, lieutenant des gardes-Dauphin, mort deux jours après son frère des blessures reçues à la même bataille; enfin Marie-Renée de Bellefourrière, qui épousa le 5 février 1682 Edme-Gilbert de Seiglière seigneur de Boisfranc, d'où Joachim-Adrien de Seiglière, colonel du régiment de Bourgogne infanterie, qui releva le titre de marquis de Soyecourt.

Mme de Soyecourt, retirée au faubourg Richelieu dans la

maison des frères Marsy, y mourut le 1ᵉʳ octobre 1712, un peu plus que septuagénaire.

Elle y fut remplacée, dès 1713, par Antoine V de Gramont, nommé le duc de Guiche, pair de France par la démission de son père Antoine Charles IV duc de Gramont nommé d'abord le comte de Louvigny, frère puîné de ce malheureux comte de Guiche qu'on a si invraisemblablement mêlé à la vie de Mᵐᵉ Moliere. Le duc de Guiche, lieutenant-général, colonel-général des dragons, puis colonel-général des gardes françaises, avait épousé à Versailles en mars 1687 Marie-Christine de Noailles, fille du maréchal duc de ce nom. Il mourut à cinquante-quatre ans, le 16 septembre 1725, dans la maison de la rue Richelieu, qui appartenait alors à Mᵐᵉ Hatte, mais qui resta longtemps désignée sous le nom d'hôtel de Guiche.

Le 4 juillet 1705, le Châtelet avait rendu une sentence de licitation entre Claude Balthazar de Marsy, avocat au Parlement, seul héritier de feu Balthazar son père, et héritier pour un sixième de Marie-Thérèse de Marsy, sa tante, épouse d'Alexandre Rahault, comprenant la maison de la rue Richelieu (no 38 actuel), mitoyenne de la maison Baudelet, et la maison no 85, désignée comme située « hors « l'ancienne porte Richelieu attenant le jardin de M. le pré-« sident Menars, au bout de la rue Richelieu, au-delà de « l'endroit où estoit l'ancienne porte Richelieu ».

Les deux maisons furent adjugées à Claude-Balthazar de Marsy; le Terrier royal les porte l'une et l'autre sous le nom de Rahault, qu'il appelle Raoult, qui en était, en effet, copropriétaire avant la licitation.

Claude-Balthazar et Marie Delorme, son épouse, vendirent la maison du faubourg Richelieu le 21 juin 1708 à Louis-Gaston Boyard, prêtre, aumônier du régiment du Roi, de qui elle fut achetée le 16 août 1713 par Anne-Catherine Miotte épouse de René Hatte. Mᵐᵉ Hatte tient une large place dans la chronique scandaleuse du xviiiᵉ siècle. Fille de Miotte, secrétaire et greffier du Conseil privé, elle avait épousé René Hatte, secrétaire du Roi dès 1714, qui succéda à son beau-père comme secrétaire et greffier du Conseil privé avec rang de maître des requêtes de 1715 à 1759, et qui cumula cette charge avec une place de fermier-général de 1717 à 1759. Mᵐᵉ Hatte, qui ne vécut pas longtemps avec son mari, avait eu d'une liaison adultérine avec le marquis d'Oise-Brancas un fils déclaré sous le nom de La Rivière ; devenu capitaine au régiment d'Artois commandé par M. de Brancas-Villeneuve, puis chevalier de Saint-Louis, et connu sous le nom de chevalier de Maison-Rouge, le fils adultérin de Mᵐᵉ Hatte lui intenta un procès en reconnaissance d'état et le perdit. Je passe sous silence un autre procès de 1732, qui rappelait les récits de Suétone, et qui faillit perdre, avec Mᵐᵉ Hatte, le chevalier de L'Aigle.

Devenue veuve en 1759, Mᵐᵉ Hatte vendit l'ancien hôtel de Guiche, le 16 juillet 1760, à Charles-Joseph de Rougemont et Françoise Ruault de La Bonnerie, son épouse, et ceux-ci le 8 mars 1779 à Charlotte Desquidy, veuve de Gabriel-André Le Subtil de Boisemont, dont la succession échut en 1784 à sa petite-fille Marie-Joséphine de Palerne, qui avait épousé le 25 avril 1770 Jean-Armand-Henry-Alexandre de Gontaut.

M. et Mᵐᵉ de Gontaut vendirent l'ancienne maison Marsy le 31 mars 1787 à Étienne Pascal Gigault, écuyer, seigneur de Crisenoy, fermier-général, mort le 22 mai 1788 à soixante-huit ans, qui la légua à son fils Achille-Étienne-Marie, époux de Charlotte de Tourolle. Leur fils Amédée-Prosper Gigault de Crisenoy, encore mineur, la céda le 14 juin 1812 à Marie-Eulalie Petit veuve en premières noces de M. Huchedé, et en deuxièmes de François-Étienne Logette.

Mᵐᵉ Logette la vendit le 1ᵉʳ avril 1828 à M. et Mᵐᵉ Chefdeville, qui la léguèrent en 1845 à leurs enfants M. Chefdeville et Mᵐᵉ Viguier. Ceux-ci enfin la vendirent le 15 avril 1851, par contrat devant Mᵉ Aclocque, notaire, à la Compagnie d'assurances générales sur la vie. Elle est ainsi décrite dans le contrat :

« Un principal corps de logis sur la rue, éclairé par huit
« croisées de face, double en profondeur, élevé de trois éta-
« ges et d'un entresol, ayant quatre boutiques sur la rue ;
« un autre corps de bâtiment en aile à gauche, élevé d'un
« entresol et d'un étage au-dessus ; un troisième corps de
« bâtiment nouvellement construit au fond de la cour et fai-

« sant face à la porte cochère ; élevé de quatre étages et
« ayant deux ailes et une terrasse à droite dans la cour,
« sous laquelle sont les écuries. »

On n'excepta de la vente que quatre grands tableaux
de Boucher.

A observer que la maison actuelle et les deux qui suivent,
n°s 87 et 89, couvrent exactement le terrain des anciennes
maisons qui portaient ces mêmes numéros avant 1859, mais
qu'elles n'en reproduisent pas les anciens vestiges. La Compagnie d'assurances générales a fait procéder, vers 1859, à une
reconstruction d'ensemble d'où sont sorties les trois maisons
aujourd'hui numérotées 85, 87, 89, dont les façades sont
égales. Avant cette reconstruction, les n°s 85 et 87 étaient
plus larges, et le n° 89 n'était qu'une toute petite maison
d'encoignure.

No 87. — On a vu que la pièce de terre ou place à bâtir sur
laquelle Jean Feydeau seigneur de La Malmouse avait exercé
son droit de retrait lignager contre Jacques Paget est indiquée, dans l'acte d'échange du 5 mai 1665 devant Me Gigault, comme divisée en deux parties, l'une abandonnée aux
frères Marsy, qui y avaient déjà bâti en vertu d'un sous-
seing privé du 13 septembre 1664, l'autre, à usage de basse-
cour, cédée par M. Feydeau au marquis de Montbrun.

Cette dernière vente ne fut réalisée que le 23 mai 1667
par acte reçu Beauvais, notaire à Paris.

A la suite de cette basse-cour se trouvait un terrain à
bâtir en façade sur la rue Richelieu, alors rue Grange-Batelière,
appartenant anciennement aux Eduin, seigneurs dudit lieu.
Il avait été vendu par eux aux termes de contrats reçus
le 14 mai 1647 par Dorléans et Le Moyne, et le 6 avril 1651
par Le Boucher et Levesque, à Mathieu Guignard sieur de La
Saullaye, chirurgien ordinaire du Roi, et Magdeleine Wuete-
bled, sa femme, qui le revendirent, par contrat reçu Levesque
et de Vaux le 28 mai 1661, aux frères Marsy. Ceux-ci y
firent édifier une maison qu'ils cédèrent sous seing privé le
17 juin 1664, et le 13 mars 1666 par acte reçu Mouffle et
Gigot, notaires, à messire Pierre de Bellegarde, chevalier,
marquis de Montbrun, premier chambellan de feu monseigneur

le duc d'Orléans. La minute originale de ce dernier contrat est aux mains de M. le comte de Marsy, à qui j'en dois la communication. La maison y est ainsi décrite : « Maison, « cour et jardin, sis hors la porte de Richelieu, rue de la « Grange-Batelière, tenant d'une part à la basse-cour dudit « sieur acquéreur, d'autre au sieur Du Houx, aboutis- « sant par derrière à M. Bourgoin, maître des comptes. »

Ce Pierre de Bellegarde marquis de Montbrun n'est autre que le fameux Souscarrière, dont on lit l'historiette dans Tallemant des Reaux (t. V, p. 316 et suivantes). Le duc de Bellegarde l'avait reconnu comme son fils naturel, né d'une patissière qui demeurait rue Saint-André-des-Arts, à l'en-seigne des Carneaux. Le Père Anselme nomme cette femme « Michelle ou Léonarde Aubin ou Aubert, absente de son « mari » (t. V, p. 307). Les archives de la Compagnie d'assurances générales sur la vie me permettent de fixer le nom véritable du chevalier de Souscarrière et de Bellegarde, marquis de Montbrun. Des actes notariés des 21 et 24 sep-tembre 1671, 15 mai 1708, etc., le qualifient « Pierre de « Michel, marquis de Montbrun. » Le « *de* Michel » pourrait sembler suspect dans des actes relativement modernes, mais on le trouvait déjà dans un document beaucoup plus ancien : c'était l'acte de mariage de Pierre de Bellegarde de Souscar-rière avec Anne des Rogers (Reg. de Saint-Paul. Dict. de Jal), auquel assistait Elisabeth *de* Michel, mère ou sœur de l'é-poux. Une autre de ses sœurs, Isabelle-Diane Michel (tout court) épousa en 1643 le célèbre financier Montauron, le protecteur de Corneille, et devint plus tard dame de la Marche près Villepreux.

Les mêmes titres originaux portent que Pierre de Michel marquis de Montbrun avait fait construire sa maison conte-nant 461 toises de superficie sur l'emplacement : 1º du corps de logis du devant, cour et jardin de Gaspard et Balthazar Marsy frères, acquis par lui aux termes d'un contrat reçu Gigault le 13 mars 1666; 2º de la basse-cour de Jean Fey-deau, acquise par contrat devant Beauvais le 23 mai 1667.

Cette maison est décrite au rôle du 20 septembre 1672 comme « maison à porte cochère, élevée de quatre étages « compris le rez-de-chaussée et un galetas », taxée à 14,500 li-

vres pour avoir été bâtie au-delà des limites de 1638 (Arch.
Nat. Q¹ 1120-1). Elle fut vendue devant Mᵉ Mouffle, les 21
et 24 septembre 1671, par les créanciers du marquis de Montbrun à Jean-Charles comte de Sennecterre et de Brinon,
lieutenant-général, marié le 2 février 1654 à Marguerite de
Bauves, de qui elle passa à leur fils Henry comte de Sennecterre et de Brinon, maréchal de camp. Le marquis de Montbrun n'avait, en effet, payé les 27,500 livres, prix de son
acquisition aux frères Marsy, qu'avec l'argent de M. de
Sennecterre qu'il avait subrogé dans tous ses droits.

Le fils de celui-ci la vendit par devant Mᵉ Durand, notaire,
le 15 mai 1708, à André-Nicolas de Sonning et Louise-Char-
lotte de Launay, sa femme.

André-Nicolas de Sonning (je ne sais pourquoi Édouard
Fournier lui contestait son nom qui est inscrit correctement
et régulièrement dans une foule d'actes authentiques) fut receveur-général de la généralité de Paris de 1692 à 1732,
c'est-à-dire pendant quarante années complètes. Il était, paraît-il, le beau-frère de Constantin Heudebert seigneur du
Buisson (« sa sœur Du Buisson », dit le roman ordurier intitulé
les Partisans démasqués), maître des comptes, puis président
au Grand Conseil, maître des requêtes, intendant des finances
et conseiller d'État en 1692. Les rôles de la Chambre de justice taxent un Sonning à 600,432 livres comme ayant été
caissier-général des fermes. L'identité de ce caissier-général
des fermes avec M. de Sonning, qui ne fut jamais fermier-
général, n'est pas démontrée. Je n'ai rien à dire de M. de
Sonning, qui fut l'ami de Chaulieu et de Jean-Baptiste
Rousseau; je renvoie à l'intéressant chapitre que lui a consacré M. Gustave Desnoiresterres (*Cours galantes*, t. III,
p. 269).

M. de Sonning habitait depuis 1703 l'hôtel de Sennecterre
qu'il n'acheta qu'en 1708. Trois ans plus tard, il le fit jeter
bas, et sur cet emplacement, il fit construire par Dulin le
célèbre hôtel longuement décrit par Blondel dans son *Architecture française*.

Aux termes d'un acte de partage du 7 novembre 1728,
l'hôtel de M. de Sonning était devenu la propriété de son fils
Louis-Auguste de Sonning, marié la même année à Marie-

Sophie Puchot des Alleurs, sœur de Rolland Puchot comte des Alleurs, ambassadeur à Constantinople (l'ami et le correspondant de Mme du Deffand), marié en 1744 à la princesse Marie Lubomirska. Le *Mémorial de Chronologie généalogique* pour l'année 1753, publié par Ballard, donne à Louis-Auguste de Sonning la qualification d'oncle maternel de la comtesse de Gramont. Je n'ai pu contrôler cette énonciation.

M. et Mme L.-A. de Sonning vendirent leur hôtel de la rue Richelieu le 12 mars 1739, par acte reçu Trutat, à Pierre-François Rolland de Fontferrière, écuyer, seigneur d'Angervilliers, secrétaire du Roi, fermier-général.

M. Rolland de Fontferrière, qui était d'abord capitaine de carabiniers, donna sa démission et remit sa compagnie au Roi, pour prendre la place de son frère aîné M. Rolland d'Aubreuil, qui venait de mourir en 1731. Il ne paraît pas qu'il ait jamais été marié. Il mourut à Auteuil le 23 mai 1774, laissant pour héritiers : son frère Louis Rolland de Tremeville, écuyer, seigneur de Villarseaux, conseiller du Roi, receveur-général en survivance de la généralité de Riom (v. plus haut n°s 102 et 104); un neveu Barthélemy-Gabriel Rolland, chevalier, comte de Champbaudoin, seigneur du fief Rolland, demeurant quai des Miramiones « exilé »; et une nièce Catherine-Marie Rolland, épouse d'Amable-Pierre-Thomas de Bérulle, chevalier, marquis de Bérulle, premier président du Parlement de Dauphiné.

Par suite du testament de M. Rolland de Fontferrière, en date du 17 juin 1772, ouvert le 24 mai 1774, l'ancien hôtel Sonning fut dévolu à la marquise de Bérulle, qui l'habita en compagnie de ses enfants : Balthazar-Joachim-Laurent-Charles-Pierre-Marie-Hugues-Grenoble de Bérulle, et Angélique-Louise-Nicolle de Bérulle, femme de René-Charles-François comte de la Tour du Pin Chambly.

La marquise de Bérulle étant décédée à Foissy (Yonne), le 14 brumaire an VIII (5 novembre 1799); il s'ensuivit le 14 brumaire an X (5 novembre 1801) un partage administratif de ses biens entre « Jean-François Chignard, « commissaire arbitre général aux successions indivises avec « la République, comme étant aux droits d'Amable-Jean-« Conrard Bochard de Champigny et de Catherine-Phili-

« berte-Françoise de Bérulle, épouse de Jean-Baptiste-Charles
« Goujon de Thuisy, réputés émigrés », et les deux enfants
de Mme de Bérulle prénommés. C'est à ceux-ci que l'hôtel
fut attribué, et ils le cédèrent le 13 ventôse an X (4 mars
1802), par acte devant Me Trutat, à M. Péan de Saint-
Gilles, notaire, qui lui-même l'a vendu sous la date des 10 et
11 avril 1822, par acte reçu Trubert, à la Compagnie d'assurances générales sur la vie.

L'hôtel Sonning consistait, au moment de cette dernière
vente, en deux corps de logis, grande cour, basse-cour, écuries, remises, jardin et autres dépendances.

Il était occupé depuis l'année 1797 par un hôtel meublé connu sous le nom d'hôtel du Nord, fondé par un
M. Armand, qui fit preuve de présence d'esprit et de courage dans une aventure inouïe. Dans la nuit du 19 au
20 nivôse an VI (du 8 au 9 janvier 1798) un officier de gendarmerie et un commissaire de police, escortés par un pi-
quet de douze soldats, se présentèrent à l'hôtel du Nord et
pénétrèrent dans l'appartement d'Abukaya, envoyé extraordinaire du dey d'Alger, pour y saisir son secrétaire nommé
Bacri, en vertu d'un mandat d'arrestation qu'ils exhibèrent.
Ils ne s'en tinrent pas là ; ils voulurent mettre la main sur
la caisse et sur les diamants de l'envoyé algérien. Ce fut
alors que M. Armand s'interposa ; il déclara qu'il se constituait au besoin le gardien de toutes les valeurs possédées par
ses hôtes, mais qu'on n'en emporterait rien. Cette résistance
inattendue parut déconcerter l'officier de gendarmerie et le
commissaire de police, qui battirent en retraite, annonçant
qu'ils reviendraient. Une fois dans la rue, ils donnèrent une
explication quelconque aux soldats, leur distribuèrent vingt-
quatre livres de gratification et s'esquivèrent. C'étaient simplement deux audacieux voleurs ; ils furent recherchés et
découverts ; le tribunal criminel de la Seine, dans ses audiences
des 2, 3 et 4 nivôse an VII (22, 23 et 24 décembre 1799)
condamna Gellebert, le faux officier de gendarmerie, à vingt-
quatre ans de fers, et Bonnard, le faux commissaire de police, à la peine de mort.

Ceci se passait six jours avant l'invasion à main armée du
glacier Garchi que j'ai racontée sous le n° 26. Telle était la

sécurité dont jouissait la ville de Paris dans les derniers mois de la République directoriale.

M. Armand eut pour successeur, à partir du 18 avril 1814, Charles-André-Louis Coran, qui avait fondé en l'an XI l'hôtel des Étrangers aujourd'hui l'hôtel de Castille (voyez ci-après nº 101), et Gabrielle-Marguerite-Cécile-Michelle Gense, son épouse, fille du propriétaire de l'hôtel des Colonies (voyez ci-dessus nᵒˢ 60 et 62).

Nº 89. — Nous avons vu par les notices qui précèdent que le premier plan de prolonger la rue Saint-Marc, en 1677, alors qu'il s'agissait de la diriger obliquement vers le sud-ouest à la rencontre de la porte Gaillon, devait abattre la maison d'un sieur Du Houx (c'était un procureur en parlement), qui s'élevait entre la rue Richelieu et les marais Bourgoin, au droit de la rue Saint-Marc. Le projet se trouvant abandonné, la maison du sieur Du Houx subsista longtemps encore; le Terrier de 1705 nous apprend que l'héritage du sieur Du Houx se composait originairement de trois petites maisons, depuis réunies en une seule. Cette réunion fut opérée par une des héritières Du Houx, Marie-Anne Boisseau, femme de Charles-François-Joseph Fanniere, écuyer, conseiller du roi, commissaire à la conduite des gardes-du-corps. M. et Mᵐᵉ Fanniere abattirent les trois petites maisons et les remplacèrent par une grande maison à porte cochère, qu'ils vendirent ensuite le 22 décembre 1707, devant Boisseau et Perichon, notaires, à Louis Orceau, écuyer, seigneur d'Illeville, gentilhomme ordinaire de la Chambre du Roi. Lorsque celui-ci la revendit devant Mᵉ Maultrot, le 10 janvier 1711, à Charles Chastelain, échevin perpétuel de la ville de Tours, elle était louée à M. de Sonning, qui faisait en ce temps-là construire sa nouvelle demeure sur l'emplacement de l'hôtel Senneterre.

Ce Chatelain n'était autre que le fameux partisan, dont la liquidation fut si importante et si difficile qu'il n'y fallut pas moins qu'une commission de conseillers d'État qui siégea pendant plus de dix ans. L'ancienne maison Du Houx fut adjugée par les commissaires le 17 novembre 1717 à Gaspard de Real, grand-sénéchal de Forcalquier, et Marguerite-

Geneviève de Grieux, sa femme, qui la vendirent devant Gervais, le 30 septembre 1719, à Antoine de Chaumont comte de Mareilles, et Marie-Catherine Barré, son épouse.

M. et Mme de Chaumont la donnèrent entre vifs le 25 septembre 1751, devant Bouron, notaire, à Antoine-Martin de Chaumont marquis de La Galaisière, chevalier, garde des sceaux de Lorraine et Barrois, et elle fut acquise du marquis de La Galaisière par le duc et la duchesse de Choiseul, aux termes d'un contrat devant Regnault le 21 mars 1766, et d'une sentence des requêtes du Palais le 13 décembre suivant.

Le prolongement de la rue Saint-Marc, ordonné comme on l'a vu au n° 85 ci-dessus, dès l'année 1677, ne fut exécuté que près d'un siècle plus tard, en vertu de l'autorisation accordée par lettres-patentes du 18 février 1780, au duc et à la duchesse de Choiseul, d'ouvrir une rue nommée rue Neuve-Saint-Marc sur le terrain de leur hôtel et de leur jardin. Cette percée traversa de l'est à l'ouest l'ancienne propriété Du Houx, en laissant du côté sud une bande de 6 mètres, attenante à l'ancien hôtel Senneterre-Sonning-Bérulle. Sur le terrain provenant du morcellement de l'hôtel Choiseul, s'élevèrent quarante-sept maisons nouvelles, qui furent vendues en bloc par contrat devant Mayeux, notaire, le 29 juillet 1788, à l'ancienne Compagnie d'assurances sur la vie, qui fut liquidée révolutionnairement, et qui ne se rattache par aucun lien ou filiation aux compagnies existantes. Sur le terrain de 6 mètres qui marquait à gauche la limite de l'ancienne maison Du Houx, on avait construit une petite maison en forme de carré long, qui s'ouvrait au numéro 35 actuel de la rue Saint-Marc, et présentait son petit côté à la rue Richelieu. Elle fut adjugée, par jugement des criées, à la requête des commissaires des copropriétaires intéressés de l'ancienne Compagnie d'assurances sur la vie, à M. Charles Révil, le 11 prairial an II (30 mai 1794). Sa veuve, née Marie-Marthe Jouanne et ses enfants la vendirent devant Mc Chantelle, le 2 octobre 1816, à Mlle Bigottini (voir ci-dessus au n° 67), et c'est de cette célèbre danseuse qu'elle passa, par acte devant Grandidier, les 4, 5 et 11 octobre 1837, dans le domaine de la Compagnie d'assurances générales sur la vie. Atteinte par l'alignement de la rue Saint-Marc, qui prit un mètre sur les six dont se composait son épaisseur ou plutôt sa maigreur, la petite maison Bigottini disparut dans la reconstruction d'ensemble dont j'ai parlé plus haut (p. 426); elle forme aujourd'hui l'angle sud du n° 89 de la rue Richelieu avec le n° 35 de la rue Saint-Marc.

Celle-ci, dont la largeur n'est encore que de neuf mètres, occupe donc la marge méridionale des anciennes maisons Du Houx, qui, d'après des calculs que j'estime suffisamment approximatifs, présentaient une façade de 24 mètres sur la rue Richelieu. Cinq mètres inclus dans le n° 89 actuel et 9 mètres occupés par le sol de la rue Saint-Marc donnent 14 mètres. Restent donc 10 mètres qui sont inclus dans la maison suivante.

N°s 91-93. — Ce pâté de pierres de taille, isolé au sud et au nord par la rue Saint-Marc et la rue d'Amboise, développe une façade de 34 mètres sur la rue Richelieu. Si l'on défalque les 10 mètres provenant de l'ancienne maison Du Houx, il reste 24 mètres qui représentent exactement la façade de l'ancien hôtel Choiseul, qui s'étendait jusqu'à une autre maison, abattue en 1780 pour le percement de la rue d'Amboise, et dont la marge septentrionale se trouve appliquée aujourd'hui au n° 95, comme la marge méridionale de la maison Du Houx au n° 89.

L'hôtel connu sous le nom de Choiseul avait été construit à partir de 1706 par Pierre Crozat, grand oncle de la future duchesse de Choiseul, sur la parcelle cotée 58 au Terrier royal, qu'il avait acquise de divers, sous le nom de son procureur Cornille. Cette parcelle se composait de deux petites places à bâtir, séparées par une petite maison, cour et jardin.

La première des petites places à bâtir, ayant 5 toises de façace sur la rue Richelieu et 28 toises de profondeur (140 toises de superficie), tenait à gauche aux héritiers Du Houx; elle fut acquise par Cornille pour Crozat, d'Edme Dufour, maître tonnelier, et de Marie Charton, sa femme, par acte devant Me Bailly le 26 avril 1702, et décret volontaire du Châtelet du 23 février 1704 (Arch. Nat. Y. 3113 et 3115).

La petite maison qui venait ensuite, composée d'une boutique occupée par Pierre Saury, maître menuisier, et Catherine Lesguer, sa femme, chambre au-dessus, cour et jardin derrière, fut adjugée à Cornille pour Crozat, par sentence du Châtelet du 4 septembre 1706 (Arch. Nat. Y 3113 et 3115), sur vente volontaire par Denis Bourgoin, seigneur de la Grange-Batelière, à qui elle appartenait comme lui ayant été délaissée par acte devant Me Savigny, le 18 juillet 1701, sur retrait lignager exercé contre les époux Saury, qui s'en étaient rendus adjudicataires par décret forcé du Châtelet (s. d.) sur saisie réelle de Nicolas de Reil contre la succession de Pierre Éduin.

Enfin, la seconde place à bâtir, ayant 7 toises de façade sur la rue Richelieu et 26 toises de profondeur (182 toises superficielles) tenait à gauche à la petite maison de Pierre Saury, à droite aux héritiers Le Clerc. Elle fut achetée par Cornille pour Crozat, devant Me Bailly, le 26 avril 1703 (décret du Châtelet du 23 février 1704, manque aux Archives Nationales), de dame Angélique-Marie Du Breuil, épouse de Jean Le Clerc, ancien commissaire de la marine, qui l'avait acquise par acte devant Me Le Foin, le 16 janvier 1677, d'Israël Silvestre « designateur ordinaire du Roi » et de Henriette Selincart, son épouse. Ce renseignement inédit sur Israël Silvestre justifie, ce me semble, à lui seul l'aridité des détails qui précèdent.

Ainsi, la partie de l'hôtel Crozat, puis Choiseul, qui donnait sur la rue Richelieu, y présentait une façade d'environ 18 toises sur une profondeur moyenne de 28 toises, formant une superficie de 504 toises, sensiblement égale à celle de l'îlot aujourd'hui circonscrit par les rues Richelieu, d'Amboise, Favart et Saint-Marc. En se reportant au no 85, on voit que la profondeur de la maison Marsy, autrefois la première hors de la porte, était également de 26 à 28 toises entre la rue Richelieu et le marais Bourgoin. Ces deux exemples montrent que, de la porte Richelieu jusqu'au cours, les riverains de la rue Richelieu n'avaient pas bâti plus profondément que 28 toises, et ordinairement moins que plus, sur la marge orientale du marais Bourgoin, qui devenait sans doute de moins en moins consistant à

mesure qu'on s'éloignait de la chaussée. Crozat fit un coup
de maître : il acheta le marais tout entier et se trouva
propriétaire de la superficie comprise entre le cours au
nord, le derrière des maisons de la rue Richelieu à l'est,
au sud les domaines du président Menars et du duc de
Gramont, à l'ouest les terrains d'un sieur Le Gay, dont
la limite représente une ligne qui suivrait le côté droit de la
rue de Gramont en s'infléchissant légèrement vers l'est,
de manière à ressortir sur le boulevard des Italiens entre les
nᵒˢ 13 et 15. Ce fond immense, 4220 toises carrées (en nombres moyens 90 toises de longueur depuis le cours jusqu'aux
fonds Menars et Grammont, et 47 toises de largeur depuis
le derrière des maisons de la rue Richelieu côté gauche jusqu'au derrière des maisons de la rue de Grammont actuelle
côté droit), ce fond immense, disons-nous, fut acquis par
Crozat, par acte devant Mᵉ Bailly, notaire, le 2 avril 1703,
et décret du Châtelet du 4 juillet 1703 (Arch. Nat. Y 3113
et 3115), en deux lots joignant, l'un de 2560 toises et
l'autre de 1660 toises; vendus par Denis Bourgoin, seigneur
de la Grange-Batelière, et les cohéritiers de Louis Bourgoin,
maître des comptes, son père, et de Marie Lambert, sa mère,
veuve en premières noces de Claude Feydeau seigneur d'E-
rouville, correcteur des comptes. La plus petite des deux portions du marais (1660 t.) provenait d'un échange entre
Louis Bourgoin et Claude Feydeau; la plus grande (2560 toises) avait été recueillie par Louis Bourgoin dans la succession de Marie Vivien, femme de Daniel Bourgoin, ses père
et mère.

Les cohéritiers de Denis Bourgoin, seul héritier quant au
fief, étaient : Louis Mallet, conseiller au Parlement; Marie
Mallet, femme de Charles-Thierry Le Rebours, chevalier, seigneur de Bertrand-Fosse, président au Grand Conseil; par délaissement ou renonciation de Louise Bourgoin, femme d'Antoine Le Meyrat seigneur de Nogent, maître des comptes;
messire Lambert Bourgoin, conseiller au Parlement, Marie
Bourgoin, femme de Nicolas Le Vasseur de Saint-Vrain,
président en la Cour des aides, dame Geneviève Bourgoin,
femme de Charles de Versoris; et aussi de Pierre Fouquier
seigneur de la Pillotte, Jean de Vaumel sieur des Noires-

Dames, Marguerite et Bonne Bourgoin, leurs femmes, Yves
Mallet, secrétaire du Roi, et Louise Bourgoin, sa femme,
sœurs de Louis Bourgoin, pendant sa communauté avec
Marie Gedoin sa femme en premières noces, et cession par
Mme de Nogent de ses droits dans la succession de ladite
Marie Gedoin sa mère.

Crozat sut tirer un parti merveilleux de cette cuvette ma-
récageuse, mais fertile; il y bâtit comme un second palais
en arrière de l'hôtel de la rue Richelieu, avec serres, orangerie, petit bois, écuries avec terrasses sur le boulevard, et
même une orangerie de l'autre côté du boulevard, avec laquelle il communiquait par un passage souterrain, à peu près
dans la direction des galeries de l'Opéra, nº 10 ou 12 du boulevard des Italiens [1]. L'hôtel Crozat se trouve décrit par la plume
et par le crayon dans l'*Architecture française* de Blondel; le
plan de Turgot en donne une vue réduite mais exacte.

Pierre Crozat fit donation entre vifs de cette magnifique
résidence, par acte devant Me Desmeures aîné, le 15 mai
1740, à son neveu Louis-François Crozat, chevalier, marquis du Chastel, seigneur de Keroual, mestre de camp de
dragons, puis lieutenant-général des armées, grand croix de
Saint-Louis.

Après la mort du marquis du Chastel, l'hôtel revint à l'une
de ses filles Louise-Honorine, par partage devant Me Desmeures, le 20 avril 1754. Louise-Honorine, née dans l'hôtel
du Chastel de la rue Richelieu le 28 mars 1737, était fille du
marquis et de Marie-Thérèse-Catherine de Gouffier. Déjà
Choiseul par sa mère, elle épousa le 22 décembre 1750
haut et puissant seigneur Étienne-François duc de Choiseul

---

1. M. Lefeuve s'est imaginé de placer cette orangerie, non pas de l'autre
côté du boulevard, mais de l'autre côté de la rue Richelieu, sur l'emplacement
du nº 112 actuel, sans apercevoir que le nº 112 est situé non pas en face
de l'ancien hôtel Choiseul, mais à une centaine de mètres plus haut. Voici du
reste de quoi lever toute incertitude. Le plan terrier de la Ville de Paris,
dressé par Rittmann (Arch. Nat. N⁴ 114) porte cette mention : « 31 août 1771.
« Plan de la maison Choiseul 3200 toises. Permission accordée par MM. du
« Bureau de faire un passage de communication sous le rempart à P. Crozat,
« écuyer, 26 mars 1709. Titre nouvel 21 mai 1729. Titre nouvel par le duc
« et la duchesse 1er septembre 1768. »

Amboise, pair de France, marquis de Stainville et de La Bourdaisière, chevalier des ordres du Roi et de la Toison d'Or, lieutenant-général, gouverneur de Touraine, qui fut premier ministre du roi Louis XV. Mme la duchesse de Choiseul, un peu effacée dans la splendeur de son mari, reprit le beau rôle pendant l'illustre exil de Chanteloup. Une partie de sa correspondance, trouvée parmi les lettres de Mme du Deffand, a reçu de la plume finement française de M. le marquis de Saint-Aulaire le commentaire exquis qui convenait à cette nature d'élite; mon vieil ami Sainte-Beuve, rendant justice à l'auteur et à l'éditeur, a dit de Mme de Choiseul que « son nom doit s'ajouter à la liste des « femmes qui ont bien pensé et bien écrit ». Et il ajoutait, comme le plus délicat des remerciements à M. le marquis de Saint-Aulaire : « C'est une conquête de plus que la littérature « vient de faire sur l'ancienne société. »

La disgrâce politique du duc de Choiseul fut le signal de sa ruine domestique; quoique l'histoire de l'acquit au comptant racontée par Soulavie soit purement imaginaire, la chose certaine c'est que le duc de Choiseul, tombé du pouvoir, n'avait plus que des dettes. Le 25 janvier 1772, la duchesse, à qui appartenait en propre l'hôtel de la rue Richelieu, qui comportait alors 4,626 toises de superficie (environ 17,000 mètres) le vendit à Jean-Joseph de La Borde, écuyer, seigneur de La Ferté-Vidame, conseiller secrétaire du Roi, etc., avec la propriété de la cour du Dragon et d'autres immeubles, moyennant 950,000 livres, savoir 500,000 livres pour l'hôtel Choiseul et pour la maison Le Clerc, 150,000 pour l'ancienne maison Du Houx, 200,000 l. pour la moitié de la cour du Dragon, l'autre moitié appartenant au duc de Lauzun qui intervint à l'acte, et 100,000 livres pour les autres immeubles.

Il est à croire que ce contrat, dont une copie collationnée et scellée est aux Archives Nationales (Q¹ 1158-9), n'avait été dressé que comme par précaution contre une spoliation possible; il ne reçut aucune exécution, car le duc et la duchesse possédaient encore leur hôtel lorsque le roi Louis XVI les autorisa, par lettres-patentes du 18 février 1780, à le morceler pour y percer des rues nouvelles et y

construire tout un quartier. Ainsi, c'est bien à l'hôtel Choiseul de la rue Richelieu que se trouvaient la galerie et le
piano de la duchesse, dont il est si souvent question dans la
correspondance de Mme du Deffand, et non au nouvel
hôtel Choiseul de la rue Grange-Batelière. Je fais cette remarque parce que plusieurs biographes et M. de Saint-
Aulaire lui-même s'y sont trompés. Mme du Duffand mourut
le 24 septembre 1780. De cette époque et des années suivantes date l'ouverture de la rue Neuve-Saint-Marc, des
rues d'Amboise, Favart, Marivaux, Grétry, de la place
nommée aujourd'hui place Boïeldieu et du théâtre de la Comédie Italienne, aujourd'hui de l'Opéra-Comique.

Cette opération a laissé visible à l'œil le périmètre de la
propriété créée par Pierre Crozat, grâce à l'uniformité des
façades. Cette sorte de livrée architectonique commence, à
partir de la rue Richelieu, au coin gauche de la rue Neuve-
Saint-Marc (sauf une légère écorchure provenant de la reconstruction de la maison n° 89 par la Compagnie d'assurances générales) ; elle se continue en tournant à gauche sur
la rue Favart, puis au fond du terrain, en suivant la limite
des anciens fonds Menars et Gramont, le long du côté
gauche de la rue Grétry jusqu'à la rue de Grammont, où
la tranche reparaît sous le n° 18. Puis on tourne à droite,
selon la ligne que j'ai déjà indiquée qui laisse la rue de Grammont un peu à gauche et s'infléchit légèrement au N. N. E. ;
elle aboutit sur le boulevard des Italiens, entre le n° 15, qui
correspond à l'ancienne propriété Le Guay (1704) et le n° 13,
occupé par le café Anglais. Cette dernière maison, où nous
retrouvons la livrée, montre la tranche du périmètre Crozat
selon une section droite opérée par le boulevard ; il faut
maintenant suivre le boulevard des Italiens à droite, et nous
arrêter au n° 7, c'est-à-dire au passage des Princes, correspondant à l'ancienne terrasse de Crozat ; à partir de ce point,
la ligne externe se dérobe du nord au sud, passant derrière
les n°s 103, 101, 99, 97 de la rue Richelieu (hôtels Bigot,
Terray, de Launay et Senozan de 1780), puis décrit un angle
droit de l'ouest à l'est, et ressort sur la rue Richelieu, où
elle se termine par la tranche nord de la rue d'Amboise,
accolée au n° 95.

Cette sortie et cette rentrée sur la rue Richelieu deviennent claires par le dessin suivant :

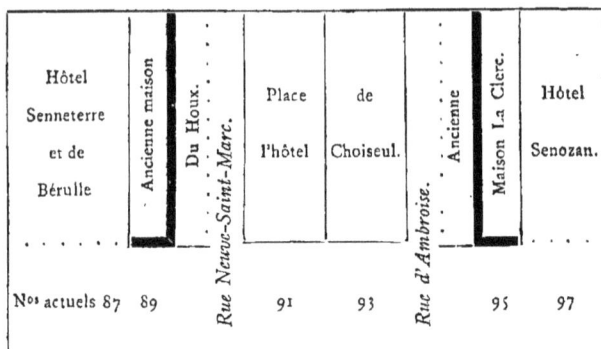

Les gros traits noirs indiquent la limite des façades uniformes de 1784 du côté de la rue Richelieu.

A la suite des diverses places ou maisons sur lesquelles s'éleva le corps principal de l'hôtel Crozat, s'élevaient deux maisons ayant appartenu à Pierre-François Choblet de Monteville, qui les vendit, par contrat devant Gigault, le 10 février 1669, à Jean Le Clerc, commissaire de la marine, sous le nom de Marie-Angélique Du Breuil, son épouse. Cette maison, qu'occupait encore en 1727 le baron de Simeoni, qui avait été l'envoyé extraordinaire de l'électeur de Cologne de 1715 à 1718, fut adjugée à Pierre Crozat par sentence du Châtelet du 20 septembre 1727 (Arch. Nat. Y 2,800) sur licitation entre les héritiers Le Clerc, qui étaient : Louis Le Clerc de Martray, Gaspard Jean-Baptiste Le Clerc, Jean-Pierre Lefebvre, tuteur des enfants mineurs de Pierre Lesther Lessart et de Madeleine Le Clerc, sa femme, Marie Pipart, femme de Charles-Arnauld de Segonzac de Sericourt, Louis Le Clerc de Cherbourg.

La première de ces deux maisons, tenant à gauche à l'ancienne maison d'Israël Silvestre, précédemment vendue par M. et Mme Le Clerc à Crozat, comportait 140 toises de superficie (5 toises de façade, 28 toises de profondeur), un corps de logis sur la rue élevé de deux étages carrés et d'un étage lambrissé, cour et jardin derrière. Elle conserva son autonomie après la construction de l'hôtel Crozat et se trouvait comprise dans la vente de 1772 à La Borde. Elle disparut en 1784 pour le percement de la rue d'Amboise, laissant au delà de celle-ci une bande de terrain aujourd'hui réunie au nº 95 qui suit.

La maison nº 93 n'a pas d'ouverture sur la rue Richelieu; on y entre par la porte cochère du nº 1 de la rue d'Amboise. Au premier étage de cette maison, la célèbre Méni-Simon reçut, vers la fin de la Restauration et pendant les premières années de la monarchie de Juillet, l'élite des joueurs et des femmes légères. Méni-Simon était la sœur aînée de Mlle Bourgoin, sociétaire de la Comédie Française; elle portait, légalement ou non, le nom de M. du Mesnil-Simon, capitaine de cavalerie, guillotiné le 29 prairial an II (12 juin 1794), en même temps que l'épicier Corthey, Mlles de Saint-Amaranthe, Mlle Grandmaison, de la Comédie Italienne, etc., impliqués en masse avec Cécile Renaud dans une accusation d'assassinat contre Robespierre et Collot-d'Herbois, avec accompagnement de fabrication de faux assignats et de « dépravation de la morale. » Quatre portraits en pied ornaient le salon monumental faisant retour sur la rue Richelieu : Mme Henriette d'Angleterre et Mlle de la Vallière, peintes par Mignard; Mlle Bourgoin et Mme Celiani, une célébrité demi-mondaine du premier Empire, peintes par le baron Gérard. (Voir sur Méni-Simon ma chronique du *Figaro* du 22 juin 1869.)

Nº 95. — Sur cette bande de terrain, formant la limite septentrionale de la propriété Choiseul, acquise par l'ancienne Compagnie d'assurances sur la vie, celle-ci fit construire deux maisons à la file l'une de l'autre, donnant par le petit côté sur la rue Richelieu et portant en façade sur la rue d'Amboise les nos 2 et 4.

La première de ces deux maisons (nº 2 de la rue d'Amboise) fut adjugée, sur les liquidateurs de la Compagnie d'assurances, aux criées du tribunal civil du 20 prairial an III, à Pierre-François de Ribaucourt de Rogemont, qui la laissa par succession à sa fille Jeanne-Françoise-Rose de Ribaucourt de Rogemont, veuve de Jacques-Antoine Chanu ; Mme Chanu vendit sa maison les 2 et 3 avril 1846, par devant Me Lefebure de Saint-Maur [1], à M. Théodore Privat, laquelle fut comprise dans la vente faite à M. Mirès le 5 mai 1859 dont il sera question ci-après.

La deuxième de ces maisons (n° 4 de la rue d'Amboise) provenait également des criées sur l'ancienne Compagnie d'assurances ; elle fut adjugée le 15 prairial an III à M. Pierre-Ferdinand Beuve, qui la vendit le 21 avril 1814 à Charles-Auguste comte de La Haye d'Anglemont, de qui elle passa à son frère Christian-Paul de La Haye d'Anglemont, qui la vendit le 20 juin 1846 à M. Théodore Privat. Le n° 4 fut l'hôtel meublé de Barcelone en 1817.

Ces deux maisons de la rue d'Amboise, dont le pignon sur la rue Richelieu porta jadis le n° 105 et qui n'y comptent plus aujourd'hui, n'ont guère d'histoire, ayant été construites en 1784. D'ailleurs leur défaut de profondeur, qui les laisse à l'état de placard contre les maisons de la rue Richelieu, les condamne à n'être que le dégagement de celles-ci.

Les restes de la première maison Choblet de Monteville, achetés aux criées le 29 avril 1812 sur dame Louise-Félicité de La Constans, veuve de Charlette de La Balinière, par M. et Mme Dumenil, furent acquis de la succession de ceux-ci le 14 janvier 1832, par Mme Marie-Catherine Paris, épouse Claude Besson, veuve Nicolas, qui les revendit à M. Théodore Privat.

Le corps principal de la maison n° 95, auquel les placards de la rue d'Amboise se trouvent définitivement annexés et qui ne forme plus lui-même qu'une dépendance du n° 97 depuis la création du passage Mirès aujourd'hui des Princes, succède, topographiquement, à la seconde maison vendue

---

1. Avis aux curieux de prononciation française : on écrit Lefebure Saint-Maur et on prononce « Lefève Saint-Maur ». C'est ainsi que me l'a enseigné lui-même ce vénérable notaire ; rien de plus correct selon les vieilles règles ; Lefebure n'étant d'ailleurs qu'une mauvaise lecture de Lefebvre.

le 28 mai 1661 (acte Gigault) par Pierre Eduin à Choblet
de Monteville, et par celui-ci, le 2 février 1669 (même
notaire), à Mme veuve Le Clerc.

Mme Le Clerc la revendit le 28 mai 1714 (acte Touvenot)
à François Olivier seigneur de Senozan, chevalier de Saint-
Michel, de qui j'ai déjà parlé sous l'article de l'hôtel de
Jars, après le n° 69. Ce dernier acte la désigne « maison à
« porte cochère en haut de la rue Richelieu vers la Grange-
« Batelière en deça du Cours, ayant cinq toises et demie de
« façade et vingt-neuf toises de profondeur. » La porte
cochère a disparu depuis environ cinquante ans et a été
remplacée par une boutique à usage de bureau de tabac ;
mais la façade sur la rue Richelieu mesure encore les mêmes
dimensions, c'est-à-dire qu'elle reste aussi étroite que par le
passé. La forme singulière du terrain, cinq fois plus profond
que large, ne se prêtait pas à une habitation bourgeoise ou
seigneuriale. Il est à croire que M. François de Senozan ne
l'acheta en 1714, en même temps que l'hôtel de Jars, que
comme maison de produit, car son fils le conseiller d'Etat
habitait avec lui à l'hôtel de Jars, où ils moururent l'un et
l'autre, ce qui nous mène jusqu'aux derniers mois de 1778.
Or, dès le 16 septembre 1743, Jean-Antoine de Senozan,
légataire universel de son père mort en 1740, vendit, par
contrat devant Me Bronod, à Elisabeth-Claire Le Duc Tourvoye, l'usufruit de la maison n° 95. L'usufruitière céda son
droit le 25 février 1755 (contrat Delaleu), à Marie-Léopoldine
de Palffy, veuve de François-Joseph de Kimsky, qui avait
pour locataires en 1776 et années circonvoisines le vice-amiral
comte d'Estaing et M. Radix de Sainte-Foix, surintendant des
finances, arts, manufactures, jardins et garde-meuble de Monsieur comte d'Artois, ancien trésorier-général de la marine
et ministre plénipotentiaire près M. le duc de Deux Ponts.

Enfin, Mme de Kimsky fit bail de la maison devant
Me Dosne, le 14 juillet 1791, à Marie-Barthélemy Godet,
veuve Dasseau, qui en fit une maison garnie sous le nom
d'hôtel des Princes, probablement à l'honneur des Kimsky,
petits princes allemands.

Mme Le Duc Tourvoye n'était autre que la célèbre Le Duc,
fille d'un suisse portier du palais du Luxembourg, danseuse

à l'Opéra, et qui, vers 1742, quitta M. le président de Rieux
pour remplacer la Camargo auprès de S. A. S. Louis de
Bourbon-Condé, comte de Clermont, abbé commendataire
de Saint-Germain-des-Prés, l'un des quarante de l'Académie
française. Les chroniques du XVIIIe siècle ne tarissent pas
sur Mlle Le Duc, qui, au Longchamp de 1742, parut en ca-
lèche de canne peinte en bleu, tous les fers en argent,
attelée de six chevaux nains pas plus hauts que des dogues.
Le comte de Clermont, jusqu'à sa mort survenue le
16 juin 1771 à Paris, vécut sous la domination de cette
femme « sans esprit, sans mœurs, sans principes, sans âme »,
dit Collé. Comme elle faisait ordinairement les honneurs du
magnifique château de Berny, appartenant au comte de
Clermont, elle avait imaginé d'acheter une petite maison située à l'extrémité du parc, tout près du pont d'Antony, qui
s'appelait Tourvoye et dont elle s'emmarquisa. La marquise
de Tourvoye se piquait d'aimer les livres; le catalogue de
sa bibliothèque a été imprimé par Prault, in-4°, 1755, et il
en existe un autre en ms à la Bibliothèque de l'Arsenal.

Mme Le Duc de Tourvoye étant décédée à Paris le 8 février
1793, l'usufruit de la maison revint, en vertu du testament
de Jean-Antoine Olivier de Senozan, reçu par Me Lormeau
le 20 janvier 1777, exécuté le 20 août 1779, à sa nièce
Madeleine-Henriette-Sabine Olivier de Senozan de Viriville,
fille de son frère puîné Jean-François-Ferdinand comte de
Viriville, né le 16 février 1732, mort le 26 novembre 1769,
et de Claude-Louise de Vienne, née en 1742, morte le
5 novembre 1769, trois semaines avant son mari.

Madeleine-Henriette-Sabine, née en 1763, devint la femme
d'Archambault-Joseph de Talleyrand de Périgord, né le 1er septembre 1762, mort le 28 avril 1838, troisième fils de Char-
les-Daniel de Périgord et d'Alexandrine-Victoire-Eléonore
de Damas d'Antigny, et frère puîné de Charles-Maurice
prince de Bénévent. Du mariage de l'héritière des Senozan-
Virivile avec Archambault-Joseph de Talleyrand, naquirent
six enfants, dont le plus jeune, Alexandre-Edmond, né le
2 août 1787, marié le 22 avril 1809 à la duchesse Dorothée
de Courlande et de Sagan, fut père du duc de Valençay et
du duc de Dino, et grand-père du prince de Sagan actuel.

M. et Mme Archambault de Talleyrand de Périgord avaient été séparés de biens le 23 avril 1792 par une précaution qu'explique cette date, mais qui ne préserva pas cette famille du plus horrible malheur. Mme de Périgord, ou « la femme Périgord » style du temps, s'était réfugiée à Calais au commencement de 1794, cherchant sans doute l'occasion de passer en Angleterre; une série de pièces administratives nous apprend, sous les dates du 18 pluviose et du 2 floréal an II (6 février et 21 avril 1794), qu'elle emprunta cent six mille sept cents livres au citoyen Louis-Armand-Constant Mouron-Egerton, négociant, auquel elle vendit à cette dernière date, par un acte sous seing-privé, la maison de la rue Richelieu. Quelques jours plus tard, Mme de Périgord fut dénoncée, arrêtée et ramenée à Paris, où on l'écroua à la prison de Saint-Lazare. Elle y resta près de trois mois; vingt-quatre heures de plus elle était sauvée avec tant d'innocentes victimes. La fatalité ne le voulut pas. Elle périt le 8 thermidor (26 juillet 1794), le jour même où se décidait la chute de Robespierre, avec la maréchale d'Armentières, le duc de Clermont-Tonnerre, le marquis de Crussol-d'Amboise, la marquise de Colbert-Maulevrier, la comtesse d'Ossun, « dame d'atours de la femme Capet; » l'évêque d'Agde, le comte de Thiars, le comte de Narbonne-Pelet, la princesse de Monaco, les frères Trudaine, et ce Loiserolles père, ancien lieutenant-général du bailliage de l'Arsenal, sur lequel il y a une légende. Tous ces infortunés étaient accusés d'avoir « assassiné le peuple ».

La maison de la rue Richelieu ne s'appelait plus l'hôtel des Princes, que Mme Dasseau avait ingénieusement transformés en « Patriotes étrangers ».

La vente sous seing privé faite à M. Mouron-Egerton fut attaquée en vérification d'écritures; mais sur un jugement du 6 fructidor an IV (23 août 1796), qui reconnaissait les droits de M. et Mme Mouron-Egerton, une transaction intervenue entre ceux-ci et les représentants des familles de Talleyrand et de Montmorency, devant Clairet le 16 fructidor an V (2 septembre 1797), ratifia définitivement la vente. M. et Mme Mouron-Egerton, représentés par Dominique Mouron, administrateur-général des hôpitaux de la République, revendi-

rent la « maison rue de la Loi, n° 329, connue sous le nom
« de Maison des Patriotes-Etrangers, ci-devant dite l'hôtel
« des Princes » le 22 prairial an VII (10 juin 1799), à René-
Jean Dourif, homme de loi et avoué au tribunal de la Seine.
De la succession Dourif elle passa, de 1812 à 1832, par les
mains de M. et Mme Dumenil, de leurs héritiers, et de Marie-
Catherine Paris, épouse de Claude Besson et veuve en premières noces de M. Nicolas, à M. Théodore Privat. Celui-ci
la vendit devant Me Gossart, le 5 mai 1859, à M. Jules
Mirès, gérant de la Caisse générale des chemins de fer, et
la liquidation de cette société l'a vendue, devant Aclocque,
le 16 avril 1866, à la Compagnie d'assurances générales
sur la vie.

La maison reprit de 1827 à 1829 son ancienne destination
sous le nom d'hôtel des Colonies.

N° 97. — Cette portion de la rue Richelieu communique
avec des fonds étrangers depuis le percement du passage des
Princes. Il est bien entendu que je m'occupe seulement des
propriétés antérieures à cet état de choses, c'est-à-dire de
l'ancienne parcelle portée au Terrier royal sous le n° 55.

J'en ai connaissance, à la date la plus reculée, par le rôle
de taxe du 20 septembre 1672 (Arch. Nat. Q^I 1120-21) où
elle est ainsi définie sous deux paragraphes : « Nicolas Wyet
« à cause d'une maison à petite porte appliquée à une bou-
« tique au rez-de-chaussée et une salle, élevée de cinq éta-
« ges, compris le rez-de-chaussée et le galetas. Taxée
« 3,000 livres.

« A luy (c'est-à-dire au même) à cause d'une place close
« de murs contenant 196 toises de superficie (745 m. c.)
« taxée 1568 livres. »

L'Almanach royal nous fait connaître le possesseur de
cette petite maison et du terrain y attenant; c'était Jean
Girard Vuiet, architecte expert juré des bâtiments du Roi et
de la ville de Paris, demeurant « hors la porte Richelieu ».
Il était fils de Gérard Vuiet, Vuyet ou Wyet, architecte et
maître maçon des bâtiments du Roi, mort au gros pavillon
des Tuileries et inhumé le 27 mai 1658 à Saint-Germain-
l'Auxerrois (*État civil d'artistes français*. Orléans, 1873,

in-8o) et frère : 1o d'Honoré Girard Vuiet, maître sculpteur, mari de Françoise Bertault; 2o d'Antoinette Vuiet femme de Jean Nocret, peintre et valet de chambre du Roi. Gérard Vuiet jouissait de logements et de magasins « au-dessous « de la petite gallerie du palais des Thuilleries du costé du « gros pavillon » et, à sa mort, le Roi commanda à M. de Ratabon de maintenir ses enfants Nicolas et Honoré en jouissance du logement de leur père (Archives de l'Art français, t. III, p. 226).

Jean-Girard Vuiet quitta sa maison de la rue Richelieu en 1704 et s'en alla rue Saint-Martin près Saint-Julien des Ménestriers; puis à l'enclos du Temple, puis à l'hôtel Monbas, rue du Temple, puis à Saint-Laurent, et il mourut en 1739, doyen de sa compagnie depuis 1734. Il ne pouvait avoir guères moins de quatre-vingt-dix ans, étant l'aîné des deux fils d'un père mort en 1658.

Son successeur à la rue Richelieu est indiqué par le Terrier royal, c'est-à-dire vers 1705, comme étant un procureur nommé Gever, à partir duquel se déclare une lacune de plus de quarante ans que je n'ai pu combler.

Le plan de Lagrive (1728) attribue la maison à François Zénobie-Philippes Albergotti, lieutenant-général, chevalier du Saint-Esprit le 1er janvier 1711, né à Florence le 25 mai 1654, mari de Mlle Magalotti sœur de Bardo Bardi Magalotti, lieutenant-général, gouverneur de Valenciennes.

En 1747 apparaît enfin, comme propriétaire d'un hôtel qu'il fit sans doute bâtir, François Pajot de Marcheval, receveur-général d'Alençon depuis 1742, et qui avait habité jusqu'alors la rue Poissonnière. Il appartenait à cette famille des Pajot, qui, en moins d'un siècle, de 1650 à 1750, foisonnèrent dans tous les emplois publics, eurent longtemps le monopole des postes, contractèrent les plus brillantes alliances, et portèrent le nom de comtes d'Onz-en-Bray ou Ozembray, marquis de Villiers, seigneur de Villeperot, Marcheval et Juvisy; elle est trop nombreuse et trop connue (voir le Nobiliaire de Saint-Alais) pour que je ne me restreigne pas aux seuls habitants de la maison qui nous occupe.

La branche des Pajot de Marcheval provenait de Henri-Gaston Pajot, seigneur de Marcheval, cinquième enfant de

Léon Pajot, directeur-général des postes, reçu secrétaire du
Roi le 17 octobre 1680, mort en 1686, et de Marie-Anne
Oger dame de Villiers, Onz-en-Bray et Saint-Aubin. Henri-
Gaston de Marcheval, secrétaire du Roi le 7 août 1693, marié la même année à Anne Le Boistel, mort le 6 février
1721, laissa trois enfants dont le plus jeune fut François
seigneur de Marcheval, receveur-général d'Alençon en 1742,
mort le 27 août 1754 en son hôtel de la rue Richelieu.

Il avait d'un premier mariage avec Mlle de Senneville un
fils, Christophe seigneur de Marcheval, né le 27 avril 1724,
qui fut substitut du procureur-général au Parlement de Paris
puis au Grand Conseil (1743-5); maître des requêtes (1749);
intendant de Limoges et de Grenoble (1756-1783); conseiller
d'État et intendant des finances sous M. de Calonne (1784),
et qui mourut massacré en avril 1792, laissant trois
enfants dont Hélène-Thérèse Pajot de Marcheval, mariée à
M. Le Clerc de Lesseville, descendant des Le Clerc dont j'ai
parlé à propos de l'hôtel Choiseul. Le conseiller d'État Pajot
de Marcheval n'habita jamais l'hôtel de la rue Richelieu.

Du second mariage de son père avec Marie-Félicité Janson, fille de Charles Janson, receveur des domaines d'Orléans, était né Charles-François, qui fut la tige des seigneurs
de Juvisy; il succéda d'abord à son père comme receveur-
général d'Alençon en 1754; mais ses domiciles sont fort va-
riables; d'abord, au lendemain de la mort de son père, je le
trouve installé rue Richelieu près de la fontaine; en 1756,
rue Saint-Marc, en face de l'hôtel de Luxembourg, c'est-à-
dire du passage actuel des Panoramas; de 1757 à 1759 seulement il habite l'hôtel de la rue Richelieu; mais il y devient veuf de sa première femme Adélaïde de Boisjourdain,
morte le 14 juin 1759. Il résigne alors son office de receveur-général et part pour la rue des Bons-Enfants où je le
perds de vue. Je sais seulement qu'il fut lieutenant de roi
pour le Toulois, et qu'il se remaria le 19 février 1761 à
Edme-Louise Portail; il avait de son premier mariage deux
enfants, dont Adélaïde-Marguerite, mariée au vicomte de La
Tour du Pin de La Charce, lieutenant-général, cordon
rouge, gentilhomme de Monsieur. De son second mariage
naquirent deux fils Charles-Christophe-Hippolyte Pajot de

Juvisy, né le 28 janvier 1769, et Jean-Marie-Frédéric baron
d'Orgerus, né le 9 décembre 1783, marié le 21 février 1829
à Marie-Honorine de Vigny, née le 31 mai 1801, fille du
marquis Anne-Claude de Vigny et de Marie-Rose-Élisabeth
Fiquet de Normanville.

De 1759 à 1779, j'ignore à qui M. Pajot de Juvisy loua
l'hôtel de la rue Richelieu. De 1779 à 1784, j'y trouve
M. Louis Balthazar Dangé de Bagneux, fermier-général,
fils d'un autre fermier-général nommé Dangé du Fay, qui
vint habiter dans les dernières années de sa vie, place Vendôme, l'un des deux hôtels contigus à celui de la Chancellerie. M. Dangé avait été, dit-on, commis dans les bureaux
de M. d'Argenson, garde des sceaux, et, devenu fermier-
général en 1736, il eut le grand honneur de marier sa fille
Anne-Louise-Hyacinthe Dangé, avec le marquis de Paulmy,
petit-fils de son ancien maître. Madame de Paulmy mourut
le 21 juillet 1745 à vingt-deux ans. Il y a là-dessus deux cu-
rieuses lettres du marquis d'Argenson, la première du 19
juillet 1744, au moment du mariage, la seconde du 25 juin
1747, deux ans après la mort prématurée de la jeune marquise de Paulmy : « La pauvre petite Dangé dont je regrette
« la personne douce et jolie ». Il y a de la grâce dans ce
souvenir accordé à sa belle-fille par le rude marquis d'Argenson.

M. Dangé de Bagneux, frère cadet de Mme de Paulmy,
fut adjoint à son père dans les fermes générales en 1768 et
le remplaça définitivement en 1778 ; il en fit partie jusqu'à
la révolution. Il était de plus secrétaire du Roi au conseil
supérieur d'Alsace. Il quitta la rue Richelieu en 1784 pour
s'établir rue Basse-d'Orléans, porte Saint-Denis, tout
auprès du nouvel Opéra. Il demeurait rue des Quatre-Fils
lorsqu'il fut arrêté et traduit au tribunal révolutionnaire le
19 floréal an II (8 mai 1794) ; il fut condamné à mort avec
les anciens fermiers-généraux, parmi lesquels De Laage père,
Puissant, Prevost d'Arlincourt et Lavoisier, le plus illustre
de tous, comme coupables d'une multitude de crimes imagi-
naires ou burlesques, et surtout d'avoir mis dans le tabac « de
« l'eau et des ingrédients nuisibles à la santé des citoyens
« qui en faisaient usage ». Ce dernier grief avait un côté

sérieux. Les réviseurs des comptes de la Ferme générale accusaient les fermiers-généraux d'avoir augmenté de quatorze pour cent, par une addition d'eau, le poids naturel du tabac à priser, et proposaient en conséquence de les forcer en recette de près de trente millions de livres. Lavoisier essaya de faire comprendre que la « mouillade » du tabac râpé était un procédé industriel nécessaire à la bonne fabrication, et que la quantité d'eau subsistante après l'évaporation se réduisait à un peu moins de sept pour cent; encore la Ferme délivrait-elle gratuitement la dix-septième once comme compensation du poids de l'eau (Adrien De la Hante. *Une Famille de finance,* t. II, pp. 476 et suivantes). Cette démonstration, condensée en dix pages par Lavoisier, avec tableaux et pièces à l'appui, fut la raison déterminante de la condamnation capitale portée contre lui et ses collègues. Il fallait que les fermiers-généraux fussent déclarés coupables pour qu'on pût s'emparer de leurs biens. MM. de Laage fils, Sanlot et de La Hante, leurs coaccusés, furent « mis hors du débat », parce qu'on admit qu'en leur qualité de simples adjoints ils n'avaient pas exercé réellement.

Le *Moniteur* du 21 floréal an II (samedi 10 mai 1794) donne trente-cinq ans à M. Dangé de Bagneux; la *Liste très exacte des condamnés* (qui l'appelle Louis-Balthazar Banneaux), lui donne cinquante-cinq ans, ce qui me paraît plus vraisemblable.

Après M. Danger de Bagneux, l'hôtel de la rue Richelieu fut habité par un banquier nommé Lamante.

M. Charles-François Pajot de Juvisy, qui en était toujours propriétaire, le vendit par acte devant Lemoine, notaire, le 9 thermidor an III (27 juillet 1795), à l'américain Thomas Watheas Griffith, moyennant 700,000 livres en assignats. Les contrats passés au temps de la révolution font apparaître un certain nombre d'étrangers comme acquéreurs d'immeubles; on devine, en certains cas, une intervention bénévole en faveur de quelque noble ou de quelque riche suspect; en d'autres, une simple spéculation. J'ignore à quelle catégorie d'acheteurs appartenait Thomas Watheas Griffith; mais, à coup sûr, il n'avait pas acheté pour garder, car, dès le 3 germinal an IV (23 mars 1795), il revendait l'hôtel

29

Pajot, par acte aux minutes de Lemoine, à François-Joa-
chim Thibout et dame Marie-Renée-Hyacinthe Campion, sa
femme.

Le 11 décembre 1807, devant Me Laudigeois, M. et Mme Thibout revendirent la maison à François-Xavier-Joseph Degosse; elle devint alors un grand hôtel meublé, sous le nom
d'hôtel de l'Europe. M. Degosse céda la maison et l'hôtel
par contrat devant Decaen, le 1er septembre 1820, à Pierre
Privat, dit Gustave, et dame Marie-Philippe Hœner, son
épouse, qui eurent pour héritier et successeur leur fils unique Théodore Privat. L'hôtel prit en 1827 le nom d'hôtel
de l'Europe et des Princes, et il s'agrandit alors de la maison suivante (no 99). Mais c'est bien au no 97 qu'il faut
chercher le véritable et grand hôtel des Princes, qui s'étendait jusqu'au fond du passage actuel de ce nom jusque sous
la maison de Mme la duchesse d'Albufera, ouvrant sur le
boulevard des Italiens au no 7.

L'hôtel des Princes eut une grande renommée sous le
règne de Louis-Philippe; on y faisait grande chère, et l'on
y jouait aussi dans les salons particuliers. M. Théodore Privat fit construire l'immense salle à manger en style mau-
resque qui est devenue, sans changement, le restaurant Noël
Peters.

La légation de Portugal occupa temporairement une partie
de l'hôtel des Princes en 1847.

L'hôtel des Princes fut cédé par devant Me Gossart,
notaire, le 5 mai 1859, à la société en commandite Jules
Mirès et Cie, connue sous le nom de Caisse générale des
chemins de fer. Accru de quelques immeubles ou portions
d'immeubles qui lui permirent d'accéder en équerre sur le
boulevard des Italiens, l'hôtel des Princes devint le passage
Mirès. Il a pris le nom de passage des Princes, depuis qu'il
est devenu, avec tout le groupe d'immeubles qu'avait réunis
M. Mirès sous sa puissante main, la propriété de la Compagnie d'assurances générales sur la vie, aux termes d'un
contrat passé devant Me Aclocque, le 16 avril 1866.

No 99. — Le Terrier royal immatricule, sous le no 54,
une « maison et jeu de boules, où sont quelques ormes »,

appartenant à René d'Aoust. Un document des Archives
nationales m'apprend qu'il s'agit ici de René d'Avoust,
écuyer, trésorier-général de la maison et des finances de
Madame duchesse d'Orléans, mère du Régent, et, en effet,
les états de la France enregistrent cet officier qui touchait
trois mille livres de gages. Il fit sa déclaration de noblesse à
Versailles le 8 juillet 1697; il s'intitulait sieur de Chanteclair
et portait de sable à trois licornes passantes d'argent posées 2
et 1; ces armoiries constatent sa parenté avec Jacques-Aimé
d'Avoust, écuyer, sieur de Noriès, chevau-léger de la garde
du Roi à la même date. Son petit-fils N. d'Avoust exerça,
de 1750 à 1776 et années ultérieures, les fonctions de lieutenant-général civil, criminel et de police de la prévôté de
l'hôtel par commission du Roi; il tenait ses audiences à
Versailles rue de la Paroisse-Notre-Dame, et à Paris rue
et île Saint-Louis à l'hôtel de Chenizot. La veuve de René
d'Avoust, Antoinette-Charlotte Bédée des Fougerais (sœur
de Charles-Étienne seigneur des Fougerais, capitaine aux
gardes françaises, chevalier de Saint-Louis), vendit, par contrat reçu Bapteste le 19 février 1719, la propriété ci-dessus,
présentant comme aujourd'hui, en y comprenant le nº 101
ci-après, 14 toises de façade sur la rue Richelieu, et aboutissant par derrière au rempart, à Jules-Michel Hardouin,
architecte. Celui-ci était le fils aîné de Michel Hardouin, le
frère cadet de Hardouin Mansart, et le beau-frère de Pierre
de L'Espine, tous architectes du Roi comme lui-même; il
était membre de l'Académie d'architecture et inspecteur-
contrôleur du château de Marly. Il passa sur-le-champ déclaration de son acquisition au profit de M. François Terray
de Rozières, l'un des médecins consultants du Roi, premier
médecin de Madame duchesse d'Orléans, etc.

M. Terray de Rozières fit construire sur les terrains qu'il
avait acquis de Mᵐᵉ René d'Avoust deux hôtels contigus,
l'un qu'il garda pour lui-même et dont il sera parlé ci-après
sous le nº 101; l'autre qu'il céda par contrat du 5 septembre 1738, devant Masson, notaire, à M. de Saint-Vallery,
receveur-général.

M. de Launay sieur de Saint-Vallery avait occupé, au
dire de Mouffle d'Angerville, de gros emplois, je ne sais

lesquels, avant de devenir l'un des fermiers-généraux de la
régie de Charles Cordier en 1721. Il devait exister une
parenté entre ces de Launay, dont le nom patronymique me
demeure inconnu, et les Cordier, car j'ai connaissance d'un
Jacques-René Le Cordier, qualifié sieur de Launay, mort le
16 février 1760 et d'une Catherine-Louise Le Cordier,
demoiselle de Launay, morte le 20 mai 1781, épouse de
Louis-Henri de Las marquis d'Azy. Enveloppé en 1726
dans la disgrâce du duc de Bourbon et forcé de quitter les
fermes générales, il devint en 1727 receveur-général des
finances de Flandre, Hainault et Artois. C'est de lui, paraît-
il, que Gresset a dit, dans *le Méchant* :

> Ce sont les vétérans de la fatuité.

Il vint occuper dès 1738 l'hôtel qu'il venait d'acheter à
M. Terray de Rozières. Il y mourut et fut inhumé à Saint-
Eustache, le 3 décembre 1768. La lettre de part est au nom
de M. et Mme de Launay et de M. le comte et Mme la
comtesse de Châteauneuf, ses neveux et nièces (Cabinet des
titres). M. Pierre de Launay, neveu de M. de Launay de
Saint-Vallery, reçu secrétaire du roi en mai 1738, avait
depuis longues années la survivance de son oncle, auquel il
succéda comme receveur-général, et il continua d'habiter
l'hôtel de la rue Richelieu jusqu'en 1790, époque où je le
perds de vue. On remarque que le nom de Saint-Vallery ne
passa pas à M. Pierre de Launay, tandis que je trouve, en
1789, un intendant de la généralité de Caën, maître des
requêtes depuis 1773, dénommé Cordier de Launay de Val-
lery, personnage fort extraordinaire auquel la biographie
Michaud a consacré un curieux article. Ce rapprochement
confirme mes conjectures sur la parenté probable des Cordier
et des de Launay.

M. de Launay de Saint-Vallery avait légué l'hôtel de la
rue Richelieu à son neveu Pierre de Launay, avec substitution de mâle en mâle, à l'exclusion par conséquent de sa
nièce Paule de Launay, épouse de Guillaume comte de
Châteauneuf; le tout aux termes d'un testament reçu Armet,
notaire, daté de Saint-Cloud, le 6 novembre 1766, publié

au Châtelet le 20 juillet 1769. La substitution fut recueillie par Alexandre-Louis de Launay, fils de Pierre, ancien receveur-général, mort à Saint-Pair (Calvados), le 29 mai 1833.

Par suite d'un arrangement de famille entre Mme Angélique-Catherine Alexandre, veuve d'Alexandre-Louis de Launay, et leur fils Adolphe-Salvat de Launay, l'hôtel passa à cette dame, qui le vendit par acte devant Chaudru, notaire, le 3 mars 1835, à André-François-Charles Lemarchand et Pauline-Agathe Magnier, sa femme, à la charge d'exécuter le bail fait à M. Pierre Privat, pour quinze années à partir du 1er janvier 1832.

Depuis 1806, l'hôtel de la famille de Launay avait été loué à M. Degosse (voyez ci-dessus no 97), qui en avait fait la succursale de l'hôtel de l'Europe, devenu l'hôtel de l'Europe et des Princes sous MM. Privat père et fils, tout en ayant porté transitivement, en 1843, le nom d'hôtel de Paris. Les bâtiments furent entièrement reconstruits vers cette époque; toutefois, on respecta la défense de surélever au-dessus de dix pieds le mur qui sépare le no 99 du no 101, servitude imposée par M. de Terray de Rozières à la portion qu'il vendait en faveur de celle qu'il conservait.

M. Lemarchand vendit le no 99 à M. Jules Mirès par contrat reçu Gossart, notaire, le 6 mai 1856.

Les bureaux de la Caisse générale des chemins de fer y furent aussitôt installés, et, après la chute imméritée de cette société de crédit, la liquidation s'y poursuivit pendant quelques années.

Aujourd'hui les bureaux de la maison de banque Berthier frères et Cie sont installés dans les appartements du premier étage où se trouvaient le cabinet particulier de M. Mirès et le salon du conseil d'administration de la Caisse générale des chemins de fer.

No 101. — Sur la seconde portion de terrain acquise de Mme veuve René d'Avoust, M. Terray de Rozières avait édifié un second hôtel qu'il conserva, et qui, plus heureux que son voisin, a vu respecter les lignes générales de son architecture.

M. François Terray de Rozières conserva jusqu'à son dernier jour son adresse officielle au Palais-Royal, en qualité de premier médecin de la duchesse d'Orléans, mais il mourut dans son hôtel de la rue Richelieu, ainsi que l'atteste la lettre de part que je copie dans les dossiers du Cabinet des titres :

« Vous êtes prié d'assister au convoi et enterrement de « messire François Terray conseiller d'état secretaire hono- « raire du roy, maison couronne de France et de ses « finances, medecin consultant du roy et premier medecin « de feue S. A. R. Madame, seigneur de Rosiers, decedé en « sa maison rue de Richelieu, qui se fera cejourd'huy samedi « 29 décembre 1753 à six heures du soir en l'église de « Saint-Eustache sa paroisse, où il sera inhumé. — Un *De* « *profundis*, — De la part de messieurs Terray ses neveux. « — De l'imprimerie veuve Grou rue de la Huchette au « Soleil d'or. »

Né en 1665, M. François Terray de Rozières était âgé de quatre-vingt-huit ans, et n'avait pas été marié.

Les neveux qui envoyèrent la lettre de part étaient les deux fils de son frère Jean Terray, qui était notaire ou tabellion en Forez; ils avaient, je crois, deux autres frères, Antoine Terray, avocat en parlement, avocat du Roi au bailliage de Roanne, secrétaire du Roi, époux de Marie-Anne Dumas, et l'abbé Terray, abbé de Belleville, chantre de la collégiale de Montbrison.

Le premier des deux neveux du médecin François Terray de Rozières tient une grande place dans l'histoire des dernières années du règne de Louis XV. C'est Joseph-Marie Terray, né dans une petite ville du Forez en décembre 1715, conseiller clerc le 17 février 1736 à la première chambre des enquêtes, puis à la Grand Chambre du Parlement de Paris; abbé de Molesmes en 1764; conseiller d'État ordinaire et au conseil royal; contrôleur-général des finances du 21 décembre 1769 au 24 août 1774; ministre d'État, commandeur des ordres du Roi en 1770; intendant-général des bâtiments de 1773 à 1774. Ce n'est pas ici le lieu de juger l'administration de l'abbé Terray; ses grands talents furent com-

promis par la légèreté de son langage et de ses mœurs ; mais
comment faire la part du vrai et du faux dans les causes
multiples de son impopularité ? La chute du duc de Choiseul, la réforme ou, si l'on veut, le coup d'État judiciaire du
chancelier Maupeou, et brochant sur le tout, l'absurde fable
du pacte de famine, ont fait de l'abbé Terray une de ces
victimes historiques qui valaient mieux que leur sort et que,
cependant, on ne réhabilitera pas.

Son frère puîné Pierre Terray de Rozières fut maître
des requêtes ordinaire en 1743, honoraire en 1749, occupa
le 11 mai de cette même année la situation de procureur-
général à la Cour des aides, qui lui fut enlevée par l'institution du parlement Maupeou. Il la reprit après l'avènement
de Louis XVI, qui rétablît les anciennes cours souve-
raines.

J'ai cru remarquer que les habitants actuels de l'ancien
hôtel Terray et du voisinage attachaient quelque prix à
savoir s'il a réellement abrité le trop célèbre contrôleur-
général. Je vais satisfaire leur curiosité par une réponse
affirmative.

Les deux frères, élevés par leur oncle le médecin, qui leur
fit faire leurs études au collège de Juilly, partagèrent longtemps avec lui son appartement du Palais-Royal ; entrés
dans les fonctions publiques, ils habitèrent d'abord la rue
Saint-Honoré près de l'église Saint-Roch, jusqu'en 1749 ;
mais, en cette dernière année, ils vinrent enfin demeurer
dans l'hôtel que leur oncle avait fait construire. Il fallait une
installation décente au nouveau procureur-général de la
Cour des aides, marié et père de famille. Cette cohabitation
ne plut pas longtemps à l'humeur galante de l'abbé,
qui s'en alla loger seul rue Vivienne en 1758.

Mais à son tour le procureur général se trouva trop à
l'étroit rue Richelieu, et il acheta l'hôtel d'Aumont, rue de
Jouy (au n° 7 actuel, occupé par la pharmacie centrale de
France). Aussitôt l'abbé réoccupa, et cette fois tout à son
aise, l'hôtel de la rue Richelieu. Cette double installation eut
lieu en 1764 [1]. L'abbé resta cinq années encore à la rue

1. M. Lefeuve a logé l'abbé Terray à l'hôtel d'Aumont ; il l'a confondu

Richelieu, et la quitta pour toujours lorsqu'il fut appelé aux
affaires ; il occupa dès les derniers jours de 1769 le bel
hôtel du contrôle géneral rue Neuve-des-Petits-Champs,
et ne revint plus dans la maison de son oncle.

Ainsi voilà qui est bien établi : l'abbé Terray a occupé en
personne le n° 101, de 1749 à 1757 avec son frère le procureur-général, et seul de 1764 à 1769.

M. François de Rozières avait, par son testament du
3 août 1747, dont l'exécution fut ordonnée le 9 février 1754,
légué son hôtel à l'abbé, à charge de substitution au profit
de ses petits-neveux, nés ou à naître, fils du maître des
requêtes procureur-général. L'abbé, définitivement écarté
des affaires après l'avènement de Louis XVI, se retira dans
la superbe demeure qu'il s'était construite rue Notre-Dame-
des-Champs et qui, vendue par ses héritiers à M. et Mme de
Fleury, par contrat reçu Armand, notaire, le 31 mars 1783,
devint en 1804 le collège de l'abbé Liautard, baptisé Stanislas en 1822 par le roi Louis XVIII ; démoli depuis une
trentaine d'années, et traversé par une rue et un passage.
C'est là que l'abbé Terray mourut le 22 février 1778, âgé de
soixante-deux ans et trois mois.

L'hôtel de la rue Richelieu fit alors retour, en vertu des
clauses de la substitution, aux enfants de Pierre Terray.
Celui-ci avait pris sa retraite de procureur-général à la mort
de son frère, et lui-même mourut à l'hôtel d'Aumont le
18 juillet 1780. Il avait épousé le 19 avril 1743 Renée-
Félicité Le Nain, fille de Jean Le Nain, maître des requêtes,
intendant de Languedoc, et de Tècle-Félicité Bidal baronne
d'Asfeld, morte à soixante-dix ans le 23 février 1774. De ce
mariage vint une fille Anne-Félicité, baptisée à Saint-Roch
le 9 juin 1747, qui mourut jeune, et un fils Antoine-Jean
à qui revint la propriété substituée de l'hôtel bâti par son
grand-oncle.

Antoine-Jean s'était marié le 11 février 1771 (contrat du
3 février, devant Giraudeau). Voici la lettre de part : Mon-
« sieur Terray, procureur général de la Cour des aides, Ma-

avec son frère cadet. L'erreur ne tient pas devant la confrontation de leur
double adresse dans les Almanachs royaux de 1764 et 1765.

« dame Terray et M. l'abbé Terray, ministre d'État et contrô-
« leur général des finances, sont venus pour avoir l'honneur
« de vous voir et de vous faire part du mariage de M. Terray,
« conseiller en la Cour des aides, leur fils et neveu avec
« mademoiselle de Grosbois. » Ce dernier nom désigne Marie-
Nicole de Perreney de Grosbois, sœur de Mme Fyot de la
Marche, femme du premier président du Parlement de Dijon.

La suppression des anciennes cours par le chancelier
Maupeou au mois d'avril 1771 supprima du même coup la
charge de procureur-général et la charge de conseiller possédées par MM. Terray de Rozières père et fils. L'ancien
procureur-général attendit les événements dans une retraite
qui dura peu, car l'avènement d'un nouveau règne, en ren-
versant son frère le contrôleur-général, lui rendit sa situation
qu'il garda jusqu'en 1778. Quant à Antoine-Jean il avait été
pourvu en 1771 d'une charge de maître des requêtes. Il se
trouva dans ce jeune conseiller un administrateur d'une
éminente capacité. Nommé intendant à Montauban en 1773,
son mérite le maintint en place malgré la disgrâce de son
oncle survenue l'année suivante, et le porta successivement
de l'intendance de Moulins en 1781 à l'intendance de Lyon
en 1784. La révolution l'y trouva en 1790, et l'on devine
ce qu'elle fit de cet honnête homme. Elle le guillotina le
9 floréal an II (28 avril 1794) avec sa femme; l'arrêt qui
les déclara convaincus de n'importe quoi les désigne ainsi :
« A.-J. Terray, âgé de quarante-quatre ans, natif de Paris,
« ex-intendant de Commune Affranchie, demeurant à la
« Motte-Tilly, district de Nogent-sur-Seine, et M. N. Per-
« net, femme Terray, quarante-trois ans, native de Dijon. »
Ils retrouvèrent dans la charrette fatale le duc de Villeroy,
l'amiral d'Estaing, l'ex-ministre de la guerre La Tour du
Pin, le président Nicolaï, l'ancien lieutenant de police
Thierry de Crosnes, l'ancien lieutenant civil Angrand d'Al-
leray, et une religieuse septuagénaire, Mlle de Bragelonne.
En ce temps-là, pour rencontrer la compagnie des honnêtes
gens, il fallait aller à l'échafaud.

M. et Mme Terray, n'habitant plus Paris, avaient vendu
l'hôtel de la rue Richelieu par contrat devant Foacier, le
12 mai 1784, à Jacqueline de Flesselles, veuve depuis le

7 mai 1778 de Louis-Guillaume de Blair, seigneur de Boisemont et Cernay, intendant d'Alsace. Mᵐᵉ de Blair était la fille de ce malheureux Jacques de Flesselles, qui, nommé prévôt des marchands de la ville et vicomté de Paris le 28 avril 1789, fut assassiné le 14 juillet suivant par les prétendus vainqueurs de la Bastille. Mᵐᵉ de Blair, morte antérieurement au 4 frimaire an III (4 décembre 1794), avait par testament, daté du 6 août précédent, institué pour son légataire universel Jean-Baptiste-Alexandre de Puisieux, qui se défit de l'hôtel le 14 septembre 1814, au profit de M. et Mᵐᵉ Irisson, de qui les propriétaires actuels tiennent leur titre.

De 1785 à 1788, l'ancien hôtel Terray eut pour locataires deux personnages célèbres dont le nom ne saurait passer inaperçu dans ce travail, le comte de Vaux et l'abbé Barthélémy.

Noël de Jourda comte de Vaux, né en 1705, avait servi dans le régiment d'Auvergne du 16 octobre 1723 au 6 mars 1743; il fut alors colonel du régiment d'Angoumois, brigadier le 23 février 1746, maréchal de camp le 10 mai 1748, colonel de Bourbon-infanterie le 21 du même mois, commandant en second en Franche-Comté de 1749 à 1757, lieutenant de roi à Besançon le 4 juillet 1752, lieutenant-général le 17 décembre 1759, grand-croix de Saint-Louis le 1ᵉʳ mars 1768. Le comte de Vaux fut chargé au commencement de 1769 du commandement de l'armée expéditionnaire en Corse; il rétablit la situation militaire compromise par les fautes de son prédécesseur M. de Chauvelin, que protégeait Mᵐᵉ Du Barry (voir à ce sujet une curieuse lettre de Mᵐᵉ du Deffand de février 1769); et en moins de trois mois il réduisit l'île entière à l'obéissance; les longs et grands services du comte de Vaux furent récompensés le 13 février 1783 par le bâton de maréchal de France et le commandement en chef de la Franche-Comté. Il mourut à Grenoble en 1788.

L'abbé Barthélémy est trop connu par son *Voyage du jeune Anacharsis*, par ses travaux spéciaux en qualité de garde du Cabinet des médailles, par son attachement au duc et à la duchesse de Choiseul et par sa délicieuse correspondance avec Mᵐᵉ du Deffant, publiée par M. le marquis de Saint-

Aulaire, pour que j'insiste sur la biographie de cet aimable savant, de cet excellent homme. Membre de l'Académie des Inscriptions et Belles-Lettres en 1747, de l'Académie française en 1789, l'abbé Barthélemy, échappé comme par miracle au massacre des prisons en 1792, mourut le 30 avril 1795 à l'âge de soixante-dix-neuf ans.

L'*Almanach national* indique son adresse jusqu'à l'an III inclusivement, à l'ancien hôtel Terray, et c'est probablement là qu'il mourut.

En l'an VIII, M. de Courval habitait l'hôtel Terray, qui, en l'an XI devint un hôtel meublé comme les trois maisons précédentes. Ce fut d'abord l'hôtel des Etrangers, dirigé par un nommé Coran, qui s'en alla en 1814 prendre la suite de l'hôtel du Nord (voyez ci-dessus no 87). Le successeur de Coran était en 1814 un nommé Hauguel ou Chauguel, et l'hôtel des Etrangers devint le Petit hôtel Choiseul. Que la maison patrimoniale de l'abbé Terray dût porter un jour le nom du grand ministre qu'il avait renversé, voilà qui les aurait bien étonnés l'un et l'autre. Mme Orban, qui remplaça Hauguel en 1817, garda l'enseigne de son prédécesseur. Ce fut seulement en 1827 que l'hôtel prit le nom d'hôtel de Castille, avec M. Martin, grand-père et prédécesseur de l'honorable M. Renoux, qui le dirige aujourd'hui.

Le corps principal de l'hôtel Terray subsiste dans son architecture primitive; deux belles consoles à larges volutes et un mascaron remarquablement fouillé soutiennent le balcon du premier étage au-dessus de la porte cochère; l'escalier d'honneur, qui occupe une partie du bâtiment latéral appliqué au long du mur mitoyen du no 103 est d'un dessin hardi et d'une ornementation caractérisée. Les appartements de l'entresol et du premier étage conservent, avec des trumeaux et des boiseries authentiques, une allure noble et galante qui en font le plus agréable séjour pour des voyageurs d'élite.

Les dépendances seules ont été modifiées. La description de 1814 indiquait au fond de la cour un édifice composé d'un rez-de-chaussée, d'un entresol et d'un premier étage carré surmonté de greniers, le tout suivi d'une petite cour avec écurie et remise et d'une terrasse régnant à droite de cette

cour sur le boulevard des Italiens, dans une longueur de
15 mètres, surmontée d'un pavillon à chaque extrémité, et
communiquant avec le boulevard par une porte basse; les
divers édifices et la terrasse ont été remplacés par le grand
corps de logis qui porte aujourd'hui le n° 5 sur le boulevard
des Italiens et qui forme l'annexe fort considérable de l'hôtel
de Castille.

N° 103. — Le 24 mai 1660, M. Eduin, seigneur en partie du fief de la Grange-Batelière, par acte devant M⁰ Gigault,
vendit 3599 toises de terrain à M⁰ Robert De Vaulx, notaire,
et à Barbe de Fontenay, son épouse.

Une partie de ce terrain, qui s'étendait au delà du boulevard actuel jusqu'aux abords de l'hôtel de la Grange-Batelière,
fut adjugée, par arrêt du Parlement de Paris le 4 juillet 1702,
sur saisie réelle à la requête des syndic et directeur des
créanciers de M. et Mᵐᵉ De Vaulx à Geneviève de Peyras,
veuve de François Huet, marchand bourgeois de Paris.

Sur licitation entre les héritiers de la veuve Huet, le terrain fut adjugé par sentence du Châtelet le 11 mars 1739 à
Hubert Bigot et Catherine Huet, sa femme, et fut attribué,
par partage de leur succession devant Cordier, le 14 juillet
1769, à Pierre-Hubert Bigot, avocat au Parlement, écuyer,
qui, devenu échevin de la ville de Paris en 1766 et quar-
tinier de 1766 à 1778, vint habiter à Pâques 1777 la
grande maison qu'il avait fait reconstruire rue Richelieu,
« au coin de celle du Rempart » dit l'*Almanach royal*.

Un marchand de vins nommé Lallemant l'acquit en 1784
et, après lui, elle entra dans la famille James où elle est
encore.

En 1785, la maison Bigot eut pour habitant, à titre de
locataire, le chevalier P.-C. Lambert, banquier, administrateur de la Caisse d'escompte, possesseur d'un cabinet de
tableaux que les Guides de Thiéry recommandent aux
curieux. Le chevalier Lambert, retiré des affaires vers la fin
de 1788, transporta son domicile et sa collection dans un
hôtel de la rue Grange-Batelière; parmi les tableaux du
chevalier Lambert, Watin cite « un Vandick de toute beauté,
« le plus beau moucheron connu (*sic*) et la Visitation par

« Fragonard. » Il s'agit ici de Frédéric Moucheron, né à Embden (Hanovre) en 1633, mort en 1686, élève de Jean Asselyn ; le musée du Louvre possède de ce maître un Départ pour la chasse (n° 344 du Catalogue) avec figures d'Adrien van der Velde, provenant de la collection de Louis XVI. Le chevalier Lambert servait, comme banquier, d'intermédiaire entre les amateurs anglais et les peintres célèbres ; voir le journal de Joseph Vernet pour 1772 et 1773 (Arch. de l'Art fr., t. III, pp. 350 et 351).

Tout le monde connaît le café Cardinal, qui s'annonce, à l'encoignure en pan coupé de la rue Richelieu avec le boulevard des Italiens, par un buste du cardinal, auquel répond, de l'autre côté de la rue, le médaillon de ce grand ministre posé à l'entresol du n° 112 par les soins pieux du compositeur Elwart. Ce café célèbre est signalé par l'Almanach du commerce de l'an VI ; on l'appelait alors le café Dangest du nom de son fondateur, qui louait en même temps une partie de la maison en hôtel meublé (Alm. du comm. 1806). En 1827, l'ancien café Dangest appartenait à M. Denand et s'appelait le café Richelieu. Le nom de Café du Cardinal, *vulgò* café Cardinal apparut un peu après 1830.

Une autre enseigne célèbre surmonta vers 1806 la boutique placée à gauche de la porte d'entrée ; ce fut le magasin de nouveautés de *la Petite Nanette*, qui depuis a fait le tour de l'encoignure, et s'est fixée sur le boulevard des Italiens au n° 3, transformée en *Petite Jeannette*. L'ancien local de *la Petite Nanette*, comprenant la boutique de gauche et le premier étage de la maison avec retour sur le boulevard, est occupé depuis plus de vingt ans par l'un de nos principaux éditeurs de musique, M. Brandus, successeur de M. Schlesinger qui l'avait fondée un peu plus bas, au coin gauche de la rue Saint-Marc.

PIÈCES JUSTIFICATIVES

I

EXTRAIT DU PARTAGE BAUDELET

Devant Legrand et De Villaine, notaires, le 14 juillet 1704.
(Archives de MM. de Palluel.)

COTE MARGINALE. — 14 juillet 1704. Compte et partage entre Thomas Baudelet, Georges Demary, Françoise Baudelet, sa femme. Marguerite Baudelet et Pierre-René Baudelet, sr de Maisonville, tous héritiers de René Baudelet, leur père, de Marguerite Dumout, leur mère, et de Marie-Marguerite Baudelet, leur sœur, religieuse professe.

Par devant les conseillers du Roy notaires au Chastelet de Paris soubsignez, furent presens Thomas Baudelet, valet de garde robe ordinaire de la feüe Reyne, demeurant rue Frementeau, paroisse Saint Germain l'Auxerrois ;

Georges de Maris, tailleur ordinaire de la feüe Reyne ;

Damoiselle Françoise Baudelet, sa femme, qu'il autorize à l'effet des presentes, demeurans rue de Richelieu, paroisse Saint-Roch ;

Damoiselle Margueritte Baudelet, veuve en dernieres nopces de Louis-Jean sieur de Gommerville et en premieres de Jean Baptiste Tissedre, officier de feu Monsieur frère unique de Roy, demeurants rue des Bons Enfans, paroisse Saint-Eustache ;

Et Pierre René Baudelet sieur de Maisonville, mousquetaire du Roy dans sa première compagnie, demeurant à l'hostel des Mousquetaires faubourg Saint-Germain, paroisse Saint-Sulpice :

Lesdits sieurs Thomas, René et damoiselles Françoise et Marguerite Baudelet frères et sœurs heritiers chacun pour un cinquième de deffunt René Baudelet leur pere, vivant tailleur et valet de garde robe ordinaire de la feüe Reyne. Et pour un quart de damoiselle Marie Madeleine Baudelet leur sœur, religieuse professe, laquelle estoit heritiere pour un autre cin-

quiesme dudit deffunt sieur Baudelet leur pere. Et encore heritiers chacun pour un quart de deffuncte damoiselle Madelaine
Dumont leur mere, au jour de son deceds veuve dudit deffunct
sieur Baudelet.

Lesquels pour nourrir la paix et amitié qui est entre eux,
desirant regler et liquider ce qui appartient à un chacun, etc.

Cote marginale. — Inventaire Baudelet, Bobasse, notaire, le .. mai 1667
cloz en justice le 1ᵉʳ juillet, decedé en 1674. — Inventaire Madelaine Dumont par Legrand et son collègue le 28 janvier 1704.

Estat de la recepte et despence dudit sieur Thomas Baudelet.

Item de la somme de quatorze cens soixante-huit livres treize
sols quatre desnier faisant le huitième de celle de unze mil sept
cens quarante-huit livres six sols huit deniers a laquelle se sont
trouvez monter les loyers de la maison rue de Richelieu acquise par lesdits deffuncts sieur et dame Baudelet, a raison de seize
cens livres par an, escheus depuis la Saint Remy 1682, et qu'il
a esté fait compte par le quatriesme chapitre de recepte dudit
compte jusques au 4ᵐᵉ de fevrier 1690, que le huitiesme de la
dite maison appartenant au dit sieur Thomas Baudelet a esté
sur luy vendu et adjugé par sentence des requestes du Palais
dudit jour quatre febvrier 1690. Cy. . . . 1.468 liv. 13 s. 4 d.

Item de la somme de deux mil huit cens livres pour le prix
de l'adjudication qui a esté faitte a la veuve Baudelet du huitiesme de laditte maison rue de Richelieu, vendu et adjugé sur
ledit sieur Baudelet par sentence des requestes du palais du
quatre febvrier 1690. Ci. . . . . 2.800 liv.

*Dudit sieur Georges Demary et de laditte damoiselle Françoise
Baudelet sa femme.*

(Leur contrat de mariage du 6 juin 1666.)

Item la somme de quatre mil cent livres pour vingt annees et
demye des loyers du huitième de ladite maison escheuz puis la
Saint Remy 1682.....

Estat de la recepte et despence de damoiselle Margueritte Baudelet veuve de sieur de Gommerville.

Il sera fait recepte de la somme de huit cens douze livres dix sols faisant moitié de celle de seize cens vingt livres pour cinq termes du loyer des lieux occupez en ladite maison rue de Richelieu par les sieur et damoiselle Moliere, eschus depuis le premier janvier 1677 jusques à la Saint Remy 1678 a raison de treize cens livres par an, dans laquelle somme est comprise une demie année eschue depuis ledit abandonnement (il s'agit d'une rente abandonnée par madame de Gommerville). Plus dans le deuxième article dudit chapitre, il sera fait recepte de quatre cens cinquante livres pour les loyers de partye de ladite maison eschus depuis la Saint Remy 1678 jusques à la Saint Remy 1679.

Plus... recette de dix-sept cens cinquante livres pour partye des loyers de ladite maison escheus depuis la Saint Remy 1679 jusques a Pasques 1682.

Plus il sera fait recepte de la somme de trois cens cinquante livres pour le loyer desdits lieux escheus depuis Pasques 1682 jusques à la Saint Remy 1682. Et plus de six cent vingt-cinq livres faisant la moitié de douze cent cinquante livres pour les loyers des lieux occupez en ladite maison par la dame veuve Baudelet à raison de deux cens livres par an escheues depuis la Saint Jean 1677 jusques à la Saint Remy 1682 ; dans laquelle sont comprises quatre années et demye escheües depuis l'abandonnement, etc.

Estat de la recepte et despence dudit Pierre René Baudelet.

Item de la somme de quatre mil cent livres pour vingt années et demy du huitième du loyer de ladite maison rue Richelieu eschues depuis la saint Remy 1682. Cy . . . 4.100 liv., etc.

(Réparations 800 liv. jusqu'au jour du décès de Mme Baudelet la mère).

Masse des biens de la succession de ladite Madeleine Dumont, veuve René Baudelet.

Item de la somme de trente mil livres faisant les trois quarts de celle de quarante mil livres à laquelle les partyes ont prisé et estimé entr'elles à l'amiable la maison ruë de Richelieu, consistant en porte cochere, caves, cuisine, escurie, remise de carrosse, puys, un entresolle, trois estages et grenier au-dessus, chacque estage composé de cinq pièces et balcons regardant le jardin du Palais-Royal...

Item de celle de sept cens douze livres dix sols faisant les trois quarts de celle de neuf cens cinquante livres pour une demy année de loyer de ladite maison escheue à Pasques dernier deue par le sieur de Raymond, principal locataire d'icelle.

Quant au terme escheu à la Saint Jean derniere et au billet de la somme de cinq cens cinquante livres deus par le sieur Raymond principal locataire de la dite maison rue de Richelieu, fait pour les glaces et trumeaux qui luy ont esté vendus par le sieur marquis de La Ferté cy devant principal locataire de ladite maison qui les avoit donnez en paiement de ce qu'il devoit des loyers auquel ledict sieur de Marys a donné sa quittance de pareille somme dont n'est parlé dans ladite masse que pour faire voir l'employ qui en a esté ou doit estre fait aux reparations qui sont à faire en ladite maison et au paiement de ce qui reste deub de l'avance des boues et lanternes...

(Signé)   DE VILLAINE.   LEGRAND.

La copie collationnée se termine par une quittance signée René Baudelet de Maisonville.

<hr style="width:20%" />

II

SENTENCE DU CHATELET DE PARIS
DU 30 AOUT 1765.

(*Archives nationales*, Y, 2851.)

M. et Mme Leroy, propriétaires de sept seizièmes au moyen de l'acquisition par eux faite par contrat devant Fournel, notaire, le 10 mai 1765.

EXTRAIT

Pour satisfaire à ladite sommation, le sieur Nicolas Antoine Perrard, architecte juré expert, rue des Moulins, Butte Saint-Roch, lundi 25 novembre 1765, 9 heures du matin, s'y etant transporté avec Me Gruel, greffier des bâtiments en ladite maison, il auroit remarqué qu'il etoit impossible de partager la maison, qu'elle etoit dans le plus mauvais état possible, que les murs de face des deux aisles sur le Palais-Royal étant fractionnés, bombés et écrasés et deversaient au dehors, les planchers de la plupart des pieces étant aussi considérablement deversés, à la charpente du grand escalier les limons et rampes étant hors de leurs assemblages, les marches deversent considerablement, les voûtes des caves et murs en fondation menassant ruine, la plus part d'icelles ayant esté estayées par precaution pour en éviter la chute, que les pans de bois au rez-de-chaussée estoient pourris et salpetrés, ainsi que la plupart des principalles pièces de bas portant les planchers des entresoles, les assises de pierre des murs de face au rez-de-chaussée sur la rue estant calcinés, en sorte que cette maison ne pourroit subsister en l'état qu'elle estoit et qu'elle n'estoit susceptible d'aucune reparation, que l'on ne pourroit se dispenser de la démolir et de la reconstruire à neuf. Estimation 54,300 fr.

III

LICITATION ET ADJUDICATION
DU 19 JUILLET 1766.

(Ibid.)

M⁰ Antoine Chasteau, procureur au Chastelet de Paris et du sieur François-Paul Le Roi, receveur de la capitation des arts et métiers de la ville et faubourg de Paris, et de dame Madelaine-Elisabeth Perrard, son épouse, proprietaires de treize seizièmes et douze quatre-centièmes au total d'une maison sise à Paris, rue de Richelieu vis à vis la rue Vildot et regnant le long du mur du jardin du Palais-Royal. Et poursuivant la vente et adjudication par licitation de ladite maison, en conséquence de la sentence contradictoire rendue en cette cour le vingt-trois avril dernier signifiée le vingt-neuf dudit mois. Entre lesdits sieur et dame Le Roi et Jacques Des Mary, au nom et comme tuteur des enfants mineurs de Jacques Petitsigne, maître tailleur d'habits, et Jeanne Des Mary sa femme, par représentation de la dame deffunte leur mère, heritiers conjointement

pour un cinquième du deffunt Jacques Des Mary leur ayeul ;
en lesdites qualités propriétaires pour dix-huit quatre-centièmes au total de ladite maison ; d'autre part, Antoine Des
Mary, Octavien Calchy et Madelaine Des Mary, sa femme,
Antoine Caccia, au nom et comme tuteur de François, Charles,
Fortuné et Angèle Marie Dassy, enfans mineurs de Jacques
Dassy et de deffunte Marie Madelaine Des Mary, sa femme,
lesdits Des Mary, la femme Calchy et les mineurs d'Assy heritiers chacun pour un tiers de François Guillaume Des Mary
leur père, qui étoit propriétaire pour un seizième et vingt
quatre-centièmes de ladite maison ; en ces qualités propriétaires
pour ledit seizième et vingt quatre-centièmes au total de ladite
maison encore d'autre part.

Encherit et met à prix le fonds et très-fonds, propriété, superficie, joüissance, circonstances et dependances de ladite maison
rue de Richelieu, ainsi qu'elle se poursuit et comporte, aux
charges et conditions suivantes. 1° Sera tenu l'adjudicataire de
payer la somme pour laquelle elle sera adjugée à chacun des
copropriétaires selon la part et portion qui doit lui en appartenir.

2° De payer les cens et droits seigneuriaux aux seigneurs et
dames à qui ils peuvent être dus ;

3° De payer les impositions royales imposées et à imposer
sur ladite maison ;

4° De payer les droits de consignation si aucuns sont dus ;

5° De payer les frais de la precedente licitation tant en de-
mandant qu'en deffendant, même le coût des avis de parens et
procès-verbal de rapport d'expert aux procureurs poursuivans
et collicitans sur leur quittance ;

6° Sera loisible à l'acquereur de faire decreter sur lui ladite
maison et dans le delai de huit mois qui coureront du jour de
l'adjudication ;

7° De retenir par ses mains la part et portion revenant aux
mineurs jusqu'à leur majorité et d'en payer l'interêt si mieux
n'aime ledit adjudicataire rembourser à la charge d'emploi en
acquisition d'heritages ou rentes au proffit des mineurs, enfin à
la charge de la retention des douaires si aucuns y a ;

Et en outre moyennant le prix et somme de trente mille livres
de première enchère.

*S'ensuit la teneur consistance et dependances de ladite maison
rue de Richelieu.*

Une maison sise à Paris rue de Richelieu vis à vis la rue
Vildost, consistant en un corps de logis double en profondeur

sur ladite rue, élevé d'un étage de rez-de-chaussée avec entresol, trois étages quarrés au dessus et grenier avec comble à
la françoise couvert de thuille avec chenaux et godets de
plomb sur la rue et egouts sur la cour dont partie en chenaux
de plomb.

Cour ensuite ayant vue sur le jardin du Palais-Royal et fermée
par un mur à hauteur d'apui, à droite de laquelle est un bastiment elevé à la même hauteur du second étage, couvert en
thuiles.

Au rez-de-chaussée de l'aile à droite est un passage qui communique au jardin du Palais-Royal, dans lequel passage est un
puits mitoyen avec la maison voisine.

Caves sous toute l'étendue de ladite maison, distribuées en
plusieurs berceaux.

Tenant la maison à droite à M. de Ravanne, à gauche à celle
de M. Dopptier, d'un bout au jardin du Palais-Royal et sur le
devant à laditte rue de Richelieu.

Le rez-de-chaussée est composé d'un passage de porte cochère
aïant son entrée sur laditte rue et qui communique à la cour
cy dessus designée et à l'escallier; à droite du passage est une
boutique et sale ensuite occupée par un parfumeur.

A gauche dudit passage est une pièce servant de cuisine,
escalier ensuite une petite sale à cheminée servant de logement
au portier.

L'autre salé [1] est divisée en trois pièces sur la rue, dans l'une
desquelles est un passage qui communique à une autre
chambre à l'aile droite; dans l'aile gauche est encore une autre
pièce.

Le premier étage est composé d'une antichambre et d'une
salle de compagnie, chambre à coucher ensuite.

Le second étage est composé de trois pièces sur la rue,
chambre à coucher ensuite sur la cour avec garde-robe et deux
pièces ensuite.

Le troisième étage est distribué en deux pièces sur la rue,
séparées par une cloison de charpente et de maçonnerie dont
une sert de cuisine, chambre à coucher ensuite sur la cour; à
droite est une autre chambre éclairée sur le Palais-Royal.

A droite de l'escalier est un petit retranchement pratiqué
avec des planches servant à mettre du bois.

Le grenier au-dessus dudit étage est séparé par des cloisons
de planches dont partie sert de chambre de domestique.

1. Lisez : *l'entresol*.

Au haut dudit escalier et au rez-de-chaussée sont deux cabinets d'aisances.

CHASTEAU.

Ladite enchere escheoit au samedi vingt-quatre mai 1766.

Du samedi 7 juillet 1766.

Remis à quinzaine et permis d'afficher. DUPONT.

Du samedi 21 juin 1766.

Remis à quinzaine. GROIZIER DU BOULEAU.

Du samedi 5 juillet 1766.

Par Duclot à	xxxlij mille livres.
Par Cattel à	xxxviij —
Par Chasteau à	xl —
Par Duclot à	xlv —
Par Chasteau à	l —
Par Cattel à	lij —
Par Chasteau à	liij —

Adjugé sauf enchère. DUPONT.

Du samedi 19 juillet 1766.

Par Duclot à	liiij mille livres.
Par Chasteau à	lv —

Adjugé. DUPONT.

Et le 26 juillet 1766. Est comparu au greffe de cette Cour
ledit Mᵉ Chasteau, procureur en icelle, lequel a dit et déclaré
que l'adjudication à luy cy dessus faite de la maison mentionnée
en la presente enchère moyennant la somme de 55 mille livres
est pour et au proffit de sieur François Paul Le Roy, receveur de
la capitation des arts et métiers de la Ville et faubourg de
Paris, demeurant rue Ventadour paroisse Saint-Roch, propriet-

taire de treize seizièmes et douze quatre-centièmes au total de laditte maison, lequel pour ce present et en personne a accepté laditte declaration, promettant payer le prix de l'adjudication pour ce qui en revient à ses copropriétaires, satisfaire aux charges de l'enchère et du tout acquitter, garantir et indemniser ledit M⁰ Chasteau, son procureur, et a élu son domicile en sa demeure susdeclarée, et ont signé

Le Roy.   Chasteau.

CORRECTIONS & ADDITIONS

P. 7, ligne 9. — Au lieu de *182 mètres,* lisez *187 mètres.*

P. 28, ligne 14. — Au lieu de *vendu,* lisez *rendu.*

P. 30, ligne 22. — Au lieu de 1639, lisez 1659.

P. 40. — Ce fut au mois de mai 1879, en apprenant que je venais de découvrir la véritable maison mortuaire de Molière au n° 40 de la rue Richelieu, que M. Charles Nuitter voulut bien m'abandonner les documents qu'il avait recueillis sur le n° 42 et qui lui devenaient inutiles. Je maintiens les remerciements que je lui dois, et je ne veux attribuer qu'à un malentendu l'incident qui vient de donner lieu à la correspondance suivante :

I

A Monsieur le Directeur du Moliériste.

Paris, le 28 juillet 1882

Mon cher Confrère,

Le Cercle de la critique dramatique et musicale me charge d'avoir l'honneur de vous envoyer copie de la lettre qu'il vient d'adresser à M. le Président du Comité des inscriptions parisiennes, au sujet d'un rapport de M. Nuitter dont vous avez publié le résumé dans le *Moliériste* du 1er juillet.

Le Cercle de la critique dramatique et musicale espère que vous voudrez bien reproduire cette lettre dans le prochain numéro de votre journal.

Croyez à mes sentiments de vive cordialité.

Le Président,
Henri de LAPOMMERAYE.

11

A Monsieur Henri Martin, sénateur, membre de l'Académie française, président du Comité des inscriptions parisiennes.

Paris, le 26 juillet 1882.

Monsieur le Président,

Le Cercle de la critique dramatique et musicale, que j'ai l'honneur de présider, me charge de vous communiquer quelques observations que vous accueillerez sans doute avec intérêt.

Elles sont provoquées par un rapport qui a été présenté, récemment, au Comité des inscriptions parisiennes, par un de ses membres, M. Nuitter, et dont un résumé a paru dans la revue mensuelle *le Moliériste*, du 1er juillet courant, au sujet de la maison natale de Molière, rue Sauval, n° 2, et de sa maison mortuaire, rue de Richelieu, n° 40.

La première de ces maisons porte, en façade, sur la rue Saint-Honoré, une plaque de marbre, avec inscription commémorative qui, avec l'autorisation du préfet de la Seine, a été posée en 1876, par les soins et aux frais du Cercle de la critique, sur l'initiative d'un de ses membres, M. Charles de La Rounat, aujourd'hui directeur du théâtre national de l'Odéon.

Trois ans plus tard, au mois de juin 1879, le Cercle de la critique, ayant appris qu'un autre de ses membres, M. Auguste Vitu, avait découvert, d'après des documents irrécusables, que Molière était mort n° 40, rue de Richelieu, et non n° 34, décida qu'il agirait pour la seconde maison comme pour la première, c'est-à-dire qu'il y ferait également poser à ses frais une plaque commémorative, aussitôt que M. Auguste Vitu aurait publié son travail justificatif. Cette décision a été annoncée par plusieurs journaux, au mois de juin 1879.

Ni l'un ni l'autre de ces deux faits n'étant rappelé dans le rapport de M. Nuitter, le Cercle de la critique a pensé qu'il était utile de réparer cette omission, en les portant directement à la connaissance de l'illustre président du Comité des inscriptions parisiennes.

Je suis heureux, en accomplissant ce devoir, de saisir l'occasion de vous prier d'agréer, monsieur le Président, l'hommage de mon profond respect.

Le Président du Cercle de la critique dramatique et musicale

HENRI DE LAPOMMERAYE.

P. 80, ligne 16. — Au lieu de *partitions*, lisez *partition*.

P. 101. — Au nécrologe littéraire de la rue Richelieu, à la suite de Molière et de Marivaux, il faut ajouter le nom de Diderot. Voyez ci-après l'addition à la page 334.

P. 108, lignes 40 et 41. — Au lieu de *familles de Rozan de Flamanville, le comte de Nonant :* lisez *de Flamanville et le Comte de Nonant.*

P. 109, ligne 1. — Au lieu de *Baine de Roquefort,* lisez *baron de Roquefort.*

Ibid., ligne 3. — Au lieu de *M. Bourrier,* lisez *M. Boursier.*

Ibid., ligne 4. — Au lieu de *M. Barthélemy,* lisez *M. Berthélemy.*

P. 113, ligne 36. — Au lieu de *Collin,* lisez *Cottin.*

   — lignes 30 et 31. — Au lieu de *Lirassier,* lisez *Linassier.*

P. 117, ligne 36. — Au lieu de *Rasson,* lisez *Rassan.*

P. 157, ligne 37. — Au lieu de *Newkererque,* lisez *Newkerque.*
   — La dame dont il s'agit ici, avant de devenir madame de Nieuwerkerque et madame de Champcenetz, avait été madame Pater ; c'était une hollandaise, femme d'un riche négociant. Voir les *Mémoires secrets* à la date du 14 janvier 1763.

P. 158, ligne 34. — Marie-Joseph Chénier habitait le nº 12 de la rue Richelieu, avec sa mère née Santi Lomaca, et sa maîtresse Mᵐᵉ de La Bouchardie, veuve d'un inspecteur des remontes, remariée en 1799 à M. de Lesparda de Maisonnave. M. Robert de Bonnières a publié de curieux et tristes détails sur le faux ménage de M.-J. Chénier dans l'excellente notice qui précède son édition des *Lettres grecques* de Mᵐᵉ Chénier la mère (Charavay, Paris, 1879). Il y faut ajouter trois lettres de Mᵐᵉ Chénier, reproduites en *fac-simile* dans la *Revue des documents historiques* de septembre et octobre 1879, adressées à M. Mahérault. Mais aux âmes tendres, qui ne sauraient supporter l'idée d'un Chénier insulté et battu par une mégère ivre d'eau-de-vie, nous conseillons la lecture d'une admirable nouvelle, trop peu connue, d'Henri de Latouche, *le Cœur du poète* (dans *la Vallée aux Loups,* Paris, 1833, in-8º), où les amours de M.-J. Chénier avec Mᵐᵉ de la Bouchardie sont racontées sous des couleurs moins vraies, mais plus consolantes.
   Mᵐᵉ de Chénier mourut à soixante-dix-neuf ans, dans la maison de la rue Richelieu nº 12, le 6 novembre 1808.

P. 159, lignes 8 et 9. — Au lieu de *et Nicolas eut pour fils. Pierre-Nicolas de L'Espine,* lisez *et Pierre-Nicolas, qui eut pour fils Pierre-Nicolas II de L'Espine.*

P. 167, ligne 33, au lieu de *Gaillard,* lisez *Guillard.*

P. 176, ligne dernière, au lieu de *adjoint à son professeur,* lisez *adjoint à professeur.*

P. 186, avant-dernière ligne, au lieu de *qui paraît avoir disparu,* lisez *qui a disparu.*

P. 188, ligne 27, au lieu de *un épigramme,* lisez *une épigramme.*

P. 193, ligne 20, au lieu de *ciuq,* lisez *cinq.*

P. 194, ligne 16, au lieu de *vol commis du cabinet,* lisez *au cabinet.*

P. 196, ligne dernière, au lieu de *François Pidou,* lisez *Pierre Pidou.*

P. 197, ligne 3, au lieu de *je viens de parler,* lisez *je vais parler.*

P. 200, ligne 28, au lieu de *à a Constituante,* lisez *à la Constituante.*

P. 205, ligne 24, au lieu de *l'angle sud,* lisez *l'angle nord.*

— ligne 25, au lieu de *l'angle nord,* lisez *l'angle sud.*

— ligne 33. Il n'est pas douteux que ce Pierre Edenin ne soit ici pour Pierre Éduin, mais je ne prends pas sur moi de modifier les textes authentiques.

P. 207, ligne 27, au lieu de *coin sud-est,* lisez *coin nord-est.*

P. 212, ligne 37, au lieu de *l'est,* lisez *l'ouest.*

P. 217, ligne 18. — M. de Saint-Florentin ne mourut pas ministre ; il résigna ses charges en juillet 1775, deux ans avant de mourir.

P. 218, ligne 3. — Au lieu de *1784,* lisez *1764.*

P. 221, ligne 34, au lieu de 16.., lizez 1692.

— ligne 36, au lieu de 16.., lisez 1707.

P. 238, ligne 37. — L'almanach du commerce donne une raison sociale plus étendue : *Cherubini, Creutzer, Boïeldieu, Méhul, etc., professeurs associés.* Au reste, Boïeldieu ne cessa pas de faire le commerce de la musique. Voyez ci-après l'addition sous la page 249.

P. 249, à la suite de l'article sur la maison n° 92. — Le magasin de musique de Janet et Cotille paraît avoir succédé à celui de Boïeldieu jeune, frère puîné du grand compositeur. L'auteur de *la Dame Blanche* écrivait le 16 décembre 1823 à Charles Maurice, rédacteur en

chef du *Courrier des Théâtres* : « Si vous parlez de
« notre intermède à l'Hôtel de Ville qui a eu, vous
« le savez peut-être, beaucoup de succès, vous obli-
« gerez bien mon frère et moi si, par une petite note,
« vous pouvez dire que les morceaux de musique se
« trouvent chez Boïeldieu jeune, rue de Richelieu,
« n° 92. »

P. 275, ligne 26, au lieu de *justé,* lisez *juste.*

P. 278. — M. Duruey périt sur l'échafaud révolutionnaire ; je n'a-
vais pas d'abord trouvé son nom dans les diverses listes
des victimes, parce qu'il y est défiguré ; le *Moniteur*
l'appelle Durney, et la *Liste très exacte,* Damey. Voici
la rubrique qui le concerne dans les comptes rendus
du tribunal révolutionnaire au *Moniteur :* « Joseph
« Durney, âgé de cinquante-deux ans, né et demeu-
« rant à Paris, ci-devant receveur général des finances
« de la généralité de Poitiers, ci-devant trésorier des
« affaires étrangères et administrateur de la trésorerie
« générale, nommé par le tyran. » (Séance du 28 ventôse an II, — 18 mars 1794.)

P. 280, ligne 12. — Au lieu de *Cornis,* lisez *Cormis.*

P. 285, ligne 4, au lieu de *da,* lisez *du.*

P. 286, ligne 38, au lieu de *boulevad,* lisez *boulevard.*

P. 300, ligne 35, ajoutez : « Le portrait de Brizard par Mme Guyard
a été gravé en tête du quatrième volume de l'*Histoire
du Théâtre français,* par Étienne et Martainville.

P. 304, ligne, au lieu de *Faucault,* lisez *Foucault.*

P. 318, ligne 22, au lieu de *elle porte,* lisez *il porte.*

P. 320, ligne 23, au lieu de *mais on n'en possède,* lisez *mais on
en possède.*

P. 323, ligne 17. — La date du 3 février 1742 pour la mort de
Catherine Mignard comtesse de Feuquières est confirmée par le recueil de Bois-Jourdain *(Mélanges,*
t. II, p. 86, Paris, in-8°, 1807). Il paraît que les neveux
de Mme de Feuquières, fils de Rodolphe Mignard,
avaient grand besoin de l'héritage de leur tante. L'un
d'eux, au dire de Bois-Jourdain *(Ibid.,* p. 87), parut
un jour à la foire Saint-Germain, où il gagna net vingt
mille écus par des tours de souplesse. Après la mort
de sa tante, il acheta une terre en Champagne et s'y
retira.

P. 3z6, ligne 3. — Au moment où j'achève l'impression de mon
livre, on m'apporte une pièce authentique qui explique
la transmission à M. Gaillet du domaine que représente aujourd'hui la maison n° 29. Après la mort, en
1698, du conseiller d'État Rouillé comte de Meslay,
la propriété dont il s'agit passa à l'une de ses filles
Marguerite-Thérèse, veuve du marquis de Noailles,
duchesse de Richelieu, qui la vendit le 12 juin 1719,
par contrat reçu Billeheu, à Cristophle Gaillet, bourrelier ordinaire du Roi, et Marie-Anne Bongredien,
sa femme. Ces énonciations résultent d'un contrat de
constitution de rente par M. et Mme Gaillet à messire Jean-Baptiste-René de Grouchy, écuyer, seigneur
de Meneuil, conseiller secrétaire du Roi, demeurant
rue Richelieu, paroisse Saint-Roch (devant Billeheu
et Capet, le 10 juin 1719, avec quittance du 1er octobre
suivant).

P. 331, ligne 14 du texte, au lieu de *sallé,* lisez *salle.*

P. 338. — La propriété de l'ancien hôtel Bezons (n° 39) venait
d'être attribuée à M. Fauveau par le partage des
3 avril et 4 mai 1784 lorsqu'elle reçut un nouvel
hôte en la personne de Diderot, qui vint y rendre le
dernier soupir.

Le *Journal de Paris,* du 3 août 1784, enregistre sous la
rubrique MORTS, à la date du 31 juillet précédent :
« M. Denis Diderot, de l'Académie des Sciences de
« Berlin, de celles de Stockholm et de Saint-Péters-
« bourg, bibliothécaire de Sa Majesté Impériale Ca-
« therine II, Impératrice de Russie, rue de Richelieu. »
La notice sur Diderot, attribuée à sa fille Mme de
Vandeuil (Paris, 1830), donne la date du 30 juillet ;
mais cette date est fausse comme la plupart des
autres renseignements contenus dans ce travail bizarre
et suspect. L'acte mortuaire dressé par M. Marduel,
curé de Saint-Roch, et publié par Jal, ne laisse
aucun doute : Diderot, mort le 31 juillet, fut inhumé
chrétiennement, le lendemain 1er août, à Saint-Roch,
sa paroisse, sous le dallage de la chapelle de la Vierge.
Je pense qu'il y est encore.
Les témoins de l'acte d'inhumation furent Abel-Fran-
çois-Nicolas Caroilhon de Vandeuil, écuyer, trésorier
de France, gendre de Diderot : et les deux frères de
M. de Vandeuil, Claude Caroilhon des Tillières,
écuyer, fermier-général de Monsieur frère du Roi, et

Denis Caroilhon de la Charmotte, écuyer, directeur
des domaines du Roi ; assistés de Nicolas-Joseph
Philpin de Piepope, chevalier, conseiller d'Etat, lieutenant-général honoraire au bailliage de Langres.
M. des Tillières (dont j'ai parlé au n° 112) fut le
père de la marquise d'Osmond ; MM. d'Osmond
actuels sont donc les petits-neveux par alliance de
Diderot. Ajoutons que M. des Tillières, grand spé-
culateur en terrains et l'un des acheteurs du domaine
du Raincy, qu'il morcela, était lieutenant du grand
louvetier lorsqu'il acheta la maison Frascati en 1811.

L'auteur du *Père de famille* était gravement malade à
Sèvres lorsque Grimm obtint que l'Impératrice de
Russie se chargeât de son logement. On l'installa aux
frais de Catherine II « dans un superbe appartement
« de la rue Richelieu. » Il y mourut douze jours après
son installation. La maison mortuaire de Diderot était
certainement située du côté gauche, celui de la paroisse Saint-Roch, le côté droit relevant tout entier
de la paroisse Saint-Eustache, et la demeure de l'un
des témoins semble indiquer le voisinage de la rue
Traversière. C'est donc avec toute vraisemblance
qu'une note inédite de M. Walferdin, qu'a bien
voulu me communiquer M. Tourneux, assigne au
dernier domicile de Diderot l'ancien hôtel Bezons, appartenant aujourd'hui à la famille Bricard. Mais un
séjour si court ne devait pas laisser de traces ; la location faite par ordre de l'Impératrice de Russie fut
sans doute verbale ou sous seing privé. Le fait est
que, malgré la parfaite obligeance de MM. Bricard
père et fils, proprétaires actuels, et de M. Tollu, notaire de leurs prédécesseurs MM. de Gasville, je n'ai
rien pu découvrir.

Il me reste à ajouter que l'appartement du premier
étage, où mourut sans doute Diderot, et auquel on
accède par un bel escalier qui a conservé sa rampe
ancienne en fer forgé, a été consacré par MM. Bricard frères, les célèbres successeurs de la serrurerie
d'art de Sterlin, notables commerçants, à une destination aussi intelligente qu'intéressante. MM. Bricard
frères y ont réuni, sous d'élégantes vitrines, un véritable musée de serrurerie d'art ancienne et moderne,
française et étrangère : serrures de fer et de bronze,
clefs ouvrées, pentures, encoignures, boutons de portes

et poignées de croisées, bras de lumière, etc. On y admire, outre de beaux heurtoirs italiens du XVIe siècle, des débris de nos palais voués à la destruction et à l'incendie, et par-dessus tout d'admirables ornements provenant de la succession de Falconnet, dont MM. Bricard m'ont appris la singulière histoire, qui rappelle celle du *Cousin Pons* de Balzac.

P. 342, ligne 19, au lieu de *considérale*, lisez *considérables*.

P. 344, ligne 20, au lieu de *gouvernément*, lisez *gouvernement*.

P. 347, ligne 18, au lieu de *Novion*, lisez *Nomion*.

— ligne 32, même correction.

P. 350, ligne 18, au lieu de *Saint-Mars*, lisez *Cinq-Mars*.

P. 360. Note. — Rectifions un *lapsus* dont je m'accuse d'autant plus franchement qu'il est impardonnable : la vente des meubles du maréchal de Saxe eut lieu dans son hôtel du quai Malaquais, mais c'est à Chambord qu'il était mort, le 30 novembre 1750. Tout le monde sait cela, même moi, qui ai commis la bévue.

P. 373, ligne 7, au lieu de *quatrième lot de jardin*, lisez *du jardin*.

P. 379, ligne 32, au lieu de *du joint-stock banks*, lisez *des*.

P. 384, ligne 9, au lieu de *partie subsistant*, lisez *subsistante*.

P. 386, ligne 16, au lieu de *honéraire*, lisez *onéraire*.

P. 415, ligne 34, au lieu de *étant*, lisez *était*.

P. 422, ligne 2, au lieu de *des contes*, lisez *de contes*.

P. 433, ligne 33, au lieu de *façace*, lisez *façade*.

P. 443, ligne 35, au lieu de *Virivile*, lisez *Viriville*.

.P. 458, ligne 16, au lieu de *Barthélémy*, lisez *Barthélemy*.

— ligne 35, au lieu de *Barthelémy*, lisez *Barthélemy*.

TABLE DES MATIÈRES

Achevé d'imprimer

Le premier octobre mil huit cent quatre-vingt-deux

PAR CH. UNSINGER

POUR

ALPHONSE LEMERRE, EDITEUR

A PARIS

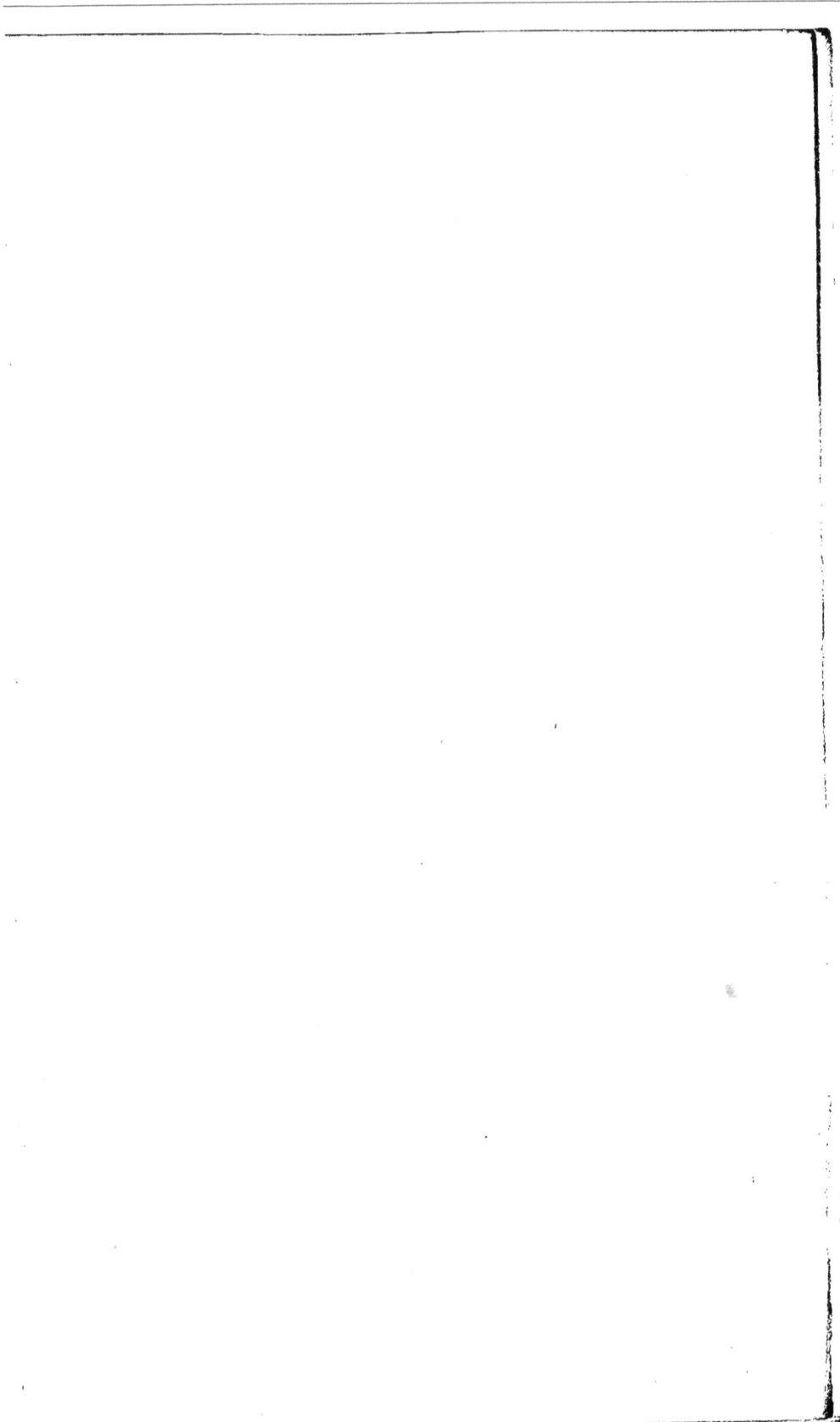

www.ingramcontent.com/pod-product-compliance
Lightning Source LLC
Chambersburg PA
CBHW050550270326
41926CB00012B/1985